从脱贫攻坚走向乡村全面振兴

——黔东南州样本

罗丹　郭彩云　吴玉生 等◎著

人 民 出 版 社

目　　录

总论　推动巩固拓展脱贫攻坚成果同乡村振兴有效衔接[*]

　　黔东南苗族侗族自治州成立于 1956 年 7 月 23 日,地处贵州省东南部。全州土地面积 3.03 万平方公里,其中耕地面积 42.6 万公顷,占国土面积的 14.09%;林地面积 204.2 万公顷,占国土面积的 67.42%。截至 2019 年,户籍总人口 485 万人,常住人口 356 万人,常年外出人员超过 120 万人。少数民族人口占 81%,包括苗、侗、布依、水、瑶、壮、土家等 46 个少数民族,其中苗族人口占 43%、侗族人口占 30%,是全国苗族、侗族人口最集中的地区。全州有 16 个县市、60 个乡(其中 15 个民族乡)、129 个镇、17 个街道办事处,有 2125 个行政村、233 个居委会,30 户以上集中连片自然村寨 10648 个。黔东南州属于滇桂黔石漠化集中连片特困地区,历史上长期处于"化外之地",各民族先民迁入后生产生活高度封闭,经济社会发展长期处于落后状态。2014 年,全州有贫困县 15 个、贫困乡镇 155 个、贫困村 1853 个、建档立卡贫困人口 120.64 万人,贫困发生率为 30.1%,是我国贫困发生率最高的地区之一。

　　改革开放以来,黔东南州经济社会快速发展,城乡面貌日新月异。党的十八大以来,黔东南州步入加速发展的快车道,2019 年全州地区生产总值 1123 亿元,是 2012 年的 2.26 倍,年均增长 11.5%。农村居民收入实现较快增长,2012—2019 年,农村居民可支配收入增速持续高于城镇

　　* 作者为黔东南州人民政府罗丹、郭彩云,州政府发展研究中心吴玉生、戴成、杨戴云、郑宇、莫昌良、姚茂发、朱东、张光前、龙运钦、贺振华、刘琼方,州扶贫办张跃国,州政府办公室王绍鹏、杨芳。

居民收入增速,平均增速高于 GDP 平均增速。尽管发展速度加快,但农村居民收入水平仍然很低,2019 年农民人均可支配收入仅为 10233 元。2020 年,全部贫困人口实现脱贫,所有贫困县成功脱贫摘帽,所有贫困乡镇、贫困村全部出列。黔东南州的脱贫攻坚战已经取得全面胜利,做好减贫工作与实施乡村振兴战略的有效衔接,建立解决相对贫困问题的长效机制,带领广大农民群众稳步走向共同富裕,是黔东南州面临的重大任务。在中央农村工作领导小组办公室、农业农村部乡村振兴专家咨询委员会,农业农村部政策与改革司的指导和支持下,在黔东南州委、州政府的大力支持下,课题组从 2019 年 3 月开始,在对黔东南州和各县情况进行面上调研的基础上,选择丹寨、麻江、黄平、剑河、三穗、榕江等县进行了重点调研,基于对 217 个村的问卷调查、160 个深度贫困村的实地走访调查,课题组开展了一系列专题研究,形成了专题研究报告及总报告。

一、脱贫攻坚战取得全面胜利,农村整体发展水平显著提升

新中国成立后,党中央、国务院和历届省委、省政府以及历届州委、州政府从政治、经济、文化、社会等方面采取多种措施,实施综合治理,黔东南州农民群众的生产生活发生了很大变化。作为全省乃至全国农村扶贫开发的主战场,改革开放以来,黔东南州根据各个阶段扶贫工作的要求,不断充实和加强扶贫力量,不断创新完善扶贫体制机制、工作制度和模式,探索了符合黔东南州少数民族地区实际的扶贫路子。特别是党的十八大以来,黔东南州深入实施精准扶贫、精准脱贫方略,创造了历史上最好的减贫成绩,谱写了少数民族边远地区反贫困的黔东南篇章,如期脱贫的目标即将顺利实现。

(一)绝对贫困人口实现清零,脱贫稳定性明显提高

2014 年,全州现行标准下的贫困人口为 120.64 万人,农村贫困发生

率高达 30.1%。至 2020 年,所有贫困人口全部脱贫。脱贫稳定性明显提高,2016 年的返贫户为 1680 户,到 2019 年已经杜绝这一现象。按照可变价格计算,2014—2019 年,贫困群众收入年均增长 18% 左右,大大超过城乡居民收入同期 10% 的水平。

从国家统计局黔东南调查队对全州 1100 多户农户调查数据来看,2014—2018 年,贫困人口的各项收入中,转移性收入增长最快;在高、中、低三组贫困群众中,低收入组的各项收入从 837 元增加到 1585 元,增长 89.37%,远高于高收入组的 33.01%、中等收入组的 27.63%。贫困人口脱贫,不仅稳定地实现了"两不愁三保障",整体生活水平也有了较大提升。从上述农户统计调查数据分析,低收入组 2014 年的恩格尔系数为 39.82%,2019 年下降到 32% 左右。

(二)贫困县乡村有序出列,区域整体性贫困问题稳步解决

2018 年,麻江、丹寨、施秉、镇远、三穗、雷山 6 个县成功出列。通过各县自查、州级审查和省级第三方评估,6 个县综合贫困发生率均在 2% 以下,漏评率、错退率均低于 2%,群众认可度高于 90% 以上。2019 年,黄平、天柱、岑巩、锦屏、黎平、台江、剑河 7 县顺利通过贵州省第三方评估检查,均为零漏评和零错退,贵州省政府已于 2020 年 3 月宣布"摘帽"。2020 年,榕江、从江 2 个深度贫困县实现脱贫摘帽。全州 155 个贫困乡镇脱贫攻坚工作扎实有效推进,对照贫困乡镇省级出列标准,2018 年全部达到标准,提前实现所有贫困乡镇清零。贫困村快速出列,2014—2019 年,贫困村从 1853 个减少到 70 个。2020 年,贫困村全部出列。

2020 年,针对脱贫摘帽县薄弱环节进行排查,认真梳理存在的问题和差距,列出工作难点、明确主攻方向,对标对表,有针对性地解决具体问题,扎扎实实地做好每一项工作,提高脱贫摘帽质量。2020 年,针对从江、榕江两个深度贫困县,聚焦现行目标标准、聚焦攻克坚中之坚、聚焦脱贫成果真实、聚焦激发内生动力,尽锐出战、一鼓作气、全面发力,攻克难中之难、坚中之坚。建立覆盖县、乡、村的督战体系,全州抽派到两县的督

战人员达 600 余人,对贫困户实行户户见面,将存在的问题短板全部翻出来。州级督战队伍坚持既"督"又"战",帮助两县解决问题,确保实现高质量脱贫。聚焦极贫乡镇,重新摸排解决极贫乡镇困难,除了贵州省定的 4 个极贫乡镇外,还准确掌握其他深度贫困乡镇的真实情况,拿出指导极贫乡镇脱贫攻坚的具体方案,集中资源和力量,确保极贫乡镇按时打赢脱贫攻坚战。推动深度贫困村加快出列,对贫困发生率仍高于 10% 的深度贫困村,开展定点监测,加大工作力度。为完成剩余的脱贫任务,黔东南州按照中央和贵州省委关于脱贫攻坚挂牌督战的部署,对从江、榕江两个深度贫困县,其余县仍有剩余贫困人口的村,全州 90 个易地扶贫搬迁安置点后续扶持"五个体系"建设进行挂牌督战。

(三)经济社会全面进步,农村生产生活条件实现历史性改善

近年来,黔东南州经济保持了较快的发展速度,农民收入快速增长。2019 年,全州完成地区生产总值 1123 亿元,增长 8.4%。以发展特色优势种养业、林下经济、乡村旅游、农村电商等为重点,推进农村产业革命,农业效益明显提高。通过提升就业技能、促进就地就近就业、组织输出就业、创业吸纳就业、公益性岗位安置就业,具有劳动力的贫困家庭至少有 1 人实现稳定就业。2014—2019 年,黔东南州农民人均可支配收入从 6139 元增加到 10233 元,年均增长 10.75%。

通过在资金筹措、土地供应、项目审批等方面采取一系列超常规举措,黔东南州的农村交通、水利、通信、教育、医疗等设施条件得到迅速改善,农村基本公共服务水平显著提高,农民脱贫致富的基础不断夯实。全州实现所有建制村全部通硬化路,行政村通客运车率达 100%。农村饮水安全工程基本实现农村人口全覆盖。截至 2019 年年底,建成集中式农村饮水安全工程 8943 处,覆盖村镇人口 367.11 万人;剩余农村人口采取分散式供水工程,共供水 11071 处,覆盖农村人口 6.74 万人。① 新增多彩

---

① 数据来源于黔东南州水务局。

贵州广电云"户户用"24.4万户,移动电话用户达到436.64万户,互联网宽带用户达到304.45万户。① 全州有初级中学157所,在校学生17.35万人,初中毛入学率117%;有小学660所、教学点803个,在校学生37.18万人,小学入学率99.34%;有幼儿园1547所,在园幼儿17.07万人。② 有医疗卫生机构3866个,新型农村合作医疗参合人数达408.85万人,参合率98.96%。③ 农村低保平均标准提高到每年4901元,特困供养保障标准提高到每年10260元。④

二、坚持高质量打赢打好脱贫攻坚战, 同步全面建成小康社会

黔东南州坚持以脱贫攻坚统揽经济社会发展全局,深入贯彻《中共中央 国务院关于打赢脱贫攻坚战的决定》《中共中央 国务院关于打赢脱贫攻坚战三年行动的指导意见》《中共贵州省委 贵州省人民政府关于坚决打赢扶贫攻坚战确保同步全面建成小康社会的决定》《中共贵州省委 贵州省人民政府关于深入实施打赢脱贫攻坚战三年行动发起总攻夺取全胜的决定》及其系列配套政策,制定自身贯彻落实意见,形成了符合黔东南州实际的脱贫攻坚政策体系,涵盖了产业扶贫、就业扶贫、易地扶贫搬迁、生态扶贫、教育扶贫、医疗扶贫、深度贫困地区脱贫攻坚等各方面,多措并举推进黔东南州脱贫攻坚事业。

(一)抓实精准识别和建档立卡,解决"帮扶谁"的问题

按照国务院扶贫办《扶贫开发建档立卡工作方案》《扶贫开发建档立卡指标体系》的要求,黔东南州扎实做好"规模分解、初选对象、公示公告、结对帮扶、制定计划、填写登记表、数据录入、网络运行、数据更新"这

---

① 数据来源于黔东南州文化体育广电旅游局。
② 数据来源于黔东南州教育局。
③ 数据来源于黔东南州卫生健康局。
④ 数据来源于黔东南州人力资源和社会保障局。

九个步骤工作,落实"两公示一公告",做到全程公开、公平、公正,确保全州贫困人口的识别建档立卡工作按时完成。据黔东南州扶贫办统计,全州共培训业务骨干 3.17 万人次,累计发放农户申请书 51.24 万份,录入"扶贫开发建档立卡信息管理平台"37.65 万户 134.13 万人,录入贫困村 1853 个。

(二)坚持"两不愁三保障"标准,解决"扶什么"的问题

1. 确保吃穿不愁

全州所有驻村扶贫干部,围绕农村特困群众吃饭穿衣困难进行摸底排查,一旦发现有吃饭和穿衣困难群众,及时协调当地民政部门以及有关单位和个人,通过临时救助和捐助等方式加以解决。据不完全统计,全州发放季节性缺粮户粮食 3675.4 吨,救助困难群众 4.49 万户 11.9 万人,累计投入 14.95 亿元用于农村人畜饮水及巩固提升水利工程建设,覆盖所有农村人口。

2. 抓好义务教育、基本医疗、住房安全三保障

实现"三保障"是脱贫攻坚的主要硬仗,也是黔东南州扶贫工作长期以来的"软肋"。通过实施精准扶贫,这几项保障已经落实到符合条件的建档立卡贫困户每户每人。

在义务教育保障方面,全面落实农村建档立卡贫困户子女学生资助政策,坚决杜绝学生因家庭贫困辍学。2018 年,全州 16 个县(市)全部通过国家义务教育基本均衡发展评估验收,完成"全面改薄"等教育工程建设项目 425 个,全面消除超大班额现象。

在基本医疗保障方面,对贫困农户参加农村合作医疗给予补助,解决了基本医疗保障问题。建档立卡贫困人口经基本医疗保险、大病保险补偿、计生医疗扶助、民政医疗救助后,经转诊在定点医院住院医疗费用实际报销比例未达到 90% 的,由县级财政统筹资金予以补助,有效遏制了因病致贫。截至 2019 年 10 月底,全州建档立卡农村贫困人口应参保 128.22 万人,参保率 100%;全州建档立卡贫困人口罹患大病患者 7738 人,7735 人得到救治。通过加强乡镇卫生院、村卫生室建设,提高乡、村

两级医疗水平,开展家庭医生签约服务,农村医疗卫生服务能力明显提升。已建成深度贫困村规范化卫生室 1025 个、易地扶贫搬迁安置区卫生室 31 个,建档立卡贫困人口家庭医生签约服务 108.58 万人(除死亡、外出等无法签约的 21.54 万人),基本达到应签尽签目标;全面落实建档立卡贫困户县域内"先诊疗后付费""一单清"等政策,方便了贫困群众看病就医。

在住房安全保障方面,深入推进农村危房改造和老旧住房透风漏雨整治,切实改善农户居住条件,确保住房安全。按照"应改尽改"的原则,聚焦建档立卡贫困户、低保户、贫困残疾人家庭、农村分散供养特困人员等 4 类重点对象和深度贫困县农村住房保障问题,大力推进农村危房改造。据黔东南州住建部门统计,2014—2019 年,全州累计完成农村危房改造 24.02 万户。全面实施农村老旧住房透风漏雨专项整治,2019 年全州整治 62269 户,有效消除农村老旧住房透风漏雨现象,切实提高了农村群众居住质量。2019 年摸排核实"人畜混居"44535 户,全部完成"人畜混居"整治。通过实施"一改两整治",黔东南州农村住房条件和生活环境得到历史性改善。

3. 完善综合性保障兜底机制

落实农村低保和特困救助政策,有效保障困难群众的基本生活,实现了"应保尽保、应救尽救"。2019 年的农村低保平均标准为 4091 元,特困救济标准为 10260 元。从建档立卡数据来看,黔东南州的建档立卡人口中享受低保的人口为 20.86 万人,享受特困救济的人口为 9966 人,两者合计占建档立卡人数的 16.19%。执行"脱贫不脱保",脱贫后人均收入低于农村低保标准且财产状况符合条件的纳入农村低保。制定 80 周岁以上老年人高龄津贴实施方案,对户籍老年人发放生活补贴。落实临时救助制度,2016 年以来全州实施临时救助 26.92 万户次,发放临时救助金 23844.6 万元。[①]

---

① 数据来源于黔东南州人力资源和社会保障局。

（三）促进农业农村优先发展，解决同全国人民一道迈进小康社会的问题

黔东南州把打赢脱贫攻坚战作为最大的发展机遇，通过大规模、高强度的集中投入，促进了农村基础条件明显改善和公共服务水平明显提升。

1. 扎实抓好易地扶贫搬迁

针对深度贫困县、极贫乡镇、深度贫困村贫困发生率 20% 以上的村寨，以"能搬则搬、应搬尽搬""通不了就搬"为基本原则，实施了历史上规模最大的主动搬迁工程。黔东南州易地扶贫搬迁的突出特点，是突破了"梯度搬迁"的传统方式，将搬迁户直接搬迁到城镇。经过持续多年的努力，"搬得出"的问题已经基本解决，"稳得住""能脱贫"的问题得到较好解决，"逐步能致富"的问题已经开始着手解决。"十三五"期间，全州计划搬迁人口 30.81 万人。对 217 个村的调查表明，需要实施易地扶贫搬迁群众共 6217 户 2.53 万人，到 2018 年年底已实施搬迁群众共 4802 户 1.9 万人，其中搬迁到乡镇 537 户、产业园区 692 户、县城 3358 户、凯里（州府所在地）215 户。

至 2019 年年底，黔东南州已提前全面完成"十三五"搬迁任务。搬迁安置点绝大部分都是建在县城周边，按同城标准或更高的要求安排公共服务设施，开通公交车，布局学校、医院，推进公共服务体系、培训和就业服务体系、文化服务体系、社区治理体系、基层党建体系"五个体系"建设。据黔东南州移民部门统计，到 2019 年年底，搬迁进城的 30.81 万人中，已实现就业 8.73 万户 13.68 万人，做到了有劳动力家庭至少 1 人就业。

2. 大力改善农村基本生产生活条件

扎实推进"四在农家·美丽乡村"六个小康行动计划①升级版建设，2016—2019 年，累计完成投资 256.13 亿元，切实改善了农村基本生产生

---

① 2013 年，贵州省提出实施小康路、小康水、小康房、小康电、小康讯、小康寨六个行动计划。

活条件,拓宽了农村群众受益面。

一是加快解决农村交通"最后一公里"。到 2019 年年底,黔东南州共建成农村公路 2.45 万公里,其中县道 5140 公里、乡道 6717 公里、村道 12750 公里。从 2017 年起,黔东南州实施农村公路"组组通"三年大决战,计划用三年时间实施通组公路硬化 16215 公里,连通 5345 个 30 户以上村民组。公路密度达 98.2 公里/百平方公里,等级以上公路占比 77%。实施高速公路乡镇连接线建设"三年会战",全州有 142 个乡镇实现"半小时上高速"目标。① 对 160 个深度贫困村的调查表明,到 2018 年年底村均建成"组组通"公路 6.24 公里,有 51 个村开通了客运班车,每天总计开行班次 186 个。

二是大力加强农村水利设施建设。2014—2019 年,建设和维修中小型水库 113 座,全面改善农村水利条件。实施 57 个中央财政小型农田水利项目县项目,总投资共计 10.85 亿元。全州发展耕地灌溉面积共计 60.04 万亩,为农村产业发展打下坚实基础。

三是加快改造农村电力设施。据凯里供电局统计,2014—2019 年,全州电网投资 33.28 亿元,完成 15 个县、4 个极贫乡镇、1038 个深度贫困村的新一轮农网改造升级专项任务,切实解决了全州农村电网薄弱问题。完成 861 个产业扶贫点用电保障,159 万用户的智能电表和低压集抄实现全覆盖。

四是实现光纤宽带和 4G 网络行政村全覆盖。2014—2019 年,黔东南州信息基础设施累计完成投资 62.01 亿元,光缆总长度达 25.22 万公里,3G/4G 基站达 2.13 万个,互联网出州带宽从 700Gbps 扩容到 2800Gbps,固定宽带接入用户超过 88.24 万户,移动电话用户 442.65 万户。到 2019 年,农村固定网络宽带接入能力普遍达 50Mbps 以上,30 户以上自然村寨 4G 网络覆盖率达 98%以上。②

五是加快改善农村人居环境。完成 2896 个村的村庄规划,实现全州

---

① 数据来源于黔东南州交通运输局。
② 数据来源于黔东南州工业和信息化局。

9485 个 30 户以上农村居民点全覆盖。累计开展进村入户宣传教育 6.48 万场次、发放宣传资料 39.95 万份、张贴宣传标语 2 万余条,累计动员农村群众 6.39 万人次投工投劳。实现全州 3806 个 30 户以上村民组 100% 通硬化路目标,累计完成"三治"及庭院硬化 5.19 万户,安装村庄公共照明 11.13 万盏。累计清理农村生活垃圾 8.02 万吨,清理农村水塘 5500 余口,清理农村沟渠 7350.33 公里,清理畜禽养殖粪污等农业生产废弃物 1.90 万吨,清理农村乱搭乱建及残垣断壁 1.67 万处。各地结合实际,制定了环境卫生管护、农村供水管护等相关制度,制定农村污水处理终端、太阳能路灯、垃圾收集转运设施等具体管护标准。各村结合脱贫攻坚用好护林员、护河员、消杀员等,把工作经费和基本管护资金纳入各级财政预算,执行月调度、季督查、半年考核。同时,把农村生活垃圾收运处置体系纳入数字化监测平台管理,把农村"厕所革命"纳入台账管理,把环境卫生保洁纳入村规民约。

3. 农村社会事业得到快速发展

一是创造条件帮助困难家庭学生接受非义务教育。积极引导和鼓励企业、社会团体及个人等捐资,帮助家庭经济困难儿童、孤儿和残疾儿童接受普惠性学前教育。对在普通高校本专科(高职)、中职学校一至二年级、普通高中就读,以及具有全日制学历教育正式学籍的贫困户子女进行资助。免除公办普通高中建档立卡等家庭经济困难学生的学杂费。免除公办中等职业学校全日制正式学籍一、二、三年级在校生中所有农村(含县镇)学生、城市涉农专业学生和家庭经济困难学生的学费,资助具有正式注册学籍的普通高中在校生中的家庭经济困难学生,平均资助标准为每生每年 2000 元。2014—2019 年,全州争取各级各类学生资助资金共计 59.41 亿元,资助困难学生 560.83 万人次,有效解决了因学致贫问题。

二是加快推进医疗卫生事业发展。全州已完成州、县两级全民健康信息基础平台搭建,29 家县级以上公立医院均接入全省统一预约挂号平台,远程会诊、远程诊断、远程培训等远程医疗服务应用逐步常态化,极大地方便了群众看病就医。全面推进全州 1025 个深度贫困村卫生室规范化建设,大大改善群众医疗服务。全州共组建家庭医生签约团队 1000

个,重点人群签约率达 53.18%,建档立卡贫困人口实现了应签尽签。

三是不断完善农村社会保障制度。在农村低保、特困救济全覆盖的基础上,加强农村养老制度保障体系建设。全州拥有养老床位 2.1 万张,平均每千名老年人共有床位 31.6 张。对建档立卡未标注脱贫的贫困人口、低保对象、特困人员等困难群体,由地方政府代缴部分或全部最低标准养老保险费,基础养老金从 2014 年每月 55 元提高到 2019 年的每月 96 元。

四是民族文化得到传承发展。社会主义核心价值观进入千家万户,各族群众对党的真挚情感进一步加深。对 217 个样本村的调查表明,基层干部和群众的脱贫信心和决心明显增强,所有村都表示有信心,其中 113 个村表示有强烈信心。公益性文化得到加快发展,基本实现县、乡(镇)、村三级公共文化基层设施全覆盖。截至 2019 年年底,黔东南州共有登记在册的乡镇文化站 196 个,有文化信息资源共享工程基层服务点 3118 个,农家书屋 3315 个。全州共有文化志愿服务队伍 100 余支,常年参与文化志愿服务人数上万人,年服务场次超万次,受服务对象 100 万人以上。目前,全州有联合国人类非物质文化遗产代表作名录 1 项(侗族大歌),有国家级非物质文化遗产代表作名录 53 项 72 个保护点,占全国 1372 项的 3.9%,位居全国地州市之首。有各类民族节日 390 余个,其中万人以上的节日有 128 个。推动 19 个文化旅游产业园区建设,极大地促进了工艺美术产品、节庆会展业、民族歌舞演艺业、传统竞技娱乐业、民族特色饮食业和民族医药产业等文化产业的发展。创造性探索出"合作社带户、景区带村、企业带县""共建共管共享"的"三带三共"乡村旅游扶贫新模式,涌现了西江苗寨、岜沙苗寨、肇兴侗寨、大利侗寨等一大批国内外知名的乡村旅游品牌。2016 年以来,全州共组建乡村旅游合作社 401 家,累计解决 1.5 万余个贫困劳动力就业,带动贫困户 1.98 万户 5.9 万人增收。①

4. 持续加强生态保护和利用

黔东南州认真践行"绿水青山就是金山银山"理念,致力于加强生态

---

① 数据来源于黔东南州文化体育广电旅游局。

环境保护,合理开发生态资源,出台了贵州省第一部地方综合性生态环保法规——《黔东南州生态环境保护条例》,以法规的形式明确了地方政府的责任,建立了州、县、乡镇、村四级环境监管网格化管理机制,制定了生态文明建设目标评价考核办法,实行环境保护"一票否决",保护生态环境的制度框架初步形成和不断完善。"十三五"期间,通过实施"依法护绿、增绿添彩、提质增效、转型创新"四个行动计划,全州森林面积三年净增70万亩以上,2019年全州森林覆盖率达到67.67%,为贵州省最高。

一是增强生态效益"补农"。实施退耕还林补助,积极争取国家将州内25度以上坡耕地、严重石漠化耕地、陡坡梯田和严重污染耕地等纳入退耕还林范围,共计兑现补助资金42134.2万元。在退耕还林中,重点向贫困山区农民进行倾斜,确保贫困农户"宜退尽退"。建立公益林补偿机制,全州界定生态公益林面积1385.89万亩,占全州林地面积的45.21%。2018年公益林补偿资金兑现惠及受益农户46万户,总受益193万人,涉及贫困人口约13.5万人。实施生态护林员补助,到2019年年底全州有生态护林员35523名,优先从建档立卡贫困人口中选聘。[1]

二是发展生态产业"富农"。积极创建"国家有机产品认证示范区",麻江、雷山两县成为"国家有机产品认证示范创建区"。将林下经济作为实施农村产业革命的突破口,大力发展林鸡、林菌、林药、林蜂产业,着力建设100万亩油茶、100万亩茶叶、100万亩竹产业基地。到2019年年底,全州累计利用近54.5万亩森林发展林下经济,探索出"林菌""林药""林鸡""林蜂"等多种模式,年产值27.54亿元,惠及林农11.11万户,其中贫困户1.22万户。推动森林景观资源"资本化",以森林旅游和综合利用为主的森林景观累计利用森林面积139万亩,2019年产值19.9亿元,惠及农户1.36万户,其中建档立卡贫困户3180户。

三是推动污染治理"护农"。积极推进落实"全州环境保护十件实事""全州环境污染治理设施建设三年行动计划""全州环境保护攻坚行

---

① 数据来源于黔东南州林业局。

动工作方案",严格国家污染防治工作考核。全州设立州、县、乡、村四级河长 3835 人,建立河湖管理保护联合执法机制,加大涉河水事违法行为查处力度。制定《农药使用量零增长行动实施方案》,2019 年农作物病虫害防治用药比 2018 年减少 9.5 吨,实现"负增长"。

5. 不断增强产业发展能力

在脱贫攻坚的关键时期,靠传统的、常规的办法来抓农业结构调整,短期难以见到明显成效,必须采取超常规的举措。全州掀起了一场新的农村产业革命,为打赢脱贫攻坚战注入了新的动能,为农村经济发展带来了新的活力。2014—2019 年,黔东南州的农业增加值从 124.6 亿元迅速增加到 221.7 亿元[1],年均增长速度达到 6.4%,带动脱贫的能力明显增强。

一是以做强做大特色产业为抓手,推动农村产业结构转型升级。坚持党政主抓、创新制度机制、突出特色产业、拓展市场销路、强化技术服务,一批新的产业发展了起来。2019 年,蔬菜种植面积、产量、产值达到 170 万亩、260 万吨、70 亿元,食用菌种植面积达到 3.7 万亩,新建茶园基地 10 万亩,建成蓝莓基地 20 万亩,新建油茶基地 17.53 万亩。[2] 黔东南州正在从"为吃而生产"的自给自足向"为卖而生产"的参与现代市场经济转变、从主要种植低效作物向种植高效经济作物转变、从粗放分散向集约规模转变、从"提篮小卖"向现代商贸物流转变、从村民"户自为战"向产业发展共同体转变、从单一种植养殖向一、二、三产业融合发展转变,有劳动能力贫困户获得了收入,农民增收渠道越来越宽。

二是以"八要素"为重点,为新型产业全方位提供支撑。紧扣产业选择、培训农民、技术服务、资金筹措、组织方式、产销对接、利益联结、基层党建"八要素",以基层党组织建设为根本保障,不断凝聚各方力量为农民解决迫切需要解决的问题,在很大程度上克服了短板效应。通过精深加工延长产业链、提升价值链、优化供应链,现代产业体系快速成长。据

---

① 数据来源于黔东南州农业农村局。

② 数据来源于黔东南州农业农村局。

黔东南州农业农村局统计,到2019年年底,全州县级以上农业产业化龙头企业504家,州级以上龙头企业478家,省级龙头企业98家;龙头企业从业人数1.67万人、销售收入54.9亿元,带动农民76.13万人、贫困人口7.73万人增收。截至2019年4月,全州登记注册农民专业合作社9462个。加快构建"利益共同体",农户能够获得土地流转、务工、分红等多重收入,贫困户脱贫有了可靠保障。推行"村支部+合作社"的组织形式,把党组织建在生产链上、合作社里、生产小组上,把党员培养成致富带头人、把致富带头人培养成为党员,用好党组织攻隘口、闯险滩的关键作用,激发党员在带领群众脱贫致富中的"领头羊"效应,发挥政府提供资金、技术、管理、营销等服务功能,扶贫产业发展迅速。据统计数据显示,2019年年底全州由基层党组织引领的村级集体经济组织2985个,80%以上的村级(社区)干部达到"创业发展型"要求,2125个村集体经济收入均达5万元以上,有17个村达100万元以上。

三是以"五步工作法"为模板,提升产业扶贫工作的科学化水平。通过大力推广政策设计、工作部署、干部培训、督促检查、追责问责的"五步工作法",极大地提升各级干部学科学方法、用科学方法的能力和水平,产业项目发展的可行性、工作推动的规范性、任务责任的可操作性大为提高,极大地降低了风险和提高了效益。

6. 促进农民就业

通过扎实开展职业技能培训和农村贫困劳动力全员培训,建立劳务联络工作平台,扩大劳务协作,提供就业推荐、职业介绍、技能培训、劳动维权等"一条龙"公共就业服务,劳务输出数量快速增加,在农村公益性岗位就业的人数大量增加。实施农村贫困劳动力就业补助制度,符合一定条件的人员,可按规定享受就业扶贫援助补贴每人每月400元。2019年,黔东南州实现农村劳动力转移就业8.3万人。到2019年年底,全州的生态护林员达到35523人。创业之风开始兴起,2019年返乡农民工就业创业3.8万人次。从对160个深度贫困村的调查来看,2019年就业扶贫38487人次,占各种帮扶措施人次的45.21%。

（四）制定特殊的"人、钱、地"政策，超常规配置资源要素

1. 广大干部下村践行初心使命

实施精准扶贫、精准脱贫方略以来，成千上万的基层扶贫干部奋战在脱贫攻坚一线，是扶持贫困群众脱贫、带领农民群众增收的先锋，是密切党与群众的血肉联系、夯实党在农村执政基础的"排头兵"。目前，黔东南州乡镇扶贫干部 4.41 万人、村干部 1.27 万人、大学毕业生 1549 名、农村知识青年 1268 名。

在基层扶贫干部中，帮扶干部是一支非常活跃、具有独特作用的队伍。2016 年以来，逐渐形成了三支较为稳定的帮扶队伍体系。一是中央国家机关、省直机关干部定点帮扶队伍。13 家中直单位先后安排 67 名干部、省直单位安排 800 余名干部在黔东南州挂职或担任驻村第一书记。二是东西部协作浙江省杭州市对口帮扶。2016 年以来，杭州市累计选派帮扶干部 43 名，选派专业技术干部 366 名，在黔东南州教育、医疗、人才交流、劳务协作、产业、电商等事业发展中都留下了深深的杭州印迹。三是州、县（市）、乡镇干部下乡驻村帮扶队伍。至 2018 年，共选派 16 支驻村工作队、1560 名第一书记、7858 名驻村干部驻点帮扶全州所有贫困村。①

广大扶贫干部认真履职、扎实工作，积极主动思考谋划，抓好各项政策措施落实，为推动黔东南州脱贫攻坚倾注全力。一是探索形成了一大批富有成效的帮扶机制和模式，丰富和完善了扶贫开发政策制度。二是充分利用自身资源优势、利用单位平台优势，引入了一大批扶贫资金、项目、人才等要素。三是帮助发展龙头企业、农民专业合作社等新型农业经营主体，有效促进了农村产业的发展。四是通过推动建立村规民约、规范村级组织运行机制、积极化解矛盾纠纷等措施，促进了农村基层组织建设更加规范有力。五是与贫困户"认亲戚、结对子"，充分发挥了密切党群干群关系的"连心桥"作用。

---

① 数据来源于黔东南州扶贫办。

2. 财政资金有效发挥投入主渠道作用

围绕黔东南州脱贫攻坚的重点任务,各级财政加大了扶贫方面的投入。重点包括:中央和省级财政预算安排用于精准扶贫、精准脱贫的资金,各级财政安排的农业、林业和水利方面的投入,以及教育扶贫、医疗扶贫、易地扶贫搬迁、农村危房改造、城乡居民基本养老保险、农村最低生活保障等方面的投入。2014—2018 年,全州上述 9 个方面的投入累计534.71 亿元。从来源看,中央财政补助累计 412.49 亿元,占 77%;省级财政补助累计 112.65 亿元,占 21%;州县级财政投入累计 9.57 亿元,占2%。分年度看,中央财政补助大幅度增加,年均增加额超过 10 亿元,年均增长率为 21.5%;省级财政补助每年维持在 20.7 亿元左右,逐年有所增加。①

为保障脱贫攻坚需要,黔东南州和各县采取多种方式深挖潜力,努力增收节支。一是盘活财政存量资金。至 2019 年 4 月,仅州级就收回结余资金 2.35 亿元,盘活资金 1.78 亿元。二是压缩行政经费开支。2016 年和 2017 年,全州压缩"三公"经费 6%共计 2430.6 万元,用于支持教育精准扶贫。2018 年,继续压缩一般性支出 5%共计 949.5 万元用于脱贫攻坚相关支出。2019 年,全州压缩党政机关行政经费 3736 万元用于教育精准扶贫。三是城乡建设用地增减挂钩指标交易取得初步进展。2016年以来,黔东南州共有 4 个深度贫困县增减挂钩流转收益 2.16 亿元,有力增强了脱贫攻坚资金保障。

3. 金融保险的支撑作用显著增强

按照中央和贵州省有关金融支持脱贫攻坚政策,黔东南州制定了《金融精准扶贫助推脱贫攻坚实施方案》等措施,积极争取政策性、开发性、商业性和合作性金融、保险等多方支持,使更多金融资源投入扶贫和产业发展。从黔东南州脱贫攻坚实际情况看,金融扶贫投入的形式主要有以下几点:

一是贷款。各金融机构数据显示,2014 年以来,全州金融机构贷款、

---

① 数据来源于黔东南州财政局。

涉农贷款、农户贷款、农村企业及各类组织贷款余额大幅增长。截至2018年年底，上述各项贷款余额分别为1269.86亿元、1040.96亿元、490.14亿元、501.56亿元，比2014年分别增长107%、121%、100%、148%，特别是扶贫相关专项贷款为农村产业发展和项目建设提供了重要支撑，全州农发行系统累计收到省扶投公司下拨省易地扶贫搬迁项目统筹资金82.43亿元，农村"组组通"项目贷款批复35亿元，累计向14.6万户贫困户发放"特惠贷"84.68亿元。

二是基金。据黔东南州金融办统计，2017年以来，黔东南州加快推进扶贫产业子基金项目承接，通过银行评审项目204个，审批基金97.96亿元；实际投放项目69个，投放基金23.49亿元，企业使用基金19.29亿元。极贫乡（镇）子基金是贵州省为实现20个极贫乡（镇）如期脱贫于2016年设立的，黔东南州有4个极贫乡（镇），即从江县加勉乡、黄平县谷陇镇、榕江县定威水族乡、雷山县大塘镇，2016年以来获得基金支持14.7亿元。

三是保险。2019年全州森林保险承保面积2803.55万亩，其中公益林承保面积1382.6万亩，商品林承保面积1420.95万亩。全州森林保险提供风险保障350.44亿元，惠及72.07万农户。同时，结合各县（市）农业优势产业和"一县一业"特点，因地制宜开办了20多个地方特色农业保险，实现家禽养殖保险县（市）全覆盖。2018年以来，农业保险为153.3万户次提供295.4亿元风险保障，14.87万户次被保险人获得3765.11万元理赔款。①

4. 特殊建设用地政策发挥特殊作用

对脱贫攻坚的土地要素保障，实行特事特办，开设绿色通道。一是保证产业发展用地。对现有耕地中70万亩籽粒玉米等低效作物进行结构调整，2018—2019年调减62.1万亩，用于种植效益较高的经济作物。累计使用220万亩林地发展油茶、茶叶、中药材、旅游、康养等产业，在适宜林区发展林下种植养殖等林下经济，林下使用率提高到21%。二是保证项目实施用地。按照特事特办原则，规划了移民搬迁安置点建设用地

---

① 数据来源于黔东南州林业局、州农业农村局。

1.1万亩。农村"组组通"公路建设、饮水安全提升工程建设用地,主要通过村级调剂。三是用足城乡建设用地增减挂钩政策。根据《国务院办公厅关于印发跨省域补充耕地国家统筹管理办法和城乡建设用地增减挂钩节余指标跨省域调剂管理办法的通知》,剑河县、榕江县、从江县实施了这一项目。剑河县有1028亩城乡建设用地增减挂钩节余指标跨省域调剂项目,指标交易价格为30万元/亩。

(五)加强党的领导,解决"谁来扶"的问题

1. 落实"五级书记抓脱贫"要求

黔东南州投入脱贫攻坚的力量前所未有,做到了尽锐出战、务求精准,为脱贫攻坚取得全胜提供了强有力的组织保障。

一是强化领导班子抓脱贫职责。把脱贫攻坚作为各级各部门的"一把手工程"。各级扶贫领导小组实行党政主要领导任组长的"双组长"机制,人大、政协主要负责人和分管联系负责人参加。涉及脱贫攻坚的任务部署、问题研究、工作调度、督促考核,都召开领导小组会议安排部署,形成四大班子抓脱贫的工作格局。人大、政协系统除了参与全州脱贫攻坚的决策、部署和调度,还部署了本系统的脱贫攻坚任务。州人大开展了"脱贫攻坚,人大代表在行动",州政协开展了脱贫攻坚"百千万行动"。

二是量化班子成员抓脱贫任务。要求党政领导班子成员每年述职时,必须有脱贫攻坚内容,报告自己一年来亲自参与脱贫攻坚、组织分管部门推进脱贫攻坚等工作情况。四大班子每位成员都要定期到自己的脱贫攻坚联系乡镇,到乡进村开展工作。在推进产业扶贫中,围绕全州明确的12个重点农业产业,每一项产业都由一名州级领导领衔推进。全州设立了脱贫攻坚五大战区指挥部,每个战区由一名州级领导担任指挥长,统筹该战区各县的脱贫攻坚工作。根据当年拟脱贫退出县的个数,由州级派出脱贫攻坚督战队,由四大班子领导牵头进行督战,做到全盘参与,人人头上有任务。

三是明确部门脱贫攻坚责任。每个州直部门定点帮扶一个乡镇,驻

点帮扶该乡镇 1 个以上的村,县直部门直接帮扶到村,从驻村的州县干部中明确一名村支部第一书记,协调和指导村"两委"工作。贫困县拟退出当年,到该县帮扶的州直部门须按本单位干部总数的 10% 抽派干部驻村,县直部门按本单位干部总数的 70%—80% 派出干部驻村。各村划定若干脱贫攻坚工作网格,由州、县、乡三级驻村干部担任网格员,做好每一户的精准施策。

2. 构建大扶贫工作格局

认真落实精准扶贫、精准脱贫基本方略,推动区域内党政部门、企业单位、中介机构、慈善机构、自治机构等各单位组织的积极性和创造性得以整合,产生了聚情、聚心、聚力、聚智的功效,最后达到聚变的效果。

一是建立纵到底、横到边的工作体系。组建"州—县(市)—乡镇—村—网格—结对帮扶干部"六级指挥体系。在州级和县级,建立党委、政府主要领导任"双组长"、部门一把手为主体成员的扶贫开发领导小组,下设办公室,同时组建各类工作专班等。在乡镇成立由县委常委任指挥长的脱贫攻坚前线作战部。在村级成立脱贫攻坚前线指挥所,每个村以 50 户左右为单元划定若干个工作网格,每个网格配备 1 名干部任网格员。为增强解决问题的能力,贵州省实行省领导包县、市(州)领导包乡、县领导包村、乡领导包户、党员干部包人的"五包"责任制。黔东南州实行州四大班子领导干部脱贫攻坚"下抓三级"工作机制,明确 38 名州四大班子领导干部分别联系 16 个县市,具体联系到 206 个乡镇、66 个深度贫困村,531 名县(市)四大班子领导干部分别联系本县(市)所有村,州直所有行政事业单位定点帮扶 206 个乡镇、驻村帮扶 1 个以上行政村,实现联系乡镇(街道)州级干部全覆盖,联系村县级干部全覆盖。

二是聚焦深度贫困区域攻克最后贫困堡垒。在从江县加勉乡、黄平县谷陇镇、榕江县定威水族乡、雷山县大塘镇这 4 个省级极贫乡镇,组建由省领导担任指挥长,州委、州政府主要领导任副指挥长的省级极贫乡镇脱贫攻坚指挥部。针对全州贫困发生率高于 20% 的 262 个深度贫困村,州级层面审查其脱贫攻坚工作方案,从州直机关选派 116 名干部到极贫乡镇、深度贫困村所在乡镇挂任党政副职。对从江、榕江两个深度贫困县,选派年富力强、经验丰富的州委常委去担任县委书记,从全州已脱贫出列的 6 个县提拔 19 名有实战经验的乡镇党委书记担任州直单位领导后,下派到从江县 19 个乡镇担任"乡镇党委第一书记",州直部门定点联系包保从江县 34 个贫困发生率在 30% 以上的贫困村;从 19 个州直单位安排县级领导成立 19 个脱贫攻坚指导组,进驻榕江县 19 个乡镇开展扶贫工作,州直单位定点联系包保榕江县 15 个贫困发生率在 30% 以上的贫困村。同时,由凯里市和已摘帽的丹寨、麻江、施秉、镇远、三穗、雷山 6 县分别结对联系 2019 年摘帽的 7 个县,开展州内对口联系抱团脱贫。2019 年的年度脱贫任务完成后,由凯里市和 2018 年摘帽的 6 个县结对帮扶从江县 19 个乡镇,每个县市帮 3 个左右乡镇;由 2019 年摘帽的 7 个县结对帮扶榕江县 19 个乡镇,每个县帮 2—3 个乡镇,举全州之力攻克最后的贫困堡垒。①

三是用足帮扶资源形成强大合力。(1)杭州市对口帮扶。与杭州市一道,持续强化东西部扶贫协作组织领导、资金使用、人才交流、产业合作、劳务协作、携手奔小康"六项行动"。2016 年以来,杭州市 13 个区(县、市)、105 个乡镇(街道)、216 个村分别结对帮扶黔东南州 16 个县(市)、122 个乡镇(街道)、219 个村,223 家杭州企业结对帮扶 444 个贫困村(其中深度贫困村 385 个)。(2)中直单位定点帮扶。13 家中直单位按照中央部署,定点帮扶黔东南州 14 个贫困县。2016 年以来,13 家单位先后安排 67 名干部在挂职或担任驻村第一书记,累计投入和协调各类资金共 58.5 亿元(不含信贷资金),并探索形成了一大批富有成效的帮扶机制和模式。(3)澳门特别行政区定点帮扶从江县。澳门特别行政区政府及有关方面与从江县签署 18 项帮扶协议,进一步助推从江县脱贫攻坚,充分彰显了"一国两制""血浓于水"的深厚情谊。(4)社会帮扶。积极推广中国社会扶贫网,累计注册爱心人士 54254 人、注册贫困人口 121020 人。万达集团丹寨项目部荣获 2019 年全国脱贫攻坚组织创新奖,万达集团整县帮扶丹寨县也列入了全球减贫优秀案例。深入开展"千企帮千

① 数据来源于黔东南州扶贫办。

村"行动,筹划好"扶贫日"系列活动,营造起人人关心支持脱贫攻坚的浓厚氛围。①

3. 提高精准作战水平

按照政策设计、工作部署、干部培训、督促检查、追责问责的"五步工作法",在战术上落实"精准"要求。根据每年脱贫攻坚任务,制定若干个脱贫攻坚战役,明确每场战役的主攻方向和决战时间节点。从 2017 年起,连续发起了脱贫攻坚"春风行动""春季攻势""夏季大比武""夏秋攻势""冬季充电"等若干战役,通过打好每一场歼灭战,保证了脱贫攻坚战步步为营、节节胜利,积小胜为全胜。围绕"两不愁三保障"等核心指标,业务主管部门组建工作专班和专家团队,逐县开展工作。根据需要成立由党委、政府分管领导牵头、相关部门共同参与的工作专班,有针对性地开展专项工作。

4. 完善督导考核机制

强化脱贫攻坚的过程管理,对脱贫攻坚的每一项工作,广泛开展"晒比述评"。对移民搬迁、产业革命、农村危房改造等重点脱贫项目,按季度开展现场观摩,不断地学习先进、鞭策后进,强化过程管理,以工作质量确保脱贫质量。突出问题导向,以拟脱贫退出县为重点,根据督查检查情况找准存在的突出问题,2018 年就开展贫困人口漏评错评错退、农村危房改造、扶贫资金使用、扶贫领域腐败和不正之风、安全饮水、"四场硬仗"、东西部扶贫协作等问题进行专项治理,2019 年又集中开展了针对"帮扶工作不扎实、东西部扶贫协作有差距、资金使用不规范、政策落实不到位、脱贫攻坚打法不精准"问题的"五个专项治理"活动。重视结果运用,将州县领导、州县部门的年度目标考核奖励兑现与所挂帮的县乡脱贫成效考核结果挂钩,并延伸作为干部任用的重要依据。

三、脱贫成果尚不牢固,农业农村发展短板突出

黔东南州属于滇黔桂石漠化片区,整体上具有"三区三州"深度贫困

---

① 数据来源于黔东南州扶贫办。

地区的特征,16个县市中只有首府凯里市不是贫困县(市)。在脱贫攻坚的过程中,黔东南州通过充分发挥强大的制度优势,集中实施一批超常规政策举措,在短短几年中将所有贫困人口从贫困"洼地"中拉上来,兜底性的制度框架已经建立,农业农村的发展基础也明显增强,为提高脱贫的稳定性,进一步缩小城乡之间、区域之间、农村内部的收入和生活差距,逐步实现农业农村现代化,奠定了基础。但要看到,实现稳定脱贫将面临比短期性脱贫更加复杂和长期因素的制约,实现农业农村现代化需要更长的历史过程。打赢阶段性脱贫攻坚战以后,黔东南州的扶贫工作任务依然十分艰巨,推动农业农村发展整体上新台阶仍然需要付出巨大的努力。

(一)巩固拓展脱贫攻坚成果的任务依然繁重

1. 脱贫基础尚不牢固

贫困户一般是居住十分偏僻、生存条件差、文化程度低、缺乏劳动力的家庭,有的家庭还遇到了重大变故,家庭债务很重,稳定解决他们的特殊困难,难度非常之大。

对217名村干部关于致贫因素的访谈表明,认为是缺技术致贫的有192人,占88.5%;认为是自然条件差致贫的有159人,占73.3%;认为是懒惰致贫的有113人,占52%;认为是缺帮扶致贫的有40人,占18.3%。此外,因病致贫6154人,占6.14%;因灾致贫2190人,占2.19%;因残致贫3836人,占3.83%。贫困户在农业生产方面存在的困难问题也比较多,认为缺乏技术的有195人,占89.9%;认为资金不足的有138人,占63.6%;认为管理经验不足的有143人,占65.9%;其他的有37人,占17%。从多数村庄情况来看,只有缺技术、缺资金、内生动力不足问题和交通、水利等设施条件解决好了,增收潜力才能释放出来,巩固脱贫攻坚成果才具有基础。

在月亮山区和雷公山区,发展的资源条件比较差,基础设施建设成本很高,市场、技术、信息等要素流动渠道不畅、市场不灵、运输成本高企等问题突出,发展产业的困难较多。多数深度贫困村没有支柱产业,经济结构单一;龙头企业和专业合作社很少,能人大户带动和辐射作用有限;扶贫产业项目小、散,市场竞争力不足。从调研的 160 个深度贫困村来看,有 88 个村缺资金,占 55.0%;有 155 个村缺技术,占 96.9%;有 79 个村缺产业,占 49.4%;有 84 个村缺劳动力,占 52.5%;有 77 个村缺带头人,占 48.1%;有 30 个村缺耕地,占 18.8%。

2. 解决返贫问题的压力仍然相当大

脱贫人口之所以能够脱贫,在很大程度上是靠采取阶段性的超常规措施扶持实现的。当前的扶贫政策措施,可让四口之家的贫困户年均获得资金性帮扶红利 6000 元左右,加上实物和服务折价,户均年增收接近 8000 元,人均年增收约 2000 元。目前,下派驻村干部就有上万名,他们与当地乡村干部一起,对每家每户进行跟踪了解。贫困户一旦遇到困难,就能及时得到帮扶。即使在这种工作格局下,仍有部分贫困户返贫。如果扶贫工作力度稍有放松,就会有为数不少的人口返贫。在调查黔东南州 2018 年返贫的 274 户中,因病返贫 140 户,占 51.09%;因学返贫 51 户,占 18.61%;因灾返贫 43 户,占 15.69%;因残返贫 29 户,占 10.58%。从返贫原因来看,因病因学因灾致贫是主要因素。如果工作体制调整,今后返贫的因素会明显增加,返贫人口可能也会增加更多。

3. 易地扶贫搬迁后续扶持任务繁重

易地搬迁后生产生活方式全面发生变化,确保搬迁人口获得稳定的收入来源,适应新的生活、配套建设各种条件等需要一个较长的过程,"稳得住"还面临不少现实困难,"有就业,逐步能致富"将是一个长期的发展过程。主要短板工作包括:安置地产业尚未得到充分发展,就业带动效应不够明显;配套设施建设和公共服务供给滞后,社会管理和服务亟待完善,容易引发新的矛盾纠纷;生活成本迅速攀升,部分搬迁群众生活压力会骤然加大。后续问题解决不好,就有可能出现把贫困从农村搬到城市,把分散的矛盾变成集中性矛盾的现象。对 217 个村的调研表明,黔东南州易地扶贫搬迁已拆除旧房复垦户数 1441 户,2018 年实现"稳得住"的 4035 户,还有 767 户没有稳定就业和收入来源。完善后续扶持体系,做好"后半篇文章",特别是帮助搬迁人口实现就业增收,需要花的时间更长,需要做的工作更多。

（二）农业农村发展整体滞后

黔东南州是我国贫困程度很深的区域之一，农村发展水平不仅远远低于大中城市，与全国农村平均发展水平的差距也很大。整体区域性的欠发达，使得贫困现象更加容易发生，实现乡村振兴的任务更重，道路也更漫长。

1. 农业农村经济发展水平还比较低

一是家庭经营效益低。根据黔东南州统计局统计资料分析，全州乡村劳动力中从事第一产业的超过一半。2013年，农户人均经营性收入为3644元，经营净收入为2369元。2018年，农户人均经营性收入为4414元，经营净收入为2867元。在这六年间，经营净收入仅增加498元，增幅明显偏小。2018年，低收入组、中低收入组、中等收入组、全州平均经营净收入占可支配收入比重分别为25%、32.7%、29%、30.9%，分别比2014年下降11.8个、10.3个、11个、11.9个百分点。

二是特色优势产业刚刚起步。产业发展是要靠在市场竞争中取得优势才能实现的，绝不是一件轻松的事情。总体来看，全州各地特色产业发展仍是"星星点点"，产业项目小而散，特色农业尚未形成规模化的全产业链，高质量发展机制尚未普遍建立，"一县一业"的发展大格局尚未形成。2018年，全州注册资金过千万元的企业不到10家，尚无一家国家级农业产业化龙头企业，龙头企业普遍存在规模小、资金实力弱、组织带动能力不强的问题。农民专业合作社虽然超过9000个，但大多数合作社规模小，运行机制不健全，还有3540个合作社运行或经营不正常。很多扶贫产业发展主要靠政府驻村干部负责筹集资金、组织生产、找销售门路，大量贫困户只是等着分钱，自身的发展能力并未培养起来。

三是就业质量不高。全州农村外出务工人员近年维持在百万人左右，超过全州乡村劳动力人口总量的五成，外出务工收入是目前农户工资性收入增加的主要支撑。但受文化素质和劳动技能因素影响，外出人员主要从事建筑、工业等行业的简单劳动，获得工资性收入的行业范围较狭窄。2018年，转移就业农民工119.67万人（返乡就业创业农民工25.18

万人),但组织技能培训仅 6 万人左右,工资水平难以有较大幅度提高。回乡就业的现象开始多了起来,但尚不普遍。217 个样本村共有外出务工人员 93019 人,近三年仅有 1142 人回乡创业。

2. 农村生产生活条件差距较大

全州 30 户以上集中连片散落崇山峻岭之中的自然村寨有 10648 个,基础设施建设成本高,村庄内部生产生活条件的改善才刚刚开始。与全国平均水平相比,与农民群众的迫切期盼相比,农村基本生产生活条件差距还较大。

一是农村公路质量低,管护机制不完善。不少贫困县内部交通大通道尚未打通,处于月亮山、雷公山区腹地的乡镇开车到县城还需三个小时以上,大量农民从家里到乡镇赶集来回就需要大半天,路不成网和"断头"的现象普遍。调查的 160 个深度贫困村,有 97 个距离县城 50 公里以上,最远达 166 公里。县城通往乡镇和村的道路标准低,"不三不四"公路还有很大比例。贫困山区地形地貌复杂,地质灾害多发频发,危险路段多,生命安全防护工程缺口很大,道路管护机制还很不完善。按照中央补助标准,黔东南州农村公路养护经费为县道 6000 元/公里·年、乡道 3000元/公里·年、村道 1000 元/公里·年。但从实际情况看,县道需要 15000元/公里·年、乡道需要 12000 元/公里·年、村道需要 8000 元/公里·年,大大高于现行补助标准,资金缺口极大。① 虽然部分县市已将通组公路管养资金纳入财政预算,但实际并未足额落实到位,使管养工作无法正常开展。乡镇农村公路管理人员大多要承担乡镇其他工作,变动频繁,缺少专业技术人员。

二是村内设施建设不完善,农民的诉求日益增强。在对 217 名村干部的问卷调查中,关于"村里急需解决的基础设施条件"问题,119 人选择"村级活动场所建设",占比 54.8%;76 人选择"村内道路建设",占比35%。关于"改善人居环境目前急需解决"的问题,147 人选择"垃圾收集处理",占比 67.7%;104 人选择"处理好污水",占比 47.9%;97 人选择

---

① 数据来源于黔东南州交通运输局。

"组织各家各户改造厕所",占比44.7%;78人选择"消除牛圈猪圈带来的臭味",占比35.9%;57人选择"安装路灯",占比26.3%。

三是农业生产设施缺乏,资源开发受到制约。在对217名村干部的问卷调查中,关于"村里急需解决的基础设施条件"问题,155人选择"农田水利设施建设",占比71.4%;149人选择"机耕道建设",占比68.7%;51人选择"塘坝建设",占比23.5%。由于没有冷链物流,山区大量具有特色的农林产品生产或者采集出来后,只能就地贱卖或者扔掉。解决农民群众对基础设施条件"可望而不可即"的问题,是今后扶困帮弱的重要着力点。

3. 农村社会事业欠账很多

一是教育均衡发展任重道远。黔东南州是我国教育事业发展非常薄弱的地区之一,农村群众受教育程度低。据2017年黔东南州普查的数据,全州农村总人数389.36万人,大专及以上文化程度占2.7%,高中程度占6.7%,初中程度占39.5%,小学程度占40.5%,不识字或识字很少占10.5%。全州缺教师1.41万名,其中学前阶段教师8500名,高中和中职教师2866名;需新建、改扩建义务教育学校354所、普通高中学校21所、公办幼儿园339所,特别是农村教学点由2009年的1120个减少为2018年的803个,部分山区孩子上学不方便。农村留守儿童迫切需要关爱,学生厌学辍学的现象仍时有发生。在217个行政村问卷调查中,关于"村民在教育方面遇到的突出困难"问题,85人认为"上幼儿园不方便",占比39.2%;89人认为"上小学初中不方便",占比41%;98人认为"上高中花钱多",占比45.2%;110人认为"上大学花钱多",占比50.7%。调查的160个深度贫困村,有70个村没有学校(教学点),69个村没有幼儿园,教学设施设备短缺,很少有优质师资力量。

二是基层医疗服务保障水平低。全州208个乡镇卫生院(社区卫生服务中心)编制6755个,空编1597个,占编制数的23.23%;外聘人员2754人,占在编人数的48%。村医工作任务重、收入低、队伍难以稳定,基层医疗卫生服务保障难。乡镇卫生院服务能力薄弱,只能处理一些常见病。村医缺乏,村卫生室规范化建设水平不高。在217个行政村问卷调查中,关于"村民在医疗卫生方面的主要困难"问题,59人选择"慢性病治疗",占比27.2%;37人选择"大病住院",占比17.1%;121人选择"村里医疗条件差",占比55.7%。调查的160个深度贫困村,虽然设立了卫生室,但由于乡村基础医疗卫生条件差,缺医少药是常态,贫困家庭得了病一般是要么忍、要么拖。解决乡镇卫生院的人员不足、村内医疗条件较差的问题,是当前与农民关系最为密切的事情。在有条件的地方,要抓紧解决慢性病治疗问题。

三是农村养老保障水平低。农民参保意识不强,参保一般选择最低缴费档次以"完成任务"。目前基础养老金补贴每月仅为96元,远远不足以保障老年农村居民基本生活。农村养老项目政府配套资金少,建设资金缺口较大,福利院、乡镇敬老院普遍有编无人,专业护理人员、管理人员和社工人员严重不足。调查的160个深度贫困村,还有153个村(占96.87%)没有养老服务机构。

4. 文化建设是农村社会的突出短板

一是精神脱贫任重道远。对217名村干部关于村民对社会主义核心价值观内容了解情况的调查表明,有51.8%的村只有少数人了解,还有4.5%的村几乎没有人了解。关于贫困户致贫原因,有52%认为懒惰是致贫因素。有86.2%的受访村干部认为,贫困户需要得到农业生产技能培训。但对贫困户参加培训的积极性,只有32.3%认为高,有51.2%认为一般,有12%认为较低。对村里实行"三转"(懒转勤、勤转能、能转富)的情况,认为效果好的有33.2%,有48%认为效果一般,有4.6%认为效果差。在"贫困户对走出贫困是否有信心"这个问题上,有44%的村干部信心一般,有3.7%信心不足。

二是公共文化服务体系建设仍存在明显短板。全州行政村(社区)中,有82.54%的村没有建设村级综合文化服务中心;已有但面积未达到省级标准的占25%。因资金、人员不到位,各县(市)"三馆一站一书屋"服务差距大。由于编制紧缺,400余名乡镇综合文化站工作人员普遍主要做其他工作,只有17.46%的行政村(社区)配置了兼职文化管理员。在对217个行政村的问卷调查中,对"村内公共文化建设的需求"问题,选择"很强烈"的占 71.1%、"比较强烈"的占 22.5%、"一般"的占 6.4%。对所在村组的"文化活动或文化设施是否得到满足"问题,选择"满足"的占 4.3%、"基本满足"的占 29.2%、"不能满足"的占 66.5%。

三是文化产业发展质量不高。虽然黔东南州文化资源丰富,但缺乏长远统一规划和协调机制,文化资源优势未能转化成经济优势。现有民族文化产品总量不足,产品(服务)单一、同质化现象严重、竞争力不强,缺乏文创产品的标准化、规模化生产、制作以及营销,产业链条不完整,品牌效应仍然很有限。

四是不良文化蔓延。对 217 个村的调查表明,每年筹备和参加当地传统节日活动(不包括春节)超过 10 天以上的占 80.2%,户均过节花费 2400 元。每年户均用于人情方面的支出 4350 元,"大操大办酒席"的比例高达 66.8%。有 20.7%的村反映有赌博现象,有的农民在外辛苦一年的收入在过年期间可能全部输光,有的甚至因赌博欠钱不得不借路费去打工还债。有 11 个村存在吸毒现象,占 5.5%。有 37.8%的村反映存在"不孝敬老人"现象,有的家庭买房买车,但为享受扶贫政策,把老人作为贫困人口单独分出去。

5. 生态扶贫尚未根本破题

黔东南州生态保护和生态扶贫虽然取得了历史性成就,但总体仍是光绿不"富",广大群众特别是贫困群众还没吃好"生态饭","保生态"与"助脱贫""奔致富"没有实现同步推进。

一是生态建设质量有待提高。缺乏系统规划设计,生态环境保护规划与空间布局、土地利用总体规划、城市总体规划等未完全做到有效衔接。林地管理粗放,林木种植低效混杂,土地、降水、光温等资源没有充分利用,林分质量低,森林蓄积量 1.69 亿立方米,亩均仅为 5.51 立方米。工业园区管理、旅游景观管理、自然保护区管理、农村环境保护、固体废物管理等规范性不够,污染防治能力不足,社会参与度不高,废物处置与回收利用水平较低。

二是生态补偿不到位。生态保护、生态恢复建设与生态补偿机制不健全的矛盾突出,天然林资源保护、退耕还林还草、长江珠江防护林体系、森林抚育和低产林改造等重点生态工程建设投入不足。林地管理体制僵化,国家公益林补偿标准偏低,不利于调动林农对公益林保护管理的积极性。2019 年,国家重点生态功能区国家级公益林的补偿标准为每年 15 元/亩,地方公益林为每年 10 元/亩,均远远低于商品林经营收益。生态护林员指标 3.5 万名,直接带动建档立卡贫困人口脱贫的数量有限。

三是生态产业发展尚未实现根本性突破。特色林业企业投资小、产品科技含量低、市场竞争力不强。林地分散破碎,林下经济发展点多面少、布局分散,组织化水平低,难以形成规模优势和产业体系。黔东南州规划到 2021 年建成高效油茶基地 160 万亩、新增 60 万亩,规划到 2022 年全州竹林面积达到 110 万亩、新增 70 万亩,但 2019—2021 年可提供用地面积仅 70 万亩。基础设施条件不具备,适宜规模发展林下经济的山区其水、电、路、通信等基础设施普遍落后,不具备生产经营条件。绝大多数林地在植被覆盖以后,难以用作生产经营。

6. 治理体系和治理能力还明显不适应

改革开放以来,黔东南州的农村经济社会获得了快速发展,但随着乡村社会开放程度的提高、人口流动性的增强、外来不稳定性因素的介入、人口价值观念的变化等,乡村治理面临的情况越来越复杂,提高乡村治理体系和治理能力现代化的水平显得非常紧迫。

一是乡村治理观念理念不适应。不少基层领导干部尚未真正树立和践行"发展是第一要务、稳定是第一责任"的工作理念,对"促一方发展、保一方平安"的政治使命认识不清。部分乡村干部法治思维和法治意识淡薄,在决策或行政管理中存在不依法办事的情况,在利益面前偏亲向友、重大决策不民主、工作方法简单粗暴等。

二是乡村治理体制机制不适应。从政府层面看,目前乡镇政府机构分散,各个系统密切协作、齐抓共管的能力弱,绝大部分乡村社会治理工作依靠政法综治部门单打独斗,成效有限。从村级组织层面看,目前村(居)委会这一群众性自治组织承担了大量原本属于乡镇政府和部门的工作任务,成为政府部门的承受层、操作层和落实层。原本的村级自治管理功能日益萎缩,出现了"该管的未管,不该管的强管,管了的又管不好"的现象。从村民层面看,由于文化程度普遍不高,各家忙各家的,乡村社会发展普遍存在"有和谐、无活力"的现象。农村年轻人大量去外地谋生,对公共事务不很关心。

三是乡村治理受到客观条件制约。第一,各种遗留矛盾较多。农村集体产权收益分配、土地征用补偿、林权纠纷、村级财务、基层干部作风、侵财盗窃等方面的利益纷争易发。尤其是林权纠纷存量较大,存在较大群体性事件隐患。第二,人口结构失调。实行计划生育以来,重男轻女的传统思想观念造成农村人口性别比例失调,加上"打工潮"带来的大量农村女孩嫁到城里、嫁出州外,农村大龄单身男子数量大幅增加。第三,流窜作案现象增加。交通便利不仅给群众生活、出行等带来了方便,也加快了人流物流往来,给流窜作案提供了方便,盗窃农村摩托车、牲畜、基站电缆线等案件时有发生,对乡村社会治理提出不小的挑战。第四,不少村没有"主心骨"。村里的能人少,调动不起村民参与村里事务的积极性。当前从事乡村治理与服务工作的多是村支部书记、村委会主任、村会计"三大干部",且大多数没有经过社会工作的专业培训。有的村多年没有发展党员,村"两委"话语权减弱,乡村工作者队伍青黄不接。第五,财力不足。集体经济基础差,存在大量"空壳村",缺乏自有财力改善村寨基础条件,为村民群众服务。乡村日常管理事务繁多,乡镇政府拨款补贴远远不能满足乡村管理费用。

7. 农村党的建设亟待加强

改革开放以来,黔东南州一直努力加强农村的组织建设。特别是通过持续加强党的建设、整顿软弱涣散党组织、选优配强基层党支部书记,农村基层党组织较好适应了各个发展阶段不断变化的新情况,很好地发挥了战斗堡垒作用,在农村各类组织中一直居于领导地位。但伴随着农村劳动力外出数量的增加、城镇化水平的提高、农村经济社会结构的深刻变化,农村组织体系建设面临的情况越来越复杂,需要不断适应新情况去解决。

目前,仍有为数不少的基层党组织软弱涣散、战斗力不强。部分党组织班子不团结,党组织负责人年龄偏大、文化程度偏低,缺乏精神动力,接受现代科技的能力弱,开拓创新和带领群众致富的能力也不足。2016年,经对全州2117个村级党组织排查,有572个属于后进党组织,有355个处于软弱涣散状态。年轻人加入党组织的主动性和积极性不够强,高素质的村干部后备人才严重不足。当上了村干部的,也有不少出工不出力,有的为逃避责任不辞而别外出打工。

(三)增收动能不足是农民脱贫致富面临的基本困境

1. 农民收入水平与全国平均水平的绝对差距在扩大

2019年,黔东南州农民人均可支配收入为10233元,相当于全国平均水平的63.87%。从住户调查情况来看,黔东南州80%以上农户的收入水平低于全国平均水平。2013—2019年,全州农民人均可支配收入与全国、贵州省平均水平的差距分别由3551元、89元扩大到5788元、523元;人均生活消费支出与全国、贵州省平均水平的差距分别由1479元、407元扩大到2885元、1790元;农民的收入与生活消费水平在贵州省9个地区中也居于末位。从五等分农户人均可支配收入情况看,2013年低收入户、高收入户的农民人均可支配收入为2590元、10493元,2018年低收入户、高收入户的农民人均可支配收入为3097元、21970元,差距由7903元扩大到18873元。①

2. 低收入户自身动能不足

从全州的情况来看,农民收入增长是较快的。2014—2018年,农民人均可支配收入从6139元增加到9227元,增加了50.3%,年均增速达到10.72%。但要看到,不同收入组农户的收入增速存在很大差异。由于0—10%以下收入组普遍可以获得低保、救助、救济等,农民人均可支配收入增长很快,2014—2018年增加62.95%,年均增幅达到12.98%。但这个组别绝对增收额较低,仅为854元,相当于全州平均增收额的27.66%。10%—30%以下收入组这一期间的农民人均可支配收入从3628元增加

---

① 根据国家统计局统计公报和黔东南州统计局数据进行分析。

到 4516 元,绝对增加额仅相当于同期全州平均水平的 28.76%。从增长速度看,年均增速为 5.63%。低于全州平均增速 5.09 个百分点。

3. 边缘户致贫的概率较大

2014—2018 年,30%—40% 以下组别的农民人均可支配收入从 4712 元增加到 6088 元,增幅为 29.20%,比 0—30% 以下组别低 1.44 个百分点,比 40%—60% 以下组别低 7.89 个百分点,比全州平均水平低 21.1 个百分点。在所有组别中,该组别农民人均可支配收入增长速度是最慢的。2014—2018 年,这个组别的农民人均工资性收入从 1345 元增加到 2298 元,增幅为 70.84%。虽然比 0—30% 以下组别高 47.87 个百分点,但比全州平均水平低 29.11 个百分点。同期该组别转移性净收入增加 462 元,增幅为 35.44%,比 0—30% 以下组别低 64.45 个百分点。更需要注意的是,其间该组别的农民人均经营性净收入是下降的,从 2028 元减少至 1993 元,下降了 1.71%,而同期全州平均水平增加了 8.44%。另外,人均消费支出增长的速度较快,从 5456 元增加到 8879 元,增加了 62.73%,比可支配收入增加幅度高 33.53 个百分点。收入增长较慢,而消费支出增长较快,给边缘户的生活带来了较大的压力。

为确保现行标准贫困人口全部脱贫和实现全面建成小康社会的目标,国家采取了一系列超常规措施。这是实现脱贫目标的必要条件,也在一定程度上形成了贫困人口与贫困边缘人口之间,贫困县、贫困乡镇、贫困村与发展水平接近的非贫困县、非贫困乡镇、非贫困村之间在政策和支持上的不平衡现象。对 217 个村的调查表明,建档立卡户、非建档立卡户对扶贫工作的满意度存在明显差异。建档立卡户对扶贫工作非常满意的占 44%、比较满意的占 42.7%。非建档立卡户对扶贫工作非常满意的占 22.5%、比较满意的占 36.2%。

四、推进脱贫攻坚同乡村振兴有效衔接的基本思路

共同富裕是社会主义的本质要求,缩小城乡之间、区域之间、农村内部的收入和生活差距是建设中国特色社会主义现代化过程中的长期历史

任务。在解决现行标准绝对贫困问题以后，推动巩固拓展脱贫攻坚成果与乡村振兴有效衔接，是实现乡村全面振兴的必然要求，是体现中国特色社会主义制度特征的重要方面。扶贫工作与乡村振兴工作，就工作基本要求、工作重点与条件保障、工作体制机制等而言，两者既有紧密的联系，也有明显的差别。这种联系和差别，还具有明显的历史阶段性、区域性、领域性特征。把握好两者之间的关系，是实现脱贫攻坚工作与乡村振兴工作有效衔接的基础和前提。

（一）实施减贫战略与实施乡村振兴战略的关系

习近平总书记明确指出，"如期全面建成小康社会……城市这一头尽管也存在一些难点，但总体上不成问题。最艰巨最繁重的任务在农村，特别是在贫困地区，这是全面建成小康社会最大的'短板'"①。在 2017年的中央农村工作会议上，习近平总书记进一步指出，精准脱贫是对全面建成小康社会最具有决定意义的攻坚战。从党和国家工作布局来看，"三农"是全面建成小康社会的短板，"三农"工作是重中之重的工作；大量贫困人口仍然存在是全面建成小康社会短板中的短板，打赢脱贫攻坚战是必须不折不扣完成的底线任务。

1. 减贫与乡村振兴都是国家长期战略

邓小平同志多次强调："贫穷不是社会主义，社会主义要消灭贫穷。"②改革开放以后，我国始终把减缓贫困作为发展的重要目标和任务，先后组织制定实施《国家八七扶贫攻坚计划（1994—2000 年）》《中国农村扶贫开发纲要（2001—2010 年）》《中国农村扶贫开发纲要（2011—2020年）》等大规模减贫规划。扶贫工作始终在区域开发和到人到户两个基本层次展开，在近年实施精准扶贫、精准脱贫方略的过程中，依托建档立卡的基本数据，到户到人的扶贫工作抓得更细，区域开发的力度也大为加强。通过脱贫攻坚，我国消除了现行标准下的绝对贫困。但对我国这样

---

① 《习近平扶贫论述摘编》，中央文献出版社 2018 年版，第 8 页。
② 中共中央文献研究室编：《毛泽东邓小平江泽民论科学发展》，中央文献出版社、党建读物出版社 2008 年版，第 38 页。

发展不平衡不充分的国家而言,相对贫困问题不仅在不同群体之间体现得比较明显,在区域之间的体现也相当明显。解决相对贫困问题,不仅要缩小群体之间的收入和生活差距,还要缩小地区发展差距,这是一个长期的历史过程。我国已经明确提出,到 2035 年实现农业农村农民与国家同步基本实现现代化;到 2050 年必须让亿万农民在共同富裕的道路上赶上来,让美丽乡村成为现代化强国的标志、美丽中国的底色。解决相对贫困问题,将伴随我国整个现代化进程。

2. 帮扶低收入人口是乡村振兴的前提和重要内容

《中共中央 国务院关于实施乡村振兴战略的意见》要求按照"产业兴旺、生态宜居、乡风文明、治理有效、生活富裕"二十字的总要求,统筹推进农村经济建设、政治建设、文化建设、社会建设、生态文明建设和党的建设,加快推进乡村治理体系和治理能力现代化,加快推进农业农村现代化。习近平总书记明确提出,实施乡村振兴战略,是"三农"工作的总抓手。[①] 从实施乡村振兴战略的要求和工作内容来看,已经涵盖了减贫工作。文件明确提出"乡村振兴,摆脱贫困是前提"。现行标准下农村贫困人口实现脱贫,贫困县全部摘帽,解决区域性整体贫困,是实施乡村振兴战略到 2020 年的目标。相对贫困进一步缓解,共同富裕迈出坚实步伐,是实施乡村振兴战略到 2035 年的目标。缩小区域发展差距,对低收入人口进行帮扶,始终是"三农"工作的重要内容。

3. 减贫是一项具有独特性的"三农"工作

减贫工作最初是在"三西地区"(指甘肃的河西、定西和宁夏的西海)以农业建设为重点开展专项扶贫的基础上发展起来的,1984 年《中共中央 国务院关于帮助贫困地区尽快改变面貌的通知》划定了 18 个需要重点扶持的贫困地带,扶贫开始成为一项相对独立的工作。1986 年,国务院贫困地区经济开发领导小组成立,安排专项扶贫资金,制定优惠政策,坚持开发式扶贫方针,减贫工作开始有计划有组织大规模实施。减贫工

---

① 参见习近平总书记 2018 年 9 月 21 日在中共中央政治局就实施乡村振兴战略进行第八次集体学习时的讲话,《习近平主持中共中央政治局第八次集体学习》,新华社北京 2018 年 9 月 22 日电。

作在性质上属于"三农"工作,但与其他"三农"工作比较,有其明显的独特性。

一是综合性强。解决贫困问题,涉及食物安全、教育、医疗卫生、住房、交通、就业、收入、解决特殊性和临时性困难等方面。实现这些目标,需要从经济、政治、文化、社会、生态文明、党建等各个方面开展工作。扶贫工作机构要协调党委、政府、人大、政协、民主党派等部门单位,经济发达地区,企业和各方社会力量等对贫困地区和贫困人口进行帮扶,涉及面也相当宽。减贫事业是"三农"事业中的一块,这与专门领域工作是不同的。

二是相对独立性。在整个"三农"工作体系中,减贫工作已经建立起相对独立的目标、标准、工作对象、运行机制、重点任务、政策举措、工作成效和考核机制。保持减贫工作的相对独立性,有利于建立起瞄准机制、专门匹配资源和有针对性地解决问题。脱贫攻坚战之所以能够打赢打好,很重要的就是建立起了精准的区域和人口瞄准机制、任务体系和政策体系,把农村贫困人口如期脱贫、贫困县全部摘帽、解决区域性整体贫困作为底线任务、标志性指标,纳入"五位一体"总体布局、"四个全面"战略布局,这是脱贫攻坚责任能够得到明确、措施能够落地生根、要素能够得到满足、干部力量能够得到配备、各方力量能够动员起来的重要原因。

三是目标特殊性。自减贫工作开展以来,我国在每个阶段都提出具体的目标。在决胜全面建成小康社会的关键时刻,作为"三农"工作中的优先工作,脱贫攻坚是一场输不起的战役,工作格局具有明显的突击性、强制性,要求采用独特的工作方式,倒排工期,把实现脱贫目标的短板一一找出来并加快补齐,确保党的庄严承诺如期兑现。对实施乡村振兴战略,中央明确要求要遵循乡村发展规律,有足够的历史耐心,坚持尽力而为、量力而行,坚持科学规划、注重质量、从容建设,科学评估财政收支状况、集体经济实力和群众承受力,合理设定投资规模、筹资渠道、负债水平,合理设定阶段性目标任务和工作重点,聚焦阶段任务,找准突破口,排出优先序,久久为功,积小胜为大胜。切忌贪大求快、搞刮风运动,防止走弯路、翻烧饼,不能超越发展阶段,不能提脱离实际的目标,更不能搞形式主义和"形象工程"。

(二)推动脱贫攻坚同实施乡村振兴战略有效衔接的基本思路

中央已经在多个文件中提出打赢脱贫攻坚战以后要接续开展减贫工作、巩固拓展脱贫攻坚成果、建立起解决相对贫困问题的长效机制、推动脱贫攻坚与乡村振兴有效衔接等原则性要求。但如何把扶贫工作回归到常规状态继续开展,并纳入农村经济建设、政治建设、文化建设、社会建设、生态文明建设和党的建设,用统一的农业农村工作框架推动扶贫和农村改革发展各项工作,要根据各个地区、不同阶段的实际情况进行安排。

打赢脱贫攻坚战以后,巩固拓展脱贫攻坚的任务还相当艰巨,加快欠发达地区发展的担子将相当沉重。要以习近平新时代中国特色社会主义思想为指导,以习近平总书记关于"三农"和扶贫工作的重要论述为基本遵循,坚定不移贯彻新发展理念,坚持稳中求进工作总基调,坚持以人民为中心的发展思想,坚持共同富裕方向,以实施乡村振兴战略为统揽,以提升经济社会整体发展水平为根本,以持续巩固拓展脱贫攻坚成果、缩小与全国发展条件差距、建立农村低收入人口帮扶机制、提升农民增收能力为重点,推动落实政策分类调整创设,加快推进农村产业、人才、文化、生态、组织等全面振兴,不断提高农业农村现代化的全面性、协调性、共享性,带领农民群众逐步走向共同富裕,为全面建设现代化开好局、起好步奠定坚实基础。

(三)推动脱贫攻坚同实施乡村振兴战略有效衔接的关键要点

一是以实施乡村振兴战略为统揽,把脱贫攻坚与农村改革发展的政策和举措逐步逐项衔接起来。实施乡村振兴战略是新时代"三农"工作的总抓手,巩固拓展脱贫攻坚成果,既要瞄准目标人群采取特惠性政策,也要提升农村经济社会发展的整体水平。减贫政策,除了产业扶贫、资产收益扶贫、财政专项扶贫资金、扶贫小额贷款、生态护林员、最低生活保障、特困救济、困难家庭参加医疗保障制度、困难家庭孩子上学资助等专门针对贫困户和贫困人口或主要覆盖对象是贫困户和贫困人口外,更多政策举措是在"三农"政策总体框架下推进的。大量扶贫政策和措施,例如基础设施建设、就业创业、发展扶贫产业、提升公共服务水平等,只能结合针对全部农村地区和农村人口的"三农"工作一并实施和推进。对脱贫攻坚政策,要逐项梳理,逐步调整为日常性帮扶措施,并纳入乡村振兴战略框架下统筹安排。目前,脱贫攻坚成果尚不牢固、大面积返贫的可能性仍然存在,要设立过渡期,坚持"四个不摘"(摘帽不摘责任,摘帽不摘政策,摘帽不摘帮扶,摘帽不摘监管)的总体要求,帮助脱贫人口稳步走上基本生活需要有保障和稳定增收的道路。过渡期的帮扶,要与国民经济社会发展五年规划的制定与实施结合起来,过渡期设为五年。通过过渡期的逐项处理,明确哪些政策需要稳定,哪些政策需要加强,哪些需要扩面,哪些需要退出,哪些需要创设,实现脱贫攻坚政策体系与实施乡村振兴战略的政策体系的衔接。兜底救助类政策要继续保持稳定,力度要继续加大。落实好教育、医疗卫生、住房、饮水等民生保障普惠性政策,并根据脱贫人口实际困难给予适度倾斜。将产业扶贫作为接续减贫工作的首要任务,优化产业发展、促进就业等发展类政策。在工作体制上,过渡期内要保持减贫工作机制与实施乡村振兴战略的工作机制衔接起来。

二是要以加快发展为根本,整体提升经济社会发展水平。发展是解决贫困问题的根本办法,消除绝对贫困是这样,解决相对贫困问题也是这样。相对贫困既是一个人群性的概念,也是一个区域性概念。区域整体发展水平提高了,解决人群性贫困就具有了较好基础。我国开展扶贫工作以来,一直主要在县级、村级和农户等层面展开。经过长期努力,贫困地区的经济社会发展水平明显提高,一些贫困地区已经达到了中等发展水平。但对黔东南州这样的地区,由于发展基础长期薄弱,与全国的发展差距还相当大,全州整体上仍然属于欠发达的状态。专门针对贫困地区的政策,如财政扶贫专项资金支持、城乡建设用地指标增减挂钩交易、易地扶贫搬迁政策性贷款、小额扶贫贷款、东西部扶贫协作、定点扶贫等,一般由中央统一制定和出台。从目前的情况来看,这类政策指向精准、效果明显。要贯彻新发展理念,在国家的支持下,加大改革开放力度,加快区域开发步伐,实现比全国平均更快速度的发展,逐步跟上全国发展的步伐。在黔东南州内部,仍然存在部分发展特别困难的县、乡镇和村庄,要在政策、项目、资金、举措上,采取更大帮扶力度,加快区域开发。在政策执行上可以给发展基础特别薄弱、需要重点帮扶的地区一定的灵活性,以集中资源要素破解重大瓶颈、解决特殊区域的困难问题。由于地理条件、生产生活方式、民族习惯等的长期影响,黔东南州以村庄为单位开展帮扶工作,仍然可以取得良好效果。可以考虑确定一批重点村寨,采取整村推进的方式改善生产生活条件。

三是坚持科学制定标准,建立低收入人口帮扶机制。通过持续帮扶,建档立卡户已经出现了明显的分化,多数人口的收入水平超过了全国农民收入水平的一半,并比较稳定地摆脱了贫困的生活状态。但仍然有相当数量的人口,收入水平还很低,在相当大程度上依靠社会综合保障支持,生活上并没有稳定脱贫。要在监测预警的基础上,明确需要政府兜底才能正常生活的人口、需要政府提供一定发展性支持才能正常生活的人口,分类建立帮扶机制。对第一部分人口,应当以农村低保、农村特困救济、供给公益性岗位为基础,进一步健全农村社会综合保障体系,根据财力许可适当提高保障水平。对第二部分人口,以信贷、保险等为主要手段,支持参与发展产业、外出务工经商、就地就近务工、自主创业。

低收入人口的界定,需要国家制定统一的监测标准和工作标准。将监测线定在农民人均可支配收入平均水平的35%—40%,比较符合我国的实际。基于我国农民收入的增长速度进行估计,可以考虑到2035年时将贫困监测线划定在按照2020年不变价计算的农民人均可支配收入10000元左右,每五年调整一次,分步达到这个标准。对黔东南州而言,在到户到人的识别和认定过程中,标准可以低些。

五、推动脱贫攻坚同乡村振兴重点领域衔接

中央已对推进巩固拓展脱贫攻坚成果同乡村振兴有效衔接进行系统部署,并专门制定了政策文件。2021 年中央"一号文件"《中共中央　国务院关于全面推进乡村振兴　加快农业农村现代化的意见》明确要求,要设立衔接过渡期并在期内保持主要帮扶政策总体稳定、逐项分类优化调整,持续巩固拓展脱贫攻坚成果,接续推进脱贫地区乡村振兴,加强农村低收入人口常态化帮扶等,实现有效衔接。关于相关具体工作,《中共中央　国务院关于实现巩固拓展脱贫攻坚成果同乡村振兴有效衔接的意见》已经进行了专门部署和安排。

(一)建立健全巩固拓展脱贫攻坚成果长效机制

"两不愁三保障"是刚性贫困人口脱贫工作标准。防止返贫致贫,也要依据这一标准。虽然我国的贫困监测标准是农民人均纯收入 2010 年不变价格的 2300 元(按 2005 年购买力平价折算约为 1.8 美元),但有关专家测算表明,"两不愁三保障"的"实际含金量"2019 年已经高于世界银行确定的中等收入国家每天 3.2 美元的标准,因此,巩固拓展脱贫成果的要求是很高的。

要在继续确保农民群众食物和饮水安全、四季有换洗衣服的基础上,建立健全控辍保学的工作机制,确保除身体原因不具备学习条件外脱贫家庭义务教育阶段儿童、少年不失学辍学。做好脱贫人口参加医保动员工作,落实分类资助参保政策,强化城乡居民基本医疗保险、大病保险和城乡医疗救助三重保障。

坚持预防性措施和事后帮扶相结合,建立易返贫致贫人口快速发现和响应机制,分层分类及时纳入帮扶政策范围,实行动态清零。加强相关部门单位数据共享和对接,用好国家脱贫攻坚普查数据信息,建立健全防止返贫致贫大数据监测平台。对脱贫不稳定人口、农村低保人口、因病因灾因意外事故等刚性支出较大或收入大幅缩减导致基本生活出现严重困

难人口、特困人口等进行监测,建立农户主动申请、部门信息比对、基层干部定期跟踪回访相结合的易返贫致贫人口发现和核查机制,实行定期检查动态管理。

(二)推动产业扶贫同产业振兴衔接

脱贫攻坚期间大抓产业扶贫,一定程度上改变了农民群众只会种粮又不愿种粮,习惯种植粗放型低效经济作物、不敢种植需精细化管理的高效经济作物的状况,但同质化经营、管理粗放、不注重长期效益的问题仍较明显。巩固脱贫成果,推动乡村振兴,必须把产业兴旺摆在更加重要的位置,适应市场规律,加快发展农村产业。

1. 加快构建现代乡村产业体系

一是发展优质粮油产业。粮油产业承载着保吃饭、保基本收入、传承文化的多重功能,始终是黔东南州最基本的产业。要以优质化、特色化、绿色化、产业化为方向,在稳步提高产能的同时,提升粮油产业的质量、效益和竞争力。在继续发展商品性好的杂交稻的同时,着力把丹寨硒锌米、从江九芗香禾糯、锡利贡米、地方红米等品牌做大,利用稻、鱼、鸭绿色生产技术模式提高综合经营效益。用几年时间把马铃薯种植面积扩大到110万亩以上,将早熟菜用品种提高到60%以上,适宜主食加工的品种种植比例提高到30%上。目前,高粱、小豆(红小豆)、蚕豆、小米等杂粮的市场正在稳步扩大,要依托生产加工龙头企业和农民专业合作社,建成一批标准化生产基地,种植面积扩大到20万亩以上。以深加工增值为带动,将油菜种植面积稳定在80万亩左右。

二是大力发展特色高效农业产业。伴随我国农产品、食品需求结构的升级,基于独特的生态、资源、环境、气候条件,黔东南州的特色农产品总体上处于供不应求的状态,蔬菜、茶叶、中药材、水果、油茶、生猪、牛羊、肉(蛋)禽、特种水产等产业已经初步形成了较强的市场竞争力。要实施特色种养业提升行动,努力扩大特色高效产业规模,将蔬菜、精品水果、茶叶、油茶、中药材种植面积分别扩大到200万亩、110万亩、100万亩、160万亩、100万亩以上,把特色蔬菜、雷公山茶(绿茶)、黎平茶(红茶)、麻江蓝莓、都柳江百香果、道地药材、从江香猪、黔东南小香鸡、绿壳蛋鸡、三穗麻鸭和天柱骡鸭等做成具有广泛影响力的区域性品牌。重点培育和壮大果蔬、畜产品和中药材精深加工产业，引进培育一批规模以上加工企业，促进农产品加工业转型升级，力争农产品加工业产值与农业总产值比达到全国平均水平。加快农产品和食品仓储保鲜、冷链物流设施建设，支持农产品流通企业、电商、批发市场与特色产业精准对接。支持培育绿色食品、有机农产品、地理标志农产品，打造区域公用品牌。

三是大力发展新产业新业态。近年来，黔东南州的乡村旅游、民居民俗、康养基地、"互联网+"等新产业新业态呈现出快速发展的态势，对农民增收的带动力明显增强。要抓住机遇，重点做足生态文章，拓宽把绿水青山变成金山银山的渠道。

2. 构架新型经营体系

新型经营体系是"产业兴旺"的主角，对防止致贫返贫、提高脱贫稳定性具有重要带动作用。目前，"村支部+合作社"是新型农业经营体系的基本主体，在组织生产中具有关键独特作用。但要看到，村内的力量是有限的，村级合作社解决不了与大市场衔接的问题。缺乏市场开拓能力强、产业链条完整、规模优势明显的龙头企业，是黔东南州农业经营体系最大的软肋。架起农户与大市场之间的桥梁，必须加快培育和引进农业产业化龙头企业，发展大型合作社、合作联社、产业协会等龙头，加快培育农业产业联合体，在构建新型农业经营体系方面取得突破。对运行规范、利益联结机制好、带动农户面大、带动贫困人口多、农户增收幅度大、产业优势突出的农民专业合作社，要整合各类项目资金、物资等支持开展信息、培训、农产品质量标准认证、"三品一标"、贷款贴息、基地建设、市场营销和新技术、新品种的引进技术推广等。实施家庭农场培育计划，把农业规模户培育成具有活力的家庭农场，对符合认定标准和条件的，要尽快认定。发展壮大专业化社会化服务组织，将现代要素导入农户。要将实施精准扶贫、精准脱贫方略和实施乡村振兴战略中涉及产业发展的有关政策、项目、资金整合起来，集中支持新型农业经营主体。发挥政府扶持资金的引导作用，加快推广"订单收购+分红""土地流转+优先雇用+社会保障""农民入股+保底收益+按股分红"等多种利益联结方式,将企业与农民的产品购销、劳务关系、土地流转等简单的交易关系转变为紧密的合作共赢关系。

3. 强化现代要素供给

一是激活土地经营权。实行农村土地所有权、承包权、经营权"三权"分置办法,充分调动农民土地流转积极性,发展土地流转型、土地入股型、服务带动型等多种适度规模经营。全面推进农村"资源变资产、资金变股金、农民变股东"的"三变"改革,通过"三变+产业+减贫"模式,拓展农民增收门路。

二是健全农业科技创新体系。深入推进国家农业科技园区示范,推动农业科技集成创新,加大新品种新技术引进、示范和推广力度。利用现代信息技术改造传统农业,促进信息技术与传统农业融合发展。

三是努力改善农村生产设施条件。加快推进偏远山区机耕道、生产作业路、耕地平整等基础设施建设,提高生产机械化水平,降低劳动强度。

(三)推动易地搬迁扶贫同易地搬迁逐步致富衔接

黔东南州的实践表明,易地扶贫搬迁是一项非常复杂的系统工程,做好"后半篇文章"需要付出长期和艰苦的努力。

1. 保障搬迁农户土地权益

对迁出地坡度25度以下的搬迁户承包地,由新型农业经营主体有偿流转并进行集中开发,通过引进龙头企业、培育合作社、家庭农场等方式,引导搬迁群众以土地经营权、农业设施、扶贫到户资金等参股到新型经营主体或产业项目。对于迁出地坡度25度以上的搬迁户土地,利用退耕还林政策进行生态修复,防止水土流失和石漠化。稳步推动搬迁户旧房进行拆除和宅基地复垦复绿。

2. 建立政策衔接制度

易地扶贫搬迁的大头是建档立卡贫困人口,搬迁后需要实现稳定脱贫,要完善后续帮扶政策。对非建档立卡低收入搬迁户实施贫困预警监测并研究制定支持政策,对非持续稳定脱贫搬迁户加大扶持保障力度。加大对搬迁脱贫户的综合扶持力度,真正做到按照就业创业要求开展技能培训,提高搬迁群众的就业能力。旧房拆除奖励补助要充分体现房屋价值,调动搬迁户的积极性。易地扶贫搬迁复垦腾退出来的建设用地指标,优先保障所在村和易地扶贫搬迁项目建设需要,节余部分以公开交易方式在省内外流转用于城镇建设。复垦指标通过设立的单独易地扶贫搬迁复垦土地交易平台进行公开交易,交易价格不得低于省级政府批准设立的复垦指标交易最低保护价,净收益按规定的比例分配给县级财政、乡镇级财政、土地所有权人和土地使用权人。

3. 强化后续帮扶

要加快建立和完善易地扶贫搬迁后续扶持体系,建立健全管理服务机制,确保易地扶贫搬迁的成果能够得到巩固。

一是建立基本公共服务新机制,重点聚焦公共教育、医疗卫生、社会保障、社区服务"四大要素"配套建设。

二是建立培训就业新机制,重点聚焦搬迁劳动力全员培训和有劳动力家庭1人以上稳定就业,对有劳动力家庭"零就业"进行动态清零。

三是建立文化服务新机制,重点聚焦感恩教育、文明创建、公共文化、民族传承"四进社区",增强文化引领能力。

四是建立社区治理新机制,重点聚焦机构设置科学化、社区管理网格化、居民自治规范化、治安防控立体化"四化"建设,建立和完善社区治理体系。

五是建立基层党建新机制,重点聚焦党的组织和政权组织、经济组织、自治组织、群团组织、社会组织"六个同步"建设,形成以党组织为核心、自治组织为主体、群团组织和各类服务组织为纽带、经济组织为支撑的安置点基层组织体系。

(四)推动解决农民基本生产生活条件同全面改善农民生活品质衔接

1. 大力实施乡村建设行动

一是加快推进村庄规划工作。按照农村居民生活要件与城市大体相当的要求,积极有序推进多规合一的实用性村庄规划编制,避免乱建、违建和重复建设等。有条件、有需求的村庄,要尽快实现村庄规划全覆盖。暂时没有编制规划的村庄,要严格按照县、乡两级国土空间规划中确定的用途管制和建设管控要求进行建设。加强乡村建设规划许可,严肃查处违规乱建行为。尤其是对当前违规建房、破坏村容村貌、在危险地段建设等行为,要抓紧处理,避免耕地侵占、生命财产损失、法不责众等情况的发生。

二是加强乡村公共基础设施建设。在具备条件的乡镇和建制村通硬化路、通客车的基础上,健全完善"四好农村路"高质量发展体系。实施农村道路畅通工程,推进农村公路联网循环,推进农村公路建设项目更多向进村入户倾斜。有序实施较大人口规模自然村通硬化路建设,加强农村产业路、旅游路建设。开展"四好农村路"示范创建,加强农村道路、桥梁安全隐患排查,落实管养主体责任,加快完善农村公路管理养护长效机制。实施农村供水保障工程,推进农村饮水安全向农村供水保障转变。加强中小型水库等稳定水源工程建设,实施规模化供水工程建设和小型工程标准化改造,完善农村供水工程长效运营机制。大力开展集雨水窖、小提灌、小机井、小塘坝等小型、微型抗旱水源设施工程建设和修复,落实小型水利设施管护主体责任和经费。实施乡村清洁能源建设行动,全面巩固提升农村电力保障水平,推进燃气下乡。加强农村消防队站、水源、道路等公共消防基础设施建设,实施森林防火隔离带和防火应急道路、乡镇应急避难场所、村居防火改造等建设项目。实施村庄综合服务设施提升工程,健全村级客运物流站点、文化体育等服务设施。健全县、乡、村三级农村寄递物流体系,推动电子商务进农村。实施数字乡村建设发展工程,推动农村千兆光网、5G 网络、移动物联网建设。

三是实施农村人居环境整治提升五年行动。坚持标准化引领,分类有序推进农村"厕所革命",基本普及卫生厕所,建立健全运行维护机制。统筹农村改厕和污水、黑臭水体治理,分类采取纳入城镇管网、联村联户集中处理、单户分散处理等模式,有序推进污水治理设施建设。健全农村生活垃圾收运处置体系,推进源头分类减量、资源化处理利用方式。加强村庄风貌引导,深入推进村庄清洁和绿化行动。完善农房建设质量监管体制,完成安全隐患排查整治,实施农村危房改造,提升农房建设质量。

2. 加快完善农民就业创业制度体系

加强村(社区)服务平台建设,建立就业与社会保险的业务协同和信息共享机制,加大劳动力数据动态管理。完善职业培训、就业服务、劳动维权"三位一体"工作机制。健全劳动争议调解制度和仲裁办案制度,全面实施劳动合同制度,重点推进各类企业与农民工签订劳动合同,并严格履行。建立完善企业劳动争议调解组织,重点推进基层调解组织建设,推动乡镇、街道劳动保障服务所(站)和工会、企业代表组织设立的劳动争议调解组织建设。通过创新金融产品和服务,设立创业创新投资基金、财政支持、收费减免、土地、社保、电价等政策,支持鼓励返乡人员创业。加大以工代赈投入力度,完善多元化投入机制,扩大实施范围、建设领域和受益对象。统筹用好乡村公益岗位,健全按需设岗、以岗聘任、在岗领补、有序退岗的管理机制,过渡期内逐步调整优化公益岗位政策。

3. 提升农村社会事业发展水平

一是完善教育均衡发展制度体系。统筹规划布局农村基础教育学校,保障学生就近享有高质量的教育。科学推进义务教育公办学校标准化建设,加强寄宿制学校和乡村小规模学校建设,实现县域校际资源均衡配置。发展农村学前教育,支持和规范社会力量兴办。继续实施特殊教育提升计划。科学稳妥推行民族地区乡村中小学双语教育。实施高中阶段教育普及攻坚计划,加强职业院校(含技工院校)基础能力建设。全面落实控辍保学负责制,加大对适龄儿童、少年一直不上学、早婚或外出务工等整治力度,从源头堵住学生流失或辍学行为。实施强师计划,加大乡村教师公费培养力度,继续实施好乡村教师生活补助政策。

二是加快提升基层医疗卫生服务水平。在完善乡镇卫生院和村卫生室硬件建设的基础上,加大对乡镇卫生院人员学历提升、订单定向培养工作,探索将村卫生室医务工作人员纳入县域医共体系统管理机制,积极培养(引进)执业(助理)医师和护士,引导执业(助理)医师定向到村卫生室服务。加快完善统一的城乡居民基本医疗保险制度和大病保险制度,做好农民重特大疾病救助工作,健全医疗救助与基本医疗保险、城乡居民大病保险及相关保障制度的衔接机制,发挥好梯次减贫功能。分阶段、分对象、分类别调整超常规保障措施,加大医疗救助投入力度,确保医疗保障制度可持续。巩固城乡居民医保全国异地就医联网直接结算,调整完善县域内先诊疗后付费政策。扩大大病病种集中专项救治,落实单病种付费制度,确保救治对象得到免费治疗。实施医疗机构高质量发展工程,加强医疗卫生机构基础设施建设和设备配备,持续提升县级医院诊疗能力。

三是加快农村社会保障体系建设。加大政府财政支持力度,提高基础养老金补助标准,建立城乡居民基本养老保险待遇确定和基础养老金标准正常调整机制。完善城乡居民基本养老保险费代缴政策,为参保的低保对象、特困人员、返贫致贫人口、重度残疾人等缴费困难群体按最低缴费档次代缴部分或全部保费。加快建立以居家为基础、社区为依托、机构为补充的多层次农村养老服务体系。推进低保制度城乡统筹发展,健全低保标准动态调整机制。全面实施特困人员救助供养制度,提升托底保障能力和服务质量。对脱贫人口中完全丧失劳动能力或部分丧失劳动能力,且无法通过就业和发展产业获得稳定收入的人口,要纳入农村低保或特困人员救助供养范围。推动各地通过政府购买服务、设置基层公共管理和社会服务岗位、引入社会工作专业人才和志愿者等方式,为农村留守儿童和妇女、老年人以及困境儿童提供关爱服务。加强和改善农村残疾人服务,将残疾人普遍纳入社会保障体系予以保障和扶持。

(五)推动文化扶贫同乡村文化振兴有效衔接

要坚持创造性转化、创新性发展,繁荣民族的、科学的、大众的社会主义文化,推动精神文明和物质文明协调发展,为黔东南州脱贫攻坚和乡村振兴提供坚实支撑。

1. 加强农村思想道德建设

以社会主义核心价值观引领乡村文化建设。深入挖掘苗侗文化蕴含的和谐理念、人文精神、道德规范,结合新时代要求继承、创新和转化,使爱国主义、集体主义、社会主义教育更加贴近苗侗人民。强化教育引导、实践养成、制度保障,发挥社会主义核心价值观对农民群众教育、农村精神文明创建、农村题材精神文化产品创作生产传播的引领作用,把社会主义核心价值观融入各个阶段学校教育、新时代文明实践中心、农民职业技能培训等各个环节和场所之中。突出思想道德内涵,坚持为民惠民利民,持续深入开展群众性精神文明创建活动。广泛建设"道德银行""爱心超市"等平台,将道德建设从一般口号落实到可见可感可得实惠的实际操作层面。

2. 加快公益性文化事业发展步伐

以县为基本单位,按照国家基本公共文化服务指导标准和地方实施标准,规范各级各类公共文化机构服务项目和流程,充分发挥其艺术交流、精品展示、文化传播等功能。加强流动文化设施建设,配备流动图书车、流动文化车,提升服务能力。坚持送文化下乡,推进"数字图书进农家"项目,推动全民阅读活动广泛开展。加强民族文化保护传承工作,做实黔东南州民族文化生态保护实验区,做活民族民间节庆文化,做强民族特色歌舞艺术。推动民族文化村寨的自然风光与人文风情相结合,做优山地文化。

3. 大力发展和壮大文化产业

培育民族文化骨干企业,扶持小微企业,加快推动发展方式从粗放型向集约型、质量效益型转变,增强文化产业整体实力和竞争力。构筑以苗族医药、侗族医药、瑶族药浴为依托的民族医药企业体系,打造集医疗、康复、养生保健、名优产品、生态健康旅游为一体的绿色产业体系。建设一批文化产业园区和文化产业基地,实施文化旅游商品"万户小老板工程",推动苗侗文化产业集群化发展。把蜡染、银饰、银器、苗绣、木雕等培育成具有地域标志作用的文化旅游商品品牌。积极推进银饰、刺绣、鸟笼、传统造纸、思州砚等一批文化旅游工艺品专业村镇建设,带动全州文化产业发展。坚持政府引导、市场运作、群众参与,做精传统美术与民间工艺。

（六）推动生态扶贫同生态振兴衔接

黔东南州作为生态建设大州和脱贫攻坚的主战场,在生态脱贫和绿色发展上取得了宝贵经验。要进一步提高生态建设质量,完善生态补偿机制,将"绿水青山"转变为"金山银山",推动生态和产业协调发展,实现"大生态""大产业"同步振兴。

1. 着力提高生态建设质量

积极推动经济社会发展、土地利用、城乡建设、生态环境保护等规划"多规合一",严格执行"三线一单",发挥战略环评、规划环评和项目环评的引领作用。打好蓝天、碧水、净土、固废治理和乡村环境整治"五场战役"。推行污染物排放许可制度、生态环境损害赔偿制度,健全环保信用评价、信息强制性披露、严惩重罚等制度,推动企业自觉履行生态环保主体责任。加大政策性贷款支持力度,逐步改善林分质量,营建高效益、高质量的森林生态系统。

2. 改进生态补偿方式

像黔东南州这种处于生态脆弱区的贫困地区,应从国家层面研究出台生态工程补偿标准的科学体系。

一是差异化的生态补偿制度。中央财政可根据区域生态的重要性和经济发展的不平衡性,实行差异化的生态工程补偿机制。

二是国家公益林补偿标准逐步"提标并轨"。将国家公益林补偿标准提高,将地方公益林纳入国家公益林统一管理,补偿资金由中央财政或省级统一安排,取消州县资金配套,解除州县压力。

三是实现布局规模"优化调减"。为地方经济发展及产业规划布局等,需要调减一定比例的地方公益林面积。全州落界核实后,国家公益林因之前错划、误判、重叠等原因共需调减面积 32.55 万亩。

四是解决生态护林员"降标增员"。按要求每个护林员管护责任标准面积为 1500 亩左右,但黔东南州山高坡陡,沟壑遍布,依现行管护责任标准,护林员管护责任重,且管护效果差。应争取按照"降标增员"原则,降低管护责任标准,增加生态护林员指标。

3. 合理利用优势资源发展生态产业

一是持续推动林业可持续经营。通过积极培育高效益的多功能森林以及生态、经济兼顾的复合特色经济林,促进当地农民增收。

二是培育壮大特色林下经济。做大做强以钩藤、食用菌、石斛为重点的林下种植业,以林鸡为重点的林下养殖业,以油茶、蓝莓、竹笋为重点的林产品采集加工业。

三是发展生态旅游。打造农家乐、生态观光农业,开拓培育旅游扶贫新资源,开发有利于贫困人群和社区获益的生态旅游产品。

4. 进一步实施生态移民

居住在自然生态环境恶劣地区的村民,生态移民是根本出路。对于区域性生态问题突出的,可采用整村搬迁的方式。对于居住在生存条件恶劣、生态环境脆弱地区的个别贫困户,需要将他们从原居住地搬迁出来的,帮助他们搬迁出来、重建家园。在"十四五"期间,应将生态移民作为一项重大工程来推进。

(七)推动加强农村社会管理同乡村有效治理衔接

推动乡村治理现代化,一方面要遵循治理的一般规律,引入现代治理理念、要素、体系、方式和手段,提高农村社会治理水平;另一方面要考虑城乡社会结构的差异,因地因村制宜,选择符合村情民情的治理模式,确保乡村社会充满活力、和谐有序。

1. 进一步建立健全现代乡村治理体制

一是发挥村党组织在治理中的领导作用。大力推进村党组织书记通过法定程序担任村民委员会主任和集体经济组织、农民合作组织负责人,提倡由非村民委员会成员的村党组织班子成员或党员担任村务监督委员会主任。把农民群众关心的突出问题作为纪检监察工作的重点,整顿软弱涣散的农村基层党组织。

二是为村级组织发挥作用提供条件。制定基层政府在农村治理方面的权责清单,推进农村基层服务规范化标准化,如果需要村"两委"协助的工作,应按"权随责走、费随事转"的原则进行。对村"两委"的考核,由上级部门的单向考核转变为上级部门、驻村帮扶单位和本村村民共同参与的多向考核。严禁对村"两委"设立不切实际的"一票否决"事项，集中清理对村级组织考核评比多、创建达标检查督查多等突出问题。

三是大力提升村民参与度。通过建立"一村一微信群"、张贴宣传通知等多种方式公开村"两委"工作事项，引导村民在民主管理中发挥作用。对影响村民生活的大小事情通过院坝会、小组会等形式协商讨论，增加农村治理透明度。

2. 进一步推进农村自治、法治、德治有机结合

一是强化村民自治实践。探索建立议事协商委员会，涉及村内公共事务和村民切身利益的事项，均由议事协商委员会牵头，拓宽社情民意表达渠道。继续开展以村民小组或自然村为基本单元的村民自治试点，全面建立健全村务监督委员会，推行村级事务阳光工程。发挥好寨老、理老、歌师等乡村社会治理资源，用好村规民约、经济组织章程等的规范约束作用，实现小事不出村、大事不出乡镇。不断完善村规民约内容，规范村规民约制定和修改。

二是着力推进法治乡村建设。深入开展"民主法治示范村"创建活动，深入开展"法律进乡村"宣传教育活动，引导村民遵法、学法、守法、用法。加大承包地经营权流转、生态保护、农产品质量安全、社会救助、劳动和社会保障等方面法律法规的执行，建立健全乡村调解、县市仲裁、司法保障的农村土地承包经营权纠纷调处机制。

三是着力提升乡村德治水平。全面建设新时代文明实践中心，发挥好道德讲堂、文化主题公园、文化礼堂等阵地的作用。广泛开展"道德模范""最美家庭"等评选以及文明乡村、文明家庭创建活动，开展各类丰富多彩的社会活动和互助活动。发挥村民议事会、道德评议会、红白理事会、禁毒禁赌协会等群众组织的作用，遏制大操大办酒宴、厚葬薄养、人情攀比、高额彩礼等陈规陋习。

3. 切实加强社会矛盾纠纷排查化解

坚持和发展新时代"枫桥经验"，畅通和规范群众诉求表达、利益协调、权益保障通道。完善信访制度，健全基层人民调解、行政调解、司法调

解联动工作体系。加强乡村人民调解组织建设,完善乡村人民调解委员会、调解小组、纠纷信息员网络。健全社会心理服务体系和危机干预机制,完善接边地区边界矛盾纠纷联防联调工作机制。进一步健全完善矛盾纠纷动态排查制度、汇总研判制度、多元化解制度,以村级综治中心为平台,推进网格化、信息化服务管理。

4. 进一步深化平安村寨建设

持续推进"平安细胞"工程,深化"平安村寨"创建,不断完善农村社会治安防控体系建设。建立重大决策、重大项目、重大事项社会稳定风险评估制度,将风险评估作为各级各部门上项目、作决策的必经程序和刚性门槛。规范建设农村综治中心,实施"一村一警务"战略,健全群防群治组织。深入开展扫黑除恶专项斗争,依法严厉打击农村黑恶势力、宗族恶势力、家族恶势力、"村霸",严厉打击黄赌毒、盗拐骗、破坏生态、网络诈骗、非法传销等违法犯罪行为。依法打击农村非法宗教活动,持续整治私建乱建庙宇、滥塑宗教造像等违法违规行为。完善和落实安全生产责任与管理制度,建立公共安全隐患排查与安全预防控制体系。

(八)推动夯实基层基础同组织振兴衔接

黔东南州的实践表明,凡是发展能力强、农民增收快、群众心气顺的村庄,都有一个坚强有力的党组织,都有能人起着"领头雁"作用,都有农户普遍参与的经济组织。在脱贫攻坚过程中,各级党委、政府大量下派干部进村入户帮助解难题、办实事,农民群众与党和政府的距离近了,感恩之心增强了。"村支部+合作社"在每个村已经建立起来,并给农民群众带来了实实在在的好处。要把脱贫攻坚过程中积累的"组织资产"继承下来,并不断完善机制做大做强,为乡村振兴提供坚实的组织保障。

1. 切实加强村级党组织的建设

全面实现脱贫攻坚目标,推进乡村振兴,离不开发挥基层党组织的战斗堡垒作用和党员先锋模范作用。对 217 名村干部的访谈显示,有 199 人认为党支部的战斗力得到明显增强,占 91.7%;有 158 人认为村级党组织在脱贫攻坚中作用很大,占 72.81%;有 56 人认为作用一般,占 25.81%。还有部分村担心,脱贫出列后如果帮扶干部撤走,村里又回到原来的样子。加强村级党组织建设,是打赢脱贫攻坚战、巩固脱贫攻坚成果、实施乡村振兴战略的先决条件。一要配强配齐党组织一把手,把政治上过硬、业务上有本事的党员培养成村支书;加大村支书和村主任交叉任职的试点和总结推广,探索村干部如何兼任经济组织负责人的有效办法,摸索出一套具有黔东南州特色的"领头羊"培养机制。二要落实能者上、庸者让的机制,在实际工作中培养和挖掘人才,放心、放手、放胆使用人才。明确延伸第一书记在乡村振兴中的职能和定位,强化乡村振兴的组织保障和人才保障。三要加大后备干部的培养力度。有计划地把致富能人培养成党员、把党员能人培养成支书,打破乡村内部循环体制,在企业家、社会治理能人中培养支书人选,让支部成为"一池活水"。要严进口畅出口,把党员身份亮出来,使党员意识强起来,为有能力的党员发挥作用提供岗位和平台。对不能履行党员义务、起不到先锋模范带头作用的,要督促整改。

2. 创新丰富基层民主自治范围和方式

一是适当调整农村自治范围。实现产权结构与自治范围的一致,是确定自治范围的一个重要原则。要坚持实事求是,坚持逐村研判并村效果,对农民意愿明显的村寨,要将自治单元恢复到原来的范围。

二是将村民自治权落到实处。建立公开、公平、公正的选人用人机制,在做好引导工作的前提下保障村民的选人用人权。村务工作从提议到决策、实施、监测、评价都要公开,保障村民的知情权、参与权、表达权、选举权和监督权。建立村民理事会、村民议事会等协商民主组织,搭起村民参与村务管理的平台。让村务监督委员会切实发挥作用,防止流于形式、成为摆设。

三是发挥民族文化的独特作用。要把"鼓社制""议榔制""理老制"中的良好基因转化成组织振兴的文化支撑,管好"法律够不着,道德管不住"的实际问题,让公序良俗切实有效地发挥作用。

3. 加快推动农村经济社会组织创新

一是加大龙头企业引进培育力度。把龙头企业优势全方位嵌入农业产业发展全过程,助推农村产业裂变和井喷发展。不仅引进培育茅台、万达、华侨城这样的龙头企业,也要充分发挥和展现省州县的996家本地龙头企业发展农村产业的能力,千方百计把农村产业做大做强。

二是盘活做强现有的农民专业合作社。及时清理完全基于行政手段、没有市场前景、没能人和产业带动的"空壳"合作社,避免成为"僵尸"合作社。规范有市场活力的农民专业合作社运营,使之有生命活力和引领能力。引进企业、引进能人、引进品牌创新合作社组建工作,壮大企业和合作组织,以党组织为统领,联结市场、联结基地、联结农户,走黔东南州特色的共同富裕道路。

三是加快发展家庭农场。在黔东南州,家庭农场近年发展较快,呈现出旺盛的生机与活力。要加快认定,并研究制定扶持政策。

4. 探索推广各类组织共同作用的发展模式

把各类组织和农民群众的力量整合起来,为乡村振兴提供坚实的组织保证。从实践来看,"党支部+合作社+基地+农户"、"十户一体"、"把支部建在产业上"、跨区域建立人民调解"五联"机构等模式,对于引领产业抱团发展、村寨建设、社会治安、产业发展等具有独特和明显效果。要充分发挥基层党组织的作用,深入广泛调动农民群众的积极性,根据当地实际情况创新共同行动的机制。更好发挥社会组织的作用,以公共事业类、文化事业类、乡村社会治理类的社会组织为重点,通过制定政策、规范管理、项目扶持等方式,为社会组织的发展提供良好的环境和条件。

六、建立健全推动脱贫攻坚同乡村
振兴有效衔接的体制机制

改革是乡村振兴的法宝,也是打赢脱贫攻坚战的法宝。打赢脱贫攻坚战以后,解决相对贫困问题,因地制宜推进乡村振兴,不仅要对农业农村继续加大政策、项目、资金等支持,还要通过推进体制机制和政策创新,为巩固脱贫攻坚成果、实施乡村振兴战略提供新的动能、制度支撑和要素保障。

（一）加快建立健全乡村人才振兴机制

贫困群众既是脱贫攻坚的对象，也是脱贫致富的主体。尽管黔东南州加强了人才培养和引进的力度，但农村人才的数量明显不足，高层次人才非常少。乡镇和农村基层具有初级、中级、高级职称的人数，仅分别占人才总量的 4.81%、1.40%、0.16%，无职称的人数占 93.63%。现有农村实用人才文化程度普遍较低，小学、未上过学的分别占 15.95%、0.65%，初中的占 68.38%，大专、大学本科及以上的仅占 2.46% 和 0.50%。粮食、蔬菜种植和生猪养殖等传统产业的实用技术人才占全州人才总量的 62.21%，产业经营、技术服务、专业合作社管理等新型农业技术人才不足。只有在扶思想、扶观念、扶信心上取得突破，贫困群众才能树立起脱贫致富的斗志和勇气。只有在扶知识、扶技术、扶思路上取得实效，才能提升脱贫致富的能力。

1. 加强"三农"工作干部队伍建设

一是加强县乡干部队伍建设。把懂农业、爱农村、爱农民作为基本要求，加强"三农"工作干部队伍培养、配备、管理、使用，让各级领导干部懂"三农"工作、会抓"三农"工作，分管领导真正成为"三农"工作的行家里手。拓宽县级"三农"工作部门和乡镇干部来源渠道。深化东西部干部人才协作，鼓励引导东部发达地区各类高层次人才，特别是农业产业、乡村建设、农村金融等高层次人才到深度贫困县挂职或任职。

二是加强村级干部队伍建设。调查中有近 28% 的人认为村级党组织在脱贫攻坚中的引领作用不明显。对村党支部书记、村主任、第一书记和驻村干部进行全面分析研判，对作用发挥不好的坚决进行调整，推行选派熟悉农村工作、有专业特长、善于做群众工作的干部到农村担任村支部第一书记。坚持"一好双强"标准，注重从致富能人、合作社负责人、知识青年等中推选村支书和村干部。加大村干部轮训力度，大力提高其综合素质。深入推进村干部报酬"基本报酬+购买服务+集体经济收益奖励"的"三增"机制，让村干部安心干、放心干、乐意干。强化农村党员和村级后备力量的管理培训力度，为村级干部队伍注入新鲜血液。

三是引导干部和专业人才向基层流动。在脱贫攻坚中,黔东南州通过实施农业专家精准服务脱贫攻坚行动,遴选1883名涉农专家对398个贫困村、777个深度贫困村的蔬菜、茶叶、食用菌、中药材、生态养殖等主导产业进行指导全覆盖。这种引导人才到基层一线的机制,取得了很好的效果。要引导鼓励高校毕业生到基层工作,实施高校毕业生基层成长计划,开展"三支一扶"、大学生志愿服务西部、选调优秀高校毕业生到基层等工作,对农科类毕业生给予一定程度的政策倾斜,引导人才向基层流动、在一线成长成才。

2. 大力加强乡村人才队伍建设

一是培养农村实用人才。大规模开展职业技能培训,促进农民工多渠道就业,提高就业质量。鼓励各地开展职业农民职称评定试点。组织开展优秀乡土人才评选表彰活动,对在知识、技能、业绩、贡献等方面成绩突出的乡土人才,优先列为党员发展对象,优先选配为村"两委"班子成员,优先推荐为各级人大代表和政协委员。

二是引凤还巢创新创业。调查显示,引导鼓励从乡村走出去的人员回乡创业,对增强农村发展活力具有重要作用。调查的217个村中,近3年有1142名外出务工人员、111名大学生、77名干部和知识分子、64名退伍军人回乡创业,分别创办经济实体274个、91个、56个、49个,发挥了重要作用。要持续实施"村村都有好青年"的选培计划,吸引各行各业优秀青年返乡下乡创业。

三是动员社会力量服务乡村。建立有效激励机制,以乡情乡愁为纽带,吸引支持各类人才通过下乡担任志愿者、投资兴业、包村包项目、行医办学、捐资捐物、法律服务等方式服务乡村振兴事业,鼓励引导符合要求的公职人员回乡任职。全面建立城市医生、教师、科技文化人员等定期服务乡村机制。吸引更多人才投身现代农业,培养造就新农民。

（二）建立完善稳定持续的投入机制

黔东南州经济发展相对滞后,经济总量占贵州省的比重较低,从根本上决定了其自身财源非常有限、主要依靠中央和省转移支付的基本财政格局。债务负担重,特别是以国有平台公司的形式进行的融资,更加需要密切关注。农村金融服务体系和支持政策不健全,制约了金融扶贫作用的发挥。截至 2018 年年底,黔东南州涉农贷款余额为 1040.96 亿元,农村人口人均仅为 3.03 万元,比全国平均水平低 52.4%。扶贫小额贷款(特惠贷)余额 57.23 亿元,建档立卡贫困人口人均仅为 4267 元。2018 年,农村企业及各类组织贷款余额仅为 501.56 亿元,难以满足农业新型经营主体发展的需要。黔东南州山区面积广,山区一些农业产业周期长,自然灾害风险大,但特色农业缺乏保险支持,经营风险较大。要深入总结经验教训,建立健全与乡村振兴相适应的投入保障体系。

1. 加大对贫困地区的财力性转移支付力度和基本公共服务能力建设支持力度

在中央与地方财政事权和支出责任划分改革中,应充分考虑地区经济社会发展状况和资源禀赋,研究实行针对欠发达地区特别是重点生态功能区和生态文明试验区的转移支付方式。

2. 健全地方政府债务风险防控机制

要加强地方政府债务风险监测和统计,建立健全管理台账,稳妥处置存量隐性债务。规范地方政府举债融资行为,严格遵守政府投资项目管理有关规定,不得借乡村振兴之名违法违规变相举债。对深层次的体制机制问题,要在国家层面抓紧研究深化改革的具体举措。

3. 土地出让收入更多用于乡村振兴

土地出让收入是地方政府性基金预算收入的重要组成部分。长期以来,土地增值收益主要用于城镇化建设,用于农业农村的部分明显偏低。要落实中共中央办公厅、国务院办公厅印发的《关于调整土地出让收入使用范围优先支持乡村振兴的意见》,稳步提高土地出让收入用于农业农村的比例。按照文件对各省(自治区、直辖市)的要求,到"十四五"期末,贵州省土地出让收益用于农业农村的比例要达到 5% 以上。黔东南州已进入城镇化快速发展的轨道,土地出让收入将迅速增加。今后要按照贵州省的统一安排,落实好政策要求,为巩固脱贫攻坚成果和实施乡村振兴战略筹集更多资金。

4. 扩大城乡建设用地增减挂钩指标交易跨省交易范围

通过在深度贫困县实施这一政策,为深度贫困县集中解决脱贫攻坚的关键问题提供了资金保障。除了深度贫困县的跨省交易以外,各省也在省域范围内实施了同样的政策。总的来看,城乡建设用地增减挂钩指标交易的效果是好的,跨省交易可以在 2020 年以后延续,实施范围可适当扩大。

5. 健全农村金融服务体系,加大金融对乡村振兴的支持力度

聚焦脱贫攻坚和乡村振兴,进一步完善农村金融服务相关引导政策和统计口径,完善银行业金融机构内部考核评价机制,引导更多信贷资源投入“三农”。营造农村金融机构和其他商业银行错位竞争环境,强化农村中小金融机构支农主力军作用。大力开展小额信贷、农机具抵押贷款业务,开发支持新型农业经营主体和农村新产业新业态的专属金融产品,增加首贷、信用贷。支持开发性金融和政策性金融提供中长期信贷业务。创新金融服务,积极拓展“公司+农户+银行”“公司+专业合作社+农户+银行”“龙头企业+农户+银行”等金融支持模式,大力推动移动支付等新兴支付方式的普及应用。健全农业信贷担保体系,充分发挥国家融资担保基金作用,加快推进农村信用体系建设,提高涉农贷款风险管控能力。同时,因地制宜开发优势特色农产品保险,持续提高农业保险的保障水平,减少农户损失风险。

(三)构建协调高效的工作格局

1. 组织领导

脱贫攻坚与乡村振兴都属于“块”类的工作,具有很强的综合性,在组织领导方面有着类似的要求。但由于任务的集中性、紧迫性、综合性、区域性要求不同,在组织领导方面又有着阶段性的差异。从领导体制来看,对脱贫攻坚工作与乡村振兴工作都设立了领导小组与办公室,但设置的方式有着明显差别。对实施乡村振兴战略,实行健全党委统一领导、政府负责、党委农村工作部门统筹协调的农村工作领导体制。农村工作领导小组设在党委,扶贫开发领导小组设在政府。由于打赢脱贫攻坚战的特殊重要性,这几年各级党委大大加强了对扶贫工作的领导,扶贫开发领导小组的成员单位数量一般在 50 个以上,农村工作领导小组一般都参加了扶贫开发领导小组。就工作机制来说,纵向上都实行中央统筹、省负总责、市县抓落实的工作机制,都是"五级书记"层层抓,横向上都要求各部门强化行业性资源要素支持,做好协同配合形成合力,并动员全社会参与。为啃下脱贫攻坚这块"硬骨头",中央对各级各部门在扶贫工作责任上要求更为明确和细致,并要求采取超常规措施大力支持。实施乡村振兴工作,目前主要是从战略上作出安排,各部门主要是加强工作指导,强化资源要素支持和制度供给。在动员社会力量方面,脱贫攻坚对定点扶贫和东西部协作提出了明确和直接的要求,并进行考核约束,在健全社会力量参与机制上提出了明确而细致的要求。实施乡村振兴战略要求积极动员全社会参与,但并没有要求建立对口支持机制,对动员社会力量尚未提出明确要求。

一是统一领导体制。目前脱贫攻坚与乡村振兴是两套工作体系,脱贫攻坚工作由扶贫开发领导小组领导,乡村振兴工作由农村工作领导小组领导。虽然在中央层面扶贫开发领导小组设在政府,但在扶贫工作任务重的省份、地市、县(市),党委书记担任了组长,这是实现加大脱贫攻坚力度的必要保证。不论是乡村振兴工作还是脱贫攻坚工作,都要加强党委的领导。如期实现脱贫目标后,减贫工作将逐步回归常规状态,在经济社会发展全局工作中的位置不可避免要得到调整。但要看到,无论是从工作的综合性特征来看,还是从提高脱贫质量、稳定性来看,在党委设立领导小组更有利于推动工作。继续执行"五级书记"同时抓乡村振兴与扶贫工作,明确由党委副书记直接负责,在政府分工中由一人统一分管。

二是在乡镇一级整合条块力量。在脱贫攻坚的初期,原有的组织协调机制中力量统筹不够、资源整合不够的问题比较明显,主要体现在行业性部门掌握领域性资源,但"单刀"难以见效;部门之间沟通协调不强,令出多门、"九龙治水"的特征明显;乡镇的力量是块状的,但整体处于空壳状态、无米可炊。目前,通过建立起"州、县、乡、村、网格、户"六级指挥作战体系,形成了一体指挥、分兵部署、集团作战的工作格局,进一步理顺了层级关系,整合了有限资源,使各方面作用得到充分发挥,切实增强了凝聚力和战斗力,为打赢脱贫攻坚战构筑起了坚强的战斗堡垒。力量分散的问题在农业农村工作中普遍存在,这种工作方式在实施乡村振兴战略中同样可以采用。在经济欠发达地区,乡镇一级的工作主要是农业农村工作。在乡镇、村级层面,将"乡镇作战部"的体制沿用到实施乡村振兴战略是必要的,一般由副县级领导负责,乡镇党政班子成员及定点帮扶单位主要负责人为成员,以协调各部门和帮扶单位的力量。

三是村级及网格继续沿用现有组织方式。赋予各村前线作战指挥所和网格区在乡村振兴工作方面的责任,继续由 1 名基础工作经验丰富、群众基础牢固的科级干部担任负责人。每个村划分若干个网格区,由 1 名县乡干部担任网格员,以弥补村"两委"、村民小组工作能力不强、组织涣散、统筹协调不到位、号召力弱等问题。

四是持续深化帮扶机制。定点帮扶和东西部扶贫协作在脱贫攻坚中发挥了不可替代的作用。要缩小经济欠发达地区农村与发达地区农村的发展差距,定点帮扶和东西部扶贫协作的力度不能减少。特别是在产业扶贫、提升内生发展能力动力方面,要建立长期机制,进一步拓展范围和加大支持力度。中直部门、省直机关继续帮扶到县,对欠发达地区在项目争取、产业建设、民生发展等方面继续倾斜支持。继续深化东西部协作机制,重点在产业发展、合作建园、就业协作等方面开展协作,推进互利双赢。优化州内帮扶机制,建立长期帮扶关系。

五是持续精准选派干部驻村。持续选派干部驻点帮扶、后备力量结对帮扶,强化基层组织的凝聚力和战斗力。该派下乡镇和驻村的干部还要派,但要改变目前将 70% 的力量派到乡镇和村一线去的做法。

2. 压实责任

无论是打赢脱贫攻坚战,还是实施乡村振兴战略,关键在落实责任。两项工作都要求实施党政一把手承担第一责任人的责任,省(自治区、直辖市)党政主要领导要向中央报告工作进展情况,各部门要按照部门职责落实责任,但在压实责任的具体机制方面要求有明显差别。脱贫攻坚要求扶贫开发任务重的省(自治区、直辖市)党政主要领导要向中央签署脱贫责任书,并层层签订脱贫攻坚责任书。实施乡村振兴战略要求县委书记要下大气力抓好"三农"工作,当好乡村振兴"一线总指挥"。在扶贫开发任务重的地方,根据以脱贫攻坚统揽经济社会发展全局的要求,根据扶贫工作到户到人的要求,对各部门单位和扶贫工作人员的责任规定得相当明确而具体细致。在乡村振兴工作中,要继续实施"州级统筹、县(市)负总责、部门联动、乡镇主体、村为重点"的责任机制,避免任务不明、责任交叉、相互推诿扯皮的问题。

一是压实州、县领导责任。对州、县四大班子领导干部,都纳入到乡村振兴工作之中,所有领导干部都明确联系县、乡、村。党委、政府主要领导是本辖区内第一责任人,分管领导担任指挥部或各专项工作专班组长,人大、政协主要领导和分管领导担任督导组长或副组长,或担任乡镇"前线作战部"指挥长或常务副指挥长,切实扛稳抓实工作责任。

二是压实专项工作责任。根据实施乡村振兴战略的需要,结合产业振兴、人才振兴、文化振兴、生态振兴、组织振兴的要求,聚焦阶段性重点工作增加专项工作专班。专班由党委、政府分管领导担任组长,由行业主管部门主要负责人担任副组长,成员都由紧密相关工作部门组成,形成"领导牵头高位推动""专业人干专业事""各家孩子各家抱"的工作局面。各专项工作组聚焦各自领域,建立行业联席会议制度,及时调度督促各乡镇、村工作落实情况,定期召开专项领域工作推进会,针对重点难点问题及时研判解决。

三是压实州直、县直部门责任。健全目标考核机制,进一步强化州、县直部门的责任。州、县直部门的责任要从重点进行定点帮扶转向结合本部门职责加强资源要素保障和制度供给。今后,州级部门的责任重点要转到参与工作专班、专业工作指导、专项工作督导与评估上去。

四是压实基层一线责任。乡镇"前线作战部"负责结合本辖区实际情况,研究制订实施年度工作计划,抓好项目编制、申报、实施、初检等工作、安全、规范、有效地管理使用资金,加强辖区内的情况调查、摸底和动态监测工作,做好政策宣传、业务培训及信息的采集、报送工作。

3. 督战督导

黔东南州在推进脱贫攻坚工作中,创造性地建立了"督战督导问题"体系,形成了硬的举措、严的纪律、实的作风。严格的督导检查体系,是推动乡村振兴的重要保证。如何对乡村振兴工作进行督导检查目前尚未明确,脱贫攻坚工作这些方面的经验,可以充分借鉴。要坚持定期与随机相结合、明察与暗访相结合,对有关项目实施进度、工作成效、重点难点问题、工作作风等进行督导检查,对发现的创新性做法与经验及时总结推广。强化纪委监委监督追责,对工作重视不够、落实不力、效果不好且整改不到位的,由纪委监委按照有关问责办法,采取通报、约谈、召回以及党纪政纪处分等方式进行追责。

(四)建立完善系统高效的绩效考核体系

实施精准扶贫、精准脱贫方略以来,扶贫开发工作考核体系不断完善,对广泛动员各方力量参与脱贫攻坚、确保扶贫和脱贫的精准性、落实工作整改要求等发挥了重要的引导和推动作用。根据中央的要求,打赢脱贫攻坚战、全面建成小康社会以后,要推动脱贫攻坚绩效考核与乡村振兴绩效考核衔接。

1. 考核依据

对脱贫攻坚工作的考核,全国有统一的基本要求,一般以"两不愁三保障""三率一度"为基本依据。乡村振兴工作涉及面宽,各地基础、目标、重点任务和工作要求等差别很大,不宜采取"一刀切"的办法。目前贵州省在省、市(州)两级制定了2018—2022年的乡村振兴规划,县一级的规划正在制定。鉴于此,市(州)一级应对各县(市)的规划进行统一审核并报省里同意,对市(州)及各县乡村振兴工作的考核,就以乡村振兴规划为基本依据。

2. 考核对象

目前乡村振兴实绩考核的对象是地级市(州)、非贫困县和已出列贫困县,对未出列贫困县,暂不进行考核。这样非贫困县和已出列贫困县面临扶贫开发工作成效考核和乡村振兴实绩双重考核。脱贫攻坚战打赢以后,所有县都要纳入乡村振兴实绩考核范围。同时,要建立减贫工作考核与乡村振兴实绩考核的机制,避免重复考核。东西部扶贫协作、定点帮扶是我国政治制度优势的体现,在脱贫攻坚中发挥了独特作用。对这两项工作,可在进一步完善帮扶体制机制的基础上,在乡村振兴中予以延续和考核,使帮扶项目特别是产业项目"扶上马"后继续"送一程",防止因"断奶""断线"造成项目失败。

3. 考核内容

乡村振兴战略是长期的历史任务,我国又是一个区域差异极大的国家,各地发展的底子大不一样,不宜按照统一标准进行考核,所以部分指标设置需要考虑地区差异,让地方尽力而为、量力而行。黔东南州乡村振兴规划里面的主要建设内容和任务包括,开创产业兴旺新局面、构建生态宜居新家园、焕发乡风文明新气象、形成治理有效新局面、实现生活富裕新目标和健全城乡融合发展体制机制。可以考虑借鉴扶贫开发工作成效考核做法,进一步充实指标体系,建立全方位、立体式、全程性考核指标体系,并与高质量发展综合绩效评价做好衔接,切实减轻基层负担。

4. 考核方式

坚持平时考核和年终考核相结合,赋予平时工作考核一定的权重,推动各项工作压茬落实。衔接好自查自评、实地交叉考核、媒体暗访等方式,同时总结提升第三方评估的机制和办法,将第三方评估机制引入到乡村振兴实绩考核工作之中。要参照扶贫工作成效考核,在干部选拔任用、评先奖优、资金分配、项目安排、改革试点、问责追责等方面明确具体措施,确保农业农村优先发展的方针落到实处。

(五)建立健全关爱基层干部的制度保障

在打赢打好脱贫攻坚战的过程中,广大基层扶贫干部用情用力、吃苦流汗、敢于牺牲,得到了思想淬炼、政治历练、实践锻炼。为贯彻中央和贵州省的相关部署,黔东南州加强了对基层扶贫干部的关爱,改善基层扶贫干部工作保障,让他们以更加饱满的热情投入到脱贫攻坚战。但调研也发现,基层扶贫干部在工作和生活中仍面临不少困难:22%的帮扶干部工作期间平均每天工作时间在 12 个小时以上,扶贫干部整体非常劳累;待遇保障低,让村干部安心工作难;离家远、工作累、条件艰苦,机构改革后何去何从心里没底,感觉就像局外人;每周回一次家、每半个月可以回一次家、一个月以上才能回一次家的分别占 37%、40%、20% 左右,照顾不了家庭;扶贫干部有沦为"贫困户家庭保姆"的趋势,心理落差大;等等。全面推进乡村振兴,仍将有一大批干部在基层工作。要总结好关爱扶贫干部的经验,健全关爱机制,进一步完善政策,减少他们的后顾之忧,发挥好他们的作用。

1. 优化政策措施,给基层干部"减负"

一是确保政策措施科学严谨。要做好顶层设计,做到科学严谨、规范稳定,自上而下措施明确、标准统一、要求具体,避免产生理解和执行上的偏差,也防止朝令夕改。

二是规范各种检查考核行为。要优化考核方式,简化考核程序,每年严格规定考核次数和考核主体,能整合的考核要尽量整合,不盲目扩大考核范围、增加考核内容。

三是减少工作部署层层加码。自上而下层层加强工作指导,强化帮扶工作中处处留痕、样样需要印证等形式主义问题整改。各地各部门不能随意提高标准和要求,不得随意增加帮扶干部的工作强度。

2. 整体提升待遇水平,让基层干部"增收"

提高村干部收入待遇水平,建立村干部收入与村集体经济、村级合作社收入同步增长的激励机制。将基层帮扶干部生活补助兑现落实情况纳入对单位帮扶工作的重要考核内容,提高扶贫干部下乡补助标准,酌情给予加班补助和地域差补。对各级各部门选派的驻村干部生活补助标准,按照干部所在单位出差生活补助标准执行。

3. 更加注重人文关怀,给帮扶干部"释压"

一是突出驻村帮扶选人上的精准。要结合选派扶贫帮扶干部的经验进一步精准选人用人,避免出现驻村干部不愿干、混日子。

二是关心帮扶干部的身心健康。落实好扶贫干部休息休假制度,对因工作占用的法定节假日和应休假,要通过闲时调休等给予保障。落实好基层帮扶一线干部健康体检制度、与帮扶干部谈心谈话工作制度。

三是对帮扶干部家庭给予更多关心。派出单位应建立帮扶干部家庭情况工作台账,分别明确干部具体联系帮扶干部家庭,对其生活中遇到困难和问题时能及时伸出援手。

4. 落实提拔任用机制,助帮扶干部"成长"

一是在数量上要有明确规定。单位要将经考核合格的驻村干部进行重点培养,在推荐和考核任用干部、职级晋升时,同等条件下扶贫干部优先考虑。明确基层干部在年度推荐提拔计划中的具体比率或数量。提高驻村帮扶一线工作人员在各类评比表彰中的名额比例。

二是在渠道上要有明确规定。要畅通基层帮扶干部选拔任用渠道,出台政策定向从基层帮扶干部队伍中提拔任用一定数量的优秀干部。注重从从事过脱贫攻坚驻村、乡村振兴驻村工作的帮扶干部中选拔任用县级农口部门和乡镇领导班子成员,县级农口部门和乡镇领导班子配备要有一定比率的驻村干部。

三是在招录上要有明确规定。由省级层面出台政策,放宽基层干部参加公务员、事业单位招考报名条件,使帮扶干部能有更多机会参加全省范围内的公务员和事业单位招考。

5. 坚持容错与赋权并举,为帮扶干部"撑腰"

一是建立健全容错机制。把支持干部敢于担当作为的"三个区分开来"要求落实到驻村工作中,对基层帮扶干部的失误错误进行综合分析,对该容的大胆容错。

二是赋予帮扶干部一定工作权限。赋予帮扶干部一定的资金支配权和政策奖补评定权,让帮扶干部根据帮扶工作的轻重缓急,合理安排资金支出和产业发展投向。

三是推进帮扶责任和权限的统一,让帮扶干部扎实工作,认真做好服务。

（六）激发广大农民群众的内生动力

脱贫攻坚与乡村振兴的主体都是农民,脱贫攻坚政策主要针对贫困农户,而乡村振兴战略则是面向全体农民。脱贫攻坚和乡村振兴都要求提高农民的自我发展能力,实现可持续的脱贫和发展。调研表明,超过半数的贫困户对走出贫困充满信心,近三分之二的群众有摆脱贫困的勇气和志气,对学技术、学知识有很大需求,希望能找到可持续创收的途径和方法,提高贫困人口致富的自信,增强他们的自信力,是脱贫致富、振兴乡村不可缺少的前提。

要建立健全激发内在动力的长效机制,鼓励引导农民群众用自己的双手巩固脱贫成果、建设自己的美好家园、过上美好生活。建立由培训老师、村支书、驻村干部、致富带头人为主的扶志教育宣讲队伍,将扶志教育纳入"新时代农民讲习所"和贫困劳动力全员培训的授课内容。要利用院坝会、小组会等方式,向农民群众宣传党和政府的政策和措施,促使他们破除"等、靠、要"的依赖思想,引导他们牢固树立自强自立、自力更生、不等不靠的意识、理念和信心。推广丹寨"三转"经验,编排苗语、侗语《懒汉脱贫》《扶贫干部》等小品,开办苗语汉语、侗语汉语"双语广播",在乡村街道醒目张贴"勤劳致富""脱贫光荣"等宣传标语,强化"弱鸟先飞"的正向激励,营造脱贫光荣的社会氛围。深入开展"我劳动、我光荣"活动,积极营造"劳动脱贫光荣,懒惰致贫可耻"的浓厚氛围。积极宣传脱贫攻坚先进人物和典型事迹,用身边人身边事感染人、带动人。

第一章　打赢打好脱贫攻坚战[*]

　　习近平总书记指出，"消除贫困、改善民生、逐步实现共同富裕，是社会主义的本质要求，是我们党的重要使命"。① 黔东南州历史上长期发展缓慢，处于深度贫困状态。新中国成立后，党中央、国务院和历届省委、省政府以及历届州委、州政府从政治、经济、文化、社会等方面采取多种措施，实施综合治理，农民群众的生活发生了很大变化。作为贵州省乃至全国农村扶贫开发的主战场，改革开放以来，黔东南州根据各个阶段扶贫工作的要求，不断充实加强扶贫攻坚力量，不断创新完善扶贫攻坚体制机制、工作制度和扶贫模式，探索出富有黔东南州少数民族地区特色的扶贫新路子。党的十八大以来，黔东南州深入实施精准扶贫、精准脱贫方略，创造了历史上最好的减贫成绩，谱写了反贫困的黔东南州新篇章，如期脱贫的目标可望实现。打赢脱贫攻坚战以后，黔东南州把扶贫工作纳入实施乡村振兴战略框架下统一安排，在继续巩固脱贫攻坚成果、缩小相对差距、提升经济社会整体发展水平上进行长期不懈的努力，为实现基本现代化奠定了坚实基础。

第一节　扶贫事业发展历程

一、农村体制改革推动"输血式"扶贫向"造血式"扶贫转变阶段（1978—1985 年）

　　改革开放以后，从 1978 年到 1985 年，这一阶段是黔东南州与贵州

---

　　*　本报告作者为黔东南州扶贫办张跃国、州政府罗丹、州政府发展研究中心吴玉生。
　　①　《习近平总书记重要讲话文章选编》，党建读物出版社、中央文献出版社 2016 年版，第279 页。

省、全国一道进入农村体制改革推动"输血式"扶贫向"造血式"扶贫转变的过程。1978年,全州开始推行以家庭联产承包责任制为主、统分结合的双层经营体制,激发了农民的生产积极性,因地制宜地发展农、林、牧、副、渔等多种经营,实行休养生息政策,农村经济有所恢复,为解决农民温饱提供了物质条件。但由于农村经济基础差、底子薄,贫困面大、贫困程度深,救济式扶贫仍然是各级政府的一项重要任务。

1985年,国家制定了扶贫政策,对贫困地区进行扶贫开发,贫困线为人均纯收入200元以下,人均粮食200公斤以下。据当时统计,黔东南州在贫困线以下的有从江、剑河、黄平、榕江、台江、雷山、丹寨7个县。其中定为国家重点扶持的有从江、剑河、黄平3县,其余4县为省级扶持。7个县当时总人口为141.52万人,按照1986年农民人均纯收入206元/人·年的标准,其中贫困人口91.28万人,占总人口的64.5%。在这一阶段,针对贫困县和贫困户的扶持政策尚未制度化,也没有明确和具体的扶贫工作考核标准和机制,相关部门根据具体情况力所能及地采取有关措施。这一阶段,主要通过推行土地家庭联产承包责任制推动了贫困人口的大规模减少。

二、大规模开发式扶贫阶段(1986—1993年)

1986年,国家开始了有计划、有组织、大规模的开发式扶贫工作,安排专项扶贫资金,制定有利于贫困地区和贫困人口的优惠政策,确定了开发式扶贫方针,并创新性地增加实施专项贴息贷款举措。当年,贵州省委、省政府发出了《关于加强贫困地区工作的指示》,制定了贫困地区经济开发的目标、步骤和优惠政策。黔东南州委、州政府也制定了相应的政策措施开展有计划、有组织、大规模的开发式扶贫工作,确定从江、剑河、黄平、榕江、台江、雷山、丹寨7个贫困县开展以脱贫致富为目标的贫困地区经济开发。全州大力发展种植业、养殖业、加工业和县办工业、商业、建材业。州级成立不发达地区经济开发领导小组(后改称"州贫困地区经济开发领导小组"),下设办公室。州直各部门将扶贫工作纳入重要议事日程,从人力、物力、资金上进行帮扶,组织州科技服务团、医务工作队深入贫困县、乡开展技术服务、巡回医疗,培训乡村医务人员,收到了很好的效果。国家林业部决定每年派出由领导、专家等组成的扶贫工作团到黔东南州开展扶贫工作,省直机关派出 68 人到黔东南州贫困县扶贫,黑龙江省派出 4 名主治医生到贫困地区巡回医疗,免费送医送药,并派出 3 位工程师帮扶林区进行木材加工。当时国家林业部从林业资金、林业人才、林业科技、林业教育、林业政策、林业物资等方面对黔东南州进行扶持,并拨款 200 万元为黔东南州新建林业学校,拨款 153 万元援助建设剑河县食品厂,支援 5.6 万件救灾衣物等。

1986—1989 年间,共建设扶贫项目 335 个、项目覆盖贫困户 15.6 万户。共投入扶贫资金 8694.51 万元,共有 55.8 万贫困人口解决了温饱问题。贫困人口年人均纯收入从 1985 年的 125 元提高到 203 元,其中榕江县已达 368.2 元,成为贵州省首先解决温饱的贫困县之一。1990—1993 年间,贫困地区经济开发的基本格局转变为以解决群众温饱为扶贫工作的中心任务,在贫困地区大力实施"温饱工程",以发展商品生产为出发点,因地制宜地开发一批种植业、养殖业商品生产基地,以启动当地经济活力为目的,发展一批背靠资源、面向市场的扶贫工业项目。黔东南州大力实施"温饱工程",在 7 个贫困县推广杂交水稻、杂交玉米"温饱工程"85 万亩(杂交水稻 80 万亩、杂交玉米 5 万亩),采取"以物放贷、以粮还贷""行政部门包任务、科技部门包技术"等具体办法,使"温饱工程"面积全面落实,配套物资资金全额到位,工程覆盖 210 个乡、20.5 万贫困户。参加"温饱工程"的乡、村、农户粮食产量都不同程度得到增长。从工程验收的结果看,平均单产达 526.69 公斤,创造了历史最高水平,也是扶贫项目覆盖面最大、贫困户受益最多的一项效益工程。其间,根据国家贫困标准的调整,黔东南州黎平、麻江、三穗、岑巩、施秉等 5 个县经贵州省批准列为省级扶持贫困县。通过大抓扶贫项目开发和实施"温饱工程",累计使近 100 万人越过温饱线。国家林业部又决定对九万大山片的扶贫开发工作进行改革,先后投入 4000 多万元。全州逐步建成统一规划、连片开发、覆盖面大、经济效益显著、各具特色和产品适销对路的产业基地,全州农民人均纯收入 584 元,比 1986 年增长 1.89 倍。经过 8 年的不懈努力,到 1993 年年底,贫困人口减少至 176 万人。由于贫困线不断调整提高,从数据上看贫困人口不减反增,但实际上贫困群众的生活水平明显提升,越过温饱线的人口大幅增加。

表 1-1 黔东南州贫困人口数量分年汇总(1986—1993 年)

(单位:万人)

年份	1986	1989	1990	1991	1993
贫困人口数	91. 29	35. 49	170. 22	161. 82	176

注:贫困线:1986—1989 年是 206 元,1990—1992 年是 300 元,1993—2001 年是 400 元。以上数据均
　　指年底脱贫后的数据。
数据来源:黔东南州扶贫办。

三、实施国家"八七"攻坚计划阶段(1994—2000 年)

随着农村经济发展水平的普遍提高和农民收入普遍增加,贫困人口的数量迅速减少,为自然条件恶劣、基础设施薄弱和社会发育落后等重点地区和重点人口开展扶贫工作提供了条件。这一阶段,黔东南州与贵州省、全国一道实施国家"八七"扶贫攻坚计划。该阶段以 1994 年 3 月《国家八七扶贫攻坚计划》公布实施为标志,目标是力争用 7 年左右时间,集中力量基本解决全国农村 8000 万贫困人口的温饱问题。根据"四进七出"标准(凡是 1992 年年人均纯收入低于 400 元的县全部纳入国家级贫困县扶持范围,凡是高于 700 元的原国定贫困县一律退出),国家确定黔东南州 13 个县列为《国家八七扶贫攻坚计划》扶持的贫困县。为进一步摸清全州贫困人口底数,全州全面实行贫困人口县建簿、乡造册、户立卡,进一步明确了扶贫工作对象。《中共黔东南州委、州人民政府 1994—2000 年扶贫攻坚计划》的下发,标志着黔东南州扶贫开发工作进入新阶段,大规模的扶贫攻坚战在全州拉开帷幕。全州扶贫开发工作会议提出了到 20 世纪末分两步走基本解决全州 176 万贫困人口绝对贫困问题的总目标。第一步是 1994—1996 年,13 个贫困县共 159.5 万贫困人口的 70% 要达到年均纯收入 400 元,人均口粮 250 公斤,基本越过温饱线。第二步是 1997—2000 年,69.3 万极贫人口全部越过温饱线,90.2 万非极贫

人口全部达到人均纯收入 500 元,人均粮食 250 公斤,稳定解决温饱奔小康。

黔东南州委、州政府及时制定了"关于实行州级四大班子党员领导干部联系县的制度"和"干部驻乡帮村挂职扶贫制度"。州委、州政府从州直机关抽调副处级干部到 13 个贫困县任县委副书记,从州直机关抽调副科级以上干部到 169 个乡(镇)任副书记、副乡(镇)长或乡(镇)长助理,两年一换,专职从事帮扶工作。各县都从县直机关抽调干部到村任职扶贫,13 个贫困县共抽调 1376 名干部到乡村任职。其间,州、县、乡三级抽出干部 5372 人实行包村定点挂钩扶贫。浙江省宁波市由鄞州区、市农经委等 12 个区县和市直部门结对帮扶黔东南州麻江等六个贫困县。五年中,宁波市捐赠资金 412 万元建成 26 个农村卫生院(室),覆盖人口 12.95 万人;捐赠资金 790.5 万元修建希望小学 35 所。双方互派干部挂职 39 人,宁波市帮助培训干部和专业技术人才 300 余人。

在这一阶段,全州实施"温饱工程"121.22 万亩,覆盖农户 42.81 万户 192.64 万人。1993—2000 年,13 个贫困县贫困人口从 179 万人减少到 42.46 万人,农民人均年纯收入从 570 元增加到 1187 元,基本实现了越过温饱线目标。

四、集中连片开发阶段(2001—2013 年)

这一阶段是贯彻落实"国家十年扶贫开发纲要"、实施"十五"扶贫规划的新阶段。黔东南州委、州政府印发了《关于做好新阶段扶贫开发工作的意见》《关于定点帮扶雷公山、月亮山地区乡镇的决定》。完成了全州 16 个县(市)、乡(镇)、村和农户的基本情况调查测算上报工作。按照新的扶贫标准,全州有雷山、台江、剑河、黎平、从江、榕江、丹寨、麻江、黄平、施秉、岑巩、三穗、天柱、锦屏 14 个县被列为扶贫开发工作重点县,155 个乡镇被列为重点乡镇,2077 个村被列为重点村。按照 2002 年农民人均纯收入为 625—865 元的贫困线标准,当年的贫困人口数量为 126.76 万人。在继续推进全州面上扶贫开发工作的同时,把雷公山、月亮山"两山"地区和州内的其他边远贫困山区作为新阶段扶贫开发工作重点。以贫困乡、贫困村为单元,以贫困户、极贫户为扶持对象,以整村推进、劳动力培训转移、产业化扶贫"三项"为重点推进扶贫工作。2005年年末,全州贫困人口、低收入人口分别为37.15万人、71.04万人。

"十一五"期间,黔东南州以整村推进、干部农民实用技术培训、农村劳动力转移培训和培育龙头企业为重点推进扶贫开发。启动了贫困人口监测工作,做到户有卡、村有册、县有簿,对全州105.05万低收入以下贫困人口录入微机,实行动态监测管理。据黔东南州扶贫部门数据统计显示,2008年因50年一遇的重大雪凝灾害,全州返贫4.74万户19.34万人。按农民人均纯收入1196元的国家贫困标准,当年全州有贫困人口88.68万人。2001—2010年,全州共投入各类扶贫资金38.25亿元(其中财政扶贫资金12.38亿元,信贷扶贫资金23.86亿元,宁波对口等社会帮扶资金2.01亿元),实施项目16587个,共减少贫困人口60.38万人。2010年,全州农民人均纯收入达1728元,贫困人口减少到61.31万人。

《中国农村扶贫开发纲要(2011—2020年)》提出,到2020年稳定实现扶贫对象不愁吃、不愁穿,保障其义务教育、基本医疗和住房的总体目标。黔东南州的县(市)中,除凯里市的其他县均被列为国家扶贫开发重点县。按照农民人均纯收入2300元的贫困线标准,2011年全州有贫困人口167.29万人,贫困发生率42.11%。紧紧围绕"两不愁三保障"的目标,按照"两步走、三批次"的安排部署,积极构筑行业扶贫、专项扶贫和社会扶贫的"三位一体"大扶贫格局,以草地生态畜牧业、核桃、水果、蔬菜、油茶、中药材、香猪等为重点的扶贫产业体系逐步形成。到2014年年底,全州的贫困人口为103.38万人,比2011年减少63.91万人。

五、实施精准扶贫、精准脱贫方略阶段(2014年至今)

2015年6月18日,习近平总书记在贵州省召开的部分省(自治区、直辖市)党委主要负责同志座谈会上指出,扶贫开发贵在精准,重在精准,成败之举在于精准。要将长期由主要依赖经济增长的"涓滴效应"的扶贫机制转为对目标人群进行"靶向性"干预的机制,真正做到"扶到点上、扶到根上,扶贫扶到家"。2015年11月27日至28日,全面部署打赢脱贫攻坚战的中央扶贫开发工作会议在北京召开。11 月 29 日,印发了《中共中央 国务院关于打赢脱贫攻坚战的决定》。黔东南州按照党中央、国务院和贵州省委、省政府决策部署,全面抓好贯彻落实,大力推进大扶贫战略行动,出台《中共黔东南州委 黔东南州人民政府关于贯彻落实〈中共贵州省委 省政府关于坚决打赢扶贫攻坚战确保同步全面建成小康社会的决定〉的实施意见》及 19 个配套文件,确保全州 82 万建档立卡贫困人口全部稳定脱贫,1853 个建档立卡贫困村全部出列,155 个贫困乡镇和 14 个国家扶贫开发工作重点县以及属于滇桂黔石漠化片区贫困县的镇远县全部摘帽。此后,全州围绕“一达标两不愁三保障”和“三率一度”(贫困发生率低于 2%、漏评率低于 1%、错退率低于 2%、群众满意度高于 90%)的脱贫标准,先后打响了脱贫攻坚春季攻势、夏季大比武、秋季攻势、春风行动、夏秋攻势、冬季充电等重点战役,不断把脱贫攻坚推向高潮,为决战脱贫攻坚、决胜全面小康奠定了坚实的基础。

2014—2019 年,全州贫困人口从 120.64 万人减少到 4.86 万人,减少了 115.78 万人;贫困发生率从 30.1%下降到 1.19%,下降了 28.91 个百分点;贫困村从 1853 个减少到 70 个,减少了 1783 个。在全州 15 个贫困县中,2018 年度麻江、丹寨、施秉、三穗、雷山、镇远 6 个县退出贫困序列,实现脱贫摘帽。2019 年度黄平、岑巩、天柱、锦屏、黎平、台江、剑河 7 个县实现摘帽退出。从江、榕江两个深度贫困县在 2020 年脱贫退出,全州剩余贫困人口全部脱贫。

第二节　健全完善大扶贫工作格局

一、建立健全强化纵向到底、横向到边的工作体系

为加强对脱贫攻坚的领导,黔东南州建立了“州—县(市)—乡(镇)—村—网格—结对帮扶干部”六级指挥体系。在州级和县级,建立州委、州政府主要领导任“双组长”,部门一把手为主体成员的州扶贫开发领导小组,下设办公室。同时,组建各类工作专班。在乡镇成立由县委

常委任指挥长的脱贫攻坚前线作战部。在村级成立脱贫攻坚前线指挥所，每个村以 50 户左右为单元分为若干个网格，每个网格配备 1 名国家正式干部任网格员。为增强解决问题的能力，贵州省实行省领导包县、市（州）领导包乡、县领导包村、乡领导包户、党员干部包人的"五包"责任制。黔东南州实行州四大班子领导干部脱贫攻坚"下抓三级"工作机制，明确 38 名州四大班子领导干部分别联系 206 个乡镇、66 个深度贫困村，531 名县（市）四大班子领导干部分别联系本县（市）所有村，实现联系乡镇（街道）州级干部全覆盖，联系村县级干部全覆盖。围绕"两不愁三保障"等核心指标，业务主管部门组建工作专班和专家团队，逐县开展工作。根据需要，成立由党委、政府分管领导牵头，相关部门共同参加的工作专班，有针对性地开展专项工作。由凯里市及已摘帽的丹寨、麻江、施秉、镇远、三穗、雷山 6 县分别结对联系 2019 年拟摘帽的 7 个县，开展州内对口联系抱团脱贫。

二、加强对深度贫困县的组织领导

在从江加勉、榕江定威、雷山大塘、黄平谷陇 4 个省级极贫乡镇，组建由省领导担任指挥长，州委、州政府主要领导任副指挥长的省级极贫乡镇脱贫攻坚指挥部。对从江、榕江两个深度贫困县，选派年富力强、经验丰富的州委常委担任县委书记，从全州已脱贫出列的 6 个县提拔 19 名有实战经验的乡镇党委书记担任州直单位领导后，下派到从江县 19 个乡镇担任"乡镇党委第一书记"。从州直机关选派 116 名干部到极贫乡镇、深度贫困村乡镇挂任党政副职。针对全州贫困发生率高于 20% 的 262 个深度贫困村，州委组织研究制定脱贫攻坚工作方案。34 个州直部门定点联系包保从江县 34 个贫困发生率在 30% 以上的贫困村。同时，从 19 个州直单位安排县级领导成立脱贫攻坚指导组，分别进驻榕江县 19 个乡镇，15 个州直单位定点联系包保榕江县贫困发生率在 30% 以上的贫困村。

三、用好帮扶资源

一是杭州市对口帮扶。与杭州市一道，持续强化东西部扶贫协作组织领导、资金使用、人才交流、产业合作、劳务协作、携手奔小康"六项行动"。两地党政主要领导多次赴对方开展对接,明确扶贫协作工作任务。2016 年以来,浙江省杭州市 13 个区(县、市)、105 个乡镇(街道)、216 个村分别结对帮扶黔东南州 16 个县(市)、122 个乡镇(街道)、219 个村,223 家杭州企业结对帮扶 444 个贫困村(其中深度贫困村 385 个)。[①]

二是中直定点单位帮扶。13 家中央单位按照中央部署,定点帮扶 14 个贫困县。2016—2019 年,13 家单位先后安排 67 名干部挂职或担任驻村第一书记,累计投入和协调各类资金 58.5 亿元(不含信贷资金),并探索形成了一大批富有成效的帮扶机制和模式。

三是澳门特别行政区定点帮扶从江县。围绕澳门特区政府及有关方面与从江县签署的 18 项帮扶协议,组建工作专班,有序推进各帮扶项目,进一步助推从江县脱贫攻坚。

四是社会帮扶。积极推广中国社会扶贫网,截至 2019 年 10 月,累计注册爱心人士 54254 人,累计注册贫困户 121020 人。召开全州 2019 年脱贫攻坚先进典型表扬大会,选树一批坚守初心使命、勇于担当作为、群众满意认可的先进典型,表彰先进个人 522 名、先进集体 142 个。万达集团丹寨项目部荣获 2019 年全国脱贫攻坚组织创新奖。"万达丹寨包县扶贫"案例入选全球减贫最佳案例库,为世界减贫贡献中国经验和中国智慧。深入开展"千企帮千村"行动,筹划好"扶贫日"系列活动,着力营造人人关心支持脱贫攻坚的浓厚氛围。

第三节　聚力打好脱贫攻坚"硬仗"

党的十八大以来,在党中央、国务院、贵州省委和省政府的坚强领导下,黔东南州坚持以习近平新时代中国特色社会主义思想为指导,深入学习贯彻习近平扶贫开发重要论述,坚持精准扶贫、精准脱贫基本方略,坚持以脱贫攻坚统揽经济社会发展全局,认真贯彻落实《中共中央　国务院

---

① 数据来源于黔东南州扶贫办。

关于打赢脱贫攻坚战的决定》《中共中央 国务院关于打赢脱贫攻坚战三年行动的指导意见》《中共贵州省委 贵州省人民政府关于坚决打赢扶贫攻坚战确保同步全面建成小康社会的决定》《中共贵州省委 贵州省人民政府关于深入实施打赢脱贫攻坚战三年行动发起总攻夺取全胜的决定》及其系列配套政策,聚焦指标体系,突出关键短板,打赢关键战役,为决战脱贫攻坚、决胜全面小康奠定了坚实的基础。

一、扎实开展建档立卡工作

按照国务院扶贫办《扶贫开发建档立卡工作方案》《扶贫开发建档立卡指标体系》的要求,黔东南州开展了新一轮精准扶贫建档立卡工作。各县市认真执行"规模分解、初选对象、公示公告、结对帮扶、制定计划、填写登记表、数据录入、网络运行、数据更新"九个步骤,落实"两公示一公告",做到全程公开、公平、公正,确保全州贫困人口的识别、建档立卡工作顺利按时完成。全州 16 个县市开展各种形式的宣传 3530 期(次),培训业务骨干 3.17 万人次,累计发放农户申请书 51.24 万份。全州共录入"扶贫开发建档立卡信息管理平台"37.65 万户 134.13 万人(其中,五保户 9203 户 1.11 万人,低保户 6.71 万户 14.74 万人,扶贫户 21.58 万户86.43 万人,扶贫低保户 8.67 万户 32.40 万人),录入贫困村 1853 个。录入国家级贫困县 14 个、滇桂黔石漠化片区贫困县 1 个。

二、大力加强农村基础设施建设

2016—2019 年,累计建成"组组通"公路 11715.2 公里,实现全州 30户以上村民组全部通硬化路。截至 2019 年年底,已建成集中式农村饮水安全工程 8943 处,覆盖村镇人口 367.11 万人;剩余农村人口采取分散式供水工程进行供水有 11071 处,覆盖农村人口 6.74 万人。农村饮水安全工程已经基本实现农村人口全覆盖,季节性缺水和建后管护不善等问题正在有力解决。持续抓好"四在农家·美丽乡村"六个小康行动计划升级版,2016—2019 年,累计完成投资 256.13 亿元,切实改善了农村生产生活条件。

三、切实打好易地扶贫搬迁硬仗

认真落实贵州省委、省政府关于易地扶贫搬迁"六个坚持""五个三"的安排部署,落实好后续扶持措施,狠抓"五个体系"建设,确保搬迁农户一步住上新房子、快步过上好日子。"十三五"期间,全州将累计搬迁人口30.81万人。截至2019年年底,全州易地扶贫搬迁工作全面完成,搬迁群众全部入住。着力抓好易地扶贫搬迁后扶工作,积极构建公共服务体系、培训和就业服务体系、文化服务体系、社区治理体系、基层党建体系"五个体系",做到"五个全覆盖",切实为搬迁群众增加收益渠道,确保劳动力家庭"一户一人"就业,稳定实现"搬得出、稳得住、能致富"。2019年年底已搬迁的30.81万人中,有劳动力家庭共6.54万户15.54万人,实现就业6.54万户13.68万人,1户至少1人以上就业率达100%。2019年以来,共开展易地扶贫搬迁劳动力培训25291人次,培训后就业16360人,培训就业率达74.47%。

四、深入推进就业产业扶贫

一是切实抓好贫困劳动力就业创业。按照"因人施培、因产施培、因岗定培"的要求,结合全州产业发展需要、企业用工需求和个人就业意愿,做好易地扶贫搬迁劳动力和贫困劳动力等培训工作,采取就地就近就业、组织输出就业、创业吸纳就业、公益性岗位安置就业等措施,狠抓贫困劳动力就业创业。2019年,全州促进贫困劳动力就业创业59677人,完成省下达目标任务48000人的124.33%。大力开展贫困劳动力全员培训,2019年全州开展贫困劳动力全员培训94157人次,占年度目标任务86920人次的108.33%,培训后促进就业创业63906人,就业率为72.35%。比如,丹寨县依托对口帮扶城市杭州市的资源优势,帮助代训该县建档立卡贫困户人员为美容美发师,并全部在杭州市签订就业合同实现就业,人均月薪达3000—5000元。再如,凯里苗妹银饰工艺品有限公司举办绣娘培训班,培训4000余人,其中1000余名农村贫困户掌握刺绣技能后,在家生产刺绣工艺品交由公司平台统一销售,接受培训的贫困户仅此一项月收入就增加 1500—2000 元。

二是深入推动农村产业革命。按照"按时打赢"要求,集中资源要素实施一批见效快、效益好、带动力强的"短平快"产业项目,着力构建"龙头企业+合作社+农户"利益联结机制,推动贫困农户融合发展抱团脱贫。充分发挥生态气候优势,落实 12 个优势特色产业实施方案,大力发展林下经济。紧盯省内外市场,特别是粤港澳大湾区和杭州市农副产品市场,摸清大宗农产品的数量需求和质量要求,以创建 70 个示范坝区(其中,15 个样板坝区和 55 个达标坝区)为重点全面启动坝区产业结构调整。指导各县(市)200 亩以上坝区分别制定地区产业发展规划,实行"一坝一策",发展"一坝一业",因地制宜调整种养模式,探索"稻+鱼、稻+鳖、稻+蟹、稻+蛙共生"、"单季稻+食用菌"、蔬菜"123"等高效种植模式,实现 500 亩以上坝区产业结构调整、基地建设和地方特色优势产业发展有机结合。

在脱贫攻坚中,初步建立了符合黔东南州特点的农业产业体系。据黔东南州农业农村局统计,2019 年,全州蔬菜(含辣椒)累计种植面积 219.76 万亩(其中辣椒种植面积 31.87 万亩),占省级目标任务 170 万亩的 129.27%;食用菌累计种植面积 3.36 万亩,占省级目标任务 3.3 万亩的 101.82%;茶叶面积 62.29 万亩,其中投产茶园面积 49.82 万亩,占省级目标任务 45 万亩的 110.71%;生态家禽累计出栏 3868.37 万羽(其中三穗鸭出栏 1325.2 万羽、小香鸡出栏 591.89 万羽),占省级目标任务 3800 万羽的 101.8%;香猪出栏 95.11 万头,占省级目标任务 50.66 万头的 187.74%;中药材累计种植面积 93.56 万亩,占省级目标任务 90 万亩的 103.96%;精品水果 118.38 万亩,占省级目标任务 100 万亩的 118.38%(其中蓝莓面积 14.71 万亩、占省级目标任务 15 万亩的 98.06%);稻田养鱼 115.31 万亩,占省级目标任务 100 万亩的 115.31%。通过农业产业发展,累计带动贫困户 6.70 万户 22.36 万人。

狠抓产销对接,在大力推进农产品进机关、学校、医院食堂的同时,通过点对点联系、举办农产品产销对接系列活动等,重点开拓贵阳、杭州、广州等地市场,积极推动特色农产品走向全国市场。2019 年,全州完成订单农业销售 34.36 万吨,销售金额 27.06 亿元,黔东南州销往杭州的农产品销售额达 5.5 亿元。建成覆盖全州 16 个县市、204 个乡镇、1626 个村的电商扶贫中心(站),行政村覆盖率达 76.8%,有效助推了"黔货出山"和工业品"进山下乡"。如镇远县羊场镇农村电子商务服务站以销售本地的天麻、灵芝、杜仲等农副产品为主,覆盖周边 4 个乡镇,带动贫困户 3000 余户。加快推进冷链物流体系建设,全州已建成冷库 151 个,库容 6.93 万吨,配套冷藏车 171 台。

三是切实抓好文化旅游扶贫。着力用好黔东南州生态环境和民族文化"两大宝贝",大力发展乡村旅游,实施旅游扶贫九项工程,创造性地探索出了"合作社带户、景区带村、企业带县""共建、共管、共享"的"三带三共"乡村旅游扶贫新模式,有效助推脱贫攻坚。涌现了小丹江苗寨、南花苗寨、肇兴侗寨、大利侗寨等一大批国内外知名的乡村旅游品牌,黔东南州乡村旅游的知名度和影响力不断提升。2016—2019 年,全州已组建乡村旅游合作社 401 家,更多群众直接参与到乡村民俗、"农家乐"、旅游商品等产业中,累计解决 1.5 万余个贫困劳动力就业,带动贫困户 1.98 万户 5.9 万人增收。

四是推动生态扶贫。据黔东南州林业局统计,截至 2019 年年底,完成油茶 19.24 万亩(其中新造 7.51 万亩,抚育改造 11.73 万亩),占省级下达年度任务 32 万亩的 60.11%(其中,新建占省级下达任务 20 万亩的 37.53%,改造占省级下达任务 12 万亩的 97.93%);完成竹产业基地建设 3.65 万亩(其中,新建 1.16 万亩,抚育改造 2.49 万亩),占省级下达年度任务 4.999 万亩的 73.02%(其中,新建占省级下达任务 2 万亩的 58.05%,改造占省级下达任务 3 万亩的 83.00%)。经过努力,2019 年度黔东南州新增中央财政建档立卡贫困人口生态护林员指标 6044 名,占全省指标 25500 名的 23.7%,超额完成任务。当前全州生态护林员人数扩大到 35523 人,其中中央财政 16342 人,确保 35523 户 12 万余群众稳定脱贫。

五、推动基本公共服务全覆盖

一是教育保障。压缩各级党政机关行政经费的 6% 支持教育精准扶贫政策的实施,全面落实农村建档立卡贫困户子女就读普通高中、中职"两助三免(补)",就读大学本专科(高职)"两助一免(补)"等教育精准扶贫学生资助政策,坚决杜绝贫困学生辍学。据黔东南州教育局统计数据显示,2014—2019年,全州共资助困难家庭学生560.83万人次,发放资助金59.41亿元(含免学费)。

二是医疗保障。落实健康扶贫医疗保障救助政策,提高乡、村两级医疗水平,开展家庭医生签约服务,对贫困农户参加农村合作医疗给予补助,确保建档立卡贫困人口经转诊到定点医疗机构住院医疗费用实际补偿比例达到90%,大幅减轻贫困农户就医负担。2019年,全州建档立卡农村贫困人口基数130.29万人中,应参保的128.22万人,实现应保尽保,落实参保资助13469.84万元;住院补偿21.44万人次89395.97万元,县域内"一站式"结报16.09万人次;罹患大病患者7738人,都得到妥善救治。① 全面落实建档立卡贫困户县域内"先诊疗后付费""一单清"等政策,方便了贫困群众看病就医。

三是住房保障。深入推进农村危房改造,2019年全州农村危房改造任务11799户,竣工11524户,竣工率97.7%。大力推进老旧住房透风漏雨整治,2019年全州整治任务62269户,竣工62193户,竣工率99.9%。大力消除"人畜混居"现象,经各县市自查核实,全州共需整治44535户,到2019年年底全部竣工。

四是综合保障。2019年的农村低保平均标准为4091元,特困救济标准为10260元。从建档立卡数据来看,黔东南州的建档立卡人口中享受低保的人口为20.86万人,享受特困救济的人口为9966人,两者合计占建档立卡人数的16.19%。同时,执行"脱贫不脱保",脱贫后人均收入低于农村低保标准且财产状况符合条件的纳入农村低保。农村低保和特困救助有效地保障了困难群众的基本生活,基本实现"应保尽保、应救尽救"。

六、推动"志智"双扶

黔东南州先后制定《黔东南州强化扶志扶智激发内生动力的实施方

---

① 数据来源于黔东南州卫生健康局。

案》《黔东南州开展"我要脱贫、助你脱贫"三个三主题活动激发贫困群众脱贫攻坚内生动力的实施方案》《中共黔东南州委办公室 黔东南州人民政府办公室关于在全州就业扶贫工作中开展扶志转勤、扶勤转能、扶能转富工作的意见》等文件,明确和细化了工作措施,使"志智"双扶工作有了载体、有了平台、有了抓手。

一是立足扶志,转变"等、靠、要"的懒汉思想。依托全州2710个讲习所,建立由培训老师、村支书、驻村干部、致富带头人为主的扶志教育宣讲队伍。把习近平新时代中国特色社会主义思想、党的十九大精神、农村产业革命"八要素"、种植养殖技术纳入扶志教育重点内容,并用群众身边人身边事作示范,开办苗语汉语、侗语汉语"双语广播",修订《村规民约》等,激发贫困群众从"要我脱贫"到"我要脱贫"的转变。如丹寨县扬武镇洋浪村自发召开"我要脱贫"誓师大会,全村96户贫困户签下请愿书,要求加入村级合作社,并在村子里最显眼的位置立碑明志,经过近两年的努力,该村成为远近闻名的蔬菜村,树起了脱贫攻坚、发展致富的旗帜。同时,强化表扬激励、塑造典型,2017年、2018年"全国扶贫日"期间,州委、州政府召开全州脱贫攻坚表扬大会,对涌现出来的脱贫攻坚自力更生家庭、致富带头人等先进典型进行表彰,并在全州广泛宣传,营造了脱贫攻坚的浓厚氛围。如天柱县蓝田镇的杨某辉同志,身残志坚,通过自己的坚持不懈和努力奋斗,用两年时间在村里打造了一个80多亩、亩产值2万多元的"美人指"提子产业,并带动贫困户20人脱贫致富,成为村里人人点赞的致富带头人。

二是立足扶智,增强脱贫致富创业本领。因地制宜开展贫困劳动力"四型培训",让贫困群众掌握一技之长,增加"造血"功能。2016年以来,全州完成易地扶贫搬迁劳动力和贫困劳动力全员培训13万余人,进一步增强了技能。同时,鼓励培训机构"走下去",采取"田间课堂"等形式,大力开展农村实用技术、新型职业农民、种植养殖等"定向型"培训。仅2018年,累计组织全州989名农技专家深入田间地头,举办农业技术座谈会或培训会473次,培训各类人员21725人次,推广农作物新品种145个,推广农业新技术209项,解决农业技术难题309个。

第四节 坚决打赢脱贫攻坚最后战役

黔东南州整体上具有深度贫困地区的特征,月亮山和雷公山区域具有直过民族地区的特点,脱贫攻坚仍面临一些深层次制约。2020年,脱贫攻坚已经到了决战决胜、滚石上坡、最为吃劲的时刻,黔东南州调集精兵强将,坚持目标不变、靶心不散、频道不换,聚焦现行目标标准、聚焦攻克坚中之坚、聚焦脱贫成果真实、聚焦激发内生动力,尽锐出战、一鼓作气、全面发力,以更有力的行动、更扎实的工作攻克难中之难、坚中之坚。

一、压紧压实政治责任

脱贫攻坚是黔东南州实现全面小康目标的底线任务,州、县、乡、村都要切实扛起责任。州、县党政一把手要加大对乡镇、村履行职责的指导和督查力度,乡镇党委书记对整个乡镇所有行政村的脱贫工作要心中有数、一清二楚,村级党组织书记对本村的贫困状况、致贫原因、脱贫措施要精准到户到人。进一步压实县、乡党委政府责任,加强对脱贫攻坚任务较重的乡镇班子的考核和评估,对不适应工作的及时调整。进一步细化驻村帮扶工作责任制和考核措施,推行"网格化管理",实行"人盯人"战术,加强对帮扶责任人、帮扶措施、帮扶效果跟踪管理,提高因户因人施策精准度。

加强扶贫领域作风建设,坚持抓具体抓深入,实行州县脱贫摘帽考核挂钩机制,督促干部拿出更多时间和精力到基层一线,到条件较差和情况复杂的地方,调查研究,指导帮助,解决问题。杜绝形式主义、官僚主义、弄虚作假、急躁和厌战情绪以及消极腐败现象发生。

二、攻克区域性整体贫困问题

从黔东南州的情况来看,不同县市的具体情况存在明显差别。凯里市是非贫困地区,有6个县2018年脱贫,有7个县2019年脱贫,还有榕江县和从江县2020年脱贫。

贫困县摘帽后坚持摘帽不摘责任、不摘政策、不摘帮扶、不摘监管,谨防摘帽县摘帽后松劲懈怠,出现"撤摊子、歇歇脚,转移重心、更换频道"的倾向,建立巩固稳定脱贫长效机制。对明显松懈的摘帽县,对党政主要负责同志开展常态化约谈。及时组织开展"回头看",对返贫人口和新发生贫困人口,建立台账,因户施策,采取有针对性的措施及时予以帮扶,对失去劳动能力的贫困人口做到应保尽保。

深度贫困地区脱贫攻坚是决战决胜的难点和关键所在。黔东南州集中兵力、集中火力,在大力支持贫困区域改善条件的同时,坚持"两不愁三保障"的标准,确保贫困人口大幅减少,贫困发生率大幅下降以及"三保障"、基础设施、产业革命方面取得重大突破。(1)加大深度贫困县的攻坚力度。落实扶贫资金、东西部扶贫协作、基础设施建设、帮扶力量"四个聚焦",力度只能增强不能削弱。特别是要用好资金,东部帮扶资金集中用到易地扶贫搬迁安置点的学校和医院建设上。(2)重新摸排解决极贫乡镇困难。除了省定的 4 个极贫乡镇外,还准确掌握全州极贫乡镇的真实情况,拿出指导极贫乡镇脱贫攻坚的具体方案,集中资源和力量,确保极贫乡镇按时打赢脱贫攻坚战。(3)对贫困发生率仍高于 10%的深度贫困村,开展定点监测,加大工作力度,大幅度降低贫困人口数、贫困发生率。

三、针对贫困人口不同情况采取有效措施

2020 年,对余下贫困人口、已脱贫人口、非建档立卡低收入贫困人口和返贫人口定期开展排查走访,实行动态管理,不断提升脱贫工作的精准性。

(一)开展余下贫困人口重点帮扶

对全州剩余的贫困人口,明确帮扶责任人,认真核对其致贫原因,采取有效措施进行重点帮扶。达到脱贫标准的,严格按照精准脱贫退出程序要求,实现脱贫退出,确保脱贫不漏一户,不落一人。

(二)开展已脱贫人口分类管理

深入开展扶志扶智和"回头帮"活动,从实际出发,针对已脱贫人口

稳定脱贫能力,广泛征求群众和教育医疗住房"三保障"等有关部门意见,研究制定已脱贫人口分类标准并实行分类管理,同时在县级扶贫项目库建设中继续对脱贫人口进行分类扶持,帮扶干部要定期进行回访,及时解决脱贫人口遇到的困难和问题。对稳定脱贫人口,通过加强产业扶贫、金融扶贫、农业保险等帮扶措施,引导防范扶贫产业市场风险、扶贫小额信贷还贷风险等,着力将其培育成带头人和新型农民。对不稳脱贫人口主要通过帮助发展增收项目或解决就业问题,稳定增加收入;对兜底脱贫人口按照有关社会保障政策继续给予救助,实现精准帮扶;对已脱贫但生活出现暂时性困难的,及时采取针对性帮扶措施,通过救助或其他途径解决,最大限度防止返贫。

(三)开展非建档立卡低收入人口和返贫人口动态管理

重点关注家庭年人均可支配收入略高于当年扶贫标准的非建档立卡低收入人口(边缘户),对其因病、因残、因灾等原因导致暂时性困难的,争取政策最大限度地开展"点对点"精准帮扶;对确实符合贫困户条件和因各类原因返贫的建档立卡脱贫户,严格按照精准识别有关规定及时纳入全国扶贫开发信息系统管理。对边缘人口,提升家庭收入,拓宽家庭收入来源,以技能培训、产业扶持等方面为主要措施,强化动态监测,抓好分类帮扶管理。

一是开展就业创业技能培训。对边缘户家庭中的劳动力,结合其就业意愿和技能基础,通过采取举办创业就业技能培训班,提高其创业就业能力,确保其在社会上有立足之本。同时,大力发展地方经济,加大招商引资力度,着力增加就业岗位,为群众就业创业提供有利条件。

二是给予产业发展资金贴息补助等。对有产业发展条件和意愿的家庭,围绕产业发展"八要素",积极帮助选准产业、开展技术培训、寻找市场销路等。同时,改变过去直接发苗发物等做法,以先建后补、给予产业发展资金贴息补助等方式支持其发展产业,切实调动家庭积极性和责任感,变"要我发展"为"我要发展"。

三是落实好各项惠民政策。对国家出台的各项惠民举措,狠抓落实到位,确保应享尽享。同时,对因灾、因病导致家庭一时困难的,通过民政部门及时给予临时救助等方式解决困难。

四是落实干部结对帮扶措施。落实好网格员包保帮扶非贫困户措施,保证各项惠民政策宣传到位、落实到位,进一步融洽干群关系,提高群众认可度。

四、深入抓好特殊困难群体的脱贫

围绕"社会保障兜底一批"和提高群众认可度工作目标,督促指导各县市切实做好农村低保、特困人员救助供养、临时救助、易地移民社区治理、民政项目建设等方面工作,通过社会救助政策叠加,有效保障农村困难群众的基本生活,确保社会保障兜底推进精准扶贫取得实效,助力特殊困难群体如期脱贫摘帽。

一是全面做好农村低保兜底保障工作,强化农村低保制度与扶贫开发政策的有效衔接。持续开展农村低保专项治理和全面开展"双清双入双退"工作,避免漏保、错保、错退现象发生,提高两项制度衔接率。

二是全面落实特困人员供养办法,提高特困人员供养水平和生活质量。全面完成失能半失能对象护理协议的签订,全面落实特困人员生活补助、失能半失能特困人员护理补助等。

三是全面落实临时救助政策,有效解决困难群众因突发原因造成的临时性生活困难。全面贯彻落实《黔东南州临时救助办法(试行)》精神,将1000元以下的临时救助审批权限下放到乡镇(街道),确保救助实效。健全完善"主动发现"机制,由乡镇人民政府(街道办事处)将"主动发现"的工作任务分解到驻村干部,按周开展工作调度,没有发现急难情况的实行零报告。

四是全面提升服务和保障水平,不断创新社区治理和乡村治理理念助推脱贫攻坚,提升持续保障服务能力。进一步抓好关爱服务留守儿童困境儿童工作,切实保障农村留守儿童困境儿童健康安全成长。着力引导社会组织参与脱贫攻坚,开展助学、助医、助老、助残和关爱留守儿童、困境儿童等活动,形成团结友爱、互助互爱的社会风气。加快民政项目建设进度,为社会保障兜底夯实硬件设施。

五、打好易地扶贫搬迁后续发展硬仗

一是做好搬迁后续工作。围绕易地扶贫搬迁社会管理、培训与就业、产业配套、基本公共服务和基层党建等"五个体系"建设,对搬迁后的工作作出制度性安排,解决好搬迁群众的后顾之忧,促进搬迁群众尽快融入安置地的生产生活,全面提升搬迁成效。

二是扎实开展"回头看"遍访搬迁户活动。以安置点为单元,开展拉网式"回头看",重点针对教育医疗保障、就业、各项后续服务和帮扶责任人工作到位情况,特殊困难家庭的帮扶情况,搬迁群众思想情绪和思想疏导工作,搬迁群众承包地流转开发和受益情况等开展"回头看"和遍访。

三是帮助搬迁群众融入当地社会。利用农民讲习所或移民夜校开展教育培训,重点培育搬迁群众的感恩意识,提升搬迁群众的工作技能,培养搬迁群众的市民意识等,帮助尽快实现农民向市民的转变,尽早适应城镇生活。

六、提升农民群众增收致富能力

(一)大力推进就业扶贫

依托浙江省杭州市和贵州省区域中心城市,推动就业意愿、就业技能与就业岗位精准对接。组织贫困家庭劳动力参加劳动预备制培训、岗前培训、订单培训和岗位技能提升培训,突出培训针对性和实用性。大力开展转移就业,积极开发扶贫岗位,建设扶贫车间,确保有劳动力的贫困户至少有一项稳定脱贫项目。优先在有劳动力的贫困人口中选聘生态护林员、巡河保洁员。开发多种形式的公益岗位,通过以工代赈、以奖代补等方式,动员更多贫困群众和已脱贫人口参与农村小型基础设施、农村人居环境整治等项目建设。

(二)纵深推进农村产业革命

把农村产业发展起来,是脱贫致富的根本途径和长远之计。提高脱贫质量,巩固脱贫成果,重点是抓好产业和就业。有效合理整合财政支农资金,加大贷款、基金、保险等投入渠道,调动新型农业经营主体和农民投入积极性,创新探索投入机制,拓宽投入渠道,扩大投入规模,为产业发展提供充足的资金,化解产业发展风险。着眼发展全产业链,根据经营管理者、劳动力等人力要素,良种繁育、种养、生产加工、流通等各环节技术要素,耕地、林地、水面等土地经营权,农田水利、生产作业路、农业设施、农业生产机械设备等各种要素条件的特点,缺什么补什么,为农村产业发展提供完整的要素保障条件。

大力推广"龙头企业+合作社+农场(农户)"的组织方式,发展壮大龙头企业,完善提升专业合作社,加快发展家庭农场,加快构建新型农业经营体系。在健全农技、畜牧兽医、水产养殖等公益性服务的基础上,加快发展农业社会化服务。坚持经营规模化和服务规模化并重,走出适合发展山地特色农业特点的适度规模经营路子。发展农村电子商务,完善快递物流体系,打造"黔货出山"集散平台。实施村集体经济薄弱村发展提升计划,引进、培育和壮大龙头企业和农民专业合作社,壮大村集体经济。

逐户逐人分析未就业贫困家庭情况,通过发布就业信息、加强技能培训、建立扶贫车间、开发公益性岗位等举措,拓宽就业渠道,一一对应解决。

(三)深化"志智"双扶

继续深化扶贫与"扶志""扶智"相结合,通过新时代农民讲习所等平台,广泛开展贫困家庭劳动力培训,建立需求清单,设定培训课程,创新培训方式,创新培训内容,增强培训效果。加强政策宣传引导,采用生产奖补、劳务补助、以工代赈等机制,围绕护林、护路、护洁、护河等开发就业扶贫公益性专岗,纠正单纯"给钱给物"的养懒汉做法,引导贫困群众自力更生。选树先进典型,通过脱贫攻坚带头人的先进事迹示范引领、感染带动贫困群众。充分发挥村规民约作用,约束"不劳动""占便宜""骗政策"等不良行为。

第二章　逐步走向共同富裕[*]

2021年2月25日,习近平总书记在全国脱贫攻坚总结表彰大会上指出:"脱贫攻坚战的全面胜利,标志着我们党在团结带领人民创造美好生活、实现共同富裕的道路上迈出了坚实的一大步。同时,脱贫摘帽不是终点,而是新生活、新奋斗的起点。解决发展不平衡不充分问题、缩小城乡区域发展差距、实现人的全面发展和全体人民共同富裕仍然任重道远。我们没有任何理由骄傲自满、松劲歇脚,必须乘势而上、再接再厉、接续奋斗。"[①]黔东南州在解决"两不愁三保障"问题的同时,结合巩固拓展脱贫攻坚成果、改善农民生产生活条件、加强农村公共服务、促进农村产业发展等方面实施了一系列项目,对缓解相对贫困、提高农民群众对脱贫攻坚的满意度起到了重要促进作用。目前的这些探索仍是初步的,实施的政策举措还需要进一步集成和制度化。在打赢脱贫攻坚战后,要抓紧明确脱贫攻坚与实施乡村振兴战略衔接的总体思路,统筹安排政策、资金、项目,并实现工作机制的衔接,带领广大农民群众逐步走向共同富裕。

第一节　脱贫攻坚战取得全面胜利

自2014年实施精准扶贫以来,黔东南州改变过去大水漫灌粗放式扶贫方式,重点围绕"扶真贫、真扶贫",将扶贫政策和措施精准到村到户,对贫困家庭和贫困人口实行了精准帮扶,提高了脱贫质量,预防返贫能力

---

[*]　本报告作者为黔东南州人民政府罗丹、郭彩云,州政府发展研究中心戴成,州社会科学院张健翎。

[①]　习近平:《在全国脱贫攻坚总结表彰大会上的讲话》,人民出版社2021年版,第20页。

增强,基本实现了拔"穷根"。

一、贫困人口全部脱贫,增收能力显著提高

(一)贫困人口全部脱贫

2014—2019年,全州贫困人口从120.64万人减少到4.86万人,平均每年减少23.16万人;贫困发生率从2014年的30.1%下降到1.19%,平均每年下降5.78个百分点。到2019年年底,凯里、施秉、三穗、镇远、雷山、麻江、丹寨7个县(市)已经实现贫困人口清零。2020年,贫困人口全部脱贫,没有发生新增贫困人口。

(二)贫困人口收入增长较快

2014—2019年,全州建档立卡人口收入年均增长20%左右,大大超过同期城乡居民收入年均增长10%的水平;已脱贫人口收入年均增长20.52%,未脱贫人口收入年均增长18.18%。从国家统计局黔东南统计调查队2014—2018年对全州1100多户农户的抽样调查数据来看,低收入组的转移性收入增长最快,2014—2018年低收入组从837元增加到1585元,净增加748元,增长89.36%;中低收入组从1421元增加到1890元,净增加469元,增长33.01%;中等收入组从1824元增加到2328元,净增加504元,增长27.63%。

(三)脱贫稳定性明显提高

根据黔东南州扶贫办数据资料分析,脱贫户返贫率从2016年的3.82%,下降到2018年的0.32%;返贫人数从2016年的1680户6771人,减少到2018年的274户968人。从返贫原因分析来看,多数是客观原因造成的。2019年没有发生返贫现象。

二、经济社会全面进步,区域整体性贫困问题得到解决

(一)经济社会较快发展

一是经济加快发展。2019年全州完成地区生产总值1123亿元,增长8.4%,规模以上工业增加值增长5%,500万元以上固定资产投资增长4%,一般公共预算收入完成60.73亿元,下降8.5%,居民消费价格指数

同比上涨 3%。

二是生产生活条件不断改善。截至 2019 年年底,全州实现 3509 个建制村全部通上油路,全州行政村通客运班车率达 100%。新增多彩贵州广电云"户户用"24.4 万户,移动电话用户达到 436.64 万户。有初级中学 157 所,在校学生 17.35 万人,初中毛入学率 117%;有小学 660 所,教学点 803 个,在校学生 37.18 万人,小学入学率 99.34%;有幼儿园 1547 所,在园幼儿 17.07 万人。拥有卫生医疗机构 3866 个,新型农村合作医疗参合人数 408.85 万人,参合率为 98.96%。2019 年农村低保标准为每年 4091 元,特困供养年保障标准提高到 10260 元,农村最低生活保障人数 33.74 万人,累计发放低保金 9.81 亿元。

三是群众生活水平不断提高。2019 年,全州城镇新增就业 7.4 万人,返乡农民工就业创业 4.5 万人次,登记失业率为 2.9%;帮助零就业家庭成员、大龄失业人员、退役军人等就业困难人员实现就业 7432 人。同时,全州城镇和农村常住居民人均可支配收入分别为 32752 元和 10233 元,分别增长 8.7% 和 10.9%。

(二)贫困县乡村全部出列

2018 年,麻江、丹寨、施秉、三穗、雷山、镇远 6 县顺利通过国家脱贫攻坚验收,成功出列,贫困县减少到 9 个。2019 年,黄平、天柱、岑巩、锦屏、黎平、台江、剑河 7 县出列,贫困县减少到 2 个。到 2020 年年底,全州 15 个贫困县全部实现脱贫摘帽。

对照贫困乡镇省级出列标准,2018 年全州 149 个贫困乡镇(包括从江县加勉乡、榕江县定威水族乡、雷山县大塘镇、黄平县谷陇镇 4 个省级极贫乡镇)全部达到贵州省乡镇"脱贫摘帽"标准,提前实现贫困乡镇清零。

截至 2019 年年底,全州有 1783 个贫困村出列,贫困村从 2014 年年初的 1853 个减少到 70 个,其中榕江县 23 个、从江县 47 个。深度贫困村从 1038 个减少到 65 个,其中榕江县 21 个、从江县 44 个。2020 年,实现贫困村全部出列。

三、脱贫攻坚任务全部完成,长期发展基础不断加强

(一)确保"两不愁三保障"到位

一是抓好饮水安全保障。大力开展农村人畜饮水及巩固提升水利工程建设,加快推进中小型水库53座建设和维修,全力推进农村安全饮水保障。2019年,解决了剩余34万农村人口饮水安全问题,全面解决农村人口饮水安全巩固提升,实现了所有贫困人口的饮水安全。

二是抓好吃饭穿衣保障。由于耕地匮乏,劳动力不足,收入水平低,深度贫困村仍然有极少数特殊困难群众的吃饭穿衣问题没有达标。对160个深度贫困村的调查表明,有1569人的吃饭没有达标,占总人数的0.99%;有1531人的穿衣没有达标,占总人数的0.97%(见表2-1)。

表2-1　160个深度贫困村吃饭穿衣保障情况　　　(单位:人;%)

项目		人数	比例
吃饭问题	达标	156501	99.01
	不达标	1569	0.99
	总计	158070	100
穿衣问题	达标	156323	99.03
	不达标	1531	0.97
	总计	157854	100

资料来源:课题组160个深度贫困村调查数据。

全州所有驻村扶贫干部,围绕农村特困群众吃饭穿衣困难进行摸底排查,一旦发现有吃饭和穿衣困难群众,就及时协调当地民政部门以及有关单位和个人,通过临时救助和捐助等方式,解决特困群众吃饭穿衣困难。全州发放季节性缺粮户粮食3675.4吨,救助困难群众4.49万户11.9万人。目前,全州特困群众全面实现了吃饭不愁、穿衣不愁。

三是抓好义务教育保障。全面落实农村建档立卡贫困户子女就读普通高中、中职"两助三免(补)"、就读大学本专科(高职)"两助一免(补)"等教育精准扶贫学生资助政策,坚决杜绝贫困学生因家庭贫困辍学。

2018年,全州16个县(市)全部通过国家义务教育基本均衡发展评估验收,完成"全面改薄"等教育工程建设项目425个,全面消除超大班额现象。在对160个深度贫困村的调查中,已有153个村实现义务教育达标,涉及74142名孩子、达标比例为99.75%。剩下7个未达标的村,已有专门达标措施(见表2-2)。

表2-2 160个深度贫困村义务教育保障情况 （单位:个;人;%）

	村数	人数	比例
达标	153	74142	99.75
不达标	7	184	0.25
总计	160	74326	100

资料来源:课题组160个深度贫困村调查数据。

四是抓好基本医疗保障。在160个深度贫困村调查中发现,有5个村存在基本医疗保障不到位的情况,涉及45人,占总人数的0.03%(见表2-3)。近年来,通过对贫困农户参加农村合作医疗给予补助,落实健康扶贫医疗保障救助政策,提高乡、村两级医疗水平,开展家庭医生签约服务,建档立卡贫困人口经转诊到定点医疗机构住院医疗费用实际补偿比率达90%,贫困农户就医负担大幅减轻。已建成深度贫困村规范化卫生室1025个、易地扶贫搬迁安置区卫生室31个,切实为贫困群众做好医疗保障服务。

表2-3 160个深度贫困村基本医疗保障情况 （单位:个;人;%）

项目		村数	人数	比例
基本医疗	达标	155	153816	99.97
	不达标	5	45	0.03
	总计	160	153861	100
住房安全	达标	155	142544	98.27
	不达标	85	4715	1.73
	总计	160	145060	100

资料来源:课题组160个深度贫困村调查数据。

五是抓好住房安全保障。160个深度贫困村中,2018年有85个村的住房不达标,涉及4715人,占总人数的1.73%(见表2-4)。近年来,黔东南州深入推进农村危房改造和老旧住房透风漏雨整治,切实改善农户居住条件,确保住房安全。聚焦建档立卡贫困户、低保户、贫困残疾人家庭、农村分散供养特困人员等4类重点对象和深度贫困县农村住房保障问题,2014—2019年,全州累计实施完成农村危房改造26.5万户。全面实施农村老旧住房透风漏雨专项整治,有效消除农村老旧住房透风漏雨现象,完成4.45万户"人畜混居"住房整治,切实提高了农村群众居住质量。

表2-4　160个深度贫困村住房保障情况　　(单位:个;人;%)

	村数	人数	比例
达标	155	142544	98.27
不达标	85	4715	1.73
总计	160	145060	100

资料来源:课题组160个深度贫困村调查数据。

(二)积极改善农村基本生产生活条件

一是加快推进农村公路"组组通"建设。加快实施全州农村公路"组组通"三年大决战,计划2017—2019年投资65亿元,实施通组公路硬化16215公里。截至2019年年底,全州累计建成"组组通"公路12750公里,5345个30户以上村民组不通硬化路的问题得到彻底解决,30户以上村民组全部实现了硬化路。

二是不断完善水利设施。2014—2019年,全州农村人畜饮水及巩固提升工程投入14.95亿元,覆盖所有农村人口;获得57个中央财政小型农田水利项目,总投资10.85亿元(其中,中央资金6.67亿元,省级资金4.18亿元);发展耕地灌溉面积共计60.04万亩。

三是加快改造农村电力设施。2014—2019年,全州电网投入33.28亿元,完成4个深度贫困县、11个脱贫出列县、4个极贫乡镇、1038个深度贫困村、台江"小康电"示范县、中国特色小镇(雷山西江)新一轮农网改造升级专项任务;投入 7000 万元,实现全州 861 个产业扶贫点的用电保障。

四是创造条件帮助困难家庭学生接受非义务教育。积极引导和鼓励企业、社会团体及个人等捐资,帮助家庭经济困难儿童、孤儿和残疾儿童接受普惠性学前教育。免除公办普通高中建档立卡等家庭经济困难学生的学杂费。免除公办中等职业学校全日制正式学籍一、二、三年级在校生中所有农村(含县镇)学生、城市涉农专业学生和家庭经济困难学生学费,资助具有正式注册学籍的普通高中在校生中的家庭经济困难学生,平均资助标准为每生每年 2000 元。2014—2019 年,全州争取各级各类学生资助资金共计 59.41 亿元,资助困难学生 560.83 万人次。

五是加快推进医疗卫生事业发展。全州已完成州、县两级全民健康信息基础平台搭建,29 家县级以上公立医院均接入全省统一预约挂号平台,远程会诊、远程诊断、远程培训等远程医疗服务应用逐步常态化,极大方便了群众看病就医。全面推进全州 1025 个深度贫困村卫生室规范化建设,大大改善深度贫困地区群众基本生产生活条件和民生保障水平。全州共组建家庭医生签约团队 1000 个,重点人群签约率达 53.18%,建档立卡贫困人口签约率达 95.65%。

六是加快推进农村公共服务实施发展。扎实推进"四在农家·美丽乡村"六个小康行动计划升级版建设,2016—2019 年,累计完成投资256.13 亿元,切实改善了全州农村基本生产生活条件,切实拓宽了农村群众受益面。2019 年,全州新增 100 个中国传统村落,实施 10 个生态体育公园建设,建成绿色健身步道 104 公里,为农村群众提高生活质量打下了好的基础。

(三)扎实抓好易地扶贫移民搬迁

"十三五"期间,全州计划搬迁人口 30.81 万人。截至 2019 年年底,全州已全部实现搬迁入住。加快推进易地扶贫搬迁后续扶持工作,努力为搬迁群众增加收益渠道,确保劳动力家庭"一户一人"就业。

(四)不断增强产业发展能力

围绕贫困农户发展产业存在缺资金、少技术、抵御风险能力差、与市场对接难等现实问题,加快构建"龙头企业+合作社+农户"利益联结机制,组建农民专业合作社 8767 个,带动农户 37.16 万户 125.22 万人,全力推动贫困群众抱团脱贫。加快推动食用菌、蔬菜、茶叶、油茶、蓝莓、精品水果等重点产业发展,有效保障贫困群众长期稳定致富增收。抓好冷链物流体系建设,至 2019 年全州共建成冷库 151 个,库容 6.93 万吨,配套冷藏车 171 台。抓好产销对接,2019 年全州完成订单农业销售 34.36 万吨,销售金额 27.06 亿元。

第二节　农民生产生活水平需要持续提高

一、低收入户收入增长慢,稳定脱贫和解决新增贫困问题的任务仍非常艰巨

(一)低收入人口增收渠道较窄

为分析农村住户收入和生活状况的差异性,将统计调查农村住户按照每年收入水平从低到高分为 0—10% 以下收入组、10%—30% 以下收入组、30%—40% 以下收入组、40%—60% 以下收入组、60%—80% 以下收入组、80%—100% 以下收入组六个组别。从样本量来看,0—10% 以下收入组、10%—30% 以下收入组的样本量分别为 113 户、226 户,分别占样本户数量的 20.0%、10.0%,合计 30.0%,接近 2014 年的贫困发生率。这两个组别农户的增收情况,可以大致反映低收入人口的收入增加情况。

低收入组采取把每年处于底部人群纳入的方式,其收入能够反映底部人群收入变动整体情况,但并不对应固定人口,变动情况与建档立卡人口的变动情况明显不同。分析表明,黔东南州不同收入组农户的收入增速存在很大差异,低收入组别的收入整体水平在提高,但增长的并不快。2014—2018 年,全州农民人均可支配收入从 6139 元增加到 9227 元,增加额为 3088 元,增加幅度为 50.30%,年均增幅为 10.72%。0—10% 以下收入组农民人均可支配收入从 1356 元增加到 2210 元,增加额为 854 元,增加幅度为 62.98%,年均增幅为 12.98%。10%—30% 以下收入组农民人均可支配收入从 3628 元增加到 4516 元,增加额为 888 元,增加幅度为

24.47%,年均增幅为5.63%(见表2-5)。虽然0—10%以下收入组年均增幅较高,但增加额小,仅相当于全州平均增加额的27.66%。就增加额来源来看,转移净收入为499元,占增加额的58.43%,靠家庭经营和非农就业增收的来源仅占41.57%,自我增收能力不足。10%—30%以下收入组的年均增长幅度低于全州平均水平5.09个百分点,增收渠道明显狭窄。这个组别的增收额也较低,仅相当于全州平均水平的28.76%。

表2-5　黔东南州2014年、2018年各收入组别农民人均可支配收入及构成情况

（单位:元）

		可支配收入	工资性收入	经营净收入	财产净收入	转移净收入
2014年	0—10%以下收入组	1356	893	8	−28	484
	10%—30%以下收入组	3628	1196	1579	15	838
	30%—40%以下收入组	4712	1345	2028	35	1304
	40%—60%以下收入组	5677	1698	2270	−3	1713
	60%—80%以下收入组	7582	2026	3605	93	1858
	80%—100%以下收入组	13188	3832	5904	120	3332
	全州平均	6139	1943	2628	46	1525
2018年	0—10%以下收入组	2210	788	439	1	983
	10%—30%以下收入组	4516	1625	1183	40	1668
	30%—40%以下收入组	6088	2298	1993	30	1767
	40%—60%以下收入组	7783	3304	2254	14	2211
	60%—80%以下收入组	10951	4947	3168	89	2747
	80%—100%以下收入组	22128	8320	6753	183	6872
	全州平均	9227	3885	2850	41	2451

资料来源:根据黔东南统计调查队农村住户调查数据整理。

（二）脱贫户仍存在返贫风险

尽管在包村包户扶贫体制下目前没有返贫现象,但在大量人口收入很低且面临各种风险的情况下,并不意味着就不会大面积返贫了。主要的原因为:

一是医疗负担重。"辛辛苦苦奔小康,生场大病全泡汤"。近三年来因病返贫户数呈逐年上升趋势,2016年为10.12%,2017年为38%,2018年高达51.09%。此外,外出务工意外致伤致残导致家庭生活陷入拮据的情况也时有发生。

二是上学负担重。义务教育法的实施,减轻了大部分农村家庭孩子上学费用支出的负担,但从高中到大学阶段的学费,对不少家庭形成较重负担。普通一本高校学费每年约5000元,住宿费和教材费合计约1500元,生活费一般约18000元。四年下来,一个本科生花费8万元到10万元。"不上大学等着穷,上了大学很快穷",成为当下一些农村的流行说法。

三是自然灾害引发。"苦心帮扶好几年,瞬间回到扶贫前"。2018年因灾致贫贫困户2167户,有43个脱贫户因灾返贫。

(三)新发生的贫困人口不在少数

根据2018年黔东南州未脱贫户致贫情况分析,全州因各种原因产生的贫困户共85054户,其中52.8%缺技术、35.69%缺劳力、32.31%缺资金。从致贫因素来看,22.17%因病致贫、17.68%因学致贫、13.18%因残致贫。①

二、贫困边缘人口收入面临的经济压力大,"悬崖效应"凸显

2014—2018年,30%—40%以下组别的农民人均可支配收入从4712元增加到6088元,增幅为29.20%,比0—30%组别低1.44个百分点,比40%—60%以下组别低7.89个百分点,比全州平均水平低21.09个百分点。在所有组别中,农民人均可支配收入增长速度是最慢的。2014—2018年,30%—40%以下收入组的农民人均工资性收入从1345元增加到2298元,增幅为70.84%,比全州平均水平低29.11个百分点。更需要注意的是,其间,该组别的农民人均经营净收入是下降的,2014—2018年从2028元减少至1993元,下降了1.71%,而同期全州平均水平增加了8.44%。另一方面,农民人均消费支出增长的速度较快,2014—2018年从5456元增加到

---

① 数据来源于黔东南州扶贫办。

8879 元,增加了 62.73%,比可支配收入增加幅度高 33.53 个百分点。从各项支出来看,增加最多的为交通通信支出、教育文化娱乐支出、居住支出,分别增加 881 元、844 元、724 元;增幅最大的依次为交通通信支出、教育文化娱乐支出、医疗保健支出,分别增长了 170.26%、160.21%、151.07%。收入增长较慢,而消费支出增长较快,特别是交通通信、教育文化娱乐、居住、医疗保健等支出增加,给边缘户的生活带来了较大的压力。

为了确保现行标准贫困人口全部脱贫和实现全面建成小康社会的目标,国家采取了一系列超常规措施,这固然是确保实现脱贫目标的必要条件,但也确实形成了贫困人口与贫困边缘人口之间,贫困县、贫困乡镇、贫困村与发展水平接近的县、乡镇、村之间的不平衡现象。相当部分非贫困户的收入和生活水平与纳入精准扶贫的贫困户相差不大,但他们既没有小康户的经济实力,又得不到精准扶持的政策红利,帮扶达不到,带动又轮不上,由此引发了心理不平衡和相对失落感。对 217 个村的调查表明,建档立卡户、非建档立卡户对扶贫工作的满意度存在明显差异。建档立卡户对扶贫工作非常满意的占 44%、比较满意的占 42.7%、一般的占11.5%、不太满意的占 1.3%、不满意的占 0.5%。非建档立卡户对扶贫工作非常满意的占 22.5%、比较满意的占 36.2%、一般的占 32.6%、不太满意的占 6.8%、不满意的占 2%。

相对纳入精准扶贫的贫困户而言,贫困边缘户原本处于相对贫困的处境,但是贫困户在得到精准扶贫后,双方的处境却倒转过来了。还有一个更关键的问题在于,贫困户获得的收入有相当部分并不是自己辛勤劳动付出所得,而仅仅是因为政府认定其为贫困户。这种"悬崖效应"不仅在贫困户与非贫困户之间比较明显,在贫困村与非贫困村、贫困乡镇与非贫困乡镇、贫困县与非贫困县之间也比较明显。

三、农民收入整体低于全国平均水平,发展基础和动力能力明显不足

(一)农民收入和消费与全国的绝对差距在扩大

黔东南州 80%以上农户的收入水平低于全国平均水平,2019 年黔东

南州农民人均可支配收入仅相当于全国平均水平的 63.87%。2013—2019 年,全州农民人均可支配收入与全国、贵州省平均水平的差距分别由 3551 元、89 元扩大到 5788 元、523 元;人均生活消费支出与全国、贵州省平均水平的差距分别由 1479 元、407 元扩大到 2885 元、1790 元;农民的收入与生活消费水平不仅与全国的差距大,在贵州省 9 个地区中也居于末位。从五等份农户人均可支配收入情况看,2013 年低收入户、高收入户的农民人均可支配收入分别为 2590 元、10493 元,2018 年低收入户、高收入户的农民人均可支配收入分别为 3097 元、21970 元,差距由 7903 元扩大到 18873 元。农民人均可支配收入水平低,主要由两个原因引致:

一是就业质量不高。几年来,全州农村外出务工人员维持在近百万人,外出务工收入是农户工资性收入增加的主要支撑。但受文化素质和劳动技能因素影响,外出人员务工范围主要从事建筑、工业等行业的简单劳动,获得工资性收入的行业范围较狭窄。2018 年转移就业农民工 119.67 万人(返乡就业创业农民工 25.18 万人),但每年组织开展技能培训仅 6 万人左右,难以满足所有农村劳动力的培训需求。

二是家庭经营效益不好。2018 年,全州农村劳动力中从事第一产业的超过一半,但农村经营净收入仅占可支配收入的 30.88%。从黔东南州农村住户调查数据分析,从 2013 年到 2018 年,被调查户人均可支配收入增长了 50.3%,但经营净收入仅增长 8.45%。

(二)农村民生存在突出短板

经过多年持续努力,黔东南州不仅实现了公路"组组通",透风漏雨房屋也得到全面整治,学校、医疗机构的设施条件也在迅速改善。但与全国平均水平相比,与农民群众的迫切期盼相比,农村基本生产生活条件差距还较大,当前突出体现在以下方面。

一是农村公路标准低和生产作业路短缺。县城通往乡镇和村的道路标准低,"不三不四"公路还有很大比例,雷公山、月亮山地区更为突出,最远的乡村到县城开车都要六七个小时,路不成网和"断头"的现象普遍。林地是黔东南州的主要土地资源,开发潜力很大。但苦于普遍没有机耕道,林业产业、林下经济等发展受到硬制约。公路"组组通"以后,农民群众修建的诉求日益显现。按照中央补助标准,黔东南州农村公路养护经费为县道 6000 元/公里·年、乡道 3000 元/公里·年、村道 1000元/公里·年。但从黔东南州实际来看,县道需要 15000 元/公里·年、乡道需要 12000 元/公里·年、村道需要 8000 元/公里·年,大大高于中央补助标准水平,资金缺口极大。虽然部分县市已将通组公路管养资金纳入财政预算,但实际并未足额落实到位,使管养工作无法正常开展。乡镇农村公路管理人员大多要承担乡镇其他工作,变动频繁,缺少专业技术人员。

二是不少农村学校设施条件简陋,设施设备稀缺。近年来,黔东南州顺利通过"两基"验收,教学点的校园环境虽然得到了一定改善,但是办学条件仍存在较大差距。2009—2019 年,全州的农村教学点由 1120 个减少为 726 个,一般教学点缺乏寄宿条件,不少山区孩子上学路途偏远。需新建、改扩建义务教育学校 354 所,需州、县配套 14.25 亿元,需新建、改扩建普通高中学校 21 所和公办幼儿园 339 所,共需州、县投入 32 亿元。农村教育师资欠缺,造成"师资差、学生少,学生少、师资更差"的恶性循环。全州缺教师 1.41 万名,其中学前阶段教育缺教师 8500 名,高中和中职教师缺 2866 名,小学、初中教师缺 2700 多名。2018 年,初中教师中仍有 2025 人为专科学历,占 16.8%。

三是农村文化、养老设施缺乏。全州有 2184 个建制村没有建设村级综合文化服务中心;462 个村(社区)综合性文化服务中心中有 25% 的面积未达到省级标准。农村养老项目建设资金主要来源于中央和省,州、县两级未将养老项目建设经费纳入本级财政预算,无法按照承诺配套投入,项目建设资金缺口较大,造成部分项目未能按期竣工和投入使用。

四是农田水利设施条件差。全州大部分农田基础设施于 20 世纪50—80 年代兴建,一些农田基础设施老化失修、设备破损、效益衰减严重,难以为继。许多小型农田水利工程设计标准低,配套不全,技术落后,服务功能已严重退化。现有部分灌溉设施质量差,配套不全,尤其是末级渠系不配套。要加快农业灌溉沟渠、小水利等设施建设,把大量因缺水荒废的农田和山地重新开发利用起来。

五是冷库设施短缺。由于没有冷库,山区大量具有特色的农林产品生产或者采集出来后,只能在当地贱卖或者扔掉。解决农民群众对基础设施条件可望却不可即的问题,是今后扶困帮弱的重要着力点。特别要注意的是,新时期易地扶贫搬迁项目资金主要用于搬迁安置点建房,配套基础设施建设主要通过整合资源、资金逐步来建设。由于各类资金不能同步到位,社区服务、医疗卫生、教育、文化、健身场所、公厕等配套公共服务设施和生活设施没有与住房同步建设,影响了搬迁群众的生产生活条件和发展条件。

(三)贫困人口自身能力和内生动力明显不足

一是自身发展能力弱。贫困家庭往往因为对教育不重视,或是无法负担教育费用而学历不高,导致文化素养普遍较低。部分少数民族群众尤其是女性不懂汉语、不识汉字,与外界交流沟通存在障碍,学习掌握先进知识技能的能力不足。现有贫困人口小学及以下文化程度占64.17%,有些甚至不敢外出务工,害怕与外界接触。在生产方面一般只懂得传统的种养模式,自我学习、自我完善、自我提高的能力不强,加之对信息掌握的有限性,很难靠自身参与瞬息万变的就业大市场。

二是相当数量贫困户存在“等、靠、要”思想。由于思想观念陈旧落后,依然停留在自给自足的自然经济时期,部分困难群众没有一技之长,对生活的要求和期望不高,安于现状,没有发展动力,享受低保、国家救助等成为特困群众生活的主要来源,有“等、靠、要”的现象,存在“机制困惑”导致贫困群众“动力不足”的问题。对217名村干部的调查表明,认为懒惰是致贫因素的有113人,占52%。关于实行“三转”(懒转勤、勤转能、能转富),认为效果好的有72人,占33.2%,有48%认为效果一般,有4.6%认为效果差。驻村第一书记和村干部普遍有同感:“目前争当贫困户的特别多,因为政策太好了嘛!”不少贫困户甚至不愿脱贫,按照之前“一达标”的标准,即使其家庭收入达到脱贫标准,也千方百计隐瞒收入,希望保留在贫困户队伍中继续享受扶贫待遇。在精准脱贫考核过程中,驻村工作组和村干部甚至不得不与实际脱贫的贫困户“斗智斗勇”“软硬兼施”,以获取贫困户外出打工收入之类的详细信息。这类贫困户即使经济上脱了贫,他们在思想上仍然处于贫困状态。

三是部分群众有得过且过的心理。部分群众在选择产业方面顾虑重重,往往是"怕"字当头、"难"字挡路,有发展产业的愿望和信心,又担心选不准产业,尤其排斥发展周期长、见效慢、风险大的产业。调查发现,农民大多在理财和消费方面观念淡薄,如部分刚脱贫的群众手里有了一定的积蓄,缺乏过紧日子的思想,得过且过,挣多少钱就花多少钱。还有一些因征地而获得现金补偿的农户,没有创业致富的愿望,成天赌博、喝酒、玩乐度日,得过且过,甚至滋生"没钱了就出去再打工"的消极心态。

第三节　建立逐步走向共同富裕的长效机制

打赢脱贫攻坚战,确保贫困人口与全国人民一道迈入小康社会,我国就实现了较高标准的阶段性脱贫任务。共同富裕是社会主义的本质要求,要以习近平新时代中国特色社会主义思想为指导,以习近平总书记关于"三农"和扶贫工作的重要论述为基本遵循,坚持以实施乡村振兴战略为统揽,以提升经济社会整体发展水平为根本,以持续巩固脱贫攻坚成果、缩小与全国发展条件差距、健全低收入人口分类帮扶机制、提升农民致富能力为重点,推动落实政策分类调整创设,建立起在全面振兴乡村框架内逐步解决相对贫困问题的长效机制,不断提高农业农村现代化的全面性、协调性、共享性,带领农民群众逐步走向共同富裕。

一、坚持政策总体稳定与政策有序调整相结合,推动政策体系平稳过渡转型

《中共中央　国务院关于打赢脱贫攻坚战的决定》紧扣"十三五"规划确定的脱贫攻坚目标,要求贯彻新发展理念,发挥政治优势和制度优势,把精准扶贫、精准脱贫作为基本方略,采取超常规措施,拿出过硬办法,举全党全社会之力,打赢脱贫攻坚战。

脱贫攻坚中的政策,大体可以分为专门支持贫困地区和贫困户的政策、既定政策向贫困地区和贫困户的倾斜两大类别。针对贫困地区的政

策,包括财政扶贫专项资金支持、城乡建设用地指标增减挂钩交易、易地扶贫搬迁政策性贷款、东西部扶贫协作、定点扶贫等。针对贫困人口的政策,包括产业扶贫、资产收益扶贫、财政专项扶贫资金、扶贫小额贷款、生态护林员、最低生活保障、特困救济、困难家庭参加医疗保障制度、困难家庭孩子上学资助等。从实施情况来看,更主要的是各既定专项政策向贫困地区和贫困人口的倾斜,尤其是基础设施、社会公共服务、产业发展等项目布局,体现得非常明显,这是贫困地区近年发展明显加快的主要支撑。

工作指向上的"精准"、人力财力等要素支撑上的"超常规",是脱贫攻坚工作的突出特点。通过一系列超常规政策的实施,"两不愁三保障"问题得到全部解决,贫困地区饮水安全、农村道路、住房、农田水利、电网、通信设施、农村学校、乡镇卫生院、村卫生室、村级活动场所等各类生产生活条件发生了历史性的改善,教育、医疗卫生、社会保障、农业科技、文化等基本公共服务都纳入了国家有关制度,不少贫困地区的生产生活条件和公共服务水平还略高于非贫困地区,贫困地区的面貌焕然一新。

中央已经明确提出了摘帽不摘责任、摘帽不摘政策、摘帽不摘帮扶、摘帽不摘监管的基本要求,这是巩固拓展脱贫攻坚成果的保证。"四个不摘"是从总体上提出来的,并不是针对每项工作提出来的。习近平总书记指出:"2020 年全面建成小康社会之后,我们将消除绝对贫困,但相对贫困仍将长期存在。到那时,现在针对绝对贫困的脱贫攻坚举措要逐步调整为针对相对贫困的日常性帮扶措施,并纳入乡村振兴战略构架下统筹安排。"①要实现举措的逐步调整,就要在坚决贯彻执行这一总体要求的前提下,对政策进行全面梳理,明确哪些政策需要稳定,哪些政策需要加强,哪些需要扩面,哪些需要退出,哪些需要创设,实现脱贫攻坚政策体系与解决相对贫困问题、实施乡村振兴战略的政策体系的衔接。衔接要平稳,就要设立过渡期,帮助脱贫人口稳步走上基本生活需要有保障和稳定增收的道路。过渡期的帮扶,要与国民经济社会发展五年规划的制

---

① 《习近平谈治国理政》第三卷,外文出版社 2020 年版,第 260—261 页。

定与实施结合起来。

从目前的情况来看,这类政策指向精准、效果明显,含金量今后不应该减少,对针对的区域范围、支持方式等可以做适度调整。由于深度贫困区域的整体发展基础还相当薄弱,支持力度不能下降,但在政策执行上可以给深度贫困地区一定的灵活性,以集中资源要素破解重大瓶颈。从实际情况来看,既定政策盘子向贫困地区、贫困户倾斜的部分,是脱贫攻坚中的主体支持部分。对这些政策,要看总盘子的情况和实施期限。如果贫困地区尚未达到政策支持标准的,原则上要继续向贫困地区倾斜,达到了标准的,可以按照政策目标要求进行调整。各地根据当地实际也出台了大量的政策,下一步是不是要调整、如何调整,原则上由地方决定。但总体来看,在脱贫成果并不牢固的情况下,在黔东南州这样的贫困地区,对贫困地区和贫困户的政策支持力度不能出现明显滑坡。

二、接续做好帮扶工作,坚决杜绝规模性返贫

实施乡村振兴战略,落脚点在于实现共同富裕,脱贫攻坚以后最终的目标也是带领贫困人口实现共同富裕。消除绝对贫困以后,标志着减贫工作的历史性转折。但摆脱贫困与过上富裕的生活还存在巨大的差距,要求生产生活方式和水平进行全面的转变,是一个渐进的过程。贫困人口刚刚摆脱贫困,相当部分人口的增收来源并不稳定,脱贫基础仍不牢固,一旦放松帮扶措施,可能出现大面积返贫的现象,绝不可出现"大功告成"的松劲懈怠,出现撤摊子、歇歇脚,转移重心、更换频道的倾向。要建立巩固稳定脱贫的长效机制,坚持做到摘帽不摘责任、不摘政策、不摘帮扶、不摘监管。要及时组织开展"回头看",对所有建档立卡贫困人口再次进行"过筛子",对出现的返贫人口和新发生贫困人口,要及时建立台账、因户施策,采取有针对性的措施及时予以帮扶,对失去劳动能力的贫困人口做到应保尽保。脱贫、返贫和发生新的贫困现象是一个动态变化的过程,要建立更加健全的监测网络和监测预警机制,为巩固脱贫攻坚成果、建立解决相对贫困的长效机制打好基础。

三、坚持进一步突出区域开发,在缩小发展条件差距上全面发力

区域开发和直接对贫困人口进行帮扶,是开展扶贫工作的两个基本层面。在区域帮扶方面,确定一批重点县进行帮扶,是长期实行最主要的区域帮扶方式。黔东南州16个县市中,有15个县是国家级重点贫困县,有3个县是省级确定的深度贫困县。在地级市、乡镇、村级层面,"整村推进"在一段时期曾经是扶贫工作的主要着力点。不仅中央层面对国家确定的贫困地区进行帮扶,省级层面也有针对区域内部贫困地区的帮扶措施,贵州省还确定一批极贫乡镇进行重点帮扶。除了针对贫困县的帮扶政策外,西部大开发战略以及针对革命老区、少数民族地区、边境地区等的支持政策对扶贫也具有明显效果。实行精准扶贫、精准脱贫方略以来,国家采取了一系列的超常规措施,从基础设施建设、易地扶贫搬迁、健全社会兜底保障机制、加快社会事业发展、发展扶贫产业、支持就业创业等方面加大了对贫困地区的支持力度,有效解决了区域性整体贫困。

但对黔东南州这样的地区而言,由于发展基础还相当薄弱,与全国平均水平的发展差距仍然相当大。尤其是深度贫困县,巩固拓展脱贫攻坚成果的任务仍然相当艰巨。总体来看,下一步要侧重加强区域层面的帮扶,加快提升经济社会的整体发展水平,为提高我国地区发展的协调性做贡献。从黔东南州实际情况来看,由于地理条件、生产生活方式、民族习惯等的长期影响,在村庄内部,由于资源要素条件、发展基础、人口和经济社会结构仍具有较高的同质性,以村庄为单位开展扶贫工作,仍然可以取得良好效果。可以考虑确定一批经济薄弱村寨,采取整村推进的方式改善生产生活条件。"薄弱"具有相对性,支持薄弱村发展的工作在国家层面、省级层面、县级层面都可以开展。在经济发达地区,支持薄弱村的工作长期在开展,并已经积累了丰富的经验。这些地区的成功经验和做法,可以借鉴到帮扶经济薄弱村的工作中去。

改善发展条件,要抓紧解决这样几个突出问题:一是推进道路建设。加快推进县、乡、村现有公路提挡升级,偏远山区和贫困地区的县与乡之

间争取通达一级公路,乡与乡之间争取通达二级公路。深入推进边远山区和贫困地区的县乡村公路成网建设,减少断头路,少走回头路,加快推进边远山区村寨通硬化路、通村沥青路(水泥路)等工程建设。深入实施农村公路"组组通"工程,加快推进农村联户路(串户路)建设,方便山区群众出行。加快建立以县为单位的县道、乡道公路养护保障制度,切实保障农村公路通畅和安全。二是改善生产设施条件。加快推进边远山区机耕道、生产作业路、耕地平整等基础设施建设,提高农业生产机械化水平,降低劳动强度。要引导和支持企业、农民专业合作社等经济组织在村里根据需要建设冷库,建设经济适用的现代化物流体系,为农副产品卖个好价钱创造条件。三是弥合城乡数字鸿沟。实施数字乡村战略,加快推进边远山区和深度贫困地区宽带网络和第五代移动通信网络覆盖建设步伐,开发适应"三农"特点的信息技术、产品、应用和服务,推动远程医疗、远程教育等应用普及。

四、坚持精准识别认定,建立健全低收入人口帮扶机制

开展扶贫工作,先要确定工作对象。扶持范围过宽、扶持对象过多,不仅脱离实际,也容易产生依赖思想。扶持范围过小、扶持对象过少、发展成果共享不足,会影响到社会的和谐与公平。对不同收入水平和生活状况的农户,精准确定需要采取的措施,制定不同力度、不同类型、不同方式的帮扶方案,是非常必要的。

现有扶贫对象是以建档立卡数据为基础,以"两不愁三保障"为实际工作标准来确定,并进行动态调整的。通过建档立卡工作的精准再精准,对收入状况、致贫原因进行记录,为开展"缺什么、补什么"的扶贫工作和评估工作效果提供了依据,也为及时将新发生贫困人口纳入帮扶、掌握致贫风险人口情况提供了信息。发展扶贫产业、支持外出和就地就近就业、农村最低生活保障、五保户供养、特困救济、新型农村养老保险、农村合作医疗、农村义务教育、扶贫小额贷款、助学贷款等到人到户的举措,则共同解决了具体怎么帮的问题。在今后的低收入人口帮扶工作中,到人到户的政策仍要坚持精准,既确保对政策帮扶对象实行全覆盖,也避免资源的

漏出和无效使用。

（一）明确帮扶对象

农村低收入人口主要包括三类：一是农村低保人口。这部分人口生活处于社会底端,是低收入人口的主体,主要有残疾人、老年人和未成年人三类。二是收入骤减或支出骤增陷入困境人口。这部分人口陷入困境一般具有阶段性、暂时性的特点,主要原因有自然风险、市场波动、大病支出、教育支出、意外变故等。三是特困人口。以上三类人口,存在较小数量的交叉。

（二）农村低收入人口的识别和认定

低收入人口的识别和认定,可以农村居民家庭人均可支配收入水平为基本依据,综合家庭货币财产、家庭房产、家庭刚性支出等情况进行。在具体操作上,延续现有工作体制机制,稳定现有工作格局,不需要另起炉灶、再单独建立建档立卡工作体系。

在识别方法上,加强低收入人口经济状况核对机制建设,积极开展信息共享和数据比对,完善基层主动发现机制。广泛利用民政、扶贫、教育、医保、人社、住建等政府部门和残联、工会、共青团、妇联等群团组织数据,建立统一的农村低收入人口大数据平台。健全多部门联动的风险预警、研判和处置机制,实现早发现和早帮扶,并完善农村低收入人口定期核查和动态调整机制。畅通社会救助服务热线,采取多种方式加强热线宣传,提高群众知晓度,确保困难群众"求助有门、受助及时"。

在认定程序上,制定审核审批办法或操作指南,采取农户自下而上申请和有关部门自上而下筛查相结合的方式,以市县为单位分门别类精准识别农村低收入人口。鼓励有条件的地方将审批权限下放到乡镇(街道)。科学调整入户调查、民主评议和张榜公示等形式,对没有争议的申请,可不再进行民主评议。

（三）实施分类帮扶政策

要在实施乡村振兴战略框架下,创造低收入人口更多参与产业、转移就业、自主创业的机会,激发内生发展动力,鼓励他们依靠自身能力摆脱困境、实现增收致富。

对于有劳动能力的,要激励他们勤劳致富。探索建立稳定脱贫长效机制,强化产业发展,组织消费带动,加大培训力度,促进转移就业,加强劳务输出地和输入地精准对接,稳岗拓岗。要加强扶志扶智相结合,让脱贫具有可持续的内生动力。

对没有劳动能力的特殊贫困人口要强化社会保障兜底,实现应保尽保。统筹发挥农村低保、基本医保、大病保险和医疗救助综合保障作用,将建档立卡贫困户中完全丧失劳动能力或部分丧失劳动能力且无法通过产业就业获得稳定收入的人口,全部纳入农村低保或特困人员救助供养范围,并按困难类型及时给予专项救助、临时救助等,做到应保尽保、应兜尽兜。

五、拓展增收渠道,更加注重建立致富性增收机制

发展是消除绝对贫困的主要方式,也是解决相对贫困问题的根本之策。这几年帮助贫困户增收变化最大的,主要是通过帮助贫困户发展特色优势扶贫产业、参与资产收益分红,让贫困户得到了实实在在的好处。但总体来看,目前的产业扶贫主要采取的是两种方式。第一种方式是为贫困户提供一定资金、生产资料和生产场所,帮助其有限扩大家庭种养规模。第二种方式是政府提供资金、基础设施等支持,采取"村党支部+合作社"的方式带领贫困户参加合作社,并由企业、能人或扶贫干部带动和具体负责经营,贫困户主要靠分红增加收入。从实施效果来看,这两种方式总体上能够帮助贫困户比较稳定地获得一定收入,但没有解决农民自身经营能力提高,形成市场化、规模化、专业化经营的问题,增收带动能力受到"天花板"限制。致富的增收方式与脱贫的增收方式是有明显差别的,在脱贫攻坚转向乡村振兴的过程中,要带领农民依托当地山地资源丰富、生态环境好、地理气候独特、劳动力数量较多等资源优势,发展特色化、规模化、产业化、组织化、绿色化、标准化经营,提高发展质量,打造独特的竞争优势,不断拓展农民增收致富的空间。与解决贫困问题相比,帮扶农民致富需要付出更为艰辛的努力,也需要更为长期的过程。

（一）大力发展乡村产业

产业发展是脱贫致富的关键，是预防返贫的重要抓手，是农民群众持续增收的主要来源。以前的产业扶贫政策绝大多数只针对精准贫困户，随着 2020 年全面建成小康社会的到来，产业扶贫政策应该惠及更多的群众，尤其是边缘贫困群众和中低收入群众。

对 217 个村的调查表明，已经有 181 个村发展起了扶贫产业，总产值达 1.983 亿元。其中，有 67 个村扶贫产业的产值超过了 50 万元，主要的产业包括蔬菜、蓝莓、食用菌、中药材等种植业，以及养牛、养猪、养羊、养鸡、养鱼、养竹鼠等养殖业，还有 5 个村发展起了钢化玻璃加工。虽然扶贫产业发展遇到了这样或那样的困难，但形成了生动的发展局面，总体效果是比较好的。扶贫产业效果好的村有 81 个，占比 37.3%；效果一般的村有 121 个，占比 55.8%。近年来，黔东南州扶贫产业发展亮点纷呈。只要持之以恒地干下去，就能逐步克服进入大市场的障碍和困难，最终能蹚出一条路来。

一是加快推进现代农村产业体系建设。目前，农村大量土地资源利用效率不高，还有不少耕地抛荒，低效低产农田随处可见。要加快农业适度规模经营发展步伐，加快发展农业社会化服务体系，推进农业绿色化、优质化、特色化、品牌化，延长农业产业链、提升价值链、完善利益链，加快发展现代高效农业。要深度挖掘农业的多种功能，大力培育壮大农村新产业新业态。黔东南州乡村旅游资源丰富，乡村休闲旅游产业方兴未艾。要深入推进"农文旅一体化"，探索"农业＋旅游""农业＋文创""农业＋康养"等模式，建立以农业为核心的农村经济产业链，着力推进农业生产和文化、旅游、康养等互联互通。

二是加快培育农业产业联合体。大力推广"龙头企业＋农民合作社＋农户"的生产经营模式，以股权为纽带，在充分保障农户权益的条件下，通过龙头企业把千家万户的农民联结起来，明确龙头企业、合作社、村集体、农民在产业链、利益链中的环节和份额，帮助农民稳定获得订单生产、劳动务工、政策红利、资产扶贫、入股分红等收益，让农民获得实实在在的利益。

三是加快建设现代农业园区。要以现代农业园区为平台,整合各部门力量,建立高效联动协同的工作机制。积极创新土地经营管理制度,提高生产的规模化、专业化、标准化水平。整合农业项目资金支持现代农业园区,通过奖补、贷款贴息、担保等方式鼓励引导银行和保险企业支持现代农业产业发展。

(二)挖掘就业增收潜力

近年来,黔东南州坚持劳务输出和就近就业并重,就业扶贫产生明显效果。2018 年州、县(市)两级开展专场招聘活动 83 次,提供就业岗位 13.38 万个,达成就业意向 2 万余人。通过提高劳务输出组织化程度,全年组织输出 1.3 万多名黔东南籍贫困人口在浙江省稳定就业;通过浙江籍企业、扶贫车间、公益性岗位等平台吸纳贫困人口就近就业 8008 人。住户调查表明,2014—2018 年,除了 0—10% 以下收入组因缺乏劳动力等原因,工资性收入没有增加以外,10%—30% 以下收入组、30%—40% 以下收入组、40—60% 以下收入组、60%—80% 以下收入组的工资性收入分别增加了 35.95%、70.84%、94.59%、144.20%。

要继续健全覆盖城乡的公共就业服务体系,为包括农村转移劳动力在内的所有劳动者免费提供政策咨询、岗位信息、职业指导、职业介绍等服务。要用好与杭州市对口帮扶的关系,进一步加大就业帮扶的力度,引导更多劳动力到浙江省务工经商。以促进转移就业为目标,大规模开展职业技能培训,加大对农村富余劳动力、"两后生"[①]和在岗农民工的技能培训投入力度。持续推进农业转移人口市民化,深化户籍制度改革,促进有条件、有意愿、在城镇有稳定就业和住所的农业转移人口在城镇有序落户,依法平等享受城镇公共服务。

(三)改善农村创业条件

外出人员回乡创业的势头已经显现出来,为传统守旧的苗侗村寨注入了新的生机。此次调查的 217 个行政村中,近 3 年来,回乡创业人员初步形成了一个新的群体。其中,外出务工人员 1142 人,创办经济实体

---

① "两后生"指初中、高中毕业后未考取大、中专院校,又不愿复读的学生。

274个;大学生111人,共创办经济实体91个;干部和知识分子77人,共创办经济实体56个;退伍军人64人,共创办经济实体49个。

要像20世纪八九十年代抓乡镇企业发展那样抓"归雁经济",大力推进干部和知识分子、大学生、农民工返乡创业,以创业带动就业。要落实税费减免、担保贷款贴息等创业扶持政策,加强创业培训,为有创业意愿和服务需求的劳动者提供信息咨询、开业指导、创业孵化、跟踪辅导等"一条龙"创业服务,提高创业成功率。

第三章 推动产业扶贫同产业
振兴有效衔接[*]

产业扶贫是贫困地区打赢脱贫攻坚战的治本之策,也是实现乡村振兴的关键所在。如何实现从数量扩大的"产业扶贫"到质量优化的"产业振兴"的有效衔接,是摆在脱贫攻坚和乡村振兴交汇期的重要内容。

第一节 产业扶贫历程

产业化扶贫是一种典型的能力建设扶贫模式,通过提高贫困人口自我发展和自我积累能力,实现持续稳定增收,脱贫致富,是由"输血式"救济到"造血式"自救的根本性转变。产业精准扶贫的目标是解决贫困农户独立发展产业能力弱的问题,让贫困户能进入由新型经营主体主导的产业链体系中,提高产业扶贫的效率和资源使用的效率,促进贫困地区产业的升级。改革开放以来,我国的扶贫开发工作先后经历了救济式扶贫、开发式扶贫、"八七扶贫攻坚"、参与式扶贫、精准扶贫等五个阶段。从黔东南州的实践看,产业扶贫经历了以下几个阶段。

一、体制改革推动扶贫阶段(1978—1985 年)

这段时期是进行农村体制改革推动"输血式"扶贫向"造血式"扶贫工作的阶段。1978 年,全州开始推行以家庭联产承包责任制为主、统分

---

* 本报告作者为黔东南州人民政府发展研究中心龙运钦,州政府罗丹、郭彩云,发展研究中心吴玉生、莫昌良。

结合的双层经营体制,激发了农民的生产积极性,因地制宜地发展农、林、牧、副、渔等多种经营,实行休养生息政策,农村经济有所恢复,为解决农民温饱提供了物质条件。种植经果林的产业扶贫探索有了雏形,闻名四方的从江椪柑,也在这个时期开始起步。但由于农村经济基础差、底子薄、贫困面大、贫困程度深,贫穷仍然笼罩着这片本应富饶美丽的土地,救济式扶贫仍然是各级政府的一项重要任务,扶贫产业开发仍处于初步摸索阶段。

二、大规模开发式扶贫阶段(1986—1993 年)

在 20 世纪 90 年代中期前,黔东南州的主导产业是"木头经济",在全州财政收入中占有 30%以上的份额,锦屏、黎平、榕江等林业重点县更是高达 50%以上。通过这种依赖资源的传统粗放型产业化扶贫开发模式,短时期内,大量的木材采伐曾带来黔东南州一度的发展和繁荣。同时,黔东南州大力发展种植业、养殖业、加工业和县办工业、商业、建材业。1990年,确定以解决群众温饱为扶贫工作中心任务,大力实施"温饱工程",在7 个贫困县推广杂交水稻、杂交玉米"温饱工程"万亩,覆盖 210 个乡 20.5万贫困户。黔东南州逐步建成统一规划、连片开发,覆盖面大、经济效益显著、各具特色和产品适销对路的产业基地,全州农民人均纯收入 584元,比 1986 年增长 1.89 倍。

三、八七扶贫攻坚阶段(1994—2000 年)

在这一阶段,黔东南州在强化农业基础地位,切实抓好粮食生产、突出抓好林业、大力发展畜牧业的基础上,开始搞好山区农业综合开发和扶贫开发,重点发展投资少、见效快、覆盖广、效益高、有助于直接解决群众温饱问题的种植业、养殖业和相关的加工、运销业,积极发展能够充分发挥贫困地区资源优势,又能大量安排贫困户劳动力就业的资源开发型和劳动密集型的各类乡镇企业。有计划有组织地发展劳务输出,积极引导贫困地区劳动力合理、有序地转移,外出务工人员不断增长。这一时期,全州贫困人口从 1993 年的 179 万人减少到 2000 年的 40.2 万人,贫困县农民人均年纯收入从 1993 年的 570 元增加到 2000 年的 1187 元。

四、集中连片扶贫开发阶段(2001—2013 年)

进入 21 世纪后,黔东南州委、州政府立足于自身优势资源,又提出了"生态立州、农业稳州、工业强州、旅游活州、科技兴州"战略,开始大力发展乡村旅游。在这样的大背景之下,黔东南州旅游进入了全面发展时期,依托旅游扶贫又开展了成功的探索,逐步在全州范围内呈现出了三大旅游板块,即以凯里为中心的苗族文化旅游带,以镇远和施秉等地为中心的山水风光、古城旅游带,以黎平、榕江、从江等为中心的侗族文化旅游带。全域旅游资源由此得到了整合,接待能力大大提升。2010 年年末,全州农民人均纯收入达 1728 元,贫困人口减少到 61.31 万人,10 年共减少贫困人口 60.38 万人。

国务院印发的《中国农村扶贫开发纲要(2001—2010 年)》要求,集中力量帮扶贫困群众发展有特色、有市场的种养业项目,对具有有资源优势和市场需求的农产品生产,要按照产业化发展方向,连片规划建设,形成有特色的区域性主导产业。中共中央、国务院印发的《中国农村扶贫开发纲要(2011—202 年)》提出,充分发挥贫困地区生态环境和自然资源优势,推广先进实用技术,培植壮大特色支柱产业。黔东南州按照"整体规划、县为单元、整合资源、集中投入、综合开发"的原则,在抓好整村推进的同时,实施整县推进扶贫工程,把制度化扶贫与产业化扶贫结合起来,重点实施乡村旅游扶贫、林业产业化扶贫和农村防火安居扶贫三大工程。

五、实施精准扶贫、精准脱贫方略阶段(2014 年以来)

2014 年,全国开展精准识别和建档立卡,扶贫开发正式进入精准扶贫阶段。2015 年,《中共中央　国务院关于打赢脱贫攻坚战的决定》将发展产业脱贫一批作为首要的脱贫路径,并出台了一系列产业扶贫政策。根据《国务院关于印发"十三五"脱贫攻坚规划的通知》,农林产业扶贫、旅游扶贫、电商扶贫、资产收益扶贫、科技扶贫是产业发展脱贫的重要内容,提出农林种养产业扶贫工程、农村一二三产业融合发展试点示范工程、贫困地区培训工程、旅游基础设施提升工程、乡村旅游产品建设工程、休闲农业和乡村旅游提升工程、森林旅游扶贫工程、乡村旅游后备箱工程、乡村旅游扶贫培训宣传工程、光伏扶贫工程、水库移民脱贫工程、农村小水电扶贫工程等"十三五"期间重点实施的产业扶贫工程。

按照中央脱贫攻坚的战略部署和精准扶贫、精准脱贫的基本政策,黔东南州紧紧围绕贫困人口增收脱贫目标,立足山区特点,以提高单位面积投入产出比为目的,着力发展"十二大特色优势产业",在发展中药材、精品水果、烤烟、草地生态牲畜业的过程中,结合林下经济规模发展,实施好粮经套作、果药套种等"短平快"项目,确保贫困地区产业实现全覆盖,精准带动更多群众稳定脱贫。2014—2019年,全州农业增加值从124.6亿元迅速增加到221.7亿元,年均增速6.4%,带动脱贫能力明显增强。在这一阶段,旅游业带动农民增收和贫困户脱贫的能力也快速增强。2019年,全州接待游客1.2亿人次,旅游总收入超过1000亿元。通过发展乡村旅游,带动1.5万多个农村劳动力就业,助推1.98万户5.2万多人脱贫。

第二节　围绕"八要素"推动农村产业革命

发展是第一要务,农业兴、百业旺,乡村才能摆脱贫困,才会有生机活力。习近平总书记强调,产业扶贫是稳定脱贫的根本之策①。要因地制宜,把培育产业作为推动脱贫攻坚的根本出路。脱贫攻坚要通过发展产业来带动,实施乡村振兴战略也要把产业兴旺摆在首位。只有牢牢扭住经济建设这个中心,毫不动摇坚持发展是硬道理、发展应该是科学发展和高质量发展的战略思想,以供给侧结构性改革为主线,积极转变发展方式,优化经济结构,转换增长动力,加快构建现代农业产业体系、生产体系、经营体系,提高农业创新力、竞争力和全要素生产率,努力实现农业和

---

① 习近平:《在打好精准脱贫攻坚战座谈会上的讲话》,人民出版社2020年版,第13页。

农村经济更高质量、更有效率、更可持续的发展,乡村振兴才有足够的物质基础。贯彻落实贵州省委、省政府的部署安排,黔东南州扣紧产业选择、培训农民、技术服务、筹措资金、组织方式、产销对接、利益联结、基层党建"八要素",在推动农村产业革命进程中取得了突破性进展。

一、选好优势产业迅速做大规模

因地制宜选择产业。什么最赚钱、市场最需要,就集中力量发展什么。杜绝"样样都有,样样都不成规模",形成了规模才能占领市场,才能发展精深加工。围绕本地特色、市场需求、产业基础,因地制宜调整农业产业结构,做大做强优势特色产业,把地方土特产和小品种做成持续成长、带动农民增收的大产业。在抓好贵州省"5+1"产业的同时,黔东南州结合实际,狠抓"一减四增"推动产业结构调整,并在继续抓好"6个100万"工程基础上,制定了全州发展食用菌、蔬菜、茶产业、花卉、三穗鸭、香猪、稻渔综合种养、蓝莓和中药材等十二大特色优势产业规划。推进产业提挡升级,进一步提高畜牧业占农业总产值的比重,提高经济作物占种植业的比重,提高二三产业占农村经济的比重。同时,注意"按时打赢"的要求,注重实施能够立竿见影、快速增收的项目。

抓好标准化生产,提升特色产业的发展质量。制定推广一批简明易懂的生产技术操作规程,推进农业标准化示范区、园艺作物标准园、畜禽标准化示范场和水产健康养殖示范场建设,扶持经营主体率先开展标准化生产。建立健全具有地方特色的农产品质量标准体系,加快绿色优质农产品质量标准制定和实施,严格规范产前、产中、产后的配套技术标准,抓好绿色标准化生产、技术服务指导研发及成果转化等工作,稳定绿色优质农产品的内在品质。

加强品牌建设,提升市场影响力。先后出台《关于加强认证认可工作推动黔东南州经济社会发展的意见》《黔东南州建设生态文明示范州三年行动计划(2014—2017年)》《黔东南州创建"中国有机第一州"促进绿色农产品"泉涌"工程工作方案(2017—2020年)》《黔东南州创建国家有机产品示范区和国家级出口食品农产品质量安全示范区工作实施方案》等文件,整合部门、企业、协会、农户的力量,大力打造"苗侗山珍"。采取单一型品牌创建与区域性品牌建设并重,传统市场巩固与新兴市场拓展并举的办法,全面加强品牌创建和多元化市场体系建设,积极支持龙头企业推进产品品牌创建和质量认证,共创区域性、代表性品牌,争创一批全省性、全国性甚至国际性著名商标和驰名商标。以培优、选优、树优为引领,积极发展绿色食品、有机农产品和地理标志农产品,涌现出一批较有影响力的名特优农产品。据黔东南州农业农村局统计,截至2019年年底,全州优质农产品获证1652个,认证面积506.41万亩,占全州耕地面积的79.21%。其中绿色食品认证16个,认证面积7.03万亩;有机农产品认证168个,认证面积13.77万亩;地理标志农产品认证33个,认证面积8.02万亩。目前,正在全面提升凯里酸汤、蓝莓酒、银球茶、香禾糯等品牌的影响力,巩固提升"中药材""稻田养鱼""玉梦""香猪""太子参""锡利贡米"等区域品牌形象。同时,依托优势产业,对有机大米、茶叶、中药材等农特产品进行整体品牌包装、营销推广和交易服务,打造一批黔东南州农特产品电子商务品牌。

大力推动"一县一业",特色产业规模化发展取得明显成效。比如,天柱县依托坝区资源优势,立足"专、精、特",强力推进坝区产业发展,2019年上半年在17个500亩以上坝区订单种植豇豆、西兰花、甘蓝、白芨、黄精以及食用菌等蔬菜和中药材,推行"稻+鱼""荷+鱼"等多元化格局,重点在渡马湾场、白市汶溪大坝推进2万亩辣椒订单种植。镇远县因地制宜重点打造"舞阳十八湾"农文旅融合发展,在青溪镇、蕉溪镇、大地乡等地建立了花卉种植基地,初步形成了"南玫瑰、北牡丹"花卉布局。截至2019年6月底,全县共有花卉种植面积1.51万亩,专业合作社11个,深加工企业2家,花卉产业示范点13个。全县通过种植花卉调减籽粒玉米4500亩,覆盖贫困人口3416人。

对217个村的调查表明,超过80%的村都实施了扶贫产业项目,现绝大多数村集中在第一产业中的种植养殖业。尽管各村发展的扶贫产业规模还不大,大多处于产业链低端,产值超50万元的村占比只有38.2%。但万事开头难,发展产业只要走出了第一步,取得了一个好的开头,让农民看到希望、增强信心,政府再扶持一把,就能促进这些产业从小到大、从弱到强,带动老百姓实现稳定增收。

表 3-1　217 个样本村扶贫产业产值情况 　（单位:万元;个;%）

产值	村数	比例
0	36	16.6
1—50	114	52.6
50—100	25	11.5
100—200	20	9.2
>200	22	10.1
合计	217	100

资料来源:课题组 217 个村调查数据。

走访调查的 160 个深度贫困村中,有 41 个村发展果园(茶园)69 个,种植面积 11833 亩,投产面积 3130 亩,2018 年总销售收入已经达到 583 万元。这些"造血式"扶贫措施脱贫率高、后劲足,提升了扶贫成果的稳定性和持续性,很受农民欢迎。

二、培训农民提高就业创业能力

2018 年,农业农村部门组织全州 989 名农技专家深入田间地头,举办农业技术座谈会或培训会 473 次,培训各类人员 21725 人次,推广农作物新品种 145 个,推广农业新技术 209 项,解决农业技术难题 309 个。人社部门按照"资源互补、任务分担、突出特色、各显其功"的原则,建立州、县、乡、村四级全员培训联动协调机制,积极组织开展定向型、订单型、输出型、扶智型"四型"培训。2018 年,全州开展贫困劳动力全员培训 81680 人,培训后实现就业创业 52359 人,培训后就业率 64.1%。

三、重视做好技术服务保障

在产业发展中,围绕做好技术服务的连续性、前瞻性,认真分析农民素质、意愿和需要,注重研究现状、特色和优势,突出针对性、操作性,善做个性化文章。全州成立五大战区技术服务组和十二大特色优势产业技术指导组，技术人员深入生产一线，进企业入合作社，进村入户，蹲点包片，搞好技术指导服务。派出技术服务指导专家，做到产业技术服务全覆盖。建立科技人员直接到户、良种良法直接到田、技术要领直接到人的技术服务新机制，让科技成果留在千家万户。

四、引导资金流向现代农村产业

发挥好扶贫资金这个"钱袋子"，把公共财政的引导功能、支撑功能发挥好，让财政为农村产业革命和乡村振兴提供公共性、公益性的支撑。2018年，全州累计获得中央和省财政专项扶贫资金11.5亿元，主要用于支持扶贫产业发展。用好脱贫攻坚产业基金，让分散的资金聚起来。全州扶贫产业子基金通过银行评审项目204个，审批基金97.96亿元；实际投放项目69个，投放基金23.49亿元，受资企业使用基金14.25亿元，资金使用率61.98%。同时，积极开展绿色产业扶贫投资基金申报工作，全州储备新项目98个，申请绿色产业扶贫投资基金和绿色产业贷款140.88亿元，主要投资茶叶、中药材、食用菌、生态养殖、凯里酸汤、农文旅、油茶等几大产业。创新金融支持方式，撬动金融机构支农放贷资金促进产业发展，积极拓宽农村信贷担保途径，积极推广农村小额信用贷款用于产业发展。加大"特惠贷"资金投放力度，累计向14.63万户贫困户发放"特惠贷"85.2亿元，贷款余额57.32亿元，其中2018年累计向2.38万户贫困户发放"特惠贷"10.53亿元。充分发挥社会资金的聚合效应，让有实力、有责任、有担当的企业介入到农村产业革命中来。

五、大力发展农民专业合作社

变"单打独斗"为"抱团作战"，方能事半功倍。通过有效提高农民的组织化程度，降低参与市场竞争的风险，壮大集体经济，推进适度规模经营，大力发展农民专业合作社。调查显示，217个样本村共有农民专业合作社658个，入社农户16175户，2018年调查村各农民合作社总的销售收入1.32亿元，逐渐在农村产业发展中扮演重要角色。

走访调查的 160 个深度贫困村中,157 个村组建农民专业合作社 285 个,带动农户 8231 户 3.35 万人发展,2018 年实现总收入 2128.6 万元。有 32 个村发展家庭农场 121 个,种植面积 3320 亩,2018 年实现总收入 649.8 万元。

六、以市场为导向抓好产销对接

大力推进农产品进机关、学校、医院食堂,举办农产品产销对接系列活动。加快推进冷链物流体系建设,已建成冷库 151 个,库容 6.93 万吨,配套冷藏车 171 台。加快县、乡、村电商服务中心和站点建设,建成农村电商村级综合服务站(点)1626 个,行政村覆盖率达 76.8%。支持淘宝网、1 号店、顺丰优选、京东商城等知名电商平台在农村建设"产地直供""产地直发"电商基地。支持商务、供销、邮政系统建立覆盖县、乡、村的快递物流体系,打通农村商品购销运输配送渠道。整合全州各类电商资源,加大与阿里巴巴、京东、苏宁等知名品牌电商合作力度,推动"黔货出山",进入全国大中城市并走出国门、走向世界。在全国设立网点,打造黔东南州土特农产品网上集散地。用好对口帮扶重大机遇,持续稳定占领省外市场。

七、抓好利益联结

按照市场经济规律生产经营,带动农户发展产业,多给贫困户利益份额。特别是着力完善利益联结机制,确保农民稳定获得收益,防止"富了老板、穷了老乡"。积极探索和推广"龙头企业+合作社+贫困户""合作社+十户联体""企业带富""联建党委"等组织方式助推产业发展,确保贫困户持续增收、稳定脱贫。政府尽力在培育造就职业农民队伍、规范引导市场环境等方面积极作为。市场、政府互相补位,一同为民众脱贫增收攻坚拔寨,用利益联结这一共同体打赢脱贫攻坚硬仗。

八、抓基层党建强化阵地建设

紧跟农村生产力发展和生产方式变革的需要,顺应农村产业革命要求,健全党的组织系统,拓展组织覆盖,把党组织建在生产链上、合作社里、生产小组上,发挥好党组织攻隘口、闯险滩的关键作用。选好村社党组织带头人,培养过硬的"三农"工作队伍,把返乡能人、"土专家"等纳入党员队伍,让其尽展所长、有为有位。2019年,选派1560名村第一书记、7858名驻村干部驻点帮扶,调整深度贫困村党组织书记134人,调整221名不适宜继续驻村的第一书记和驻村干部。比如,三穗县台烈镇颇洞村村"两委"目前成立了颇洞集团公司,公司下辖合作社12家、企业8家,共有合作社社员5000余人,流转土地1800亩,全村100%的群众成为股民,其中包括贫困户315户1059人;有效带动周边专业合作社20家、企业8家,辐射带动群众1.2万余人,切实让"贫困户"蜕变成"小康户"。

第三节　推动重点产业加快发展

在发展扶贫产业的过程中,黔东南州坚定不移贯彻新发展理念,做好"宜农则农、宜林则林、宜牧则牧、宜开发生态旅游则搞生态旅游"的文章,发挥好生态资源优势、劳动力资源优势和山水生态优势,有力推动农村产业朝着更高水平、更高质量、更可持续的方向前进。到目前为止,农村产业革命主要在以下三类产业取得显著成效。

一、特色种植业

一是食用菌产业。合理利用黔东南州的林草资源优势,在适宜区域开展食用菌的野生抚育和仿野生栽培。突出抓好香菇、木耳、平菇、灰树花、鸡枞菌、姬松茸、秀珍菇、大球盖菇、双孢蘑菇、红托竹荪、羊肚菌、天麻、灵芝、茯苓等食药用菌种植。

2019年,全州完成食用菌种植面积3.7万亩,其中棚室设施栽培2.08万亩,覆土埋种栽植1.28万亩,地面排棒栽菌0.34万亩;取得鲜品产量12.1万吨,实现鲜菇产值14.3亿元,带动贫困人口1.4万人。

二是蔬菜产业。2019年,全州蔬菜累计种植面积170万亩,产量260万吨,产值70亿元;新建规模化、标准化基地8万亩;带动贫困人口12万人。预计到 2021 年,全州种菜面积稳定在 170 万亩以上,鲜菜产量增到 300 万吨,综合产值达 80 亿元,累计带动贫困人口 15 万人,建成规模化标准化蔬菜基地 25 万亩,形成区域特色个性品牌。注重做大优势单品规模,做优特色产品品质,做实经营主体培育,使茄子、黄瓜、菜豆、大白菜等大宗蔬菜单品和生姜、大蒜、香葱等区域特色蔬菜,在保供与拓外两个市场上发挥重要作用。

比如,榕江县在坝区生产模式优化上下功夫,将原来实施的"菜—稻""瓜—稻""稻—菜"一年两熟生产模式调整为经济效益更高的"瓜—菜"一年两熟和"菜—菜—菜""菜—稻—菜"一年三熟及"蔬菜套种—水稻—蔬菜"的一年三熟四收高效种植模式,亩产值由原来的 6000 元左右提高到 12000 元以上,部分模式达到 20000 元以上。

三是茶产业。黔东南州低纬度、高海拔、寡日照,常年云雾缭绕,海拔高度、年均气温、日照时数、空气湿度、年降雨量和土壤酸碱度等条件特别适宜茶树生长,有利于生产无公害、绿色食品茶和有机茶,"雷公山茶"(绿茶)、"黎平红"(红茶)已经成为知名公共品牌。

2019 年,全州新建茶园基地 10 万亩,老茶园基地改造 3.3 万亩,提质增效茶园 7.6 万亩,管护高效茶园 23.8 万亩。比如,雷山县脚尧茶业公司采取"公司+基地+合作社+农户"模式,2018 年共收茶青 320 吨,支付茶农 768 万元,带动 315 户农户增收。

四是花卉产业。因地制宜着重发展绿林苗木生产园,观赏、食用花卉休闲观光园,食用、药用和工业用花,四季花田观光园、果蔬采摘体验园等。

以舞阳河流域的黄平、施秉、镇远、岑巩县为核心,分别建成一个以花卉种植、加工、旅游为主题的农业示范园区,辐射带动凯里市和丹寨、麻江、剑河、台江、锦屏、天柱县发展。通过花卉农业示范园区的带动和推广,到 2020 年全州花卉种植面积将达到 18 万亩,综合产值 30 亿元,辐射带动贫困人口 4 万人。

五是蓝莓产业。到 2020 年,将完成低产低效蓝莓基地提质改造 5 万亩,新增蓝莓种植 9 万亩,建成蓝莓基地 20 万亩,力争年加工蓝莓 5000

吨以上,在核心区建成具备蓝莓采后处理、保鲜贮藏、加工销售功能的蓝莓集散中心。

黔东南州的蓝莓产业最先是从麻江县发展起来的。麻江县从1999年开始引种发展蓝莓产业,现在已是中国南方蓝莓种植面积最大的基地县。

1999年,麻江县开始试种蓝莓,历经引种试种、攻克育苗技术难关、建立苗圃、规模化发展基地等阶段,蓝莓种植面积已达6.2万亩,覆盖7个乡镇42个村。2018年全县蓝莓挂果面积2.5万亩,产量6000吨,产值达1.8亿元。麻江蓝莓有机产品认证面积达10983亩,先后获得了"国家有机产品认证示范创建区""国家出口食品农产品质量安全示范区""全国农业标准化优秀示范区"和"中国绿色生态蓝莓十强县"称号,是全国最大的有机蓝莓生产基地县。

围绕农业增效、农民增收、农村发展,麻江县的蓝莓产业由鲜果销售向特色农副食品加工延伸,向农业观光旅游休闲度假转变,逐步实现农工一体、农文旅结合,形成"三个产业"相互支撑、互动融合的产业发展体,打通了一条集育苗、种植、鲜果供应、产品加工于一体的生态产业链。

麻江县探索"三变"模式和"公司+合作社+农户"等方式,引导贫困户通过蓝莓种植、流转土地,在蓝莓园区、蓝莓特色旅游景区、蓝莓加工企业务工和开展食宿服务、蓝莓园内种养、运输业等实现增收。其中:通过种植蓝莓,可实现亩均增收5500元;到蓝莓基地务工,每人每年可增收7700元;通过流转土地,每亩年均增收500元。2019年,麻江县现代农业产业园入选国家现代农业产业示范园创建名单。

蓝莓不仅成为麻江县决战脱贫攻坚、决胜全面小康的支柱产业,还带动了凯里市、丹寨县、黄平县、三穗县等周边县市部分乡镇的发展。根据目前的发展态势,黔东南州的蓝莓种植面积在几年内将达到20万亩以上。以麻江县"国家现代农业产业示范园"为契机,加快构建蓝莓产业体系,按照"国内领先,国际接轨"的要求,积极构建覆盖全类别、全产业链的公用品牌产品标准体系和覆盖生产经营全过程的公用品牌管理标准体系。

六是中药材产业。黔东南州素有"天然药库""苗侗药都"之称,其独特的地理条件和生态环境,孕育了优质、丰富的中药材。已查明中药资源有 2831 种,全州中药材总蕴藏量达 1080 万吨,占全省的 59.2%,而且有传统中药材种植历史,是贵州省中药材主产区。太子参、何首乌、头花蓼等品种通过国家 GAP 认证,剑河钩藤、施秉太子参、施秉头花蓼、黎平茯苓、雷山乌杆天麻等获得了国家地理标志产品保护。中药材产业已逐渐成为黔东南州扶贫产业、生态产业、富民产业、大健康产业。

七是油茶产业。长期以来,我国茶油价格较高,市场稳定,是重要的脱贫致富产业。黔东南州生态优势明显,茶油产品品质好,具有较大发展潜力。2019 年,全州完成油茶基地建设 17.53 万亩,到 2021 年可建成高效油茶基地 160 万亩,其中,现有基地提质增效 90 万亩,新建高效基地 60 万亩。大力推广"企业+基地+农户""合作社+基地+农户"建设模式,落实建设主体达 10777 个,其中企业 19 家、合作社 44 家、农户 10714 户。为大力推动油茶基地建设,采取"以奖代补""先建后补"或"直接补贴"等不同扶持方式,其中通过整合涉农资金、争取"中国好粮油"油茶基地示范县建设项目 4 个,争取中央财政造林油茶补贴等方式,筹集财政资金 2.54 亿元;通过申报绿色产业扶贫基金项目 9 个,获得基金 37.44 亿元。

八是烤烟产业。全州烟叶规模稳定在 30 多万担,实现烟农总收入稳定在 4 亿元以上,烟农户均收入稳定在 6 万元以上。2019 年,烟叶亩均收入 2900 元以上(含补贴),户均收入 6.5 万元以上。将贫困农户培育成烤烟种植专业户,将烤烟种植专业户培育成种植大户,稳步提高种烟收益。

九是竹产业。2019 年,全州总种植 27.23 万亩,其中新造 9 万亩,改造 4 万亩,巩固 14.23 万亩。规划到 2022 年,全州竹林面积达到 110 万亩。通过龙头企业强力带动,引导涉竹意向企业、林农专业合作组织、大户积极参与竹产业基地建设,推动竹产业向园区化、规模化、标准化发展,将竹产业打造成黔东南州绿水青山转变为金山银山的重要载体。

二、特色养殖业

一是"三穗鸭"产业。"三穗鸭"主产于黔东南州地区,已经有 600 多年的养鸭历史,与"北京鸭""绍兴鸭""高邮麻鸭"被誉为中国的四大名鸭。三穗县是"三穗鸭"的发源地和主产区,素有"鸭乡"之称。"三穗鸭"系地理标志保护产品,获得无公害商品鸭认证 15 个、蛋品认证 12 个、有机认证 2 个、名牌产品认证 36 个。

在精准扶贫中,三穗县探索出蛋鸭养殖"1246"扶贫模式,即 1 个贫困户建设 2 个鸭舍,饲养蛋鸭 400 羽,实现每户每年 6 万元的稳定收入。养殖蛋鸭 1 羽,年产蛋 250 枚,销售收入可达 250 元,每枚蛋利润约 0.5 元,共 125 元,老鸭淘汰销售利润 25 元,养殖 1 羽蛋鸭可获利润 150 元。以一户 4 口人计,养殖 90 羽蛋鸭,年收入 13500 元,可实现基本脱贫;养殖 400 羽蛋鸭,年收入 60000 元,可实现贫困户稳定收入。

依托杭州对口帮扶、深圳华侨城集团定点帮扶等平台,黔东南州加大对"三穗鸭"产品的宣传力度,拓宽市场销售渠道和区域。积极建立批发交易与直接销售相结合、网上交易和现场交易相结合的农产品市场流通体系,大力推进淘宝、贝店、农高网等线上服务平台和专卖店、体验店等线下服务店面的提升建设。2019 年上半年,"三穗鸭"及鸭蛋制品网上成交量达成 1100 万元,实体企业在全国大中城市设立"三穗鸭"专卖店、体验店、餐饮店和直销窗口 410 多家,在三穗商贸物流园建成了"三穗鸭"美食一条街。

按照目前规划,到 2020 年存栏蛋鸭 1500 万羽,出栏商品鸭 3000 万羽,鸭蛋 2.5 万吨,鸭产业总产值达 93.08 亿元以上。着眼区域"大规划",以三穗为核心,抢抓扶贫产业子基金机遇,围绕全产业链建设,联合周边县市共同发展"三穗鸭"产业,将该产业覆盖全州,带动脱贫人口 1 万人以上,人均增收 3200 元。

二是香猪产业。"从江香猪"2004 年获得原产地标志证书,2011 年获得农业部农产品地理标志证书,2014 年获得"从江香猪"原产地证明商标,"从江香猪"的"月亮山"牌系列腊制品连续多年被认定为贵州省名牌产品。

到 2020 年实现香猪种猪存栏 5 万头,年出栏香猪 60 万头,产品加工销售率达 70%以上(简称"567"产业发展目标),确保项目覆盖全县 2.38

万户8.5万人,户均年收入1.2万元以上,带动一批贫困户脱贫致富,将从江县建设成为中国无公害香猪生产基地。

三是稻田养鱼。2019年,全州水产品产量完成4.36万吨;稻渔综合种养推广面积完成80万亩、产量2万吨;冷水鱼产量完成280吨;探索开展库区大水面生态养殖。到2021年,全州水产品总量达到5.23万吨,年均增长率保持在10%左右。

以黎平、榕江、从江、锦屏、三穗等县为重点,在全州16个县市发展稻渔综合种养,推广多种形式的标准化生态立体综合种养模式,重点解决水稻品种、稻田基础设施改造及鱼苗投放规格和密度等技术问题,提高单产水平。主要养殖鲤鱼、草鱼、泥鳅、虾、蟹、鳖、蛙类等品种,提升稻米和水产品品质,促进稻渔综合种养提质增效。

三、乡村旅游

黔东南州是贵州省开展乡村旅游最早的地区,也是世界旅游组织关注贵州乡村旅游最早的观察点。黔东南州乡村旅游在建筑形式、生态环境、人文地理上都极具特色,产品具有多元性、复合性、集群性特点,呈现结构优化、业态创新、转型加快、亮点纷呈的发展态势。近年来,黔东南州大力推进旅游精准扶贫攻坚行动,以409个"中国传统村落"为重点,全州发展乡村旅游的自然村寨达到1471个,其中省级乡村旅游扶贫重点村185个,创建全国休闲农业与乡村旅游示范县(点)4个,创建全省休闲农业与乡村旅游示范点14个。乡村旅游的"参与式""造血式"发展形成了很强的脱贫增收带动效应,为农村提供了1.5万多个就业机会,带动5.2万多人脱贫。其中,旅游项目建设扶贫工程带动15129人,景区旅游扶贫工程带动9091人,乡村旅游扶贫工程带动12505人,"旅游+"多产业融合发展扶贫工程带动5376人,旅游结对帮扶工程带动4704人,乡村旅游标准化建设工程带动2409人。

一是"公司+村集体+合作社+贫困户"农文旅融合发展扶贫模式。麻江县乌羊麻嘎尤苗寨通过成立蓝莓合作社、企业带动、开办农家乐、合股经营、收益兜底、转移扶持等形式实现年收入200余万元,按照村集体

10%、合作社 90% 进行分红,户均年增收 1 万元左右。

二是"贫困户+合作社"的旅游扶贫模式。雷山朗德上寨采取贫困农户参与合作社经营,实行按股分红,合作社每年通过表演、民宿、农家乐等获得收入,贫困户均可分得 4000 元以上。

三是"旅游景区+农户"的旅游扶贫模式。雷山西江千户苗寨通过联动机制,将景区门票全年收入的 18% 作为民族保护经费及评级费,鼓励村民对民族文化的保护,2009—2017 年累计发放 1 亿多元,户均累计收入 7 万元以上,解决就业近 2000 余人,实现脱贫人数近 3000 人。

四是"合作社+三三"的旅游扶贫模式。锦屏县姚里村水产养殖农民专业合作社,充分发挥村"两委""理事会""带头人"三方互相监督管理,推行"管理、抱团、分成"的"三三"模式,实现村民致富、集体增收。

五是"企业带县"的旅游扶贫模式。丹寨万达小镇是万达集团斥资 7 亿元打造的以旅游带动地方产业和民族手工艺发展的新型旅游小镇。有 28 家扶贫龙头企业和 102 个产业扶贫合作社入驻小镇,直接带动全县贫困人口 2859 户 11437 人增收,占全县贫困人口的 37.25%,户均增收 4657 元。

六是"旅游+民族技艺"的旅游扶贫模式。丹寨县卡拉村成立卡拉鸟笼文化合作社、鸟笼协会、丹笼公司等,探索出卡拉鸟笼生产到销售的鸟笼文化产业链。从 2017 年起,合作社员人均月增收 2000 元以上,每年上缴村集体经济 14 万元,成为卡拉村乡村旅游收入的重要经济实体之一。

七是"党社联建"的旅游扶贫模式。三穗县颇洞村大力发展绿色产业,形成"党支部+合作社+基地+农户"党社联建模式,将颇洞生态农业体验园建成生态农业旅游扶贫示范园,并已获批为国家 AAA 级旅游景区,实现人均可支配收入 10600 元,辐射带动周边村 2800 余人脱贫。

第四节 产业振兴面临的主要困难

产业振兴是新时代乡村产业更高质量、更高效率发展的必然要求,乡村振兴战略的目标之一就是"产业兴旺",这是我国新时代关于"三农"问题提出的更高要求。近年来,黔东南州产业扶贫取得了突破性进展,产品销售瓶颈正被逐步打破。但产业发展是要靠在市场竞争中取得优势才能实现的,产业扶贫要见实效,绝不是一件轻松的事情。黔东南州在生态环境、地理气候、产品种类等方面具有独特优势,特色农产品在市场上比较受欢迎。目前,各县(市)正在大力推进农村产业革命,帮助贫困群众脱贫和促进农民增收的效果越来越好。但扶贫产业要全面兴旺起来,要在市场化、规模化、专业化、标准化、基地化、绿色化、品牌化等全方位突破,还有相当长的路要走。

一、产业发展总体处于初步发展阶段

(一)产业体系不够完善

黔东南州的三次产业结构自身纵向比虽不断优化,从 1978 年的 60.2∶23.7∶16.1 变为 2019 年的 20.4∶22.3∶57.3,第一产业下降了 39.8 个百分点,第二产业下降了 1.4 个百分点,第三产业提高了 41.2 个百分点,呈"两降一升"的趋势,纵向比成就巨大,但横向比,结构还不尽合理。第一产业向后延伸不充分,多以供应原料为主,从产地到餐桌的链条不健全;第二产业连接两头不紧密,农产品精深加工不足,副产物综合利用程度较低,农产品加工转化率较低;第三产业发育不足,农村生产生活服务能力不强,产业融合层次低,乡村价值功能开发不充分,农户和企业之间利益联结不紧密。比如,占据全国太子参产业半壁江山的施秉县,最早种植太子参的牛大场镇从 1993 年引进试种 50 亩到现在 10 万亩,产值 7 亿元以上,一直以农业种植为主,科技含量低、附加值低,利润小,仍处于产业链的低端。

(二)产业项目小散弱

为了让贫困户能在限定的时间节点将收入增加到贫困线以上,一些地方采取政府发放生产资料,让每个贫困户养几头牛、喂几头猪、放几只羊、种几分地而生产特色农产品,销售困难时政府负责包销。这样的扶持方式是有效的,风险也不大,实现脱贫摘帽的把握性也比较大。在现阶段,不少地方也是不得已而为之。同时也要看到,这种扶持方式仍然是在

"撒芝麻盐",扩大版的自然经济色彩浓厚,虽然脱得了贫,但致不了富。如何将小规模封闭式的经营方式转变为"一县一业""一村一品"的专业化经营,将传统小农主体转变为规模效应明显、社会化服务健全的产业组织体系,将只从事种养的简单经营转变为一、二、三产业融合发展,将扩大简单再生产规模的"快餐式"发展转变为具有可持续经营能力的发展,是实现脱贫与持续提高致富能力相结合、短期发展与长期发展相结合需要解决的长期问题。

(三)长线项目发展不足

为确保按时间节点打赢脱贫攻坚战,当前的重点是积极推动"短平快"项目的实施力度,确保在脱贫验收之前见到真金白银。但每个地方的条件是不一样的,产业项目的类型是多样的,发展潜力也不一样。从黔东南州的实际情况来看,最大的优势资源还是丰富的山地,但开发利用山地资源,一般除了需要解决"短平快"项目所需的要素条件外,还要修产业路、建设水源、整理土地等,特色林业及相关产业的生产周期也比较长。这类项目建成后,收益期一般比较长,收益水平也比较高。在实现脱贫目标以后,需要将长线项目与"短平快"项目统筹起来谋划,为产业振兴奠定更加坚实的基础。

(四)农业品牌建设较为滞后

黔东南州是贵州森林覆盖率最高的地区,森林覆盖率达到了67.67%,全州"三品一标"认证面积507万亩,占全州耕地面积的79%,自然资源优势十分突出,但市场优势不明显,既没有叫得响的拳头品牌,现有品牌也存在产能不足的情况。一是品牌规模小。"一县一业""一村一品"等特色农业尚未形成规模和产业体系,多数扶贫产业短期行为明显,产业发展后劲不足。二是品牌质量意识不强。农产品生产存在品牌质量意识不强,重生产轻质量,高质量发展机制尚未普遍建立。三是品牌管理和营销手段缺乏。品牌建设起步晚,规模小,多而杂,管理较为混乱,同一品种的农产品有多个商标品牌,同质产品恶性竞争严重。经营主体营销意识淡薄,手段缺乏,品牌市场认知度低,影响力和竞争力不强。

二、适度规模经营机制尚未完善

扶贫产业规模化需要通过培育新型农业经营主体,实行适度规模经营来实现。但由于真正能够正常运转的合作社数量不多,缺乏龙头企业带动,小规模家庭经营仍是主要的农业经营形式,规模经济优势还没有普遍形成。

一是"三变"改革推动不够深入。实施"资源变资产、资金变股金、农民变股东"改革,是贵州省六盘水市实践总结出的盘活农村集体资源,发展适度规模经营,推进精准脱贫的重要工作经验,是农村新一轮改革的成功经验典型,并在贵州省全面推广。发展油茶、竹材、水果及林下经济项目,是推动脱贫增收的重要途径,但这些项目需要大量的土地。由于"三变"改革没有在面上推开,这些项目所需的土地要素得不到保障。

从对 217 个村的调查来看,截至 2019 年 5 月,实施农村"三变"改革的有 154 个村,占调查对象的 70.97%,还有 29.03% 的村未启动。从调研的情况来看,在实施"三变"改革的村中,认为改革"效果明显"的占 44.81%,认为"效果一般"的占 48.70%,认为"没有效果"的占 6.49%。

表 3-2　"三变"改革实施效果情况　　　　　（单位:个;%）

	村数	比例
效果明显	69	44.81
效果一般	75	48.70
没有效果	10	6.49

资料来源:课题组 217 个村调查数据。

二是制约农村产权制度改革的因素较多。主要包括:(1)宣传不到位。改革方案虽然征求村民意见,但工作方式相对简单,宣传不到位,改革的重要性和涉及群众的切身利益没有解释清楚。村干部只是把改革当成上级压下来的工作任务,没有把工作做细做实,群众的积极性没有调动起来。访谈的 217 名村干部中,有 155 个村认为群众没有改革积极性,比例高达 71.43%。(2)权属纠纷较多,清产核资难。黔东南州林地资源多,土地权属纠纷中,林权纠纷也占大头。在调查村中,因林地纠纷等主要原因没有将林权明确到户的面积共有 26.87 万亩,占林地面积的 12.7%。对清产核资工作,认为因耕地林地纠纷导致工作难以推进的有 92 个村,占 42.4%。各村清产核资工作进度参差不齐,有 77 个村完成进度不到一半,占 35.48%,只有 111 个村完成 80% 以上的工作量,占实施改革村的 65.68%。(3)培训指导不够,疑难问题没有得到有效解决。改革落到村一级,出现统计口径、工作要求、标准把握不统一等现象,影响改革工作质量。在调查村中,认为"集体经济组织成员身份界定不清"的有 68 个村,占 31.34%;认为"如何设置股权认识不统一"的有 77 个,占 35.98%;认为"账实相符困难"的有 57 个,占 26.27%。

表 3-3 217 个村清产核资完成情况 （单位:个;%）

进度	村数	比例
完成 30% 以下	54	24.88
完成 30%—50% 以下	23	10.60
完成 50%—80% 以下	29	13.36
完成 80%—100% 以下	33	15.21
完成 100%	78	35.95

资料来源:课题组 217 个村调查数据。

三是规模龙头企业少。据初步统计,参与精准扶贫的龙头企业注册资金过千万元的不到 10 家,省级龙头企业只有 73 个,大多是规模以下企业。普遍存在"起步晚、规模小、资金力量单薄"的现状,组织带动能力不强、服务领域不广、科技创新能力较弱,现有企业效益不理想。对 217 个样本村的调查表明,对当前推行的"龙头企业+合作社+农户"模式,各村是普遍认同的,但苦于缺乏龙头企业来带动。调查村的 658 个合作社中,有龙头企业带动的合作社有 119 个,仅占 18.1%。龙头企业、合作社与农户之间普遍停留在产品买卖关系上,双方义务和权利不明确,还没有形成"风险共担、利益共享"的利益联结机制。农产品利润多流入销售环节,农民增收较为乏力。

四是农民专业合作社不够规范、能力弱。大多数农民合作社规模小，带动能力不够;有些合作社运行机制不健全，会员之间利益关系松散;有些合作社甚至是"空壳子"。2018年年底，全州工商注册登记的农民专业合作社共计8535个，根据农业部门排查摸底，有3540个合作社运行经营不正常，占42.72%，有的基本处于停滞状态。在贫困村都要组织合作社、努力实现合作社村村全覆盖目标的要求下，很多合作社匆匆忙忙就组建起来，有的领头人属于"赶鸭子上架"，有的主要是为了获取补助资金，运转的质量并不高。在加入合作社意愿调查上，只有46.08%的社员属于主动加入，其余社员表示是听了宣传后跟着走，或者是乡里面、村里面要求加入的。调查的217个村建有658个合作社，平均每个合作社只有24.6家农户，能够正常运转的合作社只有345个，占52.4%。认为"效果很好"的占29.0%;认为"效果一般"的占45.2%;认为"效果不明显"或"没有效果"的共占25.8%。

表3-4　农民专业合作社的总体评价情况　（单位:人;%）

评价类别	效果很好	效果一般	效果不明显	没有效果
人数	63	98	42	14
比重	29.0	45.2	19.3	6.5

资料来源:课题组217个村调查数据。

三、市场主体发育不够

与经济发达地区农村产业的发展不同，贫困地区农村产业的发展往往是在基础极为薄弱、要素极为稀缺、市场参与度极低的情况下展开的，必须更好地发挥政府作用，广泛发动群众，撬动社会资本有机结合起来，在要素配置方面要加大政府全面支持力度，在发动群众方面要真正做到落实落细落小，在培育和引进"带动龙头"方面要全方位对接。目前的产业扶贫项目，主要由政府负责实施，这种产业培育方式仍带有计划经济色彩，市场机制的导向作用、市场主体的内在发展积极性调动不够，产业发展的长效机制有待建立。如何有序让市场主体更大更好地发挥带动作用,让市场机制发挥好调节作用,是确保产业扶贫项目持续的重要问题。

农业现代化,最根本的还是产业组织体系的现代化。农民合作社虽然数量多、门类齐,从客观上看正常运行,但发挥作用的还是比较少,农民组织化程度不高,农村经济组织仍然比较弱。已经实施的不少小额贷款扶贫项目,早期一般是将给贫困户5万元的小额信贷集中起来给企业使用,到期后由企业统一负责偿还,贫困户每年可以获得2000元的分红。这种方式企业是欢迎的,贫困户也可坐等增收。但问题在于,贫困户没有参与产业项目的经营过程,自身的发展能力没有得到相应提高,他们认为这2000元是政府发给他们的钱,他们也不用承担贷款风险。大量产业扶贫项目农户确实可以得到直接分红,但由于参与性不够,他们自身脱贫致富的能力没有培养起来,这样的产业扶持方式效果是极为有限的。而且经营风险、贷款风险集中在企业和政府,后患也不容忽视。对"户贷企用"方式已经进行了集中纠正,但如何引导农户自主参与产业发展,提升他们的经营能力,还有很长的路要走。

四、要素制约明显

一是资金投入不足。目前,农户的投资能力极为有限,农业生产的发展在很大程度上需要政府和金融的项目支持。国家的农业产业项目一般要求地方财政按一定的比例匹配地方配套资金,但黔东南州县多、县小,州、县两级可支配财力都十分薄弱,政府的投入受到硬制约。2018年州本级财政收入为31.22亿元,需优先保障的"三保"支出超过90%,"三保"以外的可支配财力不足3亿元。全州16个县(市)"三保"以外的可支配财力不足1亿元的有6个县(麻江、丹寨、施秉、天柱、锦屏、台江),最少的"三保"以外可支配财力仅3140万元。目前农业贷款还相当少,除了针对贫困户的小额贷款外,其他贷款真正能够用到农业产业项目上去的极为有限。

二是缺乏科技创新能力。农业人才特别是现代农业人才缺乏,科技服务力度不够,新技术难以推广,管理水平难以提高,是黔东南州农村产业发展的长期短板。由于农村劳动力接受的教育水平有限,自身综合素质会受到直接影响,在使用科学技术方面先天不足。农业科研院所和农业科技人才比较匮乏,农技推广机构的推广能力不强,多数龙头企业、专业合作组织科技服务能力不强,产业发展后劲不足。

三是物流不够顺畅。尽管已经全面实现农村公路组组通,但在以山地为主的黔东南州农村地区,物流配送体系还不发达,运输成本较高,再加上大多数农产品商品价值较低,运输成本往往超过商品成本的一倍甚至更多。

第五节　从产业扶贫转向产业振兴

乡村产业振兴是乡村振兴战略的首要任务,产业扶贫是乡村产业振兴的实施要点。产业扶贫与产业振兴的政策衔接,是脱贫攻坚和乡村振兴最直接、最有效的衔接点。

一、构建现代农业产业体系,加强农产品供给侧结构性改革

一是面向市场、围绕需求发展优势特色产业。根据市场需求和当地资源禀赋优势,优化农业产业结构、产品结构,扩大有效供给,大力发展绿色、优质、特色农产品。

二是构建现代乡村产业体系。重点培育和壮大果蔬、畜产品和中草药精深加工产业,引进培育一批规模以上加工企业,促进农产品加工业转型升级,打造农业全产业链,建立健全让农民分享产业增值收益的机制。推动产业链标准化发展,带动按标生产。加快实施农产品仓储保鲜冷链物流建设,健全县、乡、村物流体系。

三是大力发展林下经济。最大化发挥好生态资源优势,将绿水青山变成金山银山,要把发展林下经济作为既管当前又管长远的重大战略,大力开展林下种植养殖和森林游憩等非木质资源开发与利用,实现保护和利用的协调统一,建设"百姓富、生态美"的美好新未来。

四是大力发展新产业、新业态。加快培育休闲农业、乡村旅游,开发精品线路,完善配套设施。

二、强化要素保障,增强产业发展后劲

一是加强农业农村基础设施建设。以美丽乡村建设为契机,以500亩以上坝区为重点,以打造一批现代农业示范区为抓手,探索多元化的农村基础设施投入机制,加强"空心村"整治,逐步完善以农村水、电、路、信息等为重点的基础设施,加速通寨通组产业路建设,解决群众产业发展出口不畅的后顾之忧。实施沃土工程,加强基本农田滴灌、喷灌、排水和机耕道等现代农业设施以及市场设施建设,建立有效的农村基础设施后期管护机制。

二是加快提升农业机械化水平。坚持需求牵引、企业主体和开放合作,聚焦坝区、山区特色优势农业缺乏适用农机问题,强化产业、科技、财税、金融等部门协同,把农机购置补贴与补短板、技术创新目标联动起来,把标准制定、质量可靠性提升与农机推广联动起来,推进农机装备转型升级。建立健全推进农机农艺融合的工作机制,因地制宜推动农地、林地宜机化改造,不断提升农机装备的信息化、智能化水平,积极发展"互联网+"农机作业,加快推广应用农机作业服务供需对接、远程调度管理等信息化系统,构建区域化、标准化的种植养殖机械化生产模式。

三是强化资金支撑。研透和用足用活中央、省关于强农惠农富农等方面的各项政策,积极争取中央、省涉农项目资金,增加本级财政投入。调整原财政专项扶贫资金的支出结构,更多用于支持产业发展。完善激励机制,优化投资环境,调动民间资本、工商资本、外商资本投资农业领域。强化金融支撑,开发支持新型农业经营主体的专属金融产品,增加首贷、信用贷,大力开展小额信贷,扩大抵押业务范围,切实解决农业生产经营主体融资难等问题。对有较大贷款资金需求、符合贷款条件的对象,鼓励申请创业担保贷款政策支持。扩大农业保险面积、投保品种和范围,为农业产业发展提供风险保障。

四是加强"三农"工作队伍建设。实施职业农民培育工程,充分发挥州县各级党校、科研院所作用,鼓励州属职业院校以及农民专业合作社、龙头企业开展职业农民教育培训。建立健全职业农民专业职称制度,打

造一批懂技术、善经营、会管理的新型职业农民队伍。

五是强化品牌带动。品牌是信誉的凝结。特色产业的品牌化发展，可以带活一个产业，富裕一方农民。要将生态、人文等优势转化为品牌优势，带动区域内产业的发展。加强政府引导扶持，为龙头企业、合作社、养殖基地等提供合作平台。

三、突出抓好经营主体培育，强化示范带动

一是加快培育新型农业经营主体。坚定"强龙头、创品牌、带农户、占市场"的发展思路，抓住龙头企业这个关键，强化示范引领和利益联结，通过源头"活水"浇开富民花。大力实施家庭农场培育计划，把农业规模经营户培育成家庭农场。推进农民合作社质量提升，加大对运行规范、与农户利益联结紧密、服务带动能力强的农民合作社的扶持力度。发展农业专业化社会化服务组织，拓展服务领域，将先进适用的品种、投入品、技术、装备、设施导入小农户。

二是强化产销衔接。加大对农产品生产销售的监测，加强市场研判，及时指导生产，让绿色优质农产品卖得出、卖得好，带动广大农民特别是贫困群众获得实实在在的收益。

三是强化利益联结。农民与新型经营主体的利益联结仍不紧密，农民公平合理参与增值收益的保障机制仍不健全，这是需要高度重视的问题。发挥政府扶持资金的引导作用，加快推广"订单收购+分红""土地流转+优先雇用+社会保障""农民入股+保底收益+按股分红"等多种利益联结方式，将企业与农民的产品购销、劳务关系、土地流转等简单的交易关系转变为紧密的合作共赢关系，这样才能让农户分享加工、销售环节收益，支持新型农业经营主体的发展。

四、深化农村相关改革，激活农业农村发展新动能

改革是推动乡村产业振兴的根本动力，只有以更大力度深化农村关键领域改革，着力破解体制机制障碍，才能充分激活农业农村发展新动能。

一是深化农村土地制度改革。做好"靠土生金"文章,探索完善农村土地所有权、承包权、经营权"三权"分置办法,充分调动农民土地流转积极性,发展土地流转型、土地入股型、服务带动型等多种适度规模经营。

二是全面推进农村"三变"改革。要结合土地确权登记办证等工作的展开,大力推动这一制度创新,通过"三变+产业+扶贫"模式,把资源优势转化为经济优势,唤醒沉睡的土地、生态、地理气候等资源,把农民的根本利益实现好、维护好、发展好。

三是健全农业科技创新体系。深入推进国家农业科技园区示范,推动农业科技集成创新,加大新品种新技术引进、示范和推广力度,提高全州农业科技贡献率。利用现代信息技术改造传统农业,促进信息技术与传统农业融合发展。

第四章　推动扶志扶智同人才振兴有效衔接[*]

　　贫困群众既是脱贫攻坚的对象,也是脱贫致富的主体。只有在扶思想、扶观念、扶信心取得突破,贫困群众才能树立起脱贫致富的斗志和勇气。只有在扶知识、扶技术、扶思路取得实效,才能提升脱贫致富的能力。经过长期不懈努力,特别是脱贫攻坚以来一系列教育脱贫政策的落地,黔东南州农村教育事业发展取得历史性新成效,得到中央、贵州省及发达地区的人才支援空前增加,为打赢脱贫攻坚战提供了人才保障。但黔东南州农村教育事业发展大大落后于全国平均水平,人才"洼地"的地位仍没有得到根本改变,农业农村现代化的人才支撑仍明显不足。只有把本土人才队伍培养起来,外部人才引进来,把人才利用好,乡村振兴才有基础支撑。要把人才培养放在首要位置,把人才引向农村基层作为重要补充,把人才利用作为关键举措,破解乡村人才总量偏低、外流严重、素质不高、作用发挥不好等现实瓶颈制约,不断夯实乡村振兴的人才支撑。

第一节　扶志扶智的成效

　　实施精准扶贫精准脱贫方略以来,黔东南州在加快实施教育扶贫工程、发挥人才支撑作用、充分调动贫困地区干部群众的积极性和创造性等方面采取了一系列超常规措施,贫困地区、贫困人口的自我发展能力明显增强。

---

　　[*]　本报告作者为凯里经济开发区卿尚东,黔东南州人民政府罗丹、郭彩云,州政府发展研究中心张光前。

一、加快发展农村教育事业

由于历史原因,黔东南州的基础教育长期处于落后状态。新中国成立前,全州学龄儿童入学率仅为 19%,文盲率高达 97.3%,每万人中识字的不超过 3 人。在脱贫攻坚中,黔东南州始终把教育扶贫放在重要位置,加大投入改善办学条件,加强教师队伍建设,坚决阻止贫困现象代际传递,努力让贫困家庭子女同样享有人生出彩的机会。

一是教师队伍大发展。截至 2019 年,全州有幼儿教师 8969 人、小学教师 21417 人、普通初中教师 11969 人、普通高中教师 6796 人,学历合格率分别为 96.88%、99.79%、99.97%、98.32%;中等职业技术学校教师 1945 人,特殊教育学校教师 166 人,高校教师 1249 人,全州教师每年参加各级各类培训 8000 人次以上,教书育人水平不断提升。特别是义务教育阶段教师队伍整体素质显著提高,2009—2019 年,全州义务教育阶段专任教师从 31837 人增加到 33386 人,新增教师(不含特岗教师)1549 名,新招聘特岗教师 598 名,其中研究生学历教师增至 76 人,占 0.22%;本科学历教师从 4771 人增至 20316 人,占比由 14.99% 提高到 60.85%;专科学历教师由 19659 人下降到 11652 人,占比由 61.75% 下降到 34.9%(见表 4-1)。

表 4-1　黔东南州义务教育阶段教师学历结构表　　(单位:人)

学段	研究生		本科		专科		中师(高中)	
	2009	2019	2009	2019	2009	2019	2009	2019
小学	0	22	471	10353	12573	9703	7405	1294
初中	15	54	4302	9963	7086	1949	0	3

资料来源:黔东南州教育局。

二是惠民政策全覆盖。2019 年,全州义务教育巩固率为 94.6%,高中阶段毛入学率为 91.5%,高等教育毛入学率为 42.93%,学前三年入园率为 90.1%。落实好“七长”责任制,确保义务教育阶段不因贫辍学,建立健全了覆盖从学前教育到高等教育的完整的家庭经济困难学生资助体系。2019 年共资助家庭经济困难学生 192 万人次,累计发放资助资金 14.84 亿元。落实 2018—2019 学年教育精准扶贫资金 1.75 亿元,资助农村建档立卡贫困学生 6.26 万人。全州 16 个县(市)共办理高校生源地信用助学贷款 45466 人,贷款资金达 31941 万元。落实农村学前(儿童)营养改善计划资金 0.59 亿元,实现学前教育营养改善计划全覆盖,受益儿童 19.98 万人次。

三是教学条件大改善。全州各类教育工程项目扎实推进,2019 年实施各类教育投资建设项目共 359 个,新建和改建教学楼、学生食堂等单体 492 个,总建筑面积 83.68 万平方米,规划总投资 5.1 亿元。完成教学设备购置 7521.5 万元,采购完成率为 100%。

二、实施技能扶贫"三大行动"

为解决贫困人口缺乏技术技能问题,发挥就业脱贫的"造血"功能,黔东南州着力实施技能扶贫脱贫专项行动、技能扶贫专班行动、技能帮扶合作行动等技能扶贫"三大行动",取得了较好成效。

一是技能扶贫脱贫专项行动。以 4 个深度贫困县、4 个极贫乡镇、1038 个深度贫困村为重点,将农村建档立卡贫困户、农村留守儿童贫困家庭、零就业家庭、长期失业人员、残疾人、生态移民和易地扶贫搬迁人员等列为优先培训对象,采取职校专业培训、校企合作培训、向外输出培训等方式开展技能培训,增强贫困劳动力就业脱贫能力。2019 年,全州培训建档立卡贫困劳动力 95770 人次,易地扶贫搬迁劳动力 26612 人次,"零就业"家庭、长期失业人员、残疾人、低保人员等困难就业人员 7432 人。

二是技能扶贫专班行动。在黔东南技师学院开设技能扶贫专班,与贵州省铁路技师学院、贵州交通技师学院等 4 所技工院校合作开设技能扶贫专班,重点招收雷公山、月亮山"两山"连片贫困地区贫困县的初、高中毕业生及高职毕业生,通过技能扶贫促进劳动力素质提升,目前技能扶贫专班共有贫困学生 1718 人,其中 2017 年招收 370 人、2018 年招收 1348 人。

三是技能帮扶合作行动。充分利用对口帮扶城市技工师资优势,加强与杭州技能帮扶合作,州内 6 所技工学校与杭州市 4 所技工院校分别签订对口帮扶协议,在师资和教学提高、专业建设和新专业开发、技能人才培养、学生实习与就业促进等方面提供支持帮扶。2019 年与杭州联合举办培训班 72 期,培训贫困劳动力 3295 人;组织建档立卡贫困户学生到杭州市就读职业学校 228 人。

三、加快人才队伍建设

脱贫攻坚,人才是关键。黔东南州坚持引进人才与培养本地人才并举,从人才引进、人才培育、发展扶持、服务保障、责任落实等方面,构建起了全方位、全链条的人才政策体系。

一是充实高层次和急需紧缺人才。修订出台《黔东南州引进高层次人才暂行办法》《黔东南州引进急需紧缺人才暂行办法》《黔东南州高层次人才服务指南》《黔东南州事业单位公开招聘实施办法(试行)》和《黔东南州直机关(参公单位)及事业单位公开遴选(调配)工作人员实施办法(试行)》等文件,编制发布《高层次人才引进需求目录》和《急需紧缺人才引进需求目录》,每年根据重点行业、重点学科、重点科技项目等领域人才需求实际,坚持"公开、平等、竞争、择优"的原则引进人才。

对高层次人才按类别分别发放 A、B、C 三类人才"绿卡",从职称评定、落户居留、医疗待遇、科研服务、子女就学、创业培训、社会保险、配偶安置等多个方面提供优惠待遇。2017 年以来,累计审批 27 名具有博士学历学位的高层次人才的住房安家费补贴和 1 名入选国家万人计划人才的奖励;审批发放各类人才岗位补贴 516 人;帮助协调 21 名高层次人才子女入学和配偶调动问题。探索建立"科研+人才团队""项目+人才团队""成果转换+人才团队""企业创办+人才团队"的引才模式,为农业产业、医疗卫生、旅游发展等重点工作提供人才支撑。2013 年以来,全州共引进人才 1905 人,其中,正高级职称 3 人,副高 10 人;博士 71 人,硕士 315 人。从引进人才的年龄结构看,40 岁以下 1125 人、40—50 岁 765 人、50 岁以上 15 人。对引进的高层次人才坚持以德为先、唯才是用,采取有效措施,积极创造条件为优秀人才提供更广阔的干事平台。

二是持续抓好专业技术人才培养。2017年以来,实施乡村"232医学人才"培训计划,培训乡镇卫生院医生577人、乡村医生1000人、卫生院院长208人。扎实推进教育专业技术人才培养工作,国培3250人、省培933人、州培4570人、县培24751人。制定出台了《黔东南州"名院长、名医师、名护士"培养工程实施意见》和《黔东南州"名导游、名厨师、名工匠、名绣娘"培养工程实施意见》,深入推进"三名工程"本土人才培养。2017年以来,在教育、卫生、旅游三个领域培育"名校长、名班主任、名教师""名院长、名医师、名护士""名导游、名厨师、名工匠、名绣娘"等十类"名人才"1170名,建立"名人才"工作室200余个,以师带徒培育各类人才10000余名。在2019年专业技术人员职称评审工作中,全州2292人晋升到上一职称。在全州范围内开展职业技能鉴定,有17245人获得职业技能等级证书,其中,高级技师11人,技师32人,高级工1220人、中级工5929人、初级工10053人。

三是引导人才向基层流动。立足于州直机关及各县人才队伍,通过"干部驻乡帮村挂职扶贫制度",锻炼和培养了干部队伍,充实了扶贫一线力量,又帮助培养了基层干部。采取按需选派、团队服务、科技引领、精准帮扶等方式,实施万名农业专家服务"三农"行动,2019年从省州县的农业、林业、水务等系统择优选派2000多名专业技术人才作为科技副职、科技特派员和农业辅导员,并组建16个农业专家服务团队对各县(市)开展线上线下服务全覆盖。全州农业专家共开展走访调研429次,举办农业技术座谈会(培训会)1450次,推广农作物新品种229个,推广农业新技术210个,解决农业技术难题3340个,领办创办农业产业项目52个。实施农业专家精准服务脱贫攻坚行动,遴选1883名涉农专家对398个贫困村、777个深度贫困村的蔬菜、茶叶、食用菌、中药材等主导产业实现技术指导全覆盖,加强农业技能培训,帮助农户快速掌握生产实用技术,帮助培养了一批农村实用人才。

四是引导人才返乡下乡。对217个村的调查表明,有172个村近3年回乡创业的外出务工人员共1142人,创办经济实体274个,创业人数最多的村达到 103 人。其中,大学生回乡创业的有 111 人,创办经济实体 91 个;干部和知识分子回乡创业的有 77 人,创办经济实体 56 个;退伍军人回乡创业的有 64 人,创办经济实体 49 个。同时,无人回乡创业的村还有 45 个,占 20.7%。返乡创业比较成功的,多数是在东部发达地区企业工作过多年,有技术、懂管理、会闯市场的人员,他们的市场意识较强,能够较敏锐地捕捉商机,有一定的经营管理经验,能有效降低生产经营风险。特别是大学生、干部知识分子和退伍军人,他们有精力、懂政策、能力强,创业的成功率高,带动力也较强。

四、大力推广"三扶三转"

州委、州政府先后制定出台《黔东南州强化扶志扶智激发内生动力的实施方案》《黔东南州开展"我要脱贫、助你脱贫"三个三主题活动激发贫困群众脱贫攻坚内生动力的实施方案》《关于在全州就业扶贫工作中开展扶志转勤、扶勤转能、扶能转富工作的意见》等文件,在全州推广丹寨县"三扶三转"经验做法,用好各方帮扶资源,加强农民职业培训,在脱贫攻坚中取得较好的成效。

一是立足扶志,转变"等、靠、要"的"懒汉"思想。全州通过开展"三转"活动,着力转变贫困群众的思想观念,破除"懒汉"思想,从"要我脱贫"向"我要脱贫、我要小康"转变,一心一意谋发展,坚定信心摘穷帽,增强了贫困群众的脱贫信心。依托全州 2710 个讲习所,建立由培训老师、村支书、驻村干部、致富带头人为主的扶志教育宣讲队伍。把习近平新时代中国特色社会主义思想、党的十九大精神、农村产业革命"五步工作法"、种植养殖技术纳入扶志教育重点内容,以及用群众身边人身边事作示范,开办苗语汉语、侗语汉语"双语广播",修订《村规民约》等,教育引导贫困群众发扬自力更生精神,彻底甩掉"等、靠、要""等着扶、躺着要"思想,变"干部干、群众看"为"群众干、干部帮",变"输血式"扶贫为"造血式"扶贫。如丹寨县扬武镇洋浪村自发召开"我要脱贫"誓师大会,全村 96 户贫困户签下请愿书,要求加入村级合作社,并在村子里最显眼的位置立碑明志,经过近两年的努力,该村成为远近闻名的蔬菜村,树起了脱贫攻坚、发展致富的旗帜。同时,强化表扬激励、塑造典型,在"全国扶贫日"期间,州委、州政府召开全州脱贫攻坚表扬大会,对涌现出来的脱贫攻坚自力更生家庭、致富带头人等先进典型进行表彰,并在全州广泛宣传,营造了脱贫攻坚的浓厚氛围。如天柱县蓝田镇的杨某某同志,身残志坚,通过自己的坚持不懈和努力奋斗,用两年时间在村里打造了一个80多亩、亩产值2万多元的"美人指"提子产业,并带动贫困户20人脱贫致富,成为村里人人点赞的致富带头人。

二是立足扶智,增强脱贫致富创业本领。因地制宜开展贫困劳动力"四型培训",让贫困群众掌握一技之长,增加"造血"功能。2016年以来,全州完成易地扶贫搬迁劳动力和贫困劳动力全员培训13万余人,进一步增强了干事创业的本领。同时,鼓励培训机构"走下去",采取"田间课堂"等形式,大力开展农村实用技术、新型职业农民、种植养殖等"定向型"培训。2019年,选派826名科技特派员深入基层一线开展技术需求走访2132人次,举办技术培训班191期,现场技术指导1224人次,培训16000人次,培训致富带头人770人、贫困户7600人次,推广新技术183项、新品种195个,创建各类科技示范点144个。截至2019年年底,全州已建有40所"青年志愿者脱贫攻坚夜校",参与志愿者400人,参加培训2.5万人次。通过参加青年志愿者脱贫攻坚夜校的学习,已有1200余名学员掌握种植养殖、手工艺等技能,200多名学员进行了创业,600多名学员实现就业。

截至2019年4月,丹寨县派驻省级科技特派员27人、州级科技特派员4人、县级农业辅导员40人,聚焦6个乡镇、63个深度贫困村,对农业脱贫产业进行"集中会诊",实施"333"工程(创建3个科技示范乡镇、30个科技示范村、300户科技示范户),为贫困村提供"点对点"、便捷有效的科技服务。丹寨县还着力提升劳动者的就业创业能力,整合全县培训资源,分类组织开展电工、护工、焊工、家政服务、种植养殖、手工刺绣、蜡染、银饰加工、中式烹调等职业技能培训。2018年举办职业培训51期3038人,其中,农村人才2990人。整合"锦绣计划"、技能培训、妇女小额担保等资源,加强对有关技能人才实训基地、工作站、工作室的建设和投入,使各类人才有更广阔的创新创业舞台,辐射带动农村妇女 8500 余人居家灵活就业,月增收在 2000 元至 3500 元左右。同时,积极营造创业带动就业良好环境,深入开展全民创业计划,大力营造宽松的创业氛围,实现返乡创业 1170 人,带动就业 2814 人。

三是培育乡村能人,增强带动能力。丹寨县完善乡村能人培养机制,在这方面进行了积极探索。把懂管理、会经营、有一技之长的农村人才录入农村实用人才信息库,目前入库人才 5593 人。建立"三育"机制,把529 名村"两委"班子成员及户长培育成产业大户,把 68 名产业大户及户长培育为村"两委"班子成员,362 名产业大户、户长、能人和知识青年向党组织递交申请书,并列为入党积极分子培养。

第二节 乡村内生动力和智力支撑不足

黔东南州以山地为主体,村落分散,农民群众的思想观念较为落后,科技文化水平整体不高,教育、医疗卫生、农业产业技术人才队伍建设明显不足,这是黔东南州脱贫致富的根本制约。

一、智力支撑是基础短板

经过长期努力,黔东南州的农村教育事业取得了历史性新成就。尤其是义务教育制度普及以后,农村的教育水平显著提高。实施精准扶贫、精准脱贫方略以来,教育条件加快改善。但从实际来看,面临的困难仍然较多。

一是人口素质整体偏低,是农民脱贫致富的长期基本制约。黔东南州贫困户家庭文化水平普遍不高,一般在初中以下。2017 年,全州农村总人数 389.36 万人,大专及以上文化程度占 2.7%,高中程度占 6.7%,初中程度占 39.5%,小学程度占 40.5%,不识字或识字很少的占 10.5%。

调查发现,在 304 份贫困户样本中,有 109 户是因为没有文化致贫,占 35.86%,是最大的致贫因素;有 87 户是因为没有技术致贫,占28.62%。缺文化、缺技术,是最主要的穷根。由于基础素质整体较低,农村干部队伍、经营人才队伍、技术人才队伍都比较薄弱(见表4-2)。

表4-2 凯里市贫困户致贫原因调查 (单位:人;%)

致贫原因	人数	比例
家庭负担过重	31	10.20
缺文化	109	35.86
缺技术	87	28.62
缺劳力	51	16.78
因病致贫	26	8.54
总计	304	100

资料来源:课题组凯里市下司镇、鸭塘街道贫困调查问卷。

二是师资队伍薄弱,是学校教育教学质量难以提升的突出制约。全州义务教育阶段教师人数总量和教师学历虽然有较大提升,但研究生学历教师仅61人,占0.19%;本科学历教师占全州义务教育阶段教师的58.07%,但这些教师的第一学历大多为专科或中师,教师的后续学历获得方式是函授和业余学习,多数教师未获得与其学历相称的专业基础知识、专业基本理论和专业技能。

三是上学不方便的现象仍然存在。2009年,全州共有1120个农村教学点,2019年全州撤点并校为726个。由于村落分散、山路崎岖、路途遥远,一些村寨的孩子上学增加了家庭教育成本。对217名村干部的调研表明,有85人认为上幼儿园不方便,占比39.2%;89人认为上小学、初中不方便,占比41%;98人认为上高中花钱多,占比45.2%;110人认为上大学花钱多,占比50.7%。在村级小学就读的小学生占全州小学生总数的53.4%,他们基本为走读,不少离学校有十多里路。这些孩子每天早晨起来后要割草放牛,回到家急急忙忙吃完饭又急急忙忙赶往学校,下午回到家又帮忙家里做家务或农活。繁重的家务劳动加上上学来往在路途几个小时的奔波,使得这些学生整天处于疲惫之中,影响学习质量。

四是低龄辍学的问题不容忽视。2019年9月,黔东南义务教育阶段的辍学人数达到1044人,其中从江县、榕江县分别为239人、398人,建档立卡贫困人口分别为98人、189人。两个深度贫困县农村发展条件较差，早婚早育习俗尚未全面根治，不到初中毕业就结婚的现象仍然存在，并成为控辍保学目标实现的一大社会障碍。黔东南州是"百节之乡"，节庆与民俗活动很多，在民族聚居的乡村里，部分家长几乎每逢民族节日，就把自己的孩子从学校叫回家，参与民族节庆活动，对学习的影响也很大。

二、内在动力仍然不足

实现乡村振兴，摆脱贫困是前提。脱贫攻坚，群众动力是基础。贫困群众既是脱贫攻坚的对象，更是摆脱永久贫困、脱贫致富走向乡村振兴的主体。黔东南州传统生产生活方式的惯性极强，一些贫困群众脱贫内生动力不足，不仅影响脱贫攻坚的顺利推进，也是影响乡村振兴的重要因素。

一是缺乏足够的进取精神。贫困人口大多数是处于边远落后的村寨，生产生活基础设施落后，农村人口整体素质较低，产业结构和生产方式比较传统，收入来源有限且结构趋同，收入水平、生活水平和生活方式具有高度的同质性，一些贫困户对未来缺乏预期，"今日有酒今日醉，不管明日哪里睡"，甚至存在"破罐子破摔"的思想。部分农民认为"送孩子读书没有多大用处""读不读书都差不多"，对读书的重要性认识不够强烈。

长期以来，绝大多数贫困家庭处于"产业发展无资源、扩大生产无人手、投资项目无出路"的窘迫局面，进取心严重不足，收入和生活水平没有得到应有提高，对脱贫致富不敢去想，不敢去闯，不敢去做。调查的217个村中，在"贫困户对走出贫困是否有信心"这个问题上，有113个表示有强烈信心走出贫困，占52.1%；有95个对走出贫困的信心一般，占44.0%；有9个对走出贫困信心不足，占3.7%。对凯里市304个贫困户的调查表明，觉得能够脱贫的有224户；觉得不确定的有52户；觉得没有信心的有28户，分别占样本量的73.68%、17.11%、9.21%。

扶贫工作开展至今，仍然还有一些贫困户不愿做、不愿干，每天守着

"低保"过日子,成为脱贫攻坚路上最难啃的"硬骨头"。部分贫困户对脱贫攻坚工作认识不到位,不愿意参与产业发展,得过且过。在访谈的217位村干部中,有113人认为懒惰是重要的致贫因素。对村里实行"三转行动"(懒转勤、勤转能、能转富)的情况调查,认为效果好的有72人,占33.2%;认为效果一般的有104人,占48%;认为效果差的有10人,占4.6%。

二是主动参与脱贫致富的积极性不够。本次调查的217个村中,共有农户数82433户,其中贫困户25452户,对贫困户中劳动能力情况调查发现,贫困户中有18182户有足够劳动能力,有5722户有一定劳动能力。这说明,绝大多数贫困家庭只要在党和政府的带领和扶持下,在社会各方的帮扶下,是可以走上脱贫致富之路的。

由于农村社会结构松散,群众工作仍然不够深入广泛,一些贫困群众把脱贫攻坚看成是各级政府和干部的事情,而没有当作是自己的事情,没有认识到自己才是真正的主体,把自己当作"局外人",从而出现了"干部干,群众看,坐等好处送上前"的现象。有基层干部反映,现在扶贫面临的一个突出问题,是争当贫困户的现象比较普遍。对的确缺乏基本生产生活条件的贫困户,国家已经有了"两不愁三保障"扶持政策,剩下的指标不仅普通农户想要,村组干部也争着要。有的贫困户认为"我脱不了贫,你们就交不了差",并以此作为"等、靠、要"的砝码,让基层干部非常无奈。部分贫困户对脱贫攻坚工作认识不到位,不愿意参与产业发展,得过且过。调查发现,尽管政府对贫困户开展了各类培训,贫困户参加培训的积极性高的有70人,仅占32.3%;积极性一般的有111人,占51.2%;积极性较低的有26人,占12%。

三是陈规陋习还需持续扭转。对217名村干部的访谈表明,关于村里最需要改变的习惯和行为的调查中,45人认为是赌博,占比20.7%;62人认为是封建迷信,占比28.6%;145人认为是大操大办酒席,占比66.8%;27人认为是凑钱斗牛,占比12.4%;82人认为是不孝敬老人,占比37.8%;11人认为是吸毒,占比5.1%。

赌博、封建迷信、凑钱斗牛等既浪费钱财,又耽误农民的生产时间。

红白喜事大操大办,是当前干部群众都认为需要改变的突出问题。农村的红白喜事有节制地进行,在继承优良传统、增进亲情、增强社会凝聚力、强化社区归属感、淳化民风、化解社会矛盾纠纷等方面确实有促进作用,但如果相互攀比大搞排场、大做人情、大肆浪费,不仅给主办家庭和亲戚造成了沉重的经济负担,也严重影响了生产和学习。有些红白喜事前3天后3天,一办就是一周,外出务工的工人也要赶回家,严重耽误了生产时间,致使一些企业都不敢用黔东南州的工人,严重影响用工形象。

三、人才支撑不够

虽然全州各类人才总量已经有一定的规模,但与发达地区相比,初中级人才多,高层次人才少;继承型人才多,创新型人才少;传统学科专业人才多,新兴学科专业人才少;理论型人才多,实用型人才少;单一领域、行业、学科人才多,跨领域、跨行业、跨学科的复合型人才少;机关事业单位人才多,企业人才少的现象仍然比较突出。

一是干部队伍文化水平整体不高。全州各级参公事业、参公群团及公务员干部全日制学历为研究生的199人,占比0.92%;大学本科7330人,占比33.80%;大学专科4129人,占比19.03%;中专及以下10030人,占比46.25%。公务员、参公事业、参公群团,事业单位管理、专业技术人员和技能人才学历以大专、中专学历为主,占48.16%。农村基层组织薄弱,人才比较欠缺,有能力、有文化的人外出务工多,村级组织人才培养选拔难。许多人不愿意当村组干部,选不出能力强的村组干部。在调查的217个村中,村支书平均年龄47.5岁,本科学历9人,大专学历36人,高中及以下学历172人;村委会主任平均年龄46岁,本科学历3人,大专学历19人,高中及以下学历195人;村支部副书记平均年龄45.5岁,本科学历8人,大专学历9人,高中及以下学历200人。

二是高层次人才紧缺。截至2017年年底,全州人才总量为42.74万人,高层次人才占比6.1%。目前,高层次人才队伍中仅有博士137人,硕士1360人,硕博士占比0.35%。正高级专业技术人才仅290人,副高级专业技术人才仅9439人,高技能人才仅14854人。

目前,黔东南州的专业人才主要集中在教育、卫生、农林水等行业,而高新技术、企业经营管理、仓储物流、知识产权、信息咨询等方面的人才紧缺。全州的专业人员中,教育类、卫生类、农技推广与实验类,三类专业技术人员占比为89.82%,而仓储物流、知识产权、信息咨询类人才均为空白。

三是农村实用人才素质有待进一步提升。根据2017年的统计数据,全州农村实用人才总数为129215人,其中农村生产型人才64576人(包括种植能手40087人、养殖能手18075人、农产品加工能手2463人、农机操作能手3951人),农村经营型人才15921人(包括农业龙头企业经营者265人、农民合作社经营管理者1869人、农村经纪人1213人、个体规模工商业主12574人),技能服务型人才17873人,农村技能带动型人才14433人,社会服务型农村实用人才16412人。农村实用人才受教育程度以初中为主,占68.38%。大专、大学本科及以上的人数仅分别占农村实用人才的2.46%、0.50%,而未上过学、小学的人数分别占农村实用人才的0.65%、15.95%。农村实用人才中,参加过培训的为37934人,仅占全部实用人才的29.36%(见表4-3)。

表4-3　农村实用人才受教育程度　　　　　(单位:人;%)

受教育程度	人数	比例
未上过学	847	0.65
小学	20605	15.95
初中	88354	68.38
高中(含中专)	15569	12.05
大专	3190	2.46
大学本科及以上	650	0.50
合计	129215	100

资料来源:黔东南州农业农村局。

绝大多数都未取得技术等级,高级技师和高级工几乎没有,技师和中级工也很少。在农村实用人才中,获得初级、中级、高级职称的人数分别仅占4.81%、1.40%、0.16%,无职称的占93.63%(见表4-4)。

表4-4　农村实用人才专业技术职称等级　　（单位:人;%）

职称等级	人数	比例
高级	209	0.16
中级	1811	1.40
初级	6212	4.81
无职称	120983	93.63
合计	129215	100

资料来源:黔东南州农业农村局。

农村特色产业人才中,以粮食、蔬菜和生猪等传统产业为主,这三个行业的人数分别占实用技术人才的37.83%、11.32%、12.06%,而特色产业的人才非常少,对发展特色农业、推动农业供给侧结构性改革的支撑作用有限(见表4-5)。

表4-5　农村实用人才特色产业人数　　（单位:人;%）

特色产业	人数	比例
粮食	12368	37.83
茶叶	699	2.14
蔬菜	3701	11.32
水果	2837	8.68
食用菌	170	0.52
生猪	3943	12.06
牛	883	2.71
羊	1345	4.11
家禽	722	2.21
渔业	825	2.52

资料来源:黔东南州农业农村局。

四是大量乡村人才外流。随着城镇化建设和易地移民搬迁的推进,城市的发展理念、生活环境、基础设施、教育资源、公共服务等要素不断吸引年轻的大学毕业生,因工作生活条件差,经济待遇低,乡村处于本地人才留不住、外地人才不愿来的困境。大部分年轻劳动力选择外出务工,在外闯出天地的人更愿意留在城市,很少回村里。此次调查的217个村共有外出务工人员93019人,近3年仅有1142人回乡创业。

第三节　推动乡村人才振兴

"志智"双扶是脱贫的根本途径,也是乡村振兴的根本途径。只有把农民建设自己美好家园的内在积极性、参与性调动起来,不断激发他们自身的创造力,才能使大量有志于振兴乡村的人才成长起来。要创新和完善乡村引才、聚才、育才、扶才、优才的体制机制和政策体系,为乡村振兴提供人才支撑。

一、大力发展农村教育事业

必须树立教育扶贫理念,持续加大对贫困地区的教育投入,加强基础教育、学前教育、职业教育,建立学历教育、技能培训、实践锻炼等多种方式并举的人力资源开发机制。

一是巩固九年制义务教育成果。强化"以县为主"的教育管理职责,多渠道筹措教育资金,改善办学条件,全面落实九年制义务教育。加强特岗教师招、管、用、转工作,加大农村艰苦边远地区学校及紧缺学科教师的招聘力度。加强师资培训,加强中小学校长、班主任队伍建设,造就优良的义务教育师资队伍。建立城乡、区域、校地之间的人才培养合作与交流机制,加强对农村中小学的"传、帮、带"。巩固营养改善计划提质升级成果,不断提高"贵州特色"营养改善计划实施水平。实施精准控辍,小学生辍学率以县为单位控制在0.5%以内,初中生辍学率以县为单位控制在1.5%以内。

二是提高学前教育水平。加快乡村幼儿园建设,全州2019年要新建改扩建公办幼儿园100所,入园率尽快达到90%以上。加强幼儿教育人才培养,发动社会力量关心幼儿教育,配置更多幼儿读物和益智玩具,提高办园质量。

三是提升高中阶段的教育发展质量。落实教育优先的方针，突出体现在提高高中阶段入学率和提高发展质量上。高中阶段毛入学率，要尽快达到90%以上。推进普通高中优质特色多样发展，提高教育质量。大力实施中职强基工程，继续推广"产业园区+标准厂房+职业教育"模式，深化产教融合校企合作，深入推进教育链、人才链与产业链、创新链的有效衔接。

二、加强"三农"工作干部队伍建设

一是加强县乡干部队伍建设。把懂农业、爱农村、爱农民作为基本要求，加强"三农"工作干部队伍培养、配备、管理、使用。各级领导干部要懂"三农"工作、会抓"三农"工作，分管领导要真正成为"三农"工作行家里手。拓宽县级"三农"工作部门和乡镇干部的来源渠道。引导鼓励高校毕业生到基层工作，实施高校毕业生基层成长计划，开展"三支一扶"、大学生志愿服务西部、选调优秀高校毕业生到基层等工作，对农科类毕业生给予一定程度的政策倾斜，引导人才向基层流动，在一线成长成才。深化东西部干部人才协作，鼓励引导东部发达地区各类高层次人才，特别是农业产业、乡村建设、农村金融等高层次人才到深度贫困县挂职或任职。

二是加强村级干部队伍建设。对村党支部书记、村主任、第一书记和驻村干部进行全面分析研判，对作用发挥不好的坚决予以调整，选派熟悉农村工作、有专业特长、善于做群众工作的干部到农村担任村支部第一书记。大力实施"领头雁"工程，坚持"一好双强"标准，注重从致富能人、合作社负责人、知识青年中推选村支书和村干部。加大村干部轮训力度，大力提高其综合素质。强化农村党员和村级后备力量的管理培训力度，为村级注入新鲜血液。

三、大力加强乡村人才队伍建设

一是培养农村实用人才。农村活要有人干，乡村振兴需要靠一批真正懂农业、爱农村的人去落实。推动乡村人才振兴，要围绕产业链、价值链、创新链来布局人才链，统筹抓好农业科技人才、农村专业人才、新型职业农民、农村乡土人才、农村创新创业人才等乡村人才队伍建设。大规模开展职业技能培训,促进农民工多渠道转移就业,提高就业质量。通过新时代农民讲习所、农民夜校、专家讲座、现场教学、远程教育、外出学习等方式强化培训,提升农村实用人才整体素质。鼓励各地开展职业农民职称评定试点。加大优秀乡土人才评选表彰活动,对在知识、技能、业绩、贡献等方面成绩突出的乡土人才,优先选配为村"两委"班子成员,优先推荐为各级人大代表和政协委员。

二是引凤还巢创新创业。调查显示,引导鼓励从乡村"走出去"的人员回乡创业对增强农村发展活力具有重要作用,此次调查的 217 个村中,近 3 年有 1142 名外出务工人员、111 名大学生、77 名干部和知识分子、64 名退伍军人回乡创业,创办经济实体分别为 274 个、91 个、56 个、49 个。实施"村村都有好青年"选培计划,吸引各行各业优秀青年返乡下乡创业。加强与各地贵州商会等对接,鼓励青年才俊回乡发展。

三是动员社会力量服务乡村。建立有效激励机制,以乡情乡愁为纽带,吸引支持各类人才通过下乡担任志愿者、投资兴业、包村包项目、行医办学、捐资捐物、法律服务等方式服务乡村振兴事业,鼓励引导符合要求的公职人员回乡任职。制定鼓励城市专业人才参与乡村振兴的政策。全面建立城市医生、教师、科技文化人员等定期服务乡村机制。吸引更多人才投身现代农业,培养造就新农民。

四、激发出群众脱贫致富的内生动力

调研表明,超过半数的贫困户群体对走出贫困充满信心,近三分之二的群众有摆脱贫困的勇气和志气,对学技术、学知识有很大需求,希望能找到可持续创收的途径和方法。提高贫困人口致富的自信心,增强他们的自信力,是脱贫致富、振兴乡村不可缺少的前提。要利用院坝会、小组会等方式向农民群众宣传党和政府的政策和措施,促使他们破除"等、靠、要"的依赖思想,引导他们牢固树立自强自立、自力更生、不等不靠的意识、理念和信心。大力营造"我劳动、我光荣"活动,积极营造"劳动脱贫光荣,懒惰致贫可耻"的浓厚氛围。

第五章　推动文化扶贫同文化振兴有效衔接*

文化是一个国家、一个民族的思想引领、精神支柱、道德教养、知识哺育,也是一个国家、一个民族的重要标识,并深刻影响国家、民族的存亡和强弱。

在漫长的历史长河中,黔东南州以苗族、侗族为主,各族人民共同创造了具有鲜明地域特色的文化,被誉为"世界苗族侗族文化遗产保留核心地"。近年来,黔东南州文化事业迅速发展,为实施精准扶贫、精准脱贫方略和促进经济社会发展提供了重要精神力量和智力支撑。文化力量是基本、深沉、持久的力量,文化振兴是乡村振兴的本地根脉、基础内容、持续动力,需要付出长期而艰苦的努力。习近平总书记强调:"要推动乡村文化振兴,加强农村思想道德建设和公共文化建设,以社会主义核心价值观为引领,深入挖掘优秀传统农耕文化蕴含的思想观念、人文精神、道德规范,培育挖掘乡土文化人才,弘扬主旋律和社会正气,培育文明乡风、良好家风、淳朴民风,改善农民精神风貌,提高乡村社会文明程度,焕发乡村文明新气象。"①要坚持为人民服务、为社会主义服务,坚持保护传承民族特色文化、各民族文化共同交融,坚持创造性转化、创新性发展,激发文化创新创造活力,推动黔东南州乡村文化振兴,形成黔东南州文化大繁荣新局面。

---

　　*　本报告作者为黔东南州人民政府罗丹,州民族研究所田维扬,州民族高级中学杨淑芬。

　　①　《习近平李克强王沪宁赵乐际韩正分别参加全国人大会议一些代表团审议》,《人民日报》2018年3月9日。

第一节　民族文化概况

黔东南州辖地在秦代属黔中郡和象郡,汉代属武陵郡和牂牁郡,清代分属镇远府、黎平府、都匀府和黄平州。黔东南州是我国苗族和侗族的最大聚居区,少数民族人口占总人口的81.1%,47个民族在3.03万平方公里的土地上繁衍生息。在长期的历史进程中,各族群众共同开发建设黔东南州,共同创造了黔东南州博大精深的历史文化。

一、人文根脉

(一)苗族文化

苗族是一个历史悠久、文化厚重的民族,在苗族传说和汉文记载中,苗族发祥于黄河流域以及长江流域的部分地区。在"涿鹿之战"后,以蚩尤为首的"九黎"集团,流徙于黄河以南、长江以北地带,逐步定居长江中下游的洞庭、鄱阳诸湖和汶山、衡山一带。夏禹部落联盟大败"三苗"于"三危",一部分苗族先民西迁,一部分入洞庭、鄱阳两湖以南的江西、湖南崇山峻岭中,被称为"南蛮"集团。

战国时期,苗族先民被迫西徙入武陵山区,逐步形成了以武陵山区为中心的民族统一体——苗族。东汉以后,由于朝廷不断派兵进剿,一部分苗族南下广西融水,沿都柳江而上至榕江。之后,向雷山、剑河、台江、丹寨、凯里、黄平、麻江、锦屏、天柱一带,形成了黔东南州苗族的主体。至元明时期,苗族地区封建领主经济已经得到相当大的发展,公元1413年,明朝开始实施"改土归流"政策,黔东南州的社会经济结构发生历史性变化,商品经济得到一定程度的发展。

苗族先民率先发明刑法、武器和宗教,在中华文明序列中曾经处于领先的位置。《尚书》云:"苗民弗用灵,制以刑……"《周书·吕刑》曰:"蚩尤对苗民制以刑。"《汉书·郊祀志》载:"秦代祀东方八神将,三曰兵主祠蚩尤。"王桐龄在《中华民族史》中指出,"当时苗族文化相当发达,第一发明刑法;第二发明武器;第三发明宗教。后来汉族所用之五刑,兵器及甲胄,而信奉之鬼神教,大抵皆苗族所创,而汉族因袭之"。

"九黎"群团的先民,在进入中原之前即在长江中下游和淮河流域生活了相当长的时间,较早进入了农耕生活。《苗族古歌》唱道:"耙公整山岭,秋婆修江河,绍公填平地,绍婆砌斜坡,才有田种稻,才有地种谷。"日本学者佐佐木乔主编的《稻作综合研究》中写道:"中国稻的真正起源,应当追溯太古时生活于扬子江与黄河之间的苗族所写的历史。"

苗族还是早期使用历法的民族之一,制定了时、日、月、季、年、"斗"等历法单位,称纪年月日时的十二生肖和八十四"嘎进",十二方位、尺、升、秤等基本度量衡器和维护氏族社会秩序的"榔规""款约"。

苗族医学,亦为我国史书记载发源较早的医学。《史记·补皇纪》也有"神农……始尝百草,始有医药"的描述。历史考证神农与苗族先民有着浓厚的历史渊源。《淮南子》曰:"神农播百谷也,因苗以为教。"

据欧志安氏统计,"《神农本草经》苗语记音药物达三分之一左右;《本草纲目》第一册有十五种,第二册有十七种苗族药物"。

作为"九黎"主体的苗族先民,在中华民族古代璀璨的文化留下了浓重的一笔,苗寨承载着民族传统文化的重要元素,别具吸引力,雷山县的西江千户苗寨是典型代表。

(二)侗族文化

侗族亦拥有悠久的历史和灿烂的文化,为黔东南州世居民族,其族源比较复杂,大体可以分为土著说和外来成分说。土著说认为,因侗族先民自古以来就生息繁衍在今贵州、湖南和广西三省区的边界地区,包括黔东南州的潕阳河、清水江、都柳江及其支流沿岸,是形成侗族的主体部分。今天的黔东南和湘西南的大部分侗族地区,春秋战国至秦时属黔中地,时称为"黔中蛮""武陵蛮"或"五溪蛮",侗族先民也包括在其中。外来成分说主要有以下几种:第一种观点认为,侗族先民是古代越人的后裔,其先民主要生活在今东南沿海地区,后来才辗转迁徙来到湘黔桂边界定居。第二种观点认为,侗族在远古时候,定居于梧州,之后循浔江而上迁徙。第三种观点认为,朱元璋为了巩固地方政权,在侗族地区安屯设堡,"拨军下屯,拨民下寨",对侗族人民进行军事统治,而且这些人大都是来自江西吉安府的汉人。侗族古歌《我们的祖先江西来》唱道:"那里叫作江西吉安泰和县,祖宗就是从那个地方发源。"第四种观点认为,侗族祖先来源于洞庭湖,其主要依据是徐松石所撰《泰族僮族粤族考》述及:"侗族就是古洞庭湖族的遗裔。他们的远祖本居洞庭湖附近的大平原,濡染楚国文化甚深。到了唐代,整个贵州的东谢、西赵都是侗族。"

尽管对侗族的来源看法多样,但对于主要部分是古代越人的后裔,并与其他族群相互交融,已基本成为共识。古代越人主要分布在长江中下游地区和珠江流域。这些古代越人,夏朝称"于越",商朝称"蛮越"或"南越",周朝称"扬越"或"荆越",战国时期称"百越"。据《汉书·地理志》载:"自交趾至会稽七八千里,百越杂处,各有种姓。"

侗族先民生产生活以农耕为生,他们修建了鼓楼、围篱、寨门或卡楼,随时防备异族、异村、异寨或猛兽的入侵,其房屋建筑为杉树建造的干栏式木楼,"多依山建寨,以高栏为居"。《寰守记》载:"人栖其上,牛、羊、犬、豕蓄其下。"鼓楼作为侗寨居民商议大事、制定村规民约、调解民事纠纷、击鼓传召村人抵御外辱之地,不仅与石板路、凉亭、风雨桥、禾架及鱼塘等相互映衬,而且与讲款、祭萨、踩歌堂、唱大歌等民俗事象紧密联系,形成了一种亦动亦静的独特文化模式。"鼓楼""大歌""风雨桥"被誉为侗族文化"三宝",为中华优秀传统文化增添了光辉的篇章,而黎平县的肇兴侗寨集"三宝"于一身,是研究侗族文化的"活化石"。

(三)民族文化"儒化""涵化"

历史上黔东南州为"蛮夷"之地,由于这一地区与内地差异甚大,民族构成复杂,为中央王朝难以管辖的"生界"。黔东南州,为史籍中所称贵州"生苗"最为集中的区域。

元明清之前,外来文化对黔东南州影响甚微。苗疆开辟后,王阳明途经贵阳、麻江、炉山、兴隆卫(今黄平)等游历讲学,史载其"居职之暇,训诲之夷类,威慕者云集,听众居民环聚而观如堵"。这一时期,因受其影响,沿线的书院应运而生,据相关史料与民间记载,先后陆续建起了下司阳明书院、镇远文明书院、紫阳书院,黄平草庭书院,天柱白云书院,黎平紫阳书院等10多所大小书院,时断时续办学百余年,讲学教授先后有20

多人,学子生员相继 200 余人,从形式到内容把儒学和理学巧妙结合,融会贯通,因人施教,培育了不少能人贤才,对黔东南州经济和社会推进发挥了重要作用。

到了清朝,鄂尔泰、张广泗等主张"饬苗疆各厅,广设义学,使苗民子弟就学读书,使学汉语识汉字""熏陶于礼仪"。① 设义学后,古州附郭"苗人多能通汉语,悉敦弦调,数年来入郡痒者接踵而起,且有举孝廉一人"。到道光年间,考中进士 1 名,举人 5 名。② 据统计,黔东南的黎平府在清末改制前有义学 60 余所,镇远府 37 所,都匀府 77 所。古州厅、八寨厅还置有厅学。进入明、清以后,苗、侗等少数民族的"儒化"及各民族的相互"涵化"不断加深,形成多种文明的交融带,相继诞生了一批烙上深远历史印记的古镇名村,有镇远、旧州、古州、思州、隆里等。

二、价值理念

长期于独特的山地环境中活态生成的苗侗文化特质,广泛体现在顺应自然、保护生态、村庄布局、建筑形态、农事活动、节庆活动、民间艺术、家庭生活等方面,具有苗、侗及各族人民的哲学思考、思想智慧、精神追求、人生态度。

一是自强不息、不折不挠的价值观。苗族、侗族人民为了躲避战乱,历经艰辛,寻找理想中的家园,追求幸福美好的生活。一方面,在生产实践、生活实际中,尊重自然,与自然和谐相处;另一方面,在改造自然的过程中,坚信人定胜天的理念,形成了自强不息、顽强抗争、不折不挠的民族气节。《苗族古歌》的"开天辟地、人类起源、洪水滔天",侗族的"救太阳和月亮的神话、物种来源"等神话故事,不仅是先民生产生活的具体、形象、生动的反映,留存了丰富的民族历史文化知识,还体现了不畏艰苦、敢于与自然作斗争、自强不息、不折不挠的民族气节和民族精神。

二是集体至上、团结互助的社会观。苗族、侗族聚族而居,在迁徙过

---

① 《贵州通志·前事志(四)》,贵州人民出版社 1991 年版,第 605、761 页。
② (光绪)《古州厅志》卷九《人物志》。

程中,遇到各种自然灾害及外来侵扰,需要大家团结互助,一致抗灾和对抗外敌的侵扰。他们深深体会到集体是个体及宗族赖以生存和发展的根基,团结互助是对每个成员的基本要求,自觉维护集体的利益。在苗年、侗年等节日里,亲戚朋友汇聚一堂,共享天伦之乐。在生产生活中,苗侗人民曾长期处于有款无官的状态,但能团结和睦、平等相处,侗族的款、苗族的议榔词等集体规约起到很大作用,有事大家议,有纠纷协商解决。侗族鼓楼就是集多种社会功能于一体的场所,对维系侗族社会的延续发展,促进社会文明进步,提升民族道德素养具有重要的社会意义。

三是谦敬礼让、敬老孝慈的美德观。苗族、侗族都是善良的民族,他们享受平静的生活,在人际交往中注重谦敬礼让。只要进入苗乡侗寨,就能感受到他们热情直率和隆重的礼仪。敬老孝慈是少数民族社会普遍推崇的传统美德,一方面,尊老敬老,苗族、侗族没有形成本民族的文字,生产生活知识、历史社会知识、伦理道德等都要靠老人言传身教;对违规者处罚、解决族内纠纷矛盾,或是族内红白喜事,大家都会请寨老、理老出面主持,因此,老人非常受尊重。另一方面,孝慈是家庭道德规范的重要内容,苗族、侗族有很多关于这方面的谚语、格言、唱词,如"不念生身情,也思养育恩""心直才到老,语和才长寿""逢老要尊老,逢小要爱小,敬老得寿,爱小得福,处处讲礼貌,才成好世道",等等。

四是勤劳勇敢、朴实节俭的生活观。苗族、侗族多聚居在湘、黔、桂交界的山区,生存环境和地理环境较为封闭、恶劣。"一百二十行,劳动才久长",在自给自足的经济条件下,只有通过辛勤劳作才能生存和发展下去。在凯里青曼、麻江铜鼓等地,二月过完"翻鼓节"后,便禁吹芦笙、夜箫,年轻人也要停止游方谈情、求偶求爱,出外走亲访友、游方串寨的人都必须返回家乡,一心一意投入春耕生产。同时,苗族、侗族生活俭朴,珍惜劳动成果。"人勤田地宽,人懒道路窄",人们鄙视好吃懒做的人,侗族劝世歌《说懒人》就生动描述了懒人的种种行为,教育人们要勤劳勇敢、艰苦奋斗、朴实节俭才能致富,才能过上幸福生活。

五是敬畏自然、天人合一的自然观。苗侗人民崇拜自然,崇拜祖先,相信万物有灵,与自然和谐相处,对自然充满感恩之情,苗寨多以枫树、楠木、樟树等为护寨树,侗寨多以榕树、杉树等为护寨树。村寨中的树木,为人们提供了避风庇荫等功能,更是象征民族的祖先树,是一个村寨兴旺发达的标志,是荫庇村寨安康、寨出能人、民可富庶、世代繁昌的保护神。人们在祭祀中把祖先神等同于自然神,把人引领向"物我两忘、物我不分"的交融状态,在《苗族古歌》里,人类祖先姜央过"鼓藏节"是为了祭祀创世的蝴蝶妈妈,传说蝴蝶妈妈是枫树生出来的,所以苗族崇拜枫树。既然祖宗的老家在枫树心里,用枫树做成的木鼓就成了祖宗安息的地方,祭祖便成了祭鼓。除"鼓藏节"外,"新水节""牛王节""吃新节"等都从不同角度表达对自然之神恩赐的感激,庄重严肃的和谐感中伴有轻松愉悦感,同时又带有浓浓的原始宗教气息。

三、文化资源

黔东南州境内文化积淀深厚,名胜古迹众多,民族文化浓郁,同时也是著名革命老区、革命遗址资源大州,为文化旅游创新发展奠定了坚实基础。

一是历史文化资源。有县级以上文物保护单位 969 处,其中全国重点文物保护单位 19 处(排全省九个市州首位)、省级重点文物保护单位 97 处;州级文物保护单位 68 处;国家历史文化名城 1 个(镇远),国家历史文化名镇 2 个(雷山西江、黄平旧州),国家历史文化名村 7 个(锦屏隆里,榕江大利,黎平肇兴、堂安、地扪,从江岜沙,雷山郎德),国家级历史名街 1 条(黎平翘街)。有六大古镇(镇远古城、旧州古镇、隆里古镇、下司古镇、施洞古镇、思州古城),12 个苗族村寨、10 个侗族村寨被列入中国世界文化遗产预备名单。境内古生物化石文化、且兰文化、清水江木商和契约文化等,在世界上有着举足轻重的地位,其中"锦屏文书"被列入《中国档案遗产名录》。历史上还涌现出明代儒学大师孙应鳌、明末著名抗清将领何腾蛟、清末状元夏同龢以及现代名将王天培、杨至成等一批历史文化名人。

二是非物质文化遗产。有联合国《人类非物质文化遗产代表作名录》1 项(侗族大歌);国家级非物质文化遗产代表作名录 53 项 72 个保护点,占全国 1372 项的 3.9%,位居全国同级地州市之首;省级名录 218 项 306 个保护点,州级名录 329 项 416 个保护点,县市级名录 1288 项。有非物质文化遗产项目代表性传承人 3027 人,其中,国家级 48 人、省级 139 人、州级 294 人、县市级 2546 人。有国家级非物质文化遗产生产性保护示范基地 3 处,省级 23 处,州级 26 处,县市级 119 处。此外,各类民族节日 390 余个,其中万人以上的节日有 128 个。

三是民间文化服务设施。有民间鼓楼 400 多座(全国现存有 600 余座)、风雨桥 300 余座(全国现存有 400 余座);戏楼、踩鼓堂、芦笙堂、斗牛场等民间文化服务设施几乎遍及村村寨寨。有 409 个村寨入选中国传统村落名录,占全国 6799 个的 6.01%,占贵州省 725 个的 56.4%,位居全国同级地州市之首。

四是红色文化遗址。有 343 个革命遗址,在贵州省排列第三位。按遗址分类,有重要历史事件和重要机构旧址 38 处,重要历史事件及人物活动纪念 137 处,革命领导人和地方党史人物行居 29 处,烈士墓 80 处,各类纪念设施 59 处,其中,被列入全国重点文物保护单位 3 处(黎平会议会址、镇远和平村旧址、旧州古建筑群),省级文物保护单位 12 处,州级文物保护单位 12 处,县级文物保护单位 65 处。被列入县级以上爱国主义教育基地的有 31 处,比较著名的有:黎平会议纪念馆、榕江红七军军部旧址、凯里党小组活动遗址、镇远周达文故居和和平村、锦屏龙大道故居、三穗杨至成将军纪念馆、剑河大广坳战斗遗址等。

四、文化特色

黔东南州文化资源种类丰富,具有分布广泛、原始古朴、神秘奇特、活态传承等特点。主要表现在以下几个方面:

一是原始神秘性。至今仍保存着丰富多彩的原生态民族文化,概括起来包括节庆、服饰、建筑、饮食、歌舞、祭祀、工艺美术、体育竞技、戏曲戏剧、习俗、农耕、医药等文化,具有原始的神秘性,在中国乃至世界都具有独特的文化地位和旅游价值。

二是丰富多样性。文化资源既有历史遗存的固态凝练,又有非物质文化遗产的活态展示;既有传统技艺的世代传承,又有现代时尚的时代包容。目前,列入世界级、国家级、省级的各类文化资源中,无论是从内容上还是从形式上看,不仅丰富多彩,而且差异性大,优势突出,亮点纷呈。

三是地域独特性。黔东南州独特的地理区位孕育出独特的民族本真文化,具有非常明显的地域性、差异性特征,是"多彩贵州风"的文化"原浆"。早在 1998 年,黔东南州被联合国教科文组织列为世界十大"返璞归真,回归自然"文化旅游胜地之一,专家学者更是赞誉黔东南州为"歌舞之州、森林之州、神奇之州、百节之乡"和"民族文化生态博物馆",是全人类共同的财富。

四是大众传承性。黔东南州是典型的少数民族地区,各族人民传承本民族文化的意识和氛围很浓重,著名导演陈维亚考察黔东南州后曾形象地说:"黔东南州是全世界最大的歌舞团,这里的480万人,人人都是演员,个个都会唱歌跳舞",直观地诠释了黔东南州原生态民族文化的大众性传承。这是一种自发、自愿、习以为常的行为,重在娱乐,重在参与,浑然天成,张扬激情,吸引八方来客,聚集四方宾朋。

第二节　文化事业进入快速繁荣发展阶段

黔东南州从"蛮夷之地",到苗疆开辟后"阳明文化"等不断渗透,经历义学熏陶,红色基因植入,文化不断积淀。特别是新中国成立以来,我国制定了一系列政策,为维护民族地区稳定、繁荣少数民族文化、促进民族地区经济发展提供了保障,黔东南州的民族文化土壤更为丰沃。

一、社会主义核心价值观普遍进村入户

实施社会主义核心价值观引领工程,加强"新时代农民讲习所""学习型党组织"等新型农村思想文化阵地建设,组建"政策讲习员""技术讲习员""文化讲习员"三员队伍,加大宣传力度,开展农村党员干部党性修养教育,深化文明村镇、星级文明户、文明家庭等群众性精神文明创建活

动,有效促进了爱国爱家、相亲相爱、崇德向善、共建共享的社会主义家庭文明新风尚的形成。特别是结合脱贫攻坚实施感恩教育,各族群众拥护党中央、感恩习近平总书记的真挚情感进一步加深,基层干部和群众的脱贫信心和决心明显增强。对217个样本村的调查表明,在"贫困户对走出贫困是否有信心"的问卷上,有113个表示有强烈信心走出贫困,占52.1%。

二、公益性文化得到加快发展

2012年12月,原文化部批准设立"黔东南州国家级民族文化生态保护实验区",黔东南州成为全国21个国家级文化生态保护区之一。通过实施人才培养工程、非物质文化遗产保护示范工程、产业保护工程、教育传播工程、节日品牌打造工程、文化保护基础设施建设工程、文物保护利用和博物馆建设工程、"4个100"工程①,民族文化保护得到明显加强。截至2019年年底,黔东南州共有登记在册的博物馆(纪念馆)28个、图书馆17个、文化馆17个、乡镇文化站196个,有文化信息资源共享工程基层服务点3118个,农家书屋3315个,基本实现县、乡(镇)、村三级公共文化基层设施全覆盖。全州归口文化文物部门管理的13个博物馆、纪念馆和各级图书馆、文化馆(站)、农家书屋都实行了免费开放目标。认真组织开展文化进乡村、进社区、进校园等系列惠民活动,年均为各村农家书屋送书超过1000册以上,年均为基层群众送电影3.9万场次以上,送戏500场次,年均进行展演展示活动1000场次以上,举办公益性讲座100余场次。文化志愿服务活动蓬勃开展,全州共有文化志愿服务队伍100余支,文化志愿者人数达500余人,常年参与文化志愿服务人数达万人,年服务场次超万次,受服务对象100万人次以上。②

---

① 每年选拔100名优秀的民族人才进入高等院校深造;每年对100名民族民间文化传承人给予补助;每年对100幢具有民族历史价值的典型建筑给予保护;每年对100个重点民族文化村给予保护。

② 数据来源于黔东南州文化体育广电旅游局。

三、民族文化产业化蓬勃发展

大力推进民族文化产业重点工程,实施文化体育旅游重点项目,推动19个文化旅游产业园区建设,极大促进了文化的产业化发展。

一是工艺美术产品。以服饰、刺绣、银饰、蜡染等传统手工技艺为主,共有100多个种类,几千个花色品种,培育了生产服务单位4800余个,带动就业人员10余万人,2019年实现收入19亿多元。

二是节庆会展业。着力打造姊妹节、侗族大歌节、独木龙舟节、苗年、侗年等一批民间节庆文化活动,民族节庆文化经济已成为文化旅游产业的特色和亮点。

三是民族歌舞演艺业。以黔东南州演艺集团公司为龙头,发展各县团队30多支,业余文化演出文艺团体429支,1800余人长期在外演出创收,有的还走出了国门。苗族歌舞剧《仰欧桑》《巫卡调恰》、侗族歌舞剧《行歌坐月》《嘎老》已赴全国各大中城市开展巡回演出,《古韵镇远》《银秀》已实现驻场演出,黎平侗族大歌实景演出基地建成并开演。

四是传统竞技娱乐业。据不完全统计,现有经营性专业斗牛场地16个,斗牛牛源近3万头,专业从事斗牛养殖和斗牛比赛竞技人员2万余人;有斗画眉等专业斗鸟场地6个,从事养鸟和斗鸟的专业人员2万余人;有专业斗鸡场馆4个,从事饲养斗鸡的专业人员5000余人。凯里东方斗牛城投资建设有限公司等6家企业从事民族文化体育竞技娱乐产业,每日可接待游客达5000余人,可提供就业岗位约300个。

五是民族特色饮食业和民族医药产业。开发了苗族酸汤系列食品、侗家腌制系列食品,形成了"凯里酸汤鱼""侗家食府"等系列饮食文化品牌。积极挖掘开发苗侗医药文化产业,涌现出了"苗药""瑶浴""骨伤"等一批黔东南州地方医药品牌的民族医药企业。

第三节　文化事业发展面临的主要困难和问题

脱贫攻坚和乡村振兴,既要见物,也要见人。从已有实施的项目来看,确保打赢脱贫攻坚战主要聚焦"两不愁三保障"和提高农民群众认可度,但解决"精神贫困"的有效抓手尚显不足,还存在"帽子大、落脚点小""宽松软"等问题,乡村文化事业的发展明显滞后于经济的发展。

一、精神脱贫任重道远

对217名村干部关于村民对社会主义核心价值观内容了解情况的调查表明,有51.8%的村只有少数人了解,还有4.5%的村几乎没有人了解。关于贫困户致贫原因,有52%认为懒惰是致贫因素。有86.2%的村干部认为,贫困户需要得到农业生产技能培训,但只有32.3%的村干部认为贫困户参加培训的积极性高,有51.2%的村干部认为贫困户的积极性一般,有12%的村干部认为贫困户积极性较低。在"贫困户对走出贫困是否有信心"这个问题上,有44.0%的村干部认为信心一般,有3.7%的村干部认为信心不足。

二、公共文化服务体系仍存短板

全州行政村(社区)中,建有村级综合性文化服务中心462个行政村(社区),占17.46%,但其中25%的村级综合性文化服务中心面积未达到省级标准;有2184个村没有建设村级综合文化服务中心,占82.54%。农民健身工程、全民健身路径工程建设缺口较大,广播电视台设施落后,摄像编播等设备严重不足。因资金、人员不到位,各县(市)"三馆一站一书屋"服务差距大。由于编制紧缺,400余名乡镇综合文化站专兼职工作人员普遍主要做其他工作,只有17.46%的行政村(社区)配置了兼职文化管理员。

对217个村的调查表明,至少建有1个公共文化设施的村占89%,其中建有3个以上公共文化设施的村占34%,但公共文化设施较为齐全的村仅占8.75%。文化活动或文化设施能满足需求的仅占4.3%,基本满足需求的占29.2%,不能满足需求的占66.5%。

三、文化产业发展质量不高

民族文化产品总量不足,产品(服务)单一、同质化现象严重、竞争力不强，缺乏文创产品的标准化、规模化生产、制作以及销售，产业链条不完整，产业形态及龙头企业尚未形成品牌效应。投融资体制仍未突破投资主体单一化的政策框架，社会化、多元化、市场化的文化投融资渠道仍不够畅通，供给侧结构性改革力度还不够，产业风险投资体系和机制尚未形成，资金短缺和来源单一等仍是制约民族文化产业蓬勃发展的瓶颈。

语言、服饰、节庆、歌舞、技艺等民族文化不仅是传统文化的重要内容，也使农民群众生活充实、身心健康。苗侗人民在手工纺纱织布、刺绣、蜡染、银饰、竹藤编织、传统造纸、黄平泥哨制作、芦笙制作、木雕等方面的技艺，不仅仍有使用价值，其艺术价值也在日益凸显，也具有产业化的潜力。但由于文化产业发展活力不足，这些技艺正在快速被现代工业化生产方式所湮没。如不采取帮扶措施，可能给民族文化繁荣发展造成巨大损失。

四、不良文化治理亟待加强

对 217 名村干部的问卷访谈表明，不健康的文化，甚至违法犯罪的现象，如过度吃喝、封建迷信、"黄赌毒"等，在各地都有不同程度的蔓延。如不采取自治、行政、法律等手段进行干预和管理，黔东南州这个文化"百花园"就可能变为"文化荒野"。

一是节庆和人情开支消耗的财产过多。调查发现，每年筹备和参加当地传统节日活动（不包括春节）超过 10 天以上的村共有 174 个，占调查村的 80.1%，过节花费户均 2400 元。遇上村寨过"鼓藏节"（多为苗族村寨）需要每家杀猪，有的村甚至杀牛，花费则更大。热衷于斗牛，也是不少村寨的"特点"，有的村是单家独户养斗牛，自己有能力养，或者作为娱乐，或者作为赚钱的"买卖"。但有的村寨则搞成了摊派，要求全寨凑钱来养，无形中给收入困难家庭增加了负担。每年户均用于人情方面的支出 4350 元，举办一次婚礼（含彩礼）花费 10.6 万元，丧葬花费 2.45 万元，农村自建房约需 14.7 万元。群众打心里排斥大操大办酒席，但往往都碍于情面，乡里乡亲、同宗同族，无法进行制止和摆脱，有的仍大操大办酒席。

二是农村赌博现象和迷信活动不容忽视。有 20.7% 的村反映有赌博现象。但大部分受访者认为"黄赌毒"属于违法活动,且最容易产生其他犯罪,要坚持露头就打,绝不含糊。走访样本村中有 11 个反映吸毒现象尚未根绝,占 5.5%。村庄受访者相信迷信的占 17.5%,不相信的占82.5%,但基本上都参加过看病、消灾、算命等迷信活动。还有受访者表示,大部分迷信活动都是老一辈要求组织和参加的,相信或不相信还得参加,都是为了让老人得到宽慰。

三是孝悌观念淡化。认为存在"不孝敬老人"现象的受访者高达37.8%,这是近年来在黔东南州农村的一个新动向。农村家庭收入以务工收入为主要渠道,很多上了 50 岁的农村劳动力还得每年外出务工以维护家用,他们的父母都年事已高,自然照顾不上,这种情况在农村是比较多的。尤其在脱贫攻坚政策含金量大的背景下,一些家庭"钻空子"人为分户,自己收入不错甚至买房买车,还把老人"分出去"享受扶贫政策,把老人的赡养责任推给政府。

第四节 加快乡村文化振兴步伐

习近平总书记指出:"要坚持中国特色社会主义文化发展道路,激发全民族文化创新创造活力,建设社会主义文化强国。"[1]苗族、侗族文化是中华文化的有机组成部分,要以马克思主义为指导,面向现代化、面向世界、面向未来,坚持为人民服务、为社会主义服务,坚持百花齐放、百家争鸣,坚持创造性转化、创新性发展,发展民族的科学的大众的社会主义文化,推动精神文明和物质文明协调发展,为黔东南州脱贫攻坚和乡村振兴提供坚实支撑。

一、加强和改进农村思想政治工作

乡村振兴,既要塑形,又要铸魂。要毫不动摇加强和改进农村思想政

---

① 习近平:《决胜全面建成小康社会 夺取新时代中国特色社会主义伟大胜利——在中国共产党第十九次全国代表大会上的报告》,人民出版社 2017 年版,第 41 页。

治工作,为巩固脱贫攻坚成果、全面推动乡村振兴提供思想政治保障。

一是要牢牢掌握意识形态工作领导权。意识形态决定文化的前进方向和发展道路。要坚持党对新闻舆论工作的领导,坚持正确的新闻舆论导向,遵循新闻传播规律,积极推动新旧媒体融合发展,创新方法手段,提高新闻舆论传播力、引导力、影响力、公信力。互联网已经是意识形态工作的主战场、主阵地、最前沿,要科学认识网络传播规律,提高用网治网水平,打好网络意识形态攻坚战。压紧压实意识形态工作责任,切实做到守土有责、守土负责、守土尽责。

二是以社会主义核心价值观引领乡村文化建设。结合新时代发展要求,继承、创新和转化苗侗等少数民族传统文化蕴含的思想观念、人文精神、道德规范,使爱国主义、集体主义、社会主义教育更加贴近当地各族人民。强化教育引导、实践养成、制度保障,发挥社会主义核心价值观对农民群众教育、农村精神文明创建、农村题材精神文化产品创作生产传播的引领作用,把社会主义核心价值观融入各个阶段学校教育、新时代文明实践中心、农民职业技能培训等各个环节和场所之中。

三是加强农村思想道德建设。以培育和践行社会主义核心价值观为引领,深入挖掘苗侗等少数民族德治思想和礼治传统,因地因村制宜建立农民群众认同、心口相传和共同遵守的道德规范体系。突出思想道德内涵,坚持为民惠民利民,持续深入开展群众性精神文明创建活动。广泛建设"道德银行""爱心超市""励志超市"等平台,将道德建设从一般口号落实到可见可感可得实惠的实际操作层面。

二、加快文化事业发展步伐

扎实推进新时代文明实践中心建设,充分发挥在学习传播科学理论、加强基层思想政治工作、培养时代新人和弘扬时代新风、开展志愿服务方面的平台功能。新建或改扩建乡镇(街道)综合文化站、村(社区)综合文化服务中心,加强流动文化设施建设,配备流动图书车、流动文化车,提升服务能力。加强公共文化设施标准化建设,以县为基本单位,全面落实国家基本公共文化服务指导标准和地方实施标准,规范各级各类公共文化机构的服务项目和流程。深入开展文化下乡活动,开展大中专学生暑期社会实践活动。提高基层文化惠民工程覆盖面和实效性,推进农家书屋工程建设放映,推动全民阅读活动广泛开展。

三、全面做好民族文化保护传承工作

立足黔东南州民族文化生态保护实验区总体规划,坚持做好民族文化传承活动。深入推进公共文化服务示范项目"千村百节"活动,促进传统节日文化与现代文化相融通,不断赋予传统节日新的时代内涵和现代呈现样式,做活民族民间节庆文化。设立文学艺术创作鼓励扶持基金,做强民族特色文学艺术。推动民族文化村寨的自然风光与人文风情相结合,做优山地文化。坚持政府引导、市场运作、群众参与,做精传统美术与民间工艺。

四、大力发展和壮大文化产业

培育民族文化骨干企业,扶持微小企业,规范建设一批民族文化产业示范区,加快推动发展方式从粗放型向集约型、质量效益型转变,增强文化产业整体实力和竞争力。构筑以苗族医药、侗族医药、瑶族药浴为依托的民族医药企业体系,打造集医疗、康复、养生保健、名优产品、生态健康旅游为一体的绿色产业体系。建设一批文化产业园区和文化产业基地,实施文化旅游商品"万户小老板工程",推动苗侗文化产业集群化发展。把蜡染、银饰、银器、刺绣、木雕等培育成具有地理标志、著名商标等文化旅游商品品牌。积极推进银饰村、刺绣村、鸟笼村、传统造纸村、思州砚等一批文化旅游工艺品专业村镇建设,带动全州文化产业发展。

五、健全文化事业体制机制

一是继续深化文化体制机制改革。推动国有文化企业公司制股份制改革,建立有文化特色的现代企业制度,完善社会效益和经济效益综合考核评价指标体系。实行党委领导、政府管理、行业自律、企事业单位依法运营的文化管理体制和富有活力的文化产品生产经营机制,理顺政府文化管理部门与文化企事业单位关系。推进公益性文化事业单位分类改革,深化人事、收入分配、社会保障制度改革,推动图书馆、文化馆(站)、博物馆等建立法人治理结构,建立健全县级图书馆、文化馆总分馆制,建立图书馆、文化馆(站)等开展公共文化服务第三方评价与群众评价机制。

二是强化资金保障力度。坚持政府投入为主、社会力量为辅,加大各级财政对文化建设的投入,通过政府购买、项目补贴、绩效评价奖励等形式完善资金投入方式。通过减免税收、冠名等有效形式,鼓励引导社会、民间资本力量进行捐赠或投入公共文化服务体系建设。做大投融资担保公司,探索多元融资形式,实现股权、债券多方式融资。运用公共文化设施社会化运营试点经验,在明晰产权的基础上,通过委托、招投标、承包、合资、合作等方式,吸引具备资质的社会组织、企业或有能力的个人运营管理。

三是健全人才保障体系。制定基层民族文化服务人才、民族文化产业人才发展规划,抓紧培养文化管理干部队伍。研究制定引进和培养民族文化专业人才的政策,明确民族文化企事业单位智力贡献参与分配的具体办法。大力实施包括文化名家人才、基层人才、产业经营管理人才、非遗传承人才的"四大队伍"建设工程,缓解文化领域的"人才荒"。

第六章　推动生态扶贫同生态振兴有效衔接[*]

黔东南苗族侗族自治州位于云贵高原向湘桂丘陵、盆地的过渡地带,地处长江和珠江上游的分水岭。全州总面积3.03万平方公里,林业用地占国土总面积的71.85%,现有林地3269.41万亩、森林3065.72万亩、活立木蓄积1.69亿立方米,素有"九山半水半分田"之称。州内山多田少、土地肥沃,雨量充沛,气候温和,雨热同季,适宜各种林木生长,素有"森林之州"的美称,被列为全国28个重点集体林区之一。黔东南州的生态环境建设对于调节长江和珠江流域的水量,维护两江流域生态安全和缓解中下游旱涝灾害也具有至关重要的作用,是名副其实的"生态大州"。良好的生态环境是黔东南州最大的优势所在,也是宝贵的发展资源,更是实现后发赶超的核心竞争力。

经过长期不懈努力,黔东南州的生态环境大为改善,初步走上了可持续发展之路。贯彻落实习近平总书记关于生态文明建设的重要论述,黔东南州在绿色发展、生态扶贫方面取得了新的历史性成就。推动生态扶贫转向生态振兴,加快将"生态大州"变为"生态强州",是黔东南州的重要战略任务。

第一节　生态建设不断加强

生态兴则文明兴,生态衰则文明衰,良好生态环境是最公平的公共产

---

* 本报告作者为黔东南州人民政府发展研究中心李桂明,黔东南州人民政府罗丹、郭彩云。

品,是最普惠的民生福祉,生态环境是关系党的使命宗旨的重大政治问题,也是关系民生的重大社会问题,习近平总书记多次强调要"像保护眼睛一样保护生态环境,像对待生命一样对待生态环境"。① 黔东南州通过多年不懈努力,生态建设取得长足发展,无论是在全面加强生态环境保护,还是助推脱贫攻坚,都取得了十分明显的成效。

一、建立生态环保制度体系

2000 年,国家启动"天然林资源保护工程"后,黔东南州委、州政府自加压力,在州内实施了"全面禁伐天然林和人工商品林"措施。2005 年,黔东南州委、州政府为发挥生态环境的比较优势,构筑发展新平台,积极探索走生态文明崛起的科学发展道路,按照党的十六大关于建设生态文明的要求,结合州情实际提出了"生态立州"的战略决策,并出台了《关于实施生态立州的决定》,其中重点提出优先保护生态环境,以此为核心大力发展生态经济,培育生态文化,建设生态文明富裕的黔东南州。2012年,州政府在全州暂停交通主干道和河流两岸旅游景点景区林木的采伐。2014 年,州政府决定以后每年森林采伐限额都要在上年基础上递减20%,同时规定了 5 个涉及旅游县市全面停止商品性采伐。经过 5 年的全面禁伐,黔东南州的生态植被全面恢复。

在生态环境持续向好的基础上,黔东南州对生态环境的重视程度进一步提升到法治层面,出台了贵州省第一部地方综合性生态环保法规《黔东南州生态环境保护条例》,以法规的形式明确了地方政府的责任,将生态保护红线、生态补偿等多项制度纳入立法,建立了州、县、乡镇、村四级环境监管网格化管理机制,环保部门与公、检、法、司等部门的联合工作机制不断完善。值得一提的是,该条例明确了对城市噪声污染、城市油烟污染、农村垃圾倾倒入河流等环境污染行为的具体罚款处罚幅度,明确了对在河流、湖库等采取电击、投毒、爆炸等方式捕鱼的行为实施行政处罚标准,填补了全国对此类规定的空白。在实际工作中,通过严格实施生

---

① 《习近平关于社会主义经济建设论述摘编》,中央文献出版社 2017 年版,第 37 页。

态保护红线管理制度、土壤环境保护制度、生态补偿制度等,将恢复性理念引入司法机关办理破坏环境资源类刑事案件的过程中,让生态环境保护有法可依。

党的十八大以来,黔东南州委、州政府按照"创新、协调、绿色、开放、共享"的发展理念,先后编制了《黔东南州生态文明示范工程规划2014—2020年》《黔东南州深入推进生态文明先行示范区建设实施方案》《黔东南州生态文明体制改革实施方案》《黔东南州国家森林城市建设总体规划(2018—2030年)》,出台了《省级生态文明先行示范区建设实施方案》《关于推动绿色发展建设生态文明的实施意见》《黔东南州各级党委、政府及相关职能部门生态环境保护职责划分规定(试行)》《黔东南州生态文明建设目标评价考核办法(试行)》《黔东南州党政领导干部生态环境损害责任追究实施细则(试行)》,实行环境保护"一票否决",通过体制机制不断完善,保护生态环境的制度框架初步形成并不断完善。

二、实施生态环境保护行动

"十三五"期间,黔东南州着力实施"依法护绿、增绿添彩、提质增效、转型创新"四个行动计划,着力生态环保制度体系建设、实施绿色行动计划、做足有机产业文章和培养群众环保意识。

(一)实施"依法护绿"行动计划

加强山林权属纠纷调处力度,持续开展森林保护"六个严禁"(严禁盗伐林木、严禁掘根剥皮等毁林活动、严禁非法采集野生植物、严禁烧荒野炊等容易引发林区火灾的行为、严禁擅自破坏植被从事采石采砂取土等活动、严禁擅自改变林地用途造成生态系统逆向演替)专项行动,继续强化森林资源的监管,巩固生态建设成果,进一步夯实经济社会发展的基础。黔东南州检察机关把打击破坏生态环境、民族文化违法犯罪行为作为重点,在全州部署开展严厉打击破坏野生动物资源违法犯罪"利剑"专项行动,"两山两江一河"保护专项行动、保护生态环境·民族文化专项行动,为推进生态文明、绿色发展起到了保驾护航的作用。

(二)实施"增绿添彩"行动计划

加大抚育管护和补植补造力度,确保前几年实施的灭荒造林、退耕还林、采伐迹地和火烧更新造林地块郁闭成林。近三年来全州森林面积净增达 70 万亩以上,2018 年全州森林覆盖率达到 67.67%,提前实现"十三五"全州"增绿"目标;以"彩化香化美化"为措施,增加全州彩色树种的比例,提高生态环境的景观质量。全州以"景区景点、工业园区、城镇乡村"为重点,加大补植补种、抚育改造、园林绿化、美景打造的力度,增加彩色香化美化林种树种面积 1 万亩。

(三)实施"提质增效"行动计划

加快推动林业特色产业发展由规模速度型向质量效益型转变,着力完成以蓝莓、油茶为代表的林业特色产业建设任务,并建立"高投入、高产出、高标准"示范点 3 个,总面积 1 万亩;完成特殊用珍稀名贵树种培育面积 3000 亩;实现乡土珍稀特色绿化苗木花卉基地建设 1.6万亩。

(四)实施"转型创新"行动计划

在推进林业转型发展上持续发力,深化森林公安改革,着力建设森林康养基地,推进林业碳汇项目的启动实施,积极配合贵州省林业云创建推进林业大数据建设,启动搭建林权交易平台,在全州各县市积极开展林业"三变"改革试点等。

逐步推进绿色发展理念转化为执政观、政绩观和发展观,淘汰落后产能,先后关停了凯里化肥厂、玻璃厂、电厂、纸厂等系列重污染企业,推进传统产业生态化,集中力量发展酒、茶、民族医药、特色食品和特色旅游商品等特色产业。大力推进封山育林、人工造林、退耕还林还草、山地林业结构调整、石漠化地区综合治理、城乡绿化美化、森林抚育及低产低效林改造、森林资源保护八项重点工作任务,2.1 万棵古大珍稀树木实行建档挂牌保护,森林覆盖率从 2014 年的 64.01%提升到 2019 年的 67.67%,全省最高。全州 35523 名贫困群众就地转为生态护林员,每人每年 10000元管护经费,实现了"一人护林、全家脱贫"的目标。

三、做好生态产业"新文章"

近年来,坚持走"生态优先,绿色发展"之路,抓住实施全省县乡村造林绿化规划的机遇,推进"生态经济化、经济生态化,生态产业化、产业生态化,生态项目化、项目生态化,生态景观化、景观生态化,生态特色化、特色生态化"新局面,大力推动生态产业发展,助推生态优势转变为经济优势,将生态资源转变为美丽经济。先后出台了《黔东南州创建国家有机产品示范区和国家级出口食品农产品质量安全示范区工作实施方案》《关于加快推进有机产业发展的实施意见》等政策措施,积极将生态优势转化为有机产业优势。努力打造有机高端品牌,积极创建"国家有机产品认证示范区",麻江、雷山两县分别成为全省第一个、第三个"国家有机产品认证示范创建区"。蓝莓、茶叶、大米、稻谷等特色产业蓬勃发展,释放巨大的生态价值。

推进农村产业革命,是贵州省打赢脱贫攻坚战和实施乡村振兴战略的重要内容。黔东南州立足自身独特的生态优势,将发展林下经济作为重要突破口。自2018年以来,专门发出《黔东南州人民政府关于加快林下经济发展的实施意见》,制定了《黔东南州大力发展林下经济三年行动实施方案(2018—2020年)》《黔东南州争取绿色产业扶贫投资基金发展100万亩高效油茶产业建设方案(2019—2021年)》《黔东南州争取绿色产业扶贫投资基金发展100万亩竹产业基地建设方案(2019—2021年)》等系列指导性文件。

生态建设上的长足进步,使得黔东南州被列为全国生态文明示范工程试点、全国生态补偿示范区、现代林业建设示范州,成为全国示范典型。历代人种下的"生命树"变成了"生态树","常青树"变成了"摇钱树",果园、茶园、药园、山坡上,崛起了一座座"绿色银行"。"全国绿化奖章"获得者——侗族老人吴庆贤的故事就印证了绿水青山就是金山银山。

四、弘扬独特的生态文明理念

黔东南州人民独特的生态文明理念,是黔东南州最基础的生态屏障。

经过长期历史的浸润,"天人合一"的观念已经融入黔东南州人民的血液之中,尊重自然、顺应自然、保护自然的文化在黔东南州大地一直传承,孕育和形成了以雷公山系苗族文化与月亮山系侗族文化为代表的丰富的自然生态和人文生态,奠定了黔东南州各族繁衍生息的根基。

锦屏县的文斗苗寨,一块立于乾隆三十八年(1773年)的"六禁碑",几百年来仍然透着古朴的生态气息。文斗人建立了绿化基金,即使只有拇指大的小树,村民也会自觉打上草标,提醒人人保护它。

位于黔东南州南部的从江县岜沙苗寨,诞生一个人便会栽下一棵小树,这棵小树就是离世后包裹他的最后材料。这种"人树合一"的观念,以一种独特的思维方式向世人阐释了人与自然和谐共生的生态意识。

基于这种独特的生态文化基因,尤其是近二十年来,黔东南州不断强化环保宣传教育。党的十八大以来,黔东南州坚持"保护环境就是保护生产力,改善环境就是发展生产力"的理念,让广大群众意识到绿水青山本身就是金山银山,广大群众过去盼温饱现在盼环保、过去求生存现在求生态,对清新空气、清澈水体、清洁土壤的需求越来越迫切,对生态自豪感和保护环境的自觉性也越来越强。

第二节　生态扶贫的主要路径

实现可持续发展,必须兼顾经济效益、社会效益和生态效益,使其协调一致。作为全国脱贫攻坚的主战场,如何利用良好生态优势走出一条独特的脱贫致富道路,是摆在黔东南州人民面前的重要课题。从具体实现生态扶贫的方式来看,近年来黔东南州主要通过实施生态效益"补农"、发展生态产业"富农"、推动污染治理"护农"等措施,构建起了生态扶贫脱贫产业体系,生态脱贫取得了初步成效。

一、实施生态效益"补农"

一是实施退耕还林补助。自2015年黔东南州实施新一轮退耕还林工程以来,积极争取国家将州内25度以上坡耕地、严重石漠化耕地、陡坡梯田和严重污染耕地纳入退耕还林范围。新一轮退耕还林工程补助资金为 1500—1600 元/亩,分 5 年 3 次足额兑现给退耕还林户,共计兑现补助资金 42134.2 万元。2015 年度,实施新一轮退耕还林面积 18.83 万亩,完成率 100%,涉及全州 16 个县(市),兑现补助资金 5128.21 万元;2016 年度,全州共实施完成退耕还林面积 18.83 万亩,总投资 28245 万元,兑现补助资金 1050 万元;2017 年度,实施新一轮退耕还林面积 5.121 万亩,涉及 11 个县(市),共计兑现退耕还林补助资金 1.46 亿元;2018 年度,共兑现退耕还林补助资金 10257 万元;2019 年度,共兑现退耕还林补助资金 9068 万元。在退耕还林中,重点向贫困山区农民进行倾斜,做到最大限度向贫困户倾斜覆盖,确保贫困农户"宜退尽退",及时足额将退耕还林补助资金兑现到贫困户手中,实现治山与兴林、增绿与增收双赢。

二是建立公益林补偿机制。全州区划界定生态公益林面积 1385.89 万亩,占全州林地面积 3065.72 万亩的 45.21%,其中,国家级公益林面积 827.40 万亩,占公益林总面积的 59.7%;地方公益林面积 558.49 万亩,占公益林总面积的 40.3%。黔东南州公益林占贵州省的 15.59%(其中国家级公益林占比 16.10%,地方公益林占比 14.89%)。

2018 年,全州公益林补偿资金兑现惠及农户共计 46 万户,总受益人数 193 万人,涉及贫困人口约 13.5 万人,在助推脱贫攻坚中起到了积极作用。国有权属公益林 2007—2014 年为 5 元/亩·年,2015 年起提高到 6 元/亩·年,2016 年起提高到 8 元/亩·年,2017 年起提高到 10 元/亩·年;集体、个人权属公益林 2007—2012 年为 10 元/亩·年,2013 年起提高到 15 元/亩·年,其中省级从中提取公共管护支出 0.25 元/亩·年。国有权属公益林补偿资金全部由中央财政预算解决并及时足额下拨到位。巩固完善森林生态效益补偿机制,健全补偿资金投入机制,逐步提高地方公益林补偿标准,2009—2013 年为 5 元/亩·年,2014 年起提高到 8 元/亩·年,2018 年提高到 10 元/亩·年,2019 年提高到 12 元/亩·年。地方公益林补偿资金由省、州、县(市)按 4∶3∶3 的比例分级承担,带动建档立卡贫困户 11.9 万户户均增收 70 元左右。

同时,积极用足用好政策性森林保险政策。2016 年度,实施全州

1390万亩公益林保险全覆盖;2017年度,全州共有森林1430.38万亩投保政策性森林保险,其中公益林实现森林保险全覆盖,40.36万亩商品林和9898亩蓝莓纳入了森林保险范围,总保险金额145.81亿元,总投保费达到3367.78万元;2018年度,全州共有1630.93万亩的森林投保政策性森林保险,其中公益林实现森林保险全覆盖,245.09万亩商品林纳入了森林保险范围,总保险金额204.01亿元,总投保费0.47亿元,为巩固脱贫攻坚战果提供了保障。

三是实施生态护林员补助。为了保证全面禁伐取得实效,各乡镇林业工作站在各乡村聘请了大量护林员,这些护林员有专职的和村组干兼职的,他们常年穿梭于高山峡谷,平均每年巡山达12000人次以上。按照中央、省、县三级分担的原则,整合中央补助资金、森林管护资金及切块到县的财政专项扶贫资金,加大对生态护林员的资金投入,按照"应聘尽聘"原则,优先从建档立卡贫困人口中选聘生态护林员。截至2019年年底,全州现有生态护林员35523名。按每名生态护林员每年获得森林巡护劳务10000元可让一户(每户平均3人)脱贫计算,可解决近6万人实现脱贫。

二、发展生态产业"富农"

(一)林业产业转型升级带动

全州林产品采集加工累计利用森林面积135万亩,主要包括竹笋、蕨菜、野生菌,以及野生苗侗中药材、松脂等的采集加工。2018年产值10.25亿元,惠及农户2.89万户,其中建档立卡贫困户0.63万户。

一是蓝莓采集加工。全州以麻江、丹寨、凯里、黄平、三穗等县(市)为主产区,目前种植面积达13.18万亩,年采蓝莓鲜果3.48万吨,产值8亿元。麻江县乌卡坪蓝莓生态循环产业示范园区最具有代表性,该园区是贵州省级重点农业园区,规划总面积35平方公里,核心区16.67平方公里,覆盖宣威、龙山两镇7个村5457户21842人。园区采取"企业+合作社+农户"的经营模式,积极探索"农工一体、农游结合"的产业发展新模式,成为集高效农业生产、观光旅游、康体休闲、农事体验为一体的现代农业园区。目前,园区入驻企业 16 家,成立合作社 10 家,其中蓝莓合作社 4 家,入社农户 476 户 2142 人。园区内每年吸纳农村劳动力 2000 多人。

二是油茶采集加工。全州以黎平、天柱、锦屏、从江、岑巩等县为主产区,现有种植面积 88 万亩,年采油茶籽 2.67 万吨,总产值 6.72 万元。黎平县霞宇油脂公司基地集油茶种植、生产、加工、销售一体,建有有机油茶示范基地 3000 多亩,加工为 5S 低温压榨工艺,可年产精炼一级山茶油 2000 吨,茶粕 12000 吨,产品通过了 ISO 9001 质量体系认证,产品和基地有机转换认证,解决农户就业 400 余户。天柱县栖凤油茶生态园已完成油茶良种丰产基地种植面积 3500 亩,建成饲养规模 500 头的生态养牛场、年出栏林下生态土鸡 5 万羽的鸡舍,基地土地流转覆盖农户 450 户 1575 人,其中贫困人口 242 户 628 人。2019 年农户获土地租金 11 万元、项目分红及劳务收入 288 万元。

三是竹产品采集加工。全州现有竹林面积 30 万亩,年产鲜笋 18 万吨(折合干笋 991 吨),使用竹生产竹鸟笼 12 万只,产值 188.1 万元。丹寨县龙泉镇卡拉村苗族风情浓郁、民族文化丰富,竹编文化源远流长,有着 400 年的鸟笼制作历史,是中国鸟笼文化艺术之乡。卡拉村寨现有的 151 户 579 人中,有 98 户都在从事鸟笼工艺,从业人员达 400 人,年生产鸟笼 10 万个,实现产值 400 万元,利润 200 万元,户均年纯收入 2 万多元。

四是其他林产品采集加工。主要有山核桃、青钱柳、蕨菜、薇菜、野生菌等。锦屏县高杰山核桃种植农民专业合作社利用当地山核桃特色产业优势,2012 年于铜鼓镇花桥村成立,种植山核桃达 3000 亩,其中浙江山核桃 1800 亩,试验示范基地 1200 亩。采取“合作社+”等生产经营模式,以基地规范化建设、标准化生产为重点,2017 年以来,线上线下产品销售额达 300 余万元,解决就业 80 余人,其中贫困人口 60 余人。

(二)大力发展林下经济

按照全州林下经济三年行动实施方案,重点培植林禽、林畜、林药、林菌等种植养殖示范点,以点带面提高林农发展林下经济的积极性。截至 2019 年年底,全州有林业专业合作社、乡村林场等林业合作组织 417 个,其中注册登记农民林业专业合作社 409 个,涉及农户 2.77 万户,合作经营林地面积 73.15 万亩。全州涉林的农村合作经济组织达 625 家。全州累计利用 55 万亩森林完成林下种植、林下养殖等发展林下经济,探索出了"林菌""林药""林鸡""林蜂"等多种模式,2019 年产值达 30 亿元,惠及林农 13 万余户,其中贫困户 1.5 万户。

一是林菌模式。全州林下种植食用菌 9450 余亩,主要种植品种包括香菇、平菇、木耳、羊肚菌、大球盖菇等,年产鲜菌 2.07 万吨,产值 2.2 亿元。丹寨县浙丹食药用菌开发有限公司采取"政府指导+企业引领+信用社参与+合作社保障+农户"为一体的"五方联动"融资方式,先后共投资 6500 万元,年制菌种 246.8 万棒,生产大棚 150 个的大型食药用菌生产基地,并采取"公司+合作社+基地+农户对接超市"经营模式。目前该公司产量 4000 吨,产值 2906 万元,涉及农户 856 户,惠及农民 3420 人。

二是林药模式。全州目前林下种植中药材面积 24.5 万亩,产鲜药材 5.5 万吨,产值 7.4 亿元。采取"林药套种""果药套种""林下仿野生种植"等种植模式,其中钩藤 10 万亩、天麻 10.1 万亩、松茯苓 1.6 万亩、淫羊藿 1 万亩、太子参 1.0 万亩、黄精 0.4 万亩、铁皮石斛 0.3 万亩,还有灵芝、白芨、何首乌、头花蓼、射干等。榕江县平永镇科星有机中药材公司、中药材种植合作社,种植林下中药材 2000 亩(袋),其中灵芝 4.6 万袋、金钩 980 亩、独角莲 400 亩、黄精 300 亩等,现有社员 369 户,其中贫困户 269 户,实现分红 108 万元,户均分红 3560 元。

三是林鸡模式。2019 年全州有林下养鸡 320 万羽,产值 2.2 亿元。施秉县甘溪乡小米屯林下养鸡基地占地总面积 860 亩,建有养殖圈舍 150 个,鸡苗大棚 3 个,基地养殖规模年出栏 5 万羽以上虫草鸡,年产值 240 万元,年创利润 50 万元。养鸡基地采取"企业+村集体合作社+贫困户"的合作开发机制,由施秉县成功生态农业有限公司具体开展生产经营活动,黔货出山平台公司负责包销,该公司 2017 年与中国青年创业社区(贵阳站)达成长期战略合作伙伴合约,产品销往镇远县用于营养餐(每月 2000 只左右),并向本县及周边县市固定客户供货。村集体合作社和贫困户量化资金入股分红,已量化扶贫资金 106 万元入股基地,覆盖贫困户143户,"特惠贷"贫困户入股20万元,并通过保险公司投保农业灾害保险(每羽保费0.5元,保额25元)进行风险防控,量化资金入股贫困户年户均分红1000元以上,"特惠贷入"股贫困户年户均分红5000元,村集体年分红5万元。凯里市亿农畜禽饲养农民专业合作社养殖当地土鸡良种——香炉山鸡,现年提供鸡苗50万羽,产值200万元,销售收入150万元,为农户提供30万羽鸡苗,带动凯里三棵树、龙场及周边县市近100户农户发展林下生态养鸡,覆盖建档立卡贫困户30户,人均增收1500元。

四是林蜂模式。2019年,全州林蜂养殖共11万箱,收割蜂蜜669.3吨,产值1.1亿元。黎平县九潮镇大榕村创新投资方式,探索以群众为主体的多元化林下经济发展投入机制,推广"党支部+企业+合作社+贫困户"模式,全力推进"三变"改革,鼓励群众利用闲置资金、闲置资源、富余劳力入股村级合作社,让农民从产业链的专业分工中受益。坚持风险共担、利益共享原则共同发展产业,构建多方利益联结机制,健全村"两委"与合作社、合作社与农户利益联结和产销对接机制,推进党支部、合作社与农户"捆绑抱团"发展,明确"721"利益分配制度(将赢利的70%用于利益分红,20%用于合作社扩大发展,10%用于村集体经济积累),促进村集体、企业、贫困户、产业链四大主体利益最大化,达到互利互惠发展目标。2017年5月大榕养蜂基地建成以后,合作社当年带领17户村民养殖土蜂和胡蜂种蜂700窝,产值90多万元。2018年,九潮镇加大扶持力度,扶持合作社培育土蜂和胡蜂达10000窝,养蜂600窝,2018年度经营纯利达33.5万元,合作社分红23.45万元,有47户贫困户参与分红。

(三)探索森林景观资源"资本化"

全州以森林旅游和综合利用为主的森林景观累计利用森林面积138.49万亩,重点打造了雷公山、云台山等森林旅游景区,麻江马鞍山、丹寨九寨沟等康体公园,以及巴拉河、清水江、铁溪、八舟河等农家乐产业带。2019年产值达19.89亿元,惠及农户1.34万户,其中建档立卡贫困户2980户。在生态资源利用方面,位于天柱县凤城街道南康村的贵州绿色方舟生态农业开发公司由返乡农民何元钦牵头成立,累计投入近6000

万元开发乡村生态旅游及系列优质生态产品,创建了"生态股"的扶贫新模式。主要通过创新"生态股"扶贫模式,让村民共享生态红利增收脱贫,努力实现"绿水青山就是金山银山"的产业变革。南康"生态股"模式为广大群众享受生态红利提供了可借鉴可复制的有益探索,充分激发和释放贫困群众脱贫致富的动力和活力。

三、推动污染治理"护农"

在污染综合防治方面,黔东南州认真落实国家《大气污染防治行动计划》《水污染防治行动计划》《土壤污染防治行动计划》,每年印发全州实施工作方案和年度工作计划,严格组织实施考核。积极推进《全州环境保护十件实事》《全州环境污染治理设施建设三年行动计划》《全州环境保护攻坚行动工作方案》的落实;仅 2013—2017 年就实施农村环境综合整治项目 569 个,累计专项资金 62185.51 万元。编制了《黔东南州河湖名录》、全州各级河流"一河一策"实施方案和"一河一档";设立州、县(市)、乡(镇)、村四级河长 3835 人。在水资源保护方面,编制了《黔东南州重要江河湖泊水功能区水质达标建设方案》《黔东南州水污染防治年度实施方案》,建立河湖管理保护联合执法机制、河湖违法行为行政执法与刑事司法衔接工作机制,加大涉河水事违法行为查处力度,在水污染防治、船舶污染防治、种植养殖污染防治等方面取得明显成效。在农业面源污染方面,制定了《黔东南州到 2020 年农药使用量零增长行动实施方案》,着力开展农药零增长行动,2019 年全年农作物病虫害防治用药比2018 年的 1830.7 吨减少 9.5 吨,农药使用量实现"零增长"。

第三节 生态保护建设面临的问题

黔东南州的生态保护和生态扶贫取得了历史性成就,已经走上了可持续发展的轨道,但有绿不"富",当地广大群众特别是贫困群众还没吃好"生态饭","保生态"与"助脱贫"缺乏协调,"生态大州"还未转化为"生态强州",各县市面临的压力和责任很大。

一、生态建设质量不高

一是缺乏系统规划设计。生态环境保护规划与空间布局、土地总规、城市总规等未完全做到有效衔接。农村生活垃圾和污水、农业面源污染治理压力较大。

二是林业发展质量不高。林地管理粗放,林木种类低效混杂,土地、降水、光温等资源没有充分利用,林分质量低。森林蓄积量 1.69 亿立方米,亩均仅为 5.51 立方米,森林质量不高。

三是污染源管控水平仍需提高。在园区管理方面,主要是工业园区普遍没有专门的环保管理机构,管理能力不足;工业园区环保基础设施配套还不完善,环保设施运行管理水平达不到要求。在旅游景区管理方面,主要是有的景区景点环境整治有待加强,音乐酒吧、夜市烧烤扰民造成投诉,河滩烧烤、游泳、洗车等污染环境现象依然存在。在自然保护区管理方面,主要是自然保护区内乡镇、村寨数量多,情况较复杂,管理难度大。在环评制度执行方面,主要是"未批先建""批建不符""未验先投""久试不验"等问题的清理整治需持续加大力度。在农村环境保护方面,主要是农村污染治理设施建设滞后,缺少规范化建筑垃圾处置场所,农村垃圾污染问题日益突出;农村环境管理体制尚未建全,农村环境保护长效管理还没有保障;农业面源污染防治有待加强,农业种植、畜禽养殖规模化程度低,污染治理能力不足。在固体废物管理方面,主要是生活垃圾分类处置推进难度大,社会参与度不高,推广普及率低;医疗废物集中处置设施虽已规划建设,但边远地区医疗废物集中处置运输难度大、处理成本高;工业固废资源化利用率低,部分重点工业固体废物综合利用项目还处于科研阶段。

二、生态公益林划定不尽科学

一是原区划界定标准存在不合理、不科学的情况。区划界定初期,由于时间紧、任务重、技术人员不足等原因,存在划定标准执行不严格、不严谨,或生搬硬套,区划界定工作不结合实际,基础不牢,区域划分存在不合理现象,林农意见较大。

二是公益林比例过大一定程度上影响群众脱贫致富。黔东南州公益林面积1385.89万亩,占全州林地面积3065.72万亩的45.21%,部分承包山林、租地造林、贷款造林地块划入了公益林;立地条件好应划为商品林的地块也划入了公益林,使山区群众无法进行商品性经营提高林地产出,家庭收入受到很大影响,意见很大。

三是补偿标准偏低且不统一,兑现矛盾凸显。2018年国家重点生态功能区转移支付资金仅有10298万元,国家级补偿标准为15元/亩·年,地方公益林为10元/亩·年,均远远低于商品林经营收益(据测算,平均每年每亩林地租金为50元左右,经营收入为82元),由此生态保护和林农收入的矛盾逐步凸显,部分群众不愿签字界定,不愿领取公益林补偿资金。管护责任难以落实,甚至偷砍盗伐或人为制造森林火灾以获批采伐。

四是州县配套压力逐年加大,且生态贡献越大财政负担越重。特别是近两年,地方公益林生态效益补助标准增加较快,2018年提高到10元/亩·年,2019年提高到12元/亩·年,按省、州、县(市)三级4∶3∶3的比例分级承担,州、县(市)两级财力有限,财政压力逐年加重,且地方公益林面积越大,财政压力越重。

三、生态产业发展尚未实现根本性突破

由于生态产业周期长,见效慢,难以实现"吹糠见米",且投资大、周期长、风险高、见效慢、要素保障不健全,群众参与积极性不高,社会投资主体不敢进来、不愿参与。林下经济产业扶贫是乡村振兴的关键,2018年以来有了大踏步的发展,但还没实现突破性进展。当前,生态产业的发展受到多重制约。

一是缺乏龙头组织带动。特色林业产业加工企业建设基本处于投资小、生产设备简陋落后、产品科技含量低,规模企业、品牌企业少,市场竞争力不强的阶段。从事林下经济的经营主体主要是中小企业、农民合作社和农户,自身发展能力较弱,在市场营销、投入、科技、标准化生产、品牌建设等方面能力不足。林下经济发展点多面少、布局分散,难以形成规模优势和产业体系。黔东南州林地经山林"三定",绝大多数已划分到户,

未分的也是存在纠纷等问题,林地分散、破碎,林农的组织化水平低,林地规模化经营困难。

二是用地制约明显。目前黔东南州正在全力发展"两个100万"工程,即规划到2021年建成高效油茶基地160万亩,规划到2022年全州竹林面积达到110万亩。从规划目标来看,到2022年全州新造油茶、竹产业基地共需用地120万亩。因公益林面积大,可供新种油茶、竹子的用地十分有限。目前主要从采伐迹地、经济林地、荒山荒地、薪炭林地、灌木林地等方面挖空间找用地,但由于荒山荒地、薪炭林地、灌木林地坡度大、分布零星,如按基地成片用地需求,大部分用地只能依靠木材采伐进行供地。由于木材采伐指标管控较严,全州2019—2021年总采伐迹地约为100万亩,剔除部分不适合种植的面积,全州木材采伐可提供用地面积仅有70万亩,满足不了"两个100万"工程用地需求。

三是缺乏资金投入。发展林业产业需要大量的资金支持,如油茶产业新造每亩投资大约5000元,60万亩共需30亿元;竹产业新造每亩投资大约220元,80万亩共需17.6亿元。上级林业部门造林补助仅为300元左右,当地财力极为有限,政府支持严重不足。金融部门贷款门槛高、手续烦琐、时间长,抵押贷款机制不健全,没有银行认可的有效抵押物,获取贷款困难。

四是基础设施条件不具备。适宜规模发展林下经济的山区,水、电、路、通信等基础设施普遍落后,不具备生产经营的条件。绝大多数林地在植被覆盖以后,难以进入。

四、生态文明建设体制机制还不完善

一是制度仍不健全。自然资源资产产权制度、国土空间开发保护制度、资源总量管理和全面节约制度、资源有偿使用和生态补偿制度等不够健全,生态空间规划体系、环境治理体系、生态经济体系有待完善。环境污染第三方治理模式尚未普及,环保设施第三方运行体制不够完善,企业环境管理不够到位。排污权有偿使用和交易制度未正式实施,取水许可制度尚未全面覆盖,生态环境损害评价与赔偿制度尚未建立。

二是执法仍有差距。突出表现在各县市环境监管能力和执法水平不均衡,环保机构达标建设任务尚未全面完成,基层环境监管执法人员的身份、数量、素质和水平与繁重的监管任务不相匹配。环境监管任务重,执法设备落后,执法手段单一,执法力度偏软。大部分乡镇设置了环保工作机构,但没有具备相应的工作能力,农村环境监管体系尚未建立完善。信息技术在环境监管领域应用相对落后,环境监管信息化水平亟待提升,中央生态环保督察整改面临的压力较大。部分县市前期的不科学发展,造成了生态环境面临一定的风险和压力。

第四节 深入推进生态振兴

习近平总书记指出,"保护生态环境就是保护生产力,改善生态环境就是发展生产力"[①]。我们要积极回应人民群众所想、所盼、所急,大力推进生态文明建设,提供更多优质生态产品,不断满足人民群众日益增长的优美生态环境需要。作为生态建设大州和脱贫攻坚的主战场,黔东南州已经在生态脱贫和绿色发展上取得了宝贵的经验,进一步提高生态建设质量、完善生态补偿机制、将"绿水青山"转变为"金山银山",推动生态和产业协调发展,实现"大生态""大产业"同步振兴,是黔东南州下一阶段的重要历史任务。

一、提高生态建设质量确保可持续性

一是持续加强生态环境保护。主动服务和融入"一带一路"、长江经济带建设,加强长江经济带流域生态环境保护。严守生态保护红线,推动经济社会发展、土地利用、城乡建设、生态环境保护等规划"多规合一"。严格执行"三线一单",发挥战略环评、规划环评和项目环评的引领作用,从源头上加强污染防控,减少污染物排放。全面推行"河长制""湖长制",构建责任明确、协调有序、监管严格、保护有力的河湖库渠管理保护

---

① 《习近平关于社会主义生态文明建设论述摘编》,中央文献出版社 2017 年版,第 4 页。

机制,争取早日实现河畅、水清、岸绿、景美的目标。加快推进生态文明先行示范区建设,深入实施石漠化综合治理、水土流失综合防治、矿区及周边生态治理等重点生态工程,加强生物多样性保护。同时,深刻吸取祁连山国家级自然保护区生态环境问题教训,全面清理各类自然保护地违法违规建设项目。

二是持续加强污染综合治理。紧盯薄弱环节,打好蓝天、碧水、净土、固废治理和乡村环境整治"五场战役"。按照"谁污染谁治理、谁破坏谁恢复"的原则,推行污染物排放许可制、生态环境损害赔偿制度,健全环保信用评价、信息强制性披露、严惩重罚等制度,推动企业自觉履行生态环保主体责任。排查城镇集中式饮用水源地环境安全隐患,落实农村饮用水管控措施,确保群众饮水安全。推行农业清洁生产,开展农业废弃物资源化利用,推广农业面源污染防治技术。开展土壤污染状况详查,分类进行土壤污染治理与修复,综合治理重金属污染。

三是持续推动林业可持续经营。以保护黔东南州良好的生态为根本目标,加快实施欧洲投资银行贷款森林可持续经营项目,逐步改善林分质量,营建高效益、高质量的森林生态系统,提高生态系统的稳定性和可持续性,提高森林的生态效益和社会效益,积极构建长江、珠江上游高质量的生态屏障。通过积极培育高效益的多功能森林以及生态、经济兼顾的复合特色经济林,提供木材、林果及其他林副产品,倡导以森林资源质量提高促进当地农民增收,为黔东南州的广大贫困人口脱贫致富,实现生态良好、生产发展、生活富裕的经济社会同步和谐发展,实现以生态经济为支撑的生态文明创新发展。

二、实施差异化的制度设计实现生态补偿

对黔东南州这种处于生态脆弱区的贫困地区进行生态补偿是实现生态扶贫与生态振兴有机结合的重要扶贫方式,其目的是通过生态补偿的方式让贫困地区和贫困人口从参与生态建设和环境保护中获益,从而实现经济增长和生态改善的双目标。当前,国家正在实施的生态工程补偿项目,主要是为了解决全国性或重点区域的生态问题,如退耕还林工程、

生态公益林保护项目、森林生态效益补偿等,这几大生态补偿工程不仅对项目实施区的生态改善作用明显,而且对于贫困农户来说也是重要的收入来源。

这几大生态补偿工程主要还是一种普惠性质的补偿制度,发达地区和不发达地区、脆弱区的贫困地区与一般地区的补偿标准一样,存在"撒胡椒面"的问题。从《贵州省生态扶贫实施方案(2017—2020年)》来看,重点任务是实施退耕还林建设扶贫、森林生态效益补偿扶贫、生态护林员精准扶贫等十大扶贫工程。因此,建议从国家层面研究出台生态工程补偿标准的科学体系,使黔东南州这种真正为生态建设和环境保护作出贡献的贫困地区和贫困农户得到合理的补偿。要对生态工程的补偿进行科学的制度设计,通过制度的落实推动贫困地区和贫困农户自觉地参与到生态建设和环境保护中,并从中获得合理的经济收益。

三、实施"生态脱贫一批"助推增收致富

一是研究国家公益林补偿标准"提标并轨"。提高国家公益林补偿标准,将地方公益林纳入国家公益林统一管理,补偿资金取消州县配套,由中央财政统或省级统一安排,以解除州县资金配套压力。

二是实现布局规模"优化调减"。目前黔东南州已完成国家公益林面积的落界核实工作,国家公益林因之前错划、误判、重叠等原因共需调减面积32.55万亩;地方经济发展及产业规划布局等需要调减一定比例的地方公益林面积,努力向上争取支持黔东南州落界核实后的调减规模。

三是解决生态护林员"降标增员"。按照生态护林员管护责任标准,要求每个护林员管护责任标准面积为1500亩左右。黔东南州山高坡陡,沟壑遍布,管护任务更显繁重,按管护责任标准,护林员管护责任重,且管护效果差。根据摸底调查,全州目前共有生态护林员35523名,还需要新增生态护林员12000名,为进一步增强公益林管护责任的落实,在扩大森林资源管护体系对贫困人口的覆盖面的同时,通过实施"生态脱贫一批"政策助推脱贫攻坚。

四、合理利用优势资源发展生态产业

生态产业是通过在生态脆弱的地区发展基于生态系统承载能力或有助于增加自然和生态资本的相关产业,使农民在生产发展中获得经济效益。

一是做强林下生态品牌。坚持生态标准,打造生态品牌,以品牌促质量、提效益,推动黔东南州林下经济实现增收增效。重点从生态生产技术标准、质量追溯体系建设等方面着手,提高服务和监管能力。加快创建"苗侗山珍"区域公用品牌,引导企业和林农积极开发林下经济生态产品。

二是培育壮大重点产业。立足现有产业基础,在做特、做优、做强林下经济产业上下功夫。全力推进振兴农村经济的深刻产业革命,着力做大做强以钩藤、食用菌、石斛为重点的林下种植业,以林鸡为重点的林下养殖业,以油茶、蓝莓、竹笋为重点的林产品采集加工业。

三是发展生态旅游。黔东南州生态旅游资源富集,发展生态旅游业最有潜力而且最有可能在不久的将来成为支撑黔东南州经济社会发展的特色优势产业。通过发展生态旅游产业,可以有效地带动群众的广泛参与,在不破坏生态景观的前提下实现增收目标。打造农家乐、生态观光农业,开拓培育旅游扶贫新资源,黔东南州有得天独厚的优势。结合当地的人文自然条件,开发有利于农户和社区获益的生态旅游产品。要避免借旅游开发之名破坏生态环境,损害当地特别是农民利益的发展模式。

五、抓实生态移民改善生产生活条件

多年来,在经济社会的发展过程中,除了居住在深山区、石漠化严重地区的贫困农户生存发展环境恶劣、经济发展水平落后外,黔东南州也面临对资源的过度开发利用导致水土流失、自然灾害频发等生态问题,有的区域已经难以适应生存和发展的需要,生态移民是根本出路。

一是对于区域性生态问题突出的,可采用整村搬迁的方式,整村搬迁更有利于搬迁农户在保持原有社会关系的情况下尽快适应新的环境。移民搬迁要与新农村建设相结合,与乡村振兴产业发展相结合,特别是要制订针对困难户的生产恢复和发展的帮扶规划。

二是对于居住在生存条件恶劣、生态环境脆弱地区的个别农户,需要将他们从原居住地搬迁出来,帮助他们重建家园。政府要加大力度引导扶持,在建设家园和发展生产上要充分调动他们的主动性和积极性。

六、坚持生态优先促进经济社会与生态环境保护协调发展

按照高质量发展要求,坚持共抓大保护、不搞大开发,坚持生态优先、绿色发展,促进经济社会与生态环境保护协调发展。

一是加快农村污水垃圾治理。严格按照近期中央几部委印发实施的《关于推进农村生活污水治理的指导意见》,抓具体、抓深入,因地制宜、注重实效、分期分批在具备条件的镇、村实施污水处理工程,逐步消除村庄污水横流、乱排乱放情况,并建立起运维管护机制。探索建立生活垃圾分类投放、分类收集、分类运输及分类处理体系,提高垃圾无害化处置水平。

二是加强化工等企业污染管控。依法取缔各类保护区及环境敏感区域内的化工企业和入河排污口,严格控制化工企业建设。加强对企业、污水处理厂达标排放监管,确保实现达标排放。

三是加强农业面源污染防治。实施农业标准化、农村污染治理、生态循环农业等"十大工程",加强农业面源污染防治。加强农业畜禽、水产养殖污染防治,严格控制禁养区管理。推动实施耕地轮作休耕试点。加强病虫害绿色防控与统防统治,实施高效低毒残留农药、高效植保机械双替代行动。大力推广秸秆肥料化、饲料化。

四是加强森林湿地生态修复。统筹推进山水林田湖草系统治理,实施新一轮绿色贵州行动计划,大力实施退耕还林还草、森林修复等重大工程。全力保护珍稀濒危野生动物栖息地,改善和修复水生态环境。

五是强化负面清单管理。实施负面清单管理,对不符合要求占用的岸线、河段、土地和不符合规划布局的产业实行无条件退出,建立生态环

境保护硬约束机制。划定并严守生态保护红线,实现一条红线管控重要生态空间。

六是加强农村饮用水水源保护。落实最严格的水资源管理制度,强化水资源利用"三条红线"管理。

七、强化领导落实责任保障政策措施落地见效

一是建立由党政"一把手"牵头的责任落实制度。可以建立州、县(市)两级绿色生态扶贫产业发展委员会,党委、政府"一把手"担任主任,每位州领导领衔一项绿色生态扶贫产业,加强对生态产业体系建设工作的组织领导和统筹协调,组织制定发展规划和重大政策,研究解决产业发展中的重大问题。同时建立部门联席会议制度,及时解决产业发展中的新情况、新问题。

二是建立健全科学的动态跟踪评价体系。根据黔东南州生态扶贫与产业振兴衔接方面的实际工作,应建立健全生态产业体系的统计指标、监测和评价体系,及时跟踪、把握产业发展动态,做到生态扶贫有"数"、生态振兴有"底"。

三是建立合理的奖惩机制。对生态扶贫与产业振兴工作做得好的州、县(市)、镇(乡)等政府部门、各级机关从项目资金支持上给予一定的奖励,对工作不实、敷衍应付和搞形式主义的政府和部门给予问责和处罚。

第七章　加快发展富民林业[*]

现代林业在经济发展中具有重要地位,在生态环境中具有主体地位,在可持续发展中具有关键地位。作为全国重点林区之一,黔东南州林业用地面积达到 3305.7 万亩,森林覆盖率达到 67.67%。新中国成立以来,黔东南州林业生产水平不断提高,经历了一场由以木材生产为主向以生态建设和绿色发展为主转变的极其深刻的历史性变革。如何坚持生态效益优先,充分发挥森林的多种功能,实现既有绿水青山又有金山银山,是黔东南州建设现代林业面临的新课题。

第一节　林业资源条件

一、自然条件

(一)气候条件好

黔东南州地处中亚热带季风湿润气候区,具有冬无严寒、夏无酷暑、雨热同季的特点,年平均气温在 14℃—18℃,境内年日照时数 1068—1296 小时,无霜期 270—330 天,降雨量 1000—1500 毫米,相对湿度为 78%—84%,有利于林木生长。

(二)栽种基础条件好

黔东南州有"宜林山国"之称,悠久的营林传统培育了不少技艺高超

---

* 本报告作者为黔东南州人民政府发展研究中心戴成,州政府罗丹、郭彩云,州政府发展研究中心吴玉生。

的造林能手,二者结合创造了国内外首屈一指的杉木速生丰产纪录。中国林业科学院于 1956 年对闽、浙、桂、湘、川、黔 6 个杉木中心产区进行抽样调查,黔东南州从江县的 10 年生杉木高达 15.3 米,年生长速度比其他产区的同龄杉木高出 19.6%—47.7%。锦屏县岑榜坡的 18 年生人工杉木林,每亩蓄积量高达 48.6 立方米,年平均生长量 2.7 立方米,是国家林业部制定的一类区杉木速生丰产林标准的 3.6 倍。

(三)全国杉木优良种发源地

1987 年 9 月在江西省召开的全国杉木地理种源协作第七次会议宣布,经全国各试验点的多次重复试验,确认黔东南州清水江流域的锦屏、天柱、剑河、黎平等县和都柳江流域的从江、榕江等县的杉木种子在生长量、材质、生态适应范围和抗性等 42 个性状指标上,都处于领先地位,是全国杉木优良种源地。

二、资源条件

(一)林业用地面积大、比例高

林业用地面积达到 3305.7 万亩,林业用地面积占黔东南州土地面积的 72.6%,现有林地 2762.8 万亩,活立木总蓄积量达 1.67 亿立方米。

(二)各类保护区、森林公园众多

黔东南州建有自然保护区 23 处,总面积 337.7 万亩,其中,有国家级自然保护区 1 处、州级自然保护区 9 处、县级自然保护区 13 处;建成森林公园 10 个,总面积 79.57 万亩,其中,国家级森林公园 3 个,省级森林公园 6 个,州级森林公园 1 个,成为国家Ⅰ、Ⅱ级保护植物和珍稀濒危野生动物栖息地,珍稀濒危野生动植物种群数量不断扩大。此外,州境内还分布着众多的特色果园、茶园、生态沟等,黔东南州旅游资源十分丰富。

(三)野生植物种类资源丰富

黔东南州有各种植物 3623 种,分属 214 科 1050 属,其中野生植物资源 194 科 947 属 3300 余种。在种子植物中,有中国特有属 45 种,占全国特有属的 2.97%。其中,国家一级重点保护野生植物红豆杉、南方红豆杉、珙桐等 6 种,有国家二级重点保护野生植物桫椤、柔毛油杉等 37 种。

三、其他条件

（一）油茶种植面积较大

黔东南州油茶林面积达到 98 万亩,是全国有名的南方油茶种植基地,投产面积达到 64 万亩,主要分布在黎平、锦屏、天柱、岑巩、从江、榕江等地区,年产油茶籽 3.87 万吨,总产值达 5.79 亿元,目前,黔东南州有 12 家油茶加工企业,大企业主要以加工油茶精油为主,小作坊以加工毛油产品为主。

（二）蓝莓产业具有独特竞争优势

黔东南州蓝莓种植面积达到 13.94 万亩,约占全国人工栽培面积的 25%,其中,麻江县最多,达到 6.7 万亩,黔东南州蓝莓投产面积达到 5.15 万亩,产量约 0.75 万吨,产值达 1.5 亿元。黔东南州有蓝莓加工企业 14 家,加工产品主要有蓝莓红酒、果干、果脯、果酱及蓝莓保健品等,产品远销北京、上海、广州等城市和地区。

（三）竹子资源较多

竹子资源主要以楠竹为主,楠竹 27.37 万亩,主要分布在黎平、天柱、锦屏、榕江、从江、雷山、剑河等地区;杂竹 2.81 万亩,主要分布在雷公山、月亮山等高海拔区域,在州内各地零星分布。黔东南州有 6 家小规模加工企业,加工产品主要有竹编工艺品、竹木工艺品、竹筷、鸟笼等。

第二节　林业发展历程

黔东南州林业发展历史悠久。勤劳的黔东南州各族人民,很早就掌握了采种、育苗、移植和林粮间作等生产技术。到明代,依靠清水江、都柳江、潕阳河三条重要水上通道,伐木、运木、售木等成为黔东南州主要经济活动和收入来源之一。林业的发展水平如何,对黔东南州经济社会的发展具有重大影响。

一、1949 年以前

明代武宗正德九年(1514 年),朝廷派人采运黎平府和镇远府的巨木到北京修建宫殿、陵墓。17世纪中叶,外地木商相继进入锦屏、从江等县收购杉木运往江浙和两广销售。19世纪初,清水江流域杉木的年销售量达到白银二三百万两。20世纪初,木材年销售收入达到六百万银元。

二、1949—1984年

新中国成立后,黔东南州林业发展得到高度重视。1956年建州以后,州、县都先后设立了林业行政机构、营林机构、森工机构、林业科研机构以及教育机构,林业产业在黔东南州具有十分重要的地位,财政收入的30%来源于林业,有的重点林业县财政收入的60%来源于林业。各乡各村大力发展集体林场,在整合各地集体林场的基础上建立起18个国营林场,从州到各县(市)都有国营林场,成为黔东南林业发展的主力军和核心力,国营林场经营面积曾经达到3.08万公顷。黔东南州是重要的商品材基地,为修建首都人民大会堂、武汉长江大桥、南京长江大桥等重点工程和许多重要的国防设施提供了优质木材,是贵州省向国家输出商品材最多的市州之一。黔东南州在林业生产中起到了示范和骨干作用,涌现出黎平胜利林场、天柱雷寨林场等先进典型,并形成了"造好一片林,留下一批人,办好一个场,管好一片林"的成功经验。在集约经营、科学造林上,树立了活的"样板"。在"样板"的带动下,各级各类集体林场如雨后春笋兴办起来,有县乡联办林场、区办林场、区乡联办林场、乡办林场、乡村联办林场、村办林场、村组联办林场、组办林场,还有青年、妇女、学校、退休干部分别联办林场等,到1984年的最高峰,黔东南州集体林场发展到1223个,经营面积达10.2万公顷,参与农户和职工总计达到11598人,成为当时农村经济发展的主战场。

三、1985—1997年

随着黔东南州林业生产责任制的逐步落实,除了原有的国营林场、集体办场外,又产生了联户林场、老年林场、民办造林公司和以家庭为生产单位的家庭林场(林业专业户、重点户)、重点户等多层次、多形式、多样式的林场。承包责任制增强了林业发展活力,到 1987 年,黔东南州林业专业户达到 4436 户,承包经营面积 27.13 万亩,累计造林 25.66 万亩。1993 年以后,贯彻党的十四届三中全会明确建立比较完备的林业生态体系和比较发达的林业产业体系的目标要求,黔东南州的林业生态建设明显加强。1995 年以后,黔东南州按照森林的用途和生产经营目的的不同,将森林划分为公益林和商品林,实施分类经营、分类管理,并加快了林业综合配套改革的步伐。据不完全统计,1991—1996 年,6 年时间,黔东南州完成封山育林面积 576.5 万亩、人工造林面积 585.6 万亩,每年以近 100 万亩封山育林、100 万亩造林面积的速度向荒山推进,提前三年实现了国家林业部颁布的灭荒绿化的标准和任务。麻江、锦屏、黎平、榕江、剑河等 5 县被林业部授予"造林绿化百佳县"称号,凯里市被评为"全国绿化先进城市",丹寨、麻江、锦屏等县被评为"全国绿化先进单位"。

四、1998 年以来

作为长江、珠江上游的重要生态屏障,为了遏制生态环境恶化的趋势,1998 年,黔东南州按照中央的统一部署,启动了天然林保护工程和退耕还林(草)工程,全面实施天然林禁伐和封山育林工程,自动调减商品材采伐指标。黔东南州商品材生产任务从 1998 年的 41 万立方米降到 1999 年的 32 万立方米,再降到 2000 年的 14 万立方米。到 2001 年,除从江县外,黔东南州其他 15 个县(市)不再安排商品材采伐。黔东南州长期依赖"木头财政",禁伐后压力大为增加。黔东南州扎实推进以天保工程、退耕还林工程、珠防工程等六大林业工程为重点的生态建设,2001—2019 年,黔东南州完成林业重点工程营造林近 400 万亩,超额完成造林任务;森林面积从 1078 万亩增加到 3009 万亩,净增 1931 万亩;活立木蓄积量从 0.48 亿立方米增加到 1.67 亿立方米,净增 1.19 亿立方米;森林覆盖率从 23.7% 增加到 67.67%,净增 43.97%,森林资源的三大指标均实现大幅增长,达到新中国成立以来最高水平。

第三节 推动林业改革发展的主要举措

近年来,黔东南州紧紧围绕习近平总书记"守底线、走新路、奔小康"的要求,高举"生态林业、民生林业"两面大旗,牢牢守住发展和生态两条底线,加快推进林业发展。

一、推进林业体制改革

近十几年来,黔东南州推进集体林权制度改革、国有林场和国有林区制度改革以及相关配套改革,林业发展活力大为增强,林业生态大为改善。

(一)深入推进集体林权制度改革

2006年12月,锦屏县作为贵州省试点县开始启动集体林权制度改革。《中共中央 国务院关于全面推进集体林权制度改革的意见》下发后,这一改革在黔东南州全面推开。通过将林地使用权、林木所有权和经营权落实到户,开展林权登记和发换林权证,实现了"山定权、树定根、人定心"的局面,农民造林营林的积极性大幅提高。截至2018年年底,黔东南州集体林地面积3184.10万亩,完成确权勘界的林地面积2968.31万亩,完成发(换)林权证面积2811.57万亩,面积发证率88.30%,发(换)林权证主体数68.91万个,其中农户数68.89万户,工商企业数163个。为解决山林权属争议,提高发证质量,2013—2018年,共计排查山林权属争议4.23万起,调处3.57万起,其中经过仲裁机构调处纠纷122起。

(二)推动国有林场和国有林区改革

《中共中央 国务院关于印发〈国有林场改革方案〉和〈国有林区改革指导意见〉的通知》下发后,在贵州省的统一组织下,黔东南州国有林场、林区改革工作全面铺开。通过将国有林场的主要功能定位为"保护培育森林资源、维护国家生态安全",将国有种苗(圃)场和零星分散的国有森林资源划归国有林场管理,合理核定岗位编制,妥善解决好职工安置和社会保障,建立森林资源有偿使用制度,强化森林资源保护和监管,国有林场的生态功能稳步增强,职工生活稳步改善。2018 年 10 月,21 个国有林场改革通过验收。

(三)推进政策性森林保险

2019 年,黔东南州共有森林 2803.55 万亩完成政策性森林保险,惠及 72.17 万农户;总保险金额达 3504425.38 万元,总保费为 6947.47 万元。公益林 1382.6 万亩,投保率达 100%,其中 1125.38 万亩投保综合险,257.22 万亩投保火灾险。商品林完成投保 1420.95 万亩,保险向商品林和林业特色产业延伸。

二、实施生态重点工程

为了保护长江上游和珠江上游生态安全,国家从 1998 年开始全面实施生态重点工程,改善长江上游和珠江上游的生态环境,减少水土流失。黔东南州是中国南方重点集体林区、两江上游重要的生态屏障,全面实施生态重点工程义不容辞。

(一)大力实施天然林资源保护工程

1998 年,天然林资源保护工程在黔东南州黄平、台江、剑河、雷山 4 个县试点,2000 年在全州除从江外的 15 个县(市)全面实施,全面停止工程区内的天然林商品性采伐,对工程区 2317.34 万亩林地、灌木林地和未成林地进行有效管护,建设公益林 238.6 万亩,妥善安置林业富余职工,解决森工企业和国有林场养老保险问题,全州天保工程区总投资 79197.9 万元,投入中央国债资金 12822 万元,完成了公益林、种苗和森林防火等基础设施建设,投入财政专项基金 32681.4 万元,加强了对森林的管护。对森工企业职工进行了一次性安置和对森工企业、国有林场下岗职工补助了生活费等。截至 2019 年年底,全州共实施天然林资源保护工程 1840.8 万亩,公益林建设工程 328.5 万亩,累计投入 8.18 亿元。

(二)大力实施退耕还林工程

1999 年,党中央、国务院作出西部大开发的战略决策以后,为从根本上改变中国特别是西部地区的生态环境,决定实施退耕还林还草工程。2000 年,国家以每亩 50 元造林补助费,投资 115 万元,在黎平县开展退耕还林试点,黎平县完成退耕还林营造林 2.3 万亩。继在黎平县试点取得成功以后,2002 年,退耕还林工程在全州 16 个县(市)全面实施,当年,全州完成退耕还林人工造林 45 万亩。到 2005 年,国家共投入造林补助费 6850 万元,在全州完成退耕还林营造林 137 万亩。2007 年退耕还林荒山造林 3.1 万亩,2008 年退耕还林完成 6.4 万亩,2009 年退耕还林完成 3 万亩,到 2009 年年底,全州共实施退耕还林工程 165.05 万亩。截至 2019 年年底,全州累计实施退耕还林工程 342.88 万亩,累计投入 23.84 亿元。

(三)大力实施防护林工程

2000 年,全州防护林工程体系建设开始启动,2001 年,珠江防护林工程在从江县开始实施,当年共完成营造林 1.5 万亩,2004 年,在珠江防护林工程中安排凯里市防护林项目,共完成封山育林 0.6 万亩,截至 2005 年年底,珠江防护林工程项目在从江县和凯里市共完成营造林 13.7 万亩;2001 年,长江防护林工程项目在黎平县开始实施,当年,该县共完成长江防护林营造林 2.8 万亩;2002 年,长江防护林工程又在黎平、锦屏、榕江 3 个县实施,当年 3 个县共完成长江防护林工程人工造林 3 万亩;2004 年和 2005 年,国家林业局和省林业厅从防护林工程中划拨资金实施九万大山贫困县扶贫项目和绿色通道工程项目,在从江、榕江、黎平、台江、剑河、丹寨、黄平、雷山 8 个县实施,共完成人工造林 10.45 万亩,2004 年,在凯里市和剑河县实施绿色通道工程,共完成人工造林 0.13 万亩。截至 2019 年年底,全州累计人工造林 721.36 万亩。

(四)大力实施自然保护区和野生动植物保护工程

自 1982 年建立雷公山省级自然保护区以后,加快了自然保护区的建设步伐。2000 年后,国家林业局加大了自然保护区建设力度,2003 年,将黎平县太平山、台江县南宫、黄平县上塘、麻江县老蛇冲、剑河县百里阔叶林、丹寨县老冬寨、榕江县月亮山、岑巩县小顶山、从江县月亮山 9 个县级自然保护区升格为州级自然保护区。2004 年,国家批准雷公山自然保护区升格为国家级自然保护区。截至 2019 年年底,全州有国家级自然保护区 1 个、省级自然保护区 1 个、州级自然保护区 9 个、县级自然保护区 13 个,总面积达 337.69 万亩,占全州土地面积的 7.43%,高于全国水平。

三、大力发展林产业

（一）推动林业转型发展

充分利用黔东南州自然和地理优势,狠抓林业重点生态工程项目资金的整合,借助实施低产(效)林改造,狠抓蓝莓、油茶、楠竹、钩藤等特色产业基地建设,推动林业转型,促进新型加工业的发展。重点培育蓝莓有机肥生产、油茶精深加工、木质民居工业化生产用房、绿色森林食品加工等龙头企业,引领林产工业发展。截至 2018 年年底,黔东南州规模林产加工企业达 33 家,其中,省级龙头林产加工企业仅为 30 户,实现产值 10亿元。策划了 69 项林业优势产业和重点项目向外招商,2013—2019 年招商签约林业项目总共 62 个,签约资金 85 亿元,到位资金 19 亿元,完成投资 9 亿元。

（二）大力发展林下经济

充分利用黔东南州丰富的林下资源,多渠道争取资金扶持林下经济发展,鼓励、帮助各县林下经济试点申报林业产业发展基金项目,大力发展林下特色种植、养殖等林下产业。通过对黔东南州 217 个贫困村调查发现,有1261 户发展林下经济,年户均净收入达到 17475.3 元,重点集中林下养鸡、药材种植、养牛等产业,分别占 41.01%、27.65%、24.88%(见表 7-1)。

表 7-1 黔东南州 217 个贫困村林下经济主要产业情况调查表

（单位:个;%）

产业类型	村数量	比例
养鸡	89	41.01
药材种植	60	27.65
养牛	54	24.88
食用菌	19	8.76
其他	10	4.61

资料来源:课题组 217 个村调查数据。

（三）积极构建森旅体系

积极打造森林旅游景区,依托黔东南州现有 13 处森林公园、3 处国家湿地公园、22 处自然保护区,加快推进雷公山、云台山、㵲阳河、杉木河、野洞河、翁密河等一批知名的森林旅游景区景点建设,围绕"农文旅一体化""全域旅游"要求,加大森林旅游的宣传引导,助推黔东南州旅游加快发展。积极申报森林康养基地建设,已获批 6 个森林康养基地建设试点,正在申报第二批省级森林康养示范基地 11 个,申报全国森林体验基地和全国森林养生基地重点建设单位 2 个。据林业行业统计,2019年,黔东南州依托森林旅游经营森林特色餐饮、特色住宿带动贫困人口816 户 2320 人,有效助力周边农户脱贫致富。

四、加强林业资源管理

(一)加强林业用地管理

认真按照"服务好民生类、规范好重点类、严管好商业类"的要求,加强林地管理。做好年度林地变更工作,黔东南州林地与全国实现"一张图一套数据"管理,并为开展林地保护利用管理提供了技术支撑,每个年度将会对每年使用林地进行变更,确保数据更新,为政府重大项目实施提供依据。

(二)严格控制森林资源消耗

黔东南州在加强森林采伐限额总量控制、分项管理的基础上,从2014 年起实施森林采伐指标减半政策。2013—2019 年,黔东南州森林采伐总消耗量 968.5 万立方米,仅占森林采伐总限额的 35%。"十三五"森林采伐限额为每年 381.5 万立方米,"十三五"前三个年度完成限额采伐284.8 万立方米。

(三)加强生态公益林管理

2013—2019 年,每年度黔东南州公益林面积 1385.89 万亩(其中,国家级公益林 827.40 万亩,地方公益林 558.49 万亩),应到位森林生态补偿款 113926.21 万元(其中,国家级公益林 80975.29 万元,地方公益林32950.92 万元),2013—2019 年兑现资金 99333.57 万元,较好落实了黔东南州公益林管护责任。

（四）积极落实生态护林员制度

2016 年国家实行生态护林员制度以来,到 2019 年年底,全州累计聘请护林员 37462 人次,现有 35523 名在册生态护林员,每人每年 10000元,依靠生态护林员政策实现了稳定脱贫。

（五）加强森林防火工作

2013—2019 年,全州累计发生森林火灾次数 78 起,火场总面积1105.83 公顷,受害森林面积 372.8 公顷,年平均森林火灾受害率0.03‰,无人员伤亡和重特大森林火灾发生。

（六）严厉打击各类涉林违法犯罪行为

加大对《中华人民共和国森林法》《贵州省林地管理条例》等林地保护利用法律法规的宣传,全面提高全社会依法保护林地和合理使用林地意识。2013—2019 年,全州先后组织开展了"违法使用林地清理整治""亮剑""绿盾""六个严禁""依法护绿"等系列专项行动,共计受理各类涉林案件 16821 件,查处 11937 件;涉林刑事案件立案 6220 件,破获 3288件,挽回直接经济损失 11396 万元。

第四节 林业发展成效

长期以来,特别是 20 世纪 90 年代中期以后,伴随着可持续发展战略的深入实施,林业的定位越来越科学和清晰,林业生态体系建设大为加强,林业产业体系也得到了较快发展。党的十八大以来,贯彻落实习近平总书记"守底线、走新路、奔小康"的要求,黔东南州坚持以"生态文明建设"为统领,走出了一条以贫困山区林业综合开发与扶贫相结合的路子,林业的改革发展取得了新的历史成效。

一、林业经济不断壮大

一是林业总产值和增加值不断增加。黔东南州林业总产值从 2013年的 30.16 亿元增加到 2018 年的 51.10 亿元,增长 69.42%。2013 年,林业产值占农林牧渔及服务业总产值的比重为 16.65%,2014 年这一比重下降为 13.96%。近年来,这一比重略有提高,2018 年为 14.22%(见表 7-2)。

表 7-2　2013—2018 年黔东南州农林牧渔及服务业总产值和比重

(单位:万元;%)

年份	2013	2014	2015	2016	2017	2018
总产值	1811500	2101135	2692913	3113480	3282848	3592678
林业产值	301617	293353	370703	419067	441046	511033
比重	16.65	13.96	13.77	13.46	13.43	14.22

资料来源:根据黔东南州统计局提供数据整理。

近年来,尽管黔东南州林业增加值在农林牧渔及服务业中所占比重在下降,但绝对值仍保持着稳步增加的态势。2013—2018 年,从 21.47 亿元增加到 33.43 亿元,增长 55.7%(见表 7-3)。

表 7-3　2013—2018 年黔东南州农林牧渔及服务业增加值和比重

(单位:万元;%)

年份	2013	2014	2015	2016	2017	2018
增加值	1119731	1302704	1634768	1905001	2055063	2217449
林业增加值	214705	211475	262021	285754	307635	334309
比重	19.17	16.23	16.03	15.00	14.97	15.08

资料来源:根据黔东南州统计局提供数据整理。

二、林业产业化水平不断提升

在加大建设和保护生态环境的基础上,黔东南州坚持林业综合开发与扶贫相结合,林业发展与带动农户脱贫致富挂起钩来,不失时机大力发展林业产业,绿水青山正在转化为金山银山,生态优势正在转变为经济优势,资源优势正在转变为发展优势,林业产业已经成为促进黔东南州地方经济增长、推动林区林农增收奔小康的主要渠道之一。

2013—2019 年,黔东南州共新建和改建油茶基地 23.75 万亩、蓝莓基地 13 余万亩、楠竹基地 14.6 万亩、精品水果基地 21.8 万亩、钩藤 3 万余亩、木本中药材产业基地 30 万余亩、绿化苗木花卉基地 1.9 万亩、工业原料 127.2 万亩。黔东南州累计建成油茶基地 77.94 万亩、核桃基地 12.6 万亩、楠竹基地 32 万亩、绿化苗木花卉基地 4.6 万亩、木本中药材基地 22.9 万亩、用材林基地 1298.4 万亩、精品水果基地 50 万亩,其中,麻江县的蓝莓,从江县的椪柑,榕江县的脐橙,台江县、雷山县的枇杷、杨梅等均已初具规模,成为山区农民增收致富的一条重要途径。剑河县南明镇河口村 218 户,通过发展速生丰产林基地 360 亩,优质经果林基地 1208 亩,人均收入由 1986 年的 645 元上升到 2019 年的 3350 元;从江县立足气候条件优势,积极发动农民种植优质椪柑基地 4.5 万亩,年产值达 1100 万元,种植区内人均收入 788 元,从江县许多农民依靠发展椪柑、沙田柚走上了脱贫致富之路,全县出现了一批批"椪柑村",涌现了一座座"椪柑楼"。

截至 2019 年年底,黔东南州有一定规模的木(竹)材加工企业 138 家(其中,锯材企业 106 家,深加工企业 32 家),年产值 2000 万元以上规模企业 24 户。以生产原木、板木、锯材为主的产品结构,已发展到以生产纤维板、细木工板、定向刨花板(OSB)及结构集成材等人造板及林化、林药、高档家具、一体化林板房、森林食品、果品等系列产品为主。黔东南州林产业的发展,激发了治穷致富的信心和投资发展林业的热情,使干部群众认识到山区扶贫开发的优势在山、潜力在山、致富在林的前景。

三、林业生态建设不断推进

多年来,黔东南州先后实施了"灭荒绿化""生态立州"等发展战略。从 20 世纪 80 年代开始,率先实施世界银行贷款造林项目,投资 2.3 亿元,完成高标准、高质量世行贷款造林面积 114 万亩;兴建速生丰产林基地 457 万亩,实现了基本绿化荒山的目标。丹寨、榕江、黎平、剑河等县荣获"全国造林绿化百佳县"称号。"十五"以来,根据国家部署,在黔东南州实施以天然林保护、退耕还林、珠江防护林建设为重点的林业生态建设工程,国家先后投资 21.6 亿元,完成人工造林和封山育林 451 万亩,3000余万亩的有林地、灌木林地和未成林造林地得到了有效保护,通过天然林禁伐,森林资源得到了休养生息,25 度以上的坡耕地正在全部推进退耕还林,脆弱地区的生态环境得到了有效治理,这是黔东南州林业建设史上前所未有的,截至 2019 年年底,黔东南州森林覆盖率达到 67.67%,是新中国成立以来的历史最高水平。

第五节　林业发展存在的困难和问题

黔东南州的林业处于从"木头经济"的发展方式向绿色发展方式的转轨期,受发展阶段、投入水平、发展能力的限制,林业的发展质量和效益还比较低,"大资源、小产业、低效益"的特征相当明显,大量的矛盾仍然没有解决。

一、林业发展质量和效益不高

目前,黔东南州林业产业发展与林业资源极不相称,"大资源、小产业、低效益"矛盾突出,发展质量不高,产业结构不合理。从第一产业来看,生态林比重大,基地林比重小,林种树种单一,经营粗放,地块分散,园区化、规模化、标准化、市场化、聚集化标准低,集约经营程度差。在林地面积中,疏林地 34.7 万亩,占林地面积的 1.1%;灌木林地 276.4 万亩,占林地面积的 8.4%;未成林造林地 93.1 万亩,占林地面积的 2.8%;苗圃地 0.3 万亩,占林地面积的 0.01%;无立木林地 31.0 万亩,占林地面积的 0.9%;宜林地 107.3 万亩,占林地面积的 3.6%;辅助生产林地 0.1 万亩。从第二产业来看,粗加工比重大,精深加工比重小,产业链条没有打通,产品附加值低,市场竞争能力弱,带动能力差。从第三产业来看,发展模式同质化严重,功能趋同,形式单一,森林康养产业起步慢,精品景区景点不多,前沿高端产品少。黔东南州林业龙头企业数量少、实力弱、市场占有率低。

对 217 个村的调查表明,近三年,调查村销售木材的农户共 2850 户,占总户数的 3.46%;三年户均木材收入 13560 元,平均每月才 377 元。群众家庭净收入中林产收入占比平均为 9.34%;主要依靠林产经济发家致富的农户占比平均为 5.15%;人均林地面积大概有 6.39 亩;近三年人工造林面积大约有92107.3亩,村均造林面积424.46亩。在发展林产经济条件方面,217个村中,有33个村条件"非常好",占15.21%;有59个村条件"好",占27.19%;有98个村条件"一般",占45.16%;有27个村条件"不好",占12.44%(见表7-4)。

表7-4 黔东南州217个贫困村发展林产经济的条件情况

（单位:个;%）

条件	村数	比例
非常好	33	15.21
好	59	27.19
一般	98	45.16
不好	27	12.44

资料来源:课题组217个村调查数据。

　　林地和林业资源是黔东南州农村的最大资源,黔东南州农村祖祖辈辈靠山吃山,群众对山对林地有很强的感情依附。但在市场经济环境下,群众感觉到从山上找不到钱,或者是山上来钱太难太慢,山林资源既不能丢,但也不好用。在对发展林产经济的看法上,认为"有希望"的占33.18%(见表7-5)。植树造林的农户共13614户,占总户数的16.52%,较前些年有所降低,群众造林的积极性在降低。

表7-5 群众对发展林产经济的看法情况　　（单位:个;%）

看法	村数	比例
有希望	72	33.18
一般	97	44.70
没有多大希望	33	15.21
不抱希望	15	6.91

资料来源:课题组217个村调查数据。

　　农村群众利用森林资源,大多数仍停留在"砍树卖钱"的老观念。林下经济具有较好前景,但217个样本村中只有1261户的主要收入来自林下经济,仅占总户数的1.53%,林业资源优势没有真正转变为经济优势、收入优势。在产业选择中,农民发展养殖业的意愿比较强烈,在养殖技术等方面也有一定的基础,但比较担心发展规模养殖后,技术支撑不够、销路不畅等风险放大,会赚不到钱甚至赔本。

二、林农经营成本偏高

基础设施建设滞后,是经营费用高居不下的根本制约。黔东南州8个重点林业县大多数集中在雷公山和月亮山地区,交通运输基础设施条件差,林区林业生产路网极不发达,林业生产路和机耕道几乎没有。黔东南州县、乡、村通道道路建设标准较低,山高、坡陡、谷深,修路难、路难走,乡村道路平均运输成本相当高。以锦屏县为例,2018年采伐每立方米杉木到厂成本费用约365元(其中,采伐费每立方米15元;集材并搬运到公路边每立方米140元;上车费每立方米40元;设计费每立方米10元;木材砍伐税50元;运费每立方米每公里2.5—3元,按40公里计算,每立方米运费110元左右),占到厂收购价每立方米960元的38.02%。

三、林业经营缺乏资金支持

林业投资大、周期长、风险高、见效慢,没有长期资金支持很难实现持续经营。对于林权抵押贷款,国家是明确支持的。黔东南州已经成立森林资源资产评估中心。但从执行情况来看,政策效果极为有限。2019年,黔东南州林权抵押贷款面积仅为10.33万亩,抵押贷款金额仅为3.25亿元。

四、林业产业缺乏龙头组织带动

集体林权制度改革后,林地已确权到千家万户,且较为分散、破碎,单个林农难以实现连片开发、规模化经营,经营效益受到极大限制。目前,全州仅有国家级龙头企业1户,省级龙头企业30户;农民林业专业合作社516家,主要从事中药材、水果、茶叶、绿化苗木等种植,土鸡、牛、羊等家禽养殖,竹鼠、野猪等特色养殖;但是,真正从事林业育种、生产和销售的合作社很少。

从调研的实际来看,对217个贫困村的调查表明,近三年,植树造林的农户共有13614户,占总户数的16.52%,销售木材的农户共有2850户,占总户数的3.46%;出售木材的农户近三年总收入平均为13560元,销售木材农户年平均木材销售收入仅为4520元,仅相当于打工一个月的收入。在发展林产经济助推脱贫攻坚的效果方面,217个村中,有20个村的效果"非常好",占9.22%;有56个村的效果"好",占25.81;有111个村的效果"一般",占51.15%;有30个村的效果"不好",占13.82%。从调研数据来看,黔东南林业产业化发展还有很长的路要走,发展林业经济助推脱贫攻坚的吸引力很有限,"非常好"和"好"的合计为35.03%(见表7-6)。

表7-6　黔东南州217个贫困村发展林产经济助推脱贫攻坚情况

（单位:个;%）

效果类别	村数	比例
非常好	20	9.22
好	56	25.81
一般	111	51.15
不好	30	13.82

资料来源:课题组217个村调查数据。

五、木材流通存在壁垒

总体来看,黔东南州的木材生产加工能力与原料供应水平基本适应,但在县域之间并不平衡。目前,生产加工能力强的县采伐指标"不够用"、企业"吃不饱",生产加工能力弱的县采伐指标"用不了"、企业"吃不了",县域生产加工能力与原料供应错配的现象比较明显。在现行财政体制下,各县市为了保税收、保产值,人为设置木材流通壁垒,限制木业生产加工原料外调出境,陷入以县域为单位竞相封锁、画地为牢、各自为战的困局,难以形成整体优势。"大资源、小产业"的问题长期得不到破解,与以县为区域"画地为牢"的木材资源流通政策有很大关系。

对 206 个销售木材村的调研表明,木材在村外县内销售的占
62.14%,在村内销售的占 19.90%,在县外州内销售的占 13.11%,在州外
省内销售的占 2.91%,在省外销售的占 1.94%(见表 7-7)。

表 7-7　黔东南州 206 个贫困村木材销售渠道情况　　(单位:个;%)

销售渠道	村数	比例
村内	41	19.90
村外县内	128	62.14
县外州内	27	13.11
州外省内	6	2.91
省外	4	1.94

资料来源:课题组 217 个村调查数据。

六、生态补偿标准偏低且不平衡

生态补偿方式单一,目前基本上只有公益林生态效益补偿,并且补偿
标准低,不同事权等级的公益林补偿标准不统一,无法满足林区林农生产
生活需要。据测算,按林龄为 25 年的杉木人工林平均每亩出材量 5 立方
米,商品材市场均价 1000 元/立方米计算,林农同等情况下商品林毛利润
为(5×1000÷25)= 200 元/亩·年,每年的补偿标准不足其产值的 10%。
剑河县林业用地 252.1 万亩,公益林面积为 104.64 万亩、国家公益林
66.64 万亩、地方公益林 38 万亩,亩均年生态补偿资金分别为 11.4 元、15
元、8 元,林农户均获得补偿约 693 元。地方普遍反映,这一标准难以实
现生态补偿脱贫。

七、低产林改造受到限制

对低产林进行改造并不会影响生态效益,还可提高林业发展质量。
尤其是在活动积温较高、降水资源丰富的区域,改造低产林还是提高森林
质量的有效途径。在"十三五"低产林改造采伐限额中,剑河县每年仅有
350 立方米蓄积。剑河县的商品林中,有 20 万亩低产低效针阔或针灌

类,相当于6600户林农的林地面积。如果对20万亩低产林进行改造,可以产生60万吨剩余物,预计可以给每户带来2.7万元收入,人均约6800元。以10年为一个采伐周期估算,可带动这部分农户人均每年增加1200元林地权益收入。在造林、采伐、管护三个环节,十年间分别会产生1.6亿元、1.6亿元、0.2亿元劳务收入,合计3.4亿元。按照年劳动天数200天、工资为80元/天计算,可以带动2125名劳动力就业。但由于天然林禁伐政策限制,使得低产林改造难以突破。

第六节 推动"大林业、大生态、大产业"同步发展

认真践行习近平总书记"绿色青山就是金山银山"的发展理念,深入实施以生态建设为主的林业发展战略,以维护森林生态安全为主攻方向,以增绿增质增效为基本要求,深入推动基础建设、改革创新、依法治林、绿色惠民,将生态林业化和林业生态化、生态产业化和产业生态化有机结合起来,推动"大林业、大生态、大产业"同步发展,不断提高林业的可持续发展能力。

一、加快改善林业发展基本条件

(一)加强基础设施建设

目前,黔东南州已经实现公路"组组通",为林业经营提供了很好的基础。而林间作业路缺乏,极大地增加了经营成本,已经成为林业发展的突出制约。把这个"最后一公里"打通了,黔东南州的林业发展基础条件将发生翻天覆地的变化。可以考虑优先确保做到连片用材林1000亩以上、经济林200亩以上高标准林业产业基地通路、通水,加大招商引资,助推林业加快发展。林间作业路、灌溉设施修建,投入数量巨大,没有政府的财政支持和金融创新是办不到的。国家和省级层面加大重点林业县林业基地建设投入,在州、县(市)财政极为困难的情况下,尽可能减少或者不需要州、县(市)配套资金。积极健全林权抵押贷款机制,通过国家政策性银行办理长期贷款来支持林业可持续发展。

（二）创新林业投融资机制

认真研究森林资源保险、森林资源资产评估、林权抵押贷款等相关配套政策,建立林银合作机制,盘活森林资源资产,大力推动林权抵押贷款工作。优先扶持积极性高、办事高效、产业抓得好的县市,重点扶持龙头企业,带动微小企业和集体合作组织,形成市场竞争力强的区域产业龙头。

（三）加大林业科技投入支撑

加大林木良种选育力度,继续做好先锋树种的选育工作,继续进行杉木无性系育苗的研究,加快进行新的林木品种投入生产,缩短林木生长周期,提高林地生产效率,提高林木蓄积亩产,增加林农经济效益,促进林业产业加快发展。

（四）调动林农造林营林积极性

认真清理涉林税费,并向社会公布,接受社会监督,确保做到按政策应该减免的税费坚决减免、坚决取消各种不合理收费,确保农民多得利、得"大头"。积极开展造林直补、良种补贴、抚育补贴试点工作,激发农民造林营林积极性。

二、加快创新林业经营体系

要加快培育和引进龙头企业,实施大基地、大企业、大产业、大带动的发展战略,走市场牵龙头、龙头带基地、基地联农户的经营模式。

（一）加快培育和引进龙头组织

鼓励各类工商资本、民间资本和其他社会资本投资兴办林业企业。进一步优化营商环境,引进和培育一批类型多样、资源节约、产销一体、效益良好的龙头企业。对现有木材加工企业进行清理整合,依靠市场、行政等手段,对消耗每立方米木材生产的产品所创造的税收低于行业平均值的现有木材加工企业进行限期整合、技改、升级,扶持做大做强现有鼓励类项目企业和木材加工规模以上企业。支持林业企业建立行业协会,开展人才培训和引进,对外联合招商引资,提高企业自我管理和自我服务水平。积极探索建立龙头企业、林业合作社、林农的多种利益联结机制,推广"公司+合作组织+基地+农户"的组织形式。大力发展订单林业,引导林业合作经济组织、林农为木浆造纸企业、板材加工企业、油茶加工企业定向培育原料林。企业与合作经济组织、林农按一定栽培模式签订栽植合同,随行就市保底价收购,企业预付定金,提供技术服务,解决黔东南州林业产业建设长期以来企业与基地脱节和规模效益不明显的问题。

(二)抓好合作组织建设

大力扶持各种合作经济组织和中介服务组织。邀请国内高等院校、科研单位专家对木材的精深加工及新产品进行研讨,为行业和产业发展"把脉问诊",促进林业产业稳定健康可持续发展。加快发展林业合作社,因地制宜发挥好"村支部+合作社"的作用,发展专业性的林业合作经济组织。开展专业合作社集体林场、股份制集体林场经营试点研究,引导各类生产要素进入集体林经营,促进农村集体经济发展。

(三)抓好林业加工区建设

依据各县市资源分布的差异,对于年森林采伐主伐限额比较大的县市,可以发展林业加工区,对愿意进加工区的企业,在项目用地、用水、用电、税收政策等各方面给予优惠照顾,推进林业加工区企业集群发展。

三、加快推进林业产业结构调整

加强林业发展与乡村振兴深度融合,创新盘活产业发展要素,大力发展绿色生态富民产业,实现生态美、产业兴、百姓富的有机统一。

(一)抓好木材加工企业提挡升级

认真落实《关于依法规范木材经营加工秩序的意见》和《木材加工业市场准入规定(试行)》等政策措施;整合提升现有木材加工企业,鼓励现有木材加工企业通过兼并、重组、联合等方式进行整合,提升企业竞争力。深入推进林业产业结构转型升级,引导企业改变"原木+锯材+拼板"的发展模式,提高林业产品档次和科技含量,尤其是要在高档家具和高档实木地板等产品上下功夫,努力打造黔东南州自己的林产品品牌,提高林业产品附加值。

（二）抓好精品水果种植加工

因地制宜重点发展蓝莓、椪柑、脐橙、柚子、猕猴桃等精品水果；在黔东南州观光旅游线路和重点景区景点附近按照"田园化、园区化、集约化、生态化"的标准兴建桃、李、梨、杏、杨梅、枇杷、草莓、樱桃、柑橘等时令水果观光园，促进黔东南州旅游、观光、体验、鉴赏、自助、餐饮一体化发展。

（三）抓好中药材种植加工

坚持加快发展重点品种，稳定发展鼓励品种，突出发展道地药材品种的方向，重点围绕太子参、钩藤、天麻、茯苓、白芨、何首乌等重点发展品种，以施秉、剑河、台江、雷山、黄平、黎平、丹寨、锦屏、榕江、从江等县为重点区域，培育成为中药材优势产区，示范带动黔东南州中药材产业化发展，建成可以辐射全国的中药材产业物流园。

（四）抓好竹子种植加工

坚持以市场为导向，通过龙头企业带动，引导涉竹加工企业、林农专业合作组织、大户积极参与竹产业基地建设，推动竹产业向园区化、规模化、标准化、市场化、聚集化发展，增长竹林资源总量，增强竹类加工资源供给力，将竹产业打造成为黔东南州绿水青山转变为金山银山的重要通道，在凯里、丹寨、镇远、黎平、从江、榕江和雷山7个县（市）重点布局竹产业。

（五）大力发展林下经济

各地根据自然条件、林地资源状况、经济发展水平、市场需求情况等实际，突出特色，科学编制林下经济发展规划，合理确定各地林下经济发展的方向、重点和规模、模式，通过政策和政府引导，示范引领，发展合作组织，培育龙头企业，打造产业品牌，促进林下种养业、采集加工业、景观旅游与休闲等资源共享，扶持林下经济产业，壮大林下经济产业集群，建成一批林下经济种植示范点。

四、积极争取公益林政策支持

（一）探索公益林改造提升机制

在地方公益林和国家二级公益林内，选择符合公益林更新采伐年限的人工林地块,尝试突破现有公益林采伐相关规定,本着"利于增强森林的生态功能,维护生物多样性,提高公益林森林生态效益与社会效益,兼顾经济效益"的原则,实施公益林改造提升试点工作,林木采伐当年或次年限期完成采伐迹地更新。落实好《省林业厅关于开展重点生态区位人工商品林赎买试点工作的通知》"改造提升"中关于"适当放宽皆伐单片面积限制,允许以小班为单位实施改造提升试点,最大面积不超过300亩"的政策,研究根据不同区域情况分别界定低产低效林标准的问题。

(二)完善采伐迹地更新机制

按照"适地适树、优化林分结构、改善林分状况、提高森林生态系统稳定性和发挥生态效益功能"的原则进行采伐迹地更新,科学合理地进行更新造林作业设计与施工。试点结束后,全面总结试点经验,提炼出可复制、可推广的经验做法,较大程度地推进生态建设与林农增收和谐发展。

(三)有序实施人工商品林赎买机制

积极争取贵州省政府将黔东南州整体纳入全省重点生态区位人工商品林赎买试点,切实解决林业发展周期长、见效慢、资金短缺问题,能够有效激发林农生产的积极性和主动性。

(四)积极争取碳汇合作项目支持

积极与国内外相关机构组织沟通合作,拓展合作的渠道和空间,探讨合作的新机制、新模式,多方面争取林业碳汇造林项目的资金,将林业碳汇造林培养成黔东南州社会经济发展新的增长点。

五、创新林业发展体制机制

(一)引导林地经营权有序流转

按照"企业主体、农民参与、政府服务"的机制,建立健全林地流转机制、林地流转社会保障体系和林业风险防范机制。打破地域、行业和所有制限制,通过拍卖、租赁、承包等多种形式,大力推进土地流转,调动单位、企业和个人投资、入股、合作发展林业产业基地积极性。重点林业县可以考虑允许党政机关和事业单位干部轮岗创业、在岗兼业从事林业产业基地建设,带动全社会加大对林业的投入。允许部门、干部职工、农户以资金、技术、土地、劳动力入股造林,发展林业产业基地。

(二)积极开展三级林地红线划分试点研究和森林分类经营试点

在国家推进林地红线划分的大背景下,黔东南州率先开展森林三级林地红线划分试点研究,提出核心公益林地、多功能商品林地和高效经济林地三级林地的划分框架。开展森林分类经营试点工作,助推高效山地绿色林业经济发展,为工业化、城镇化发展提供必要条件。

(三)创新木材采伐政策

实行"一控二放三严"的林木采伐管理机制,即实行采伐限额总量控制;积极探索生态公益林及天然阔叶林更新采伐和限制性利用;严格控制生态公益林采伐,严格控制天然阔叶林皆伐,严格控制铁路、公路(高速公路、国道、省道)、重点江河沿线等"三线林"皆伐的措施和办法,进一步落实林权所有者对林木的处置权,努力实现林农得实惠、社会得生态、林业得发展的可持续经营目标;对商品林放宽人工用材林采伐年龄,放开非林地上种植的林木采伐,凡在林地上造林面积达500亩以上的,可以单独编制森林经营方案,按方案确定森林采伐的时间、数量等进行经营管理。进一步规范采伐指标分配,全面推行份额分解、分类排序、阳光操作、强化监督的林木采伐指标分配办法,实行采伐指标分配公示制度,公开、公平、公正分配采伐指标。

(四)放开木材加工经营市场准入条件

打破现行县域各自为政、不准许木材流动出境的僵化局面,按照市场规律来竞争。林业部门管好山上资源,税务部门按政策收取税费,企业依规加工经营,各部门各尽其责。积极开放木材交易市场,促进林产品价格的提升,让林农获取更多的实惠。

第八章　推动加强农村社会管理同乡村治理有效衔接[*]

　　加强农村社会管理,提高科学化水平,是高速发展的现代经济社会赋予农业、农村、农民发展变革的历史使命,是推动农村经济建设和社会事业科学发展,全面建成小康社会的时代召唤。社会治理,是国家、社会力量和个人共同持续地在互动中制定、形成制度和规则,实现利益协调、矛盾化解、社会和谐稳定的过程。乡村治理,是原来社会主义新农村建设中"民主管理"的提升,治理有效是新时代乡村振兴的要求和保障。近百年来,黔东南州农村社会治理经历了深刻变革。新民主主义革命完成后,传统的乡里制度和保甲制度被终结,国家政权的力量深入农村。在人民公社体制下,乡村建立起了政社合一的经济、政治、社会管理体制。改革开放以来,开始建设新型乡村社会治理体系的探索,实现了农村经济持续发展、社会安定有序、群众生活改善。

第一节　乡村治理体系的历史变迁

　　至雍正初年,黔东南苗疆依旧处于"化外",是一块没有公共权力覆盖,趋于原始状态的地区。长久以来,苗疆形成了一套以自我治理为核心的传统治理机制——即鼓社制、议榔制、理老(寨老)制和侗款制。随着清政府对清水江流域的日益开发,黔东南苗疆逐渐被划入清王朝的管辖

　　*　本报告作者为黔东南州人民政府发展研究中心郑宇,州政府郭彩云、罗丹,州政府发展研究中心杨戴云。

范围。由于在乡村基层设立的官僚、土司、保甲等官吏借助王权之势欺压百姓、横行乡里,对乡村传统治理机制造成一定冲击,引起了少数民族的不满和怨恨,久而久之演变为苗民起义。清朝后期,随着社会动乱的日益加剧,乡村经济受到严重破坏,乡村基层官僚机制也逐渐土崩瓦解,无力应对声势浩大的苗民起义。来自乡村名门望族的乡绅子弟挺身而出,自发组建了新型的乡村治理机制——团练,一边带领民众抵抗苗民起义的侵扰,一边制定规约以维护乡村基层的稳定团结。在此过程中,代表基层实力的乡绅团练取代王权势力统治,在乡村社会中扮演着越来越重要的角色。

一、"化外"下的传统社会治理机制

黔东南苗疆境内有苗、侗、水等43个民族,其中苗族和侗族分别占户籍总人口的43%和30%,是全国苗族、侗族人口最集中的地区。少数民族发展的过程中没有形成自己的文字,处理氏族内部大小琐事靠口耳相传的说唱,如苗族古歌、苗族理词、侗族大歌等,在说唱中形成"理"来规范氏族社会秩序,约束行为规范,保护私有财产不被侵犯。从现有历史文献记载粗略描述"外化"社会控制情况看,其社会控制方式主要源自族类自身传统。

(一)苗族传统社会治理的三大支柱:鼓社、议榔、理老

第一,鼓社制。鼓社组织是苗族的基层组织。"苗族鼓社是其同源于一个男性祖先而结合起来的人们的集团,是一个祭祀、亲属、政治、经济与教育的氏族外婚制团体"[①]。苗族鼓社实质上就是以男性为主导的父系氏族公社,其首领称为"鼓头"。鼓社一般由祭拜同一宗祖的一个或者几个村寨组成,小的村寨有几十户到百来户,大的村寨有好几百户甚至上千户。在习惯法的规约下举行共同的宗族节日,拥有共同的宗族信仰。一个宗族就是一个大的鼓社,但随着苗族人口的日益增多,大宗又分为许多小宗,亦是大鼓社下的小分社。清朝黔东南苗疆的"九股苗"就是由九

---

① 石朝江:《中国苗学》,贵州人民出版社1999年版,第80页。

个大的部落联盟在历史发展过程中逐渐分化而形成的。此后苗族子孙繁衍生息,各支族又衍生出许多小族,各有苗姓,同一形式的苗族形成一个新的"鼓社",以致最终形成黔东南"千里苗疆,九千鼓社"①的局面。

第二,议榔制。议榔制(主要指苗族)是以地缘关系为基础建立而成的一种村寨组织、村寨联盟。就起源而言,据黔东南州一带流传的《苗族古歌》记载,最初发明人始祖姜央。议榔是苗族社会中议定法律的会议,经议榔制定的法律,实际为习惯法。议榔与鼓社不同,鼓社是以血缘关系为纽带的政治、经济、军事联盟,仅在同一宗族内发挥作用,与其他宗族鼓社存在合作而并非从属关系。相比较,议榔已经突破了以血缘关系而相互依赖的鼓社组织模式,完全成为一个以苗族村寨或所在地区的区域性组织,一个议榔实质上就是一个农村合作团体,甚至可以说,在某种程度可以控制鼓社。苗族的议榔组织大小各异,最为常见的是由几个或几十个苗寨结合而成,最大的议榔可以由苗族聚居的整片区域组织形成,而最小的仅由一个村寨组成。小的议榔组织,其成员结构比较简单,往往由寨老或长老担任议榔组织的最高领导人——榔头。至于由几个或几十个村寨甚至更广区域组成的大议榔,一般以一个大寨为中心,联合其他小寨为一榔,地区性的议榔设有总榔头一人,副榔头、主持司法审判的"行头"或"理老"、负责祭祀的祭司、掌管军事的"硬手"和"老虎汉"各若干人。议榔大会是议榔组织的最高权力机关,有一年举行一次的,也有两三年举行一次的,各户派代表参加,会议由榔头或理老主持。各议榔之间在一般情况下互不从属,只有在遇到紧急情况时才联合众议榔,公推"大榔头",带领各议榔同一行事。议榔具有调解财产纠纷、婚姻家庭纠纷,处理偷盗违禁事件和组织对外抵抗等职能。议榔制对族类社会的控制在"新疆"开辟时依然有效运行,而且中央委派在黔官吏试图通过借用这些制度来实现将其纳入王朝秩序。

第三,理老制。理老制(主要指苗族)是普遍存在的一种传统管理体制。在苗族的日常社会生活中,对因财产、婚姻、土地等方面发生的纠纷

---

① 吴大华、潘志成:《黔法探源》,贵州人民出版社 2013 年版,第 38 页。

与矛盾,理老在调解中扮演着重要的角色,如同现在的律师。在苗族传统社会中,担任理老一职的,必须是德高望重、洞悉榔规条约、能言善辩、正直公道之人,非常受人敬重。理老对纠纷的调解,有助于家庭团结、邻里和睦,对稳定苗族社会秩序,维护日常生产生活,起到了积极的促进作用。苗族理老大致上分为三种类型:一种是以村寨为单位的理老,一种是以鼓社(氏族)为单位的理老,一种是以区域为单位的理老。以村寨为单位的理老,又称"寨老",负责处理本寨的一切纠纷事务,若本寨与他寨存有矛盾,代表本寨与对方寨老商议解决方案。以鼓社为单位的理老,称为"鼓公",调解本氏族或移居到其他寨的氏族成员纠纷,遇到氏族之间发生纠纷时,代表本氏族与其他氏族理老协商。以苗寨聚居区域为单位的理老,又称"大理头",对本区域内的重大纠纷作出判决。对于纠纷事件的判决可分为"人判"和"神判",一般发生小的纠纷案件,双方各自陈述事情发生原委,再由所请理老为其申辩,双方理老依据古理古词互相驳斥,直到一方无理反驳认输为止。对于较大事件的审判比如杀人、偷盗、强奸等案件,证据不足或双方对理老审判不服等情况,就会进行"神明判决"。经过"神判"之后,理亏的一方必须受到相应的惩处,若还不服输,继续反抗,就会受到更加严厉的处罚。

在早期的苗族氏族中,为了维护氏族的安定团结,以血缘关系建立的鼓社成了"政教合一"的组织。随着苗族社会的发展、生产力的提高,私有制也相继出现,为了更好地保护私有财产、稳定社会秩序,需要成立一个机构来保护个人利益,议榔制度就冲破了以血缘关系为纽带的鼓社组织,议榔大会是制定苗族习惯法的最高立法机关,而依法(理)审判的理老就是处理矛盾纠纷案件的司法机关。鼓社的"政教合一"、议榔大会的立法制、理老的司法审判制就构成了苗族古代社会的三大重要行政机关,对促进苗族社会发展、巩固内部团结发挥了极其重要的作用。

(二)侗族地区行为的约束与规范:侗款制

黔东南州地区的侗族是一个纪律严明、内部规约制度比较完备的民族,因为在侗族地区一直沿袭着一种侗族内部自我保护、自我治理的传统机制——侗款制。侗款组织是建立在宗族血缘关系基础上,以地域为纽带的村与村、寨与寨的联盟组织。侗款组织大体上由小款、中款、大款和联合大款四个层次构成,小款是侗族社会最小的立款单位,"款会组织普遍以村寨为单位设立,大寨设一个,小寨则数个设一个,数寨则设联款,统营下面各寨的款会"。其组织首领称为"款首"。款会(村民会议、鼓楼会议)具有最终的决定权,鼓楼作为制定和公布款约、乡规和村约的场所,既是侗族的宗族法庭,又是款的审判场所。款组织和血缘宗族结合,达到了维护宗族利益和收宗合族的目的。后来,随着政治、军事上形势发展需要,各地大大小小的款会又联合起来,共同对敌,组成联款。这一组织执行着维护地方治安、互助救济、凝聚宗族、血亲复仇等职能。

总之,在侗族的早期社会,侗族人民在生产、生活中与自然物所引起的一系列变化,必然要存在一定的行为秩序规范,才能保证侗族人民的长远发展,侗款无论是在稳定社会秩序,还是在规范日常生活上,都发挥着积极的作用。

二、被划入王朝管辖范围下的社会治理

黔东南作为一个多民族聚居的地区,由于地形闭塞崎岖、语言交流不通、自然环境恶劣等诸多原因,明代以前,中央朝廷的势力无法深入。因此,黔东南地区长期以来一直处于一种"化外"状态。直到清朝雍正时期,朝廷为了更好地控制西南地区、加强西南边防、维护国家的安定和统一,在四川、云南、贵州、湖广等西南地区实施了大规模的改土归流。贵州黔东南就是清政府着重开辟的重要区域。从清朝开辟治理黔东南的全过程看,依据清朝经营的目标和手段的演变,大致可分为三个阶段。

第一阶段为武力"开辟"阶段。自雍正六年(1728 年)张广泗讨伐八寨起,到雍正十一年(1733 年)哈原生平定高坡"九股苗"为止。这一阶段以招抚苗疆、在苗疆建立统治为目标,运用"剿抚兼施""恩威并用"、以剿为主的策略手段,经过前后 5 年的武力征服,苗疆人民迫于军事压力,纷纷就抚,从而把黔东南地区真正地纳入朝廷的掌控之中。在血洗之后,清朝在苗疆进行了一系列的军政设置,先后建立了八寨、丹江、清江、古州、都江、台拱六厅(见表 8-1),并在要害之地遍设镇协营

汛。"六厅"的设立对整个黔东南有着划时代的意义,清政府在"新疆六厅"实施了一系列经营措施,对当地的政治、经济、文化等方面产生了深远的影响。

表 8-1　"新疆六厅"行政设置情况表

时间	机构	官职(数量)	隶属机构	现行政区划
雍正七年 (1729 年)	八寨厅	同知(1)	都匀府	丹寨县
	丹江厅	通判(1)	都交府	雷山县
	清江厅	同知(1)	镇远府	剑河县
	古州厅	同知(1)	黎平府	榕江县
雍正九年 (1731 年)	都江厅	通判(1)	镇远府	三都县
雍正十一年 (1733 年)	台拱厅	同知(1)	大定府	台江县

资料来源:《(民国)贵州通志·前事志》,贵州人民出版社 1988 年版。

在开辟的过程中,统治者对苗族人民实行了残酷的虐杀,并且不尊重苗民的习俗。此外,流官、"客民"地主、商贾以及各地区驻兵对苗民肆无忌惮地欺虐,再加上严重的剥削,一次又一次地激化了民族矛盾。自雍正六年(1728 年)起,短短六七年时间就爆发了大大小小三十几次战争,雍乾之际著名的"雍乾苗民起义"就是典型的例子,其中的九股河苗民起义和包利、红银起义乃是雍正末年最为声势浩大的,清政府调用了黔、楚、粤等七个省的兵力,才勉强平息了苗民起义。

第二阶段为巩固统治和开发治理阶段。雍正朝武力开辟苗疆的这一历史进程,给黔东南苗疆社会带来了动荡和不安。为促进黔东南苗疆的社会发展、稳固边疆,清政府在政治、军事及社会等方面采取了一系列有效措施,使苗疆出现了相当长时期的一个社会相对稳定、经济文化得到较大进步的发展阶段,为后续进一步治理工作积累了经验。

苗疆开辟后,清政府面临的首要任务是稳定苗疆,因此政区的建制被提上日程。"六厅"开辟后,由相对应的府委派通判或同知来主持各厅的政务,厅以下仍是以寨为基层单位,下设百户、寨长,或者是土千总、土把总等来进行管理,行政机构的设置便利了对苗疆地区的控制。"新疆六厅"虽然新设了府州,但为了更好地管理基层,清政府还选拔一些在开辟苗疆的过程中立过功的苗族人作为管理基层社会的"土弁"。这种流官与土弁并存的行政管理模式,便利了朝廷对"新疆六厅"的管理,同时也便利了内地先进文化传入苗疆,客观上促进了苗疆经济的发展。此外,"六厅"地区在开辟苗疆之前,苗族社会的主要民间社会组织形式是"榔""款",主要依靠苗族社会特有的"议榔"制度来维持社会秩序。随着开辟苗疆的进行,"生苗区"原有的议榔组织原生形态逐渐开始向次生形态过渡。议榔组织的自然首领"榔头""款首"成为苗疆基层的实际统治者。传统的习惯法也开始与《大清会典》《大清律例》等法令内容相结合,实现"因俗而治"。

黔东南苗疆开辟之后,清政府还在"六厅"设置了许多军事机构和设施,鉴于苗疆社会秩序混乱,清政府在黔东南苗疆设置了大量的驻军据点及兵力。为了更好地巩固苗疆边防,朝廷在苗疆地区设置了大量的卫所、屯堡,并广设营汛,力争将"生界"严格地控制在朝廷的管辖之中。清政府在苗疆增设镇,镇下设协,常驻副将,还有参将、参领;协下设营、塘、汛、所,营为游击将军驻地,游击将军为三品或从三品;塘汛驻都司、守备,都司为四品,守备为五品或从五品;此外还有千把总、把总、外委不等,以此来加强对苗民的控制(见表8-2)。

表8-2　清朝开辟苗疆过程中的军事设置

时间	名称	官员配额	兵力部署
雍正七年 (1729年)	都匀协	副将1名、游击2名、守备2名、千把总6名	左右二营1600名
	丹江营	参将1名、守备2名、千把总4名、把总2名	左右二营1600名
	黄施营	游击1名、千把总1名、把总2名	500名
	清江协	副将1名、游击2名、守备2名、千把总6名	左右二营2000名
	古州镇	总兵1名、游击3名、守备3名、千把总6名、把总12名	中左右三营3000名

续表

时间	名称	官员配额	兵力部署
雍正九年 (1731年)	都江厅	副将1名、游击1名、守备2名、千把总2名、把总4名	960名
	上江协	副将1名、游击2名、守备2名、千把总4名、把总8名	左右二营2200名
	下江营	参将1名、守备2名、千把总2名、把总4名	800名
	台拱营	参将1名、守备2名、千把总2名、把总4名	左右二营1000名

资料来源:《(民国)贵州通志·前事志》,贵州人民出版社1988年版。

清政府在黔东南"新疆六厅"实施了政治军事措施之后,接着从农业、工商业以及贸易流通等方面制定策略来发展经济,这为中央在"六厅"地区的稳定统治打下了坚实的基础。经济方面,实行"移民屯田,兴修水利,发展农业""发展水陆交通,加强与内地的商贸往来""发展工矿业,引进先进技术",有效促进了黔东南"新疆六厅"地区经济的开发。文化教育方面,实施官学、义学、科举等措施,有效提高了苗民的文化素质,为国家培养了大量的人才。

第三阶段王权弱化与乡绅主治阶段。此阶段主要是鸦片战争以后至清末。鸦片战争后,中国开始沦为半殖民地半封建社会,清朝统治江河日下,社会主要矛盾发生重大变化,不仅有中华民族与外国侵略者之间的矛盾,而且还有地主阶级与农民阶级之间的矛盾,此外因民族歧视、民族压迫导致的民族矛盾依然存在,在当时历史条件下不断激化,以太平天国为中心的各地各族起义此起彼伏,清朝陷入顾此失彼、内外交困的境地。在此背景下,清朝的边疆民族政策发生了巨大变化,重心转向对外边界交涉、保卫边疆和维护国家权益。对于像黔东南这样处于边疆内腹的地区,则以安定无事和为清朝重大举措提供物质支持为目标。但事与愿违,由于清政府的剥削压迫,苗疆不仅不能安定,而且各族人民为求生存、反抗压迫,纷纷揭竿起义,张秀眉领导的苗民起义即以黔东南为中心。到了清朝后期,随着社会动乱的日益加剧,社会秩序一度陷入紊乱的局面,乡村经济也受到了严重的破坏,清政府在乡村基层设置的官僚机制也日益土崩瓦解,乡村的传统治理机制和清政府推行的保甲制度也显得无能为力。清水江流域的乡村基层为寻求自保,来自乡村名门望族的乡绅子弟挺身而出,组建了新型的乡村治理机制——团练,一方面带领民众抵抗苗民起义所带来的侵袭,另一方面制定规约以维护乡村基层的稳定团结,在乡村社会中扮演着越来越重要的角色。

三、民国时期的乡村治理

1935年,国民党势力进入贵州。在这一时期,国民政府为强化国家权力对基层社会的渗透,在贵州乡村强力推行保甲制度。国家政权通过保甲制度来对农村进行统治,进一步加强对农村的控制,并设立了代表国家政权的区公所,使国家政权向下推进了一步。

民国时期黔东南的保甲制,基本上沿袭清朝的制度。在县级政权之下,辖若干区,由区长一人和区员若干人组成区公所,成为区一级政权,区之下辖若干乡镇,乡设正副乡长各一人、干事若干人组成乡公所,是为乡级政权。在乡之下辖若干保,保设正副保长各一人、干事若干人,负责管理一保事务。保之下设若干甲,一甲由十户或一小寨组成,设甲长一人。1939年改乡为联保,联保之下的保甲组织仍旧不变。如黎平县当时全县设8个区,37个联保,联保之下仍设保甲,共辖222保、2703甲。

保甲制度的有效运行必须借助于乡村社会自己的权威,没有当地房族领袖和族长等权威人士的合作,国家政权很难在乡村中立足。在一部分少数民族村寨中,一些普通人从国家那里得到了保甲长的职位,但在村寨内权力并不得到认可。比如在从江县加勉乡,保甲长只管派兵、派款,当群众不接受他们执行的命令时,保甲长还得请求主持习惯法资源的"该歪"协助,如果"该歪"不说话,保甲长是一筹莫展的。相反,"该歪"处理事情可不通知保甲长。在另一部分少数民族村寨中,保甲长逐渐取代"寨老"成为民族地区权力资源最大的拥有者。这种现象经常被看作是保甲制度实施之后,现代国家权力渗透对传统权力结构瓦解的结果。实质上,当分析这些权力来源及构成时,保甲长们权力的获得并没有否定传统权力资源,相反他们正努力获得这些传统权力资源。例如榕江县在趁国民党加强保甲统治之际,计划寨原有"裁岩议事"的组织者及其子孙朱国瑞、潘文清虽获得保长职位,但仍然通过主持"裁岩议事"的形式为自己的权势之争服务。

国民政府推行保甲制的最初意图是起自治政府作用的,但由于保甲制度本身的缺陷、部分保甲长素质的低劣等原因,最终没有达到其政治目的,它不仅没有实现对黔东南少数民族地区基层社会的有效整合,而且破坏了传统的社区组织,摧毁了传统政治体系的安全阀。

四、中国共产党局部执政时期的乡村治理

黔东南以往的乡村自治探索,一直在宗族治理的封建体制框架内进行,甚至成为军阀武装割据的工具。在广大农村地区,土豪劣绅继续操纵着乡村社会,广大农民仍然处于被剥削、被压迫的地位。黔东南地区农村解放后,旧的农村政权控制网络被摧毁,必须重新构建新的农村控制网络;但是,由于在彻底摧毁旧的政权的同时,农村的政治经济秩序和文化权力结构也已经发生了天翻地覆的变化,在农村不可能立即构造出全新的正式的权力体系,需要一种既能执行政权职能又便于动员农民的群众性过渡组织,农民协会在这种条件下应运而生了。新中国成立初期,黔东南农村建立的农民协会,其作用是双重的。一方面是完成土地改革的任务,另一方面又能作为建立农村村落政权、构建农村控制体系的过渡性组织。当然,农民协会事实上已经被行政化,暂时成为新生政权体系的一部分。

农民之所以积极参与乡村社会治理和支持革命,最主要的还是获得了土地权利。新中国成立初期,黔东南地区的土地改革,按照省委和地委的指示和统一部署,先中心地区、后边远地区,先汉族地区、后少数民族地区,有领导、有计划、有步骤地分期分批进行。1950年年初,为取得土地改革的经验,镇远地委决定在群众基础较好的黄平县四屏镇和东坡乡开始进行土地改革试点。1950年2月初,由80人组成的土改试点工作团入村开展工作。经过两个月的努力,两个乡镇的土改试点工作取得圆满成功。1951年6月,镇远专区第一届各族各界人民代表会议在镇远举

行。会议通过关于抗美援朝、土地改革、镇压反革命、发展生产、增进民族团结等问题的重要决议，民主选出 28 名政府委员，宣告镇远专区民族民主联合政府成立。6 月 23 日，各族各界人民代表会议通过了《关于实行土地改革的决议》。该决议对黔东南地区土地改革的目的、方针路线政策及步骤意义作了总体规划和说明，土地改革也正式展开。在省委和地委的统一领导下，黔东南地区的土地改革分以下四大步骤进行，即土改的宣传与动员、土地的划分、没收分配土地和土改复查。到 1953 年 5 月，土改复查工作结束。以后，各县人民政府按照中央的指示精神，开始颁发土地证，并承认一切土地所有者有自由经营、买卖及出租其土地的权利。土地改革后，以前的土地契约，一律作废，各地群众还当众烧毁了地主压迫农民典卖土地、房屋的契约。颁发土地证，确立了农民对土地的私有权利，表明了封建地主土地所有制已被农民的土地所有制代替。

新中国成立初期的土地改革不仅使农民获得了土地，使他们深切感受到党和国家对其权益的认同和重视，而且极大地调动了广大农民的生产干劲和积极性，极大地提升了党和政府在农民心目中的威信和威望，提高了党和政府对乡村的动员能力和号召能力。因此，党在农村的政治传播与动员取得了巨大的成功，这对维护农村的政治稳定、发动农民的政治参与以及保证党在农村的社会主义改造取得成功等方面起到了非常重要的作用。如果说土改的完成实现了土地等生产资料与劳动者结合的理想，从而赢得了广大农民在心理上和感情上对党和政府的真诚归附的话，那么，合作化运动的开展与集体经济组织的建立，则在组织与制度层面上更进一步地加强了对农村社会的控制。

五、人民公社体制的建立与调整

全国性土地改革展开后，由于单个小农缺乏生产资料，经营能力差别很大，买卖土地的现象开始冒头，这显然不符合土地改革的初衷。发展互助组，就成为发展农业农村经济的重要途径。根据党中央的部署和规划，1951 年 8 月，中共镇远地委在施秉县大桥鸡公岩试点，兴办黔东南地区第一个农业生产互助组。之后，互助组获得了大发展，到 1952 年年底，镇远专区互助组发展到 14231 个,参加农户 85010 户,占农户总数的 22.85%。但从全国来看,1952 年全国共有农业互助组 802.6 万个,参加户助组的户数 4536.4 万户,入组农户占全国总农户数的比重,已经由 1951 年的 19.2%增加到 40%。可见,黔东南地区农业互助合作起步晚,基础比较薄弱,互助组的发展还是远远落后于其他地区。

1953 年 10 月至 11 月,全国第三次互助合作会议在北京召开,毛泽东同志提出要从以发展互助组为中心转向以发展农业合作社为中心。按照中央和省委的指示精神,1953 年 11 月中旬,中共镇远地委在镇远县大菜园村开始了初级农业合作社试点,大菜园农业合作社随之成立。之后初级社迅速发展,农户一家一户经营开始转向合作社的统一经营。初级社的土地所有权并没有发生改变,分配上则采取劳动与入社的股份相结合的形式。根据统计,自 1955 年 12 月中旬至 1956 年 1 月 16 日止,黔东南地区共建立了 2392 个农业生产合作社,入社农户共 109183 户,加上原有的入社农户共达 20 万户以上,占全专区总农户的 76.6%。至此,全专区已基本上实现了初级农业合作化。

合作社发展势头迅猛,合作社规模迅速扩大,合作层次在迅速拔高,以初级社为主的合作形式开始迅速转变成为以高级社为主的合作形式。与初级社不同,在高级社中,土地、耕畜、大型农具等生产资料归集体所有,农户生产资料私有制的性质发生了根本性转变;劳动产品的分配也由初级社的按股分红和按劳分配相结合变成了单纯的按劳分配。1956 年 1 月,中共中央政治局提出《一九五六年到一九六七年全国农业发展纲要(草案)》,要求推动高级农业合作社发展。当月,黔东南地区在工作基础较好的地方,在中央"全面规划、统一领导"的方针指导下,试办高级农业生产合作社。到 1956 年 8 月上旬,全州共办高级农业生产合作社 977 个,入社农户达 181470 户,占农户总数的 46.52%,其中少数民族联社 734 个,占 73.84%。8 月底,镇远、黎平、丹寨、麻江、炉山五县,已实现高级农业生产合作化。1956 年 9 月初,开始在全州加速高级农业合作化的进程,年底,全州 3556 个初级农业生产合作社分三批转变或组合成了一个高级农业生产合作社,实现了全州高级农业生产合作化。

在"大跃进"的背景下,从 1957 年冬开始,一些地方在农田基本建设过程中出现了打破社界、乡界、县界甚至省界的组织形式,由此产生了合并高级社、建立更大规模生产组织的设想。1958 年 1 月,毛泽东同志在南宁会议上提出了"大跃进"。1958 年 3 月,中央决定把小型的农业合作社适当合并为大社。1958 年 8 月,毛泽东同志视察河北、河南、山东等地,肯定了人民公社。8 月,中共中央政治局扩大会议通过了《中共中央关于在农村建立人民公社问题的决议》。至此,黔东南地区的人民公社化运动在全国形势的推动下全面展开。8 月 24 日,州委召开县委第一书记电话会议研究办人民公社问题,并提出派工作组到施秉县城关区先行试点。只经过 13 天时间,施秉县城关区就建成了黔东南州第一个人民公社——红旗人民公社。紧接着,全州各县一哄而起,到 1958 年 12 月实现全州"人民公社化",参加农户 40 万户,占农村总户数的 99.62%,全州 16 个县并成了凯里、黄平、镇远、锦屏、剑河、黎平 7 个大县。

但要在这么大的范围内对生产实行科学管理、对劳动成果进行合理分配,显然已远远超出了现实的可能性。农民的生产积极性被严重挫伤,农业生产发展受到极大挫折,粮食产量大幅下挫。管理区与管理区之间、生产小队与生产小队之间、家庭与家庭之间的矛盾普遍产生。尽管在政治高压态势下,矛盾没有直接爆发出来,但农民的生产积极性已经大不如从前,社队深藏密窖、瞒产私分的现象实际上大量存在,最终达到了无法承受的程度。1961 年 3 月 22 日,中共中央发出《关于讨论〈农村人民公社工作条例(草案)〉给全党同志的信》,要求将管理区改为生产大队,将生产小队改为生产队,从而建立了人民公社、生产大队、生产队的三级管理体制。人民公社体制建立起来以后,人民公社取代了原来的乡村政权组织,成为全能性的组织,全面负责农村经济社会发展和乡村治理各方面的工作。

人民公社这种行政化的乡村治理体制具有三个基本特征:一是"一大二公"。人民公社颠覆性改变了农村传统的生产、生活方式和社会结构,通过对土地、自然资源、劳动力等要素和生活资料的分配,实现了对整个农村社会的控制,建立起了总体性社会。二是"三级所有,队为基础"。从乡镇到大队到生产队(小队),一级管一级,这与宗法制中大村不能管小村、不同宗族之间也无权相互干涉的方式明显不同。三是政社合一。人民公社体制下,党委处于核心领导地位。公社、生产大队由于建有党委和党支部,所以两级体制基本一致。在生产队一级,由于大多数并没有建立党支部,生产队长则要负起主要责任。党、政、社三者实现了高度统一,一套严密但缺乏活力的控制体系得以形成。在这样的治理构架下,为全州集中有限资源突破工业化的瓶颈起到了基础支撑作用。但这个体制对农民的剥夺过多,农民缺乏配置生产要素的自由,劳动成果与劳动过程也无直接关系,农民的生产积极性和创造性被严重抑制,最终只能"寿终正寝"。

第二节　改革开放后乡村治理体系和治理机制的重构

在调动农民生产积极性、促进农业农村经济发展方面,人民公社体制有其固有的缺陷,并导致其最终解体。但由于功能完整、动员能力强,人民公社体制在组织开展水利、道路等基础设施建设,提供教育、卫生、文化等公共服务,加强社会管理和维持社会稳定等方面有其独特优势。这一体制解体以后,农村社会出现了大量的管理和服务空白。建立新的治理体系和治理机制,是农村改革启动以后面临的迫切问题。由于基层党组织体系的构架保持了延续性,改革开放之初重构乡村治理体系和治理机制主要围绕以下三个方面进行。

一、建立乡镇政权

在封建社会,官府通过与宗族体系建立"赎买"关系实现对乡村的控制,皇权是不下县的。在人民公社体制下,通过实行"政社合一",国家在县级以下建立起严密的行政化组织体系,实现了对乡村的深度渗透。人民公社体制在短短的几年中就瓦解了,基层组织涣散、没人管事的问题很快就凸显了出来。1982年为改变人民公社"政社合一"体制带来的党政不分、政企不分的问题,中央决定撤销人民公社体制,恢复乡体制。12月修订的《中华人民共和国宪法》规定:乡、民族乡和镇是我国最基层的行政区域,乡镇行政区域内的行政工作由乡镇人民政府负责。按照中央和省委的指示精神,黔东南州全面铺开此项工作。到1984年9月,全州政社分开,建立乡镇人民政府工作全部结束,全州设78个区公所、415个乡人民政府(民族乡人民政府19个)、80个镇人民政府(新建61个,区级镇16个)。建立乡(镇)人民政府以后,乡镇村治理模式全面取代了延续多年的"政社合一"人民公社体制。

但是,乡人民政府基本是按照以前的公社范围建起来的,规模总体较小,经济基础薄弱,不利于生产要素的合理配置,不利于农村经济的发展。为解决这一问题,1991年,根据贵州省关于建镇、并乡、撤区的指示精神,开展了建镇、并乡、撤区工作,到1994年年底,全州完成建镇、并乡、撤区工作。全州15县1市建立镇人民政府83个、乡人民政府106个、民族乡政府17个、街道办事处5个。2012—2016年全州开展新一轮区划调整,全州乡级政区由调整前的211个调整为目前的206个,其中镇129个、乡60个、街道17个。行政区划设置不断科学和完善,有力促进了乡镇更好地发挥基层政权的作用,更好地适应了全州经济社会发展。

乡(镇)政府建立的初期,只有党委、政府"两套班子",机构设置也比较精干。然而,由于计划经济体制仍然没有发生根本性的转变,"条条式"的管理色彩明显,很快就形成了乡镇党委、政府、人大、纪委、人武部等班子。除了设置组织、宣传、纪检、武装、民政、财政、工商、税务、计划、农业、林业、招商、计划生育、文教卫生、生产、乡镇建设、团委、妇联、信访等与上级行政部门对应的内设机构外,还包括经管站、土地所、农技站、畜牧兽医站、司法所、统计站、水利站、农机站、文化广播站、社会保障所、司法调解中心等农业技术推广服务机构以及其他服务机构。

二、建立村民自治机制

黔东南州村民委员会的前身是农村的生产大队管理委员会。生产大队管理委员会有部分行政管理权限,负责处理社会、生产事务。1984年年底,全州实行政社分开,建立乡镇政府的工作结束后,全州有 3319 个生产大队改建为 3517 个村民委员会,原 29002 个生产小队改建为 30014 个村民小组,原 5 个街道办事处改建为 11 个街道办事处,原 40 个居民委员会改建为 121 个居民委员会。村民委员会的功能最初是维持社会治安和维护集体的水利设施、管理有关公共事务,后来逐步扩大为村民对农村基层社会、政治、经济生活中诸多事务的自我管理,村民委员会的性质也逐步向群众自治组织演变。

在这一时期,村民自治还是个新鲜事物,关于自治组织的属性、在什么地域范围自治、自治权的内容、如何选举、自治权如何行使、自治组织与乡镇政府和党组织的关系等问题,看法不尽一致,也有各种担心。为使新建立起来的村民委员会的职责、任务有法可依,1989 年,贵州省民政厅以《中华人民共和国村民委员会组织法(试行)》为依据,草拟了《贵州省实施〈中华人民共和国村民委员会组织法(试行)〉办法》。为抓贯彻落实,在实施村委会组织法中,全州实行"党委领导、政府牵头、人大参与",成立了各级领导小组及办公室,并认真抓了各项工作。自此,村民自治作为一项新型的群众自治制度和直接民主制度在法律上正式确立了起来。

三、构建农村社会治安体制

做好社会治安工作,是实现乡村有效治理的重要内容,也是实现群众安居乐业的重要保障。在人民公社体制建立后的一段时间,农村社会虽然缺乏活力,但保持了稳定有序。改革开放初期,大量历史遗留问题需要解决,影响农村稳定的因素相互叠加,导致农村社会治安事件频发,农村社会秩序受到极大影响。社会治安事件的类型多种多样,发生的原因错综复杂,往往需要多个部门相互协作配合才能完成。在人民公社体制下,人民公社具有综合管理功能,能够统筹内部的治安管理。改革开放后,社会治安形势更为严峻,必须抓紧建立相应的功能替代机制。

1979 年 6 月,中共中央宣传部等 8 个单位向中共中央提交了《关于提请全党重视解决青少年违法犯罪问题的报告》。1979 年 8 月,中共中央批转时明确指出:解决青少年的违法犯罪问题,必须实行党委领导,全党动员,依靠学校、工厂、机关、部门、街道、农村社队等城乡基层组织和全社会的力量。这是中央首次从综合治理的高度,对社会治安提出了要求。按照中央的要求,黔东南州各级党委加强领导,全党动手,全社会动员,实行全面综合治理。

1983 年 8 月,中共中央印发《关于严厉打击刑事犯罪活动的决定》,并特别强调要把农村治安不好的地方作为重点。黔东南州严打工作随之开展,农村治安秩序走向稳定,发案率迅速下降,破案率明显提高,农民群众安全感明显增强,社会风气明显好转。1984 年 12 月召开的全国公安基层基础工作会议提出明确要求,通过整顿治保组织,实现加强群众性治安防范组织建设的目标。黔东南州认真贯彻落实这一要求,农村地区陆续恢复农村治保会,基层基础工作明显加强。

第三节　适应新情况深化改革

随着改革开放的深入,农户家庭的"原子化"特征越来越明显,社会结构越来越多元,流动人口数量越来越大,这不仅对农村社会治理提出了新的要求,对城乡统筹治理也提出了新的要求。适应这些变化,黔东南州也加快了乡村治理体系和治理机制创新的步伐。

一、推动乡镇机构改革

政社分设后,乡镇一级的机构体系建立起来了,但随后又产生了沉重的养人负担,导致相当部分地方乡镇财政难以为继。作为最低层级的政府,乡镇只能被动接受上级各个部门安排的任务。为完成任务,乡镇又将这种压力传递到村级组织。在压力型体制之下,乡镇政府和村级组织长期处于疲于应付的局面,一方面做了大量本不属于自身职能范围的工作,另一方面该做好的事情没有做好。随着市场化改革的深入和农村经济社会结构的转型,如何转变政府职能、提高服务能力和提升服务效能,也成为乡镇机构面临的重要任务。围绕这些问题,乡镇机构改革不断向纵深推进。

(一)精简乡镇机构设置

政社分设后按"条条"设置乡镇部门的方式虽然实现了部门对应,但乡镇一级养人负担财政供养的人数骤然增加,负担就加重了。按照中央的安排部署,1992 年开始黔东南州开始精减乡镇人员。经过大刀阔斧的改革,乡镇数量明显减少。到 2017 年年底,全州乡镇总数减少至 178 个(其中镇 121 个、乡 57 个),比 1994 年减少 28 个。乡镇机构改革总体趋势是精简,主要有四种方式:第一种方式是合并机构。将原来业务相近的部门合并为综合性办公室,主要为党政综合办公室、经济发展办公室、社会事务办公室、小城镇建设办公室等。事业编制部门则一般改为"所""中心"或者"站",如财政所、农业服务中心、畜牧兽医站、农经统计服务站、计生服务站、文化广播服务中心等。有些乡镇甚至将所有事业单位合并到一起,成立综合性的服务中心。第二种方式是跨乡镇设置机构。将乡镇直属事业站所转制为企业或中介组织,由政府通过签订合同、项目招标的办法向其购买服务,变"养人"为"养事"。第三种方式是将部分乡镇机构改为县派出机构。这种方式主要是针对事业单位进行。第四种方式是增加机构设置。在部分经济发达的乡镇,扩大了计划生育、教育、医疗卫生、就业、社会治安等方面的服务职能,有的根据需要增加了机构设置。目前,黔东南机构设置和职能定位仍在进一步的探索和完善之中。

(二)建设服务型政府

由于基层财政困难,为了维持政府运转和避免被一票否决,在实际工作中,黔东南州部分县(市)乡政府一度将主要工作放在征购粮食、收税收费、计划生育等方面,成了"要粮要钱要命"的政府。党的十六大以后,按照中央和省委的部署,黔东南州把政府职能归结为经济调节、市场监管、社会管理和公共服务四方面。农村税费改革后,乡政府面临的环境发生了重大变化,其中最主要的就是大量的精力可以不再用于收取税费,为摆脱汲取型性质和建设服务型政府奠定了基础。以转变政府职能为核心,黔东南州开始了进一步深化乡镇管理体制的改革,改革的内容主要包括以下几个方面:一是以政府职能转变为核心,深化行政管理体制改革。切实加快推进政企分开、政资分开、政事分开、政府与市场中介组织分开,把不该由政府管理的事项转移出去。二是明确乡镇机构要重点围绕促进经济发展、增加农民收入,强化公共服务、着力改善民生,加强社会管理、维护社会稳定,推进基层民主、促进社会和谐四个方面抓好相关工作。三是建立了乡村公共服务多元供给机制。近年来,黔东南州大力推动基本公共服务项目向农村社区延伸,推进"放管服"改革,乡镇政府的服务能力明显增强,服务效率明显提高。

二、完善村民自治机制

村民自治,是社会主义民主在乡村的体现,是中国特色社会主义政治制度的重要内容。但受封建社会的长期影响,乡村社会缺乏民主和自治传统。虽然村民自治机制建立起来了,而要实行规范成熟的运行,还有很长的一段路要走。受乡镇压力型行政体制的影响,村级组织行政性色彩浓厚,主要精力用于应付乡镇下达的各种任务,组织农民自我管理和服务的工作内容明显偏少,导致村民参与的积极性并不高。人民公社体制解体以后,政社分开在乡镇一级得到实现,但在村级并没有实现。虽然村委会和农村集体经济组织属于两类组织,但农村集体经济组织的职能由村级组织行使,也引发了大量问题。随着这些新问题的产生,20 世纪 90 年代以后,完善村民自治机制的探索一直在进行。

自 1992 年 7 月起,根据民政部下发的《全国农村村民自治示范活动指导纲要(试行)》的要求和贵州省委的安排部署,黔东南州开始在农村开展村民自治示范活动,并颁布了相关的村民委员会组织法和村民委员会选举办法,进一步促进了村务公开、民主管理、建章立制,加强了基层民主政治建设,进一步完善了农村"4 个民主"(民主选举、民主决策、民主管理、民主监督),逐步实现村民自我管理、自我教育、自我服务。到 1999 年年底,全州实行村务公开的村占全州村总数的 99.3%以上,建有固定村务公开栏的村占全州村总数的 50%以上。参选率平均在 80%以上。目前,全州均实现了村民委员会换届选举,参选率达到 90%以上,村委会班子结构明显优化。民主管理机制得到完善,全州 98%的村制定了村规民约或村民自治章程,社会主义核心价值观得到充分体现。民主监督稳步推进,农村实现村务监督委员会全覆盖,普遍实行村务公开。

三、加强和创新农村社会治安综合治理

进入 20 世纪 90 年代以后,农村的开放程度明显提高,以往封闭的农村也开始通过"路"与外界逐渐融合。交通便利给群众的生活、出行、就医就学、就业等带来了方便,同时也加快了人流、物流往来,土地纠纷、民事纠纷、涉毒涉赌涉盗等案件明显增加,社会治理任务明显加重。根据社会治安面临的新形势,全州深入推动农村法治,持续化解农村社会矛盾,农村社会治理内容不断丰富,体制机制不断创新、治理手段不断改进,形成了系统治理、依法治理、综合治理、源头治理的良好格局,实现了农村社会稳定,提高了农村社会的和谐水平。

(一)农村社会治安体系的恢复重建

由于历史、地理、经济、社会等各方面的原因,黔东南苗族侗族自治州境内的山林、土地、矿山等资源的权限划分不是非常清楚,地区之间、村寨之间经常因这些问题发生摩擦和争议,有时甚至发展成械斗,造成财产损失和人员伤亡,特别是农村实行家庭联产承包责任制以来,这类矛盾更加突出,全州每年都发生上千起。

为维护农村社会稳定,1983 年起,黔东南州认真贯彻落实中共中央印发的《关于严厉打击刑事犯罪活动的决定》,把农村治安不好的地方作为重点,全州农村社会治安形势很快好转,治安秩序走向稳定,发案率迅速下降,破案率明显提高,农民群众安全感明显增强,社会风气明显好转。1991 年,按照《中共中央关于进一步加强农业和农村工作的决定》要求,黔东南州坚持专门工作和群众路线相结合,大力加强农村社会治安综合治理,并建立分赴群众性自防自治的治安保卫组织和人民调解组织。1995 年开始,黔东南州把农村社会治安问题摆到了治安工作更为重要的位置,农村的治安队伍建设也得到明显加强。1996 年,黔东南州按照全国农村社会治安综合治理工作会议精神,以治乱为突破口,以对治安不好的农村地区和农村突出问题为重点,在全州集中开展整治农村治安工作,并整顿软弱涣散的基层组织,建立维护治安的防范机制。经过这次集中

整顿以后,农村社会治安薄弱的状况大为缓解。

(二)社会安全管理体制机制的创新强化

2002 年党的十六大首次明确提出,要统筹城乡经济社会发展,建立有利于逐步改变城乡二元结构的体制和机制,逐步扭转工农差别和城乡差别扩大的趋势。党的十六大以后,统筹城乡发展方略的形成,"工业反哺农业、城市支持农村方针"的实施,强农惠农富农政策的连续出台,使得农村经济社会发展面临环境条件发生了根本性的变化,农村社会治理的背景也得到了根本性改善。在这一阶段,黔东南州农村社会治理在维护稳定、化解纠纷方面的压力明显减轻,也为着眼全局和长远、从根本上建立农村社会稳定和谐的机制创造了条件。主要形成了以下机制。

1. 创新和谐边区管理机制

黔东南州天柱、锦屏、黎平、从江等县地理位置特殊,与湖南、广西的省际边界线长,过去边界纠纷多,周边治安复杂。为解决这类问题,改革开放以来黔东南州积极组织上述县与湖南、广西的接边县定期开展"联谊、联情、联防、联调、联治"活动,特别是近年来,这些活动被作为和谐社会建设的一个载体,有效地解决了一大批边界纠纷和治安问题。如,从江县与广西接边线总长为 366.5 公里,涉及 11 个乡镇、78 个行政村、168 个自然寨,群众经常为山林土地发生纠纷,处理不及时极易引发群体性事件。为此,该县与广西接边的融水等县建立了以综治信访维稳工作机构的协作沟通、村寨联谊为主要内容的边区管理机制,制定了信息共享、工作互助、矛盾联调、防范联防、节日联谊等工作制度。通过这一机制的实施,近年来,从江县与广西接边县的各类矛盾纠纷都得到及时妥善处理,没有发生一起需要州以上协调解决的事件案件。这些经验也在州与州之间、县与县之间的接边县市、乡镇、村寨中得以广泛推广。黎平县发展了和谐边界管理机制,在省际接边地区龙额乡登晒村和广西富禄乡登屯村建立了跨省联合村级党支部,充分发挥党支部在维护接边地区和谐稳定的战斗堡垒作用。

２. 创新易地扶贫搬迁安置点综合治理机制

对易地扶贫搬迁安置点实施"六建"，即建综治中心、建警务室、建公共视频监控系统、建治保组织队伍、建调解组织队伍、建强运行机制。截至 2019 年 10 月，全州共 73 个易地扶贫移民搬迁安置点，其中 3000 人以上安置点 35 个，按照须在 3000 人以上的安置点建立综治中心的要求，全州目前已建成综治中心 52 个、警务室 50 个（警力 165 人）、群防群治组织 190 个（1680 人）、矛盾纠纷调解组织 70 个（327 人）、卫生服务室 51 个、监控探头 2357 个，任务进度完成 100%。截至当前，全州 73 个易地扶贫移民安置点尚未发生刑事案件、非访、群体性事件，安全生产事故，社会治安总体和谐稳定。

３. 创新推行网格化服务管理机制

2015 年，黔东南州全面推行网格化服务管理工作。网格化服务管理即是按照任务相当、方便管理、界定清晰的要求，在充分考虑居民认同度、农村人员状况、户籍人口数及管辖面积等因素的情况下，合理设置社区网格。在城乡社区原则上以居民小区、楼幢等为基本单元，按 200—500 户划分为一个网格，在农村主要以自然村落、片组或 150 户左右住户为基本单元划分网格。截至 2019 年年底，全州共划分网格 26033 个，有网格员 31968 人，网格化服务管理覆盖率达 100%。网格员的职责是在做好网格内调查、统计等基础工作的基础上，协助做好网格内与居民利益有关的社会治安、矛盾调处、公共卫生等工作。自 2015 年以来，全州网格员及时就地化解一般矛盾风险 9624 件，上报重大隐患问题 304 件，避免造成群死群伤事件（故）和重大财产损失。

４. 创新矛盾纠纷多元化解机制

其中较为典型的有民歌调解法、鼓藏调解法和五老调解法三种。民歌调解法即是在村寨处理婚姻、财产、赡养等家庭纠纷时，播放劝世歌谣或组织歌师现场演唱民歌，以歌攻心，以歌释理，以歌劝和。比如剑河县司法系统选聘 100 名民间歌师为民歌调解员，榕江县法院成立了"民歌法庭"，对农村提请诉讼的案件，通过民歌调解方式达到化解撤诉目的。鼓藏节作为黔东南村寨最重大、最庄严的节日，对村寨的凝聚和团结具有巩固和加强的作用。鼓藏头作为鼓藏节主持人,在家族中具有很高的威望。借助鼓藏头这种民间地位和作用,在村里设立"鼓藏调解室",推行矛盾纠纷鼓藏调解法,对维护乡村和谐起到了不可替代的作用。五老调解法即是在村里选聘老党员、老教师、老干部、老军人、老模范等为"五老"调解员,处理村民矛盾纠纷时,由纠纷双方当事人自主选择其中的"五老"调解员为其化解争议。比如剑河县2013年以来,通过民歌调解化解矛盾纠纷119件,通鼓藏调解、五老调解化解矛盾纠纷791件,调解成功率达97%,得到了省州领导的充分肯定。

5. 创新平安创建管理机制

从2003年开始,"平安建设"在各地陆续展开。第一,着力构建群防群治网络体系。加强对辖区内治安员、保安员、协管员、护村队等群防群治力量的统一整合,规范群防群治队伍的组织架构。积极发展治保队伍,目前全州绝大多数村寨均组建不低于20人的治保队伍,主要负责在村里开展治安巡逻、安全隐患排查、鸣锣喊寨,处理突发紧急情况、救火救灾等。创新实施"十户一体"联防,特别是台江县老屯乡长滩村,该村通过"十户一体"进一步拓展到联卫生、联产业,群众反映很好。大力推进社区(村居)网格化服务管理,配齐"一村一警务助理员"。目前全州共有1931个村配备了警务助理,并建设警务室。"一村一警"战略实施以来,在推动全州农村治理中发挥了积极重要作用。如丹寨县兴仁镇摆泥村石龙景区遭人为肆意破坏事件在警务助理的及时调解下得到解决,防止了事态进一步升级恶化,把矛盾隐患化解在萌芽状态。第二,着力构建治安防控网络体系。黔东南州于2015年正式启动城乡社区网格化信息化服务管理工作,2017年正式启动州、县、乡、村四级综治中心规范化建设工作,2018年正式启动乡村"雪亮工程"建设。经过几年来的建设和不断完善,目前,全州2350个行政村已全部建成村级综治中心并与网格化服务管理一体运行。第三,大力提升特殊人群的管理服务水平。建立刑释解教人员帮教机构2809个,建立安置基地10个。建立州县(市)社区矫正委员会及工作机构38个,乡镇(街道)社区矫正工作领导小组211个。建立精神病救治基金,切实搞好易肇事肇祸精神病人的救助。大力实施

"阳光工程",全州已建成安置基地5个,建成安置点16个。建立留守儿童关怀机制,经常性开展"留守儿童之家"和"留守儿童代理家长志愿者"活动。第四,切实加强基层平安主体创建载体建设。截至目前,全州共有平安建设示范乡镇(街道)28个、平安乡镇(街道)167个、平安社区96个、平安小区522个、平安村寨3427个,以上各类平安创建主体的创建合格率均达到所创建主体范围的90%以上。第五,切实加强平安建设集中宣传活动。综治5月集中宣传活动期间,全州各级各部门集中开展综治一条街宣传教育,把综治宣传月活动与"平安创建"打击"两抢一盗"、道路交通安全、农村消防安全等宣传教育相结合,进一步提高了人民群众对综治平安建设的知晓率、认同率和参与率,为维护社会平安和谐稳定奠定了良好的舆论基础。

6. 拓展民意诉求表达机制

第一,拓展社情民意反映渠道,通过领导接访、干部下访,认真倾听民众心声,反映社情民意。州委主要领导对网民留言电子信箱、网上留言等渠道的回复率达100%,认真吸纳网民建议,及时解决网民合理诉求,社会反响良好。凯里市建立健全"民情日记""民情告示栏""民情热线""民情意见箱"等党群对话机制,在市信访局设立"群众诉求中心",畅通群众诉求渠道。第二,充分利用信息网络平台手段,通过网站及时发布与群众利益密切相关的政策、举措,保障百姓的知情权,拓展群众的参与权。第三,大力发展电子政务,推动政务信息化,大力推行网上登记(住宿登记、租赁房屋登记、社会团体登记等)、网上缴费、网上咨询、网上预警等服务事项,最大限度地发挥网络信息资源的整体规模效益,"让数据多跑腿、让群众少跑腿",增强政府社会管理工作的透明度。如镇远县成立了舆情信息中心,建立镇远门户网站,发展舆情信息员55名,并组建舆情队伍QQ群,及时了解和掌握群众关注的热点、难点问题。第四,开通州、县两级电子警察系统,搭建虚拟空间警民关心沟通平台。

7. 创新重大项目决策稳定风险评估机制

《关于建立社会稳定风险评估机制的意见》的出台,将社会稳定风险评估工作纳入经济发展、社会管理考评体系,明确评估主体和评估程序,对重大决策、重点工程项目的合法性、合理性、可行性、可控性进行评估，强化工程实施动态跟踪管理，落实责任追究，建立风险评估先行、防范化解联动、建设与调解并进、发展与稳定统筹的工作模式。出台《关于扎实做好社会稳定风险评估工作切实防止不稳定因素发生的紧急通知》，推动县市和行业主管部门落实稳定风险评估措施。县市和州直相关职能部门建立了社会稳定风险评估机制，出台了实施办法，扎实开展了评估工作。如庐山工业园区之前制定实施的惠及每一个拆迁户的"四个一"拆迁安置政策，保证每一个征地拆迁户一套住房、一个铺面、一家低保、一人就业，切实维护了征地拆迁户群众的利益。

8. 创新应急管理机制

牢固树立底线思维，不断建设完善应急指挥处置体系，按照统一指挥、反应快速、控制有效、处置有力的要求，牢牢把握突发事件处置的"黄金"窗口，第一时间、第一现场迅速果断处置，切实筑牢了最后一道"关口"。第一，完善指挥机制。建立了党委、政府负总责，多部门、多行业、州县一体化协调联动的合成作战应急指挥机制，进一步规范了指挥权限，细化了职责任务，明确了处置原则和程序。并针对可能出现的各类突发状况，按照"科学、合理、实战"的原则，进一步完善了应急处置预案。第二，加强应急力量建设。针对可能出现的各类突发情况，从指挥、警力、装备上都做好应对各类突发情况的组织准备、力量准备，凯里市按照300人，其他县市按照100人的要求建立了专业应急处突队伍，布建了能够在1分钟内现场封控、3分钟环点封控、5分钟环城封控、30分钟环州封控的"1353"封控圈，一旦发生突发紧急情况，第一时间州、县联动共同处置。第三，实施高效处置。一旦发生突发情况，党政主要领导、政法委书记、公安局长以及涉事部门主要负责同志第一时间、第一现场靠前指挥、启动应急预案，严格按照"八个第一时间"和"应急指挥、联动处置、舆论引导三同步"工作要求，积极稳妥处置，将可能引发涉稳案事件的苗头、隐患消除在萌芽状态、处置在初始阶段。

9. 强化专班攻坚重点整治突出社会治安问题

坚持"什么犯罪突出就集中打击什么犯罪，什么问题突出就整治什么"的原则,针对"两抢一盗"等侵财犯罪高发、"黄、赌、毒"等社会丑恶现象易抬头等突出治安问题,组建专班,集中打击整治,成效明显。

第一,组建扫黑除恶专班,解决基层组织软、涣、散的问题。自2018年1月全国扫黑除恶专项斗争会议召开后,全州按照要求立即组建扫黑除恶专班,抽调专人负责扫黑除恶相关日常工作,包括线索分析研判、线索处置等工作。2018年经全州大力整治,共整治"村霸"问题23个,排查确认软弱涣散村基层党组织246个并全部整顿完毕,打击处理村"两委"违法犯罪人员14人,调整不合格、不胜任村支书和村主任209人,通过对村"两委"人员背景联排联审,调整有"劣迹前科"村"两委"人员40人,并对7人给予党纪政纪处分。

第二,组建"禁毒禁赌扫黄专班",解决乡村丑恶现象易抬头问题。2014年以来,全州16个县(市)先后成立了禁毒禁赌扫黄大队,组建了禁毒禁赌扫黄专业队伍,极大地震慑了犯罪,净化了社会风气。2018年,全州共破获赌博刑事案件11起;查处赌博治安案件67起,收缴赌资18万余元,收缴销毁赌博游戏机46台(套)。破获涉黄刑事案件8起;查处涉黄治安案件51起,查处违法场所48家,打掉卖淫团伙2个。对农村涉毒违法犯罪,主要对农村种植毒品原植物进行打击。2018年,全州共铲除毒品原植物3567棵。

第三,组建"严打盗拐骗专班",解决警力分散制约机制问题。随着交通的"天亮",以往封闭的农村也开始通过"路"与外界逐渐融合。交通便利不仅给群众生活、出行等带来了方便,同时也加快了人流物流往来,给流窜作案带来方便,农村摩托车、牲畜、基站电缆线等盗窃案件大幅上升。针对农村盗拐骗案件的发案态势和特点,全州16个县(市)的"严打盗拐骗专班"应运而生,专班在破案实践中有针对性地打击各类盗窃违法犯罪活动。2018年,全州共破获拐卖案件4起,共发生诈骗案件1809件。此外,全州16个县(市)严打农村枪爆物品违法犯罪,着重整治农村邪教、非法宗教、境外势力等,城乡社会治安逐年向好。

(三)加快提升农村社会治安的现代化水平

近年来,在以习近平同志为核心的党中央的集体统一领导下,先进理念、科学态度、专业方法、精细标准加快融入各项工作,社会治理的系统化、科学化、智能化、法治化迅速提高,治理效能显著提升。2017 年、2018 年,全州人民群众安全感分别达 98.67%、98.76%,全州呈现出社会持续和谐稳定的大好局面。

1. 大力实施"综治中心+雪亮工程"建设

黔东南州 2018 年正式启动乡村"雪亮工程"建设。经过几年来的建设和不断完善,目前,全州 2350 个行政村已全部建成村级综治中心并与网格化服务管理一体运行,全州共完成 2350 个行政村"雪亮工程"前端监控探头建设任务,覆盖率达 100%。"雪亮工程"进入乡村,提高了社会治安防控的信息化水平,借助视频监控可以随时发现可疑人员和车辆,人走不到的地方发生突发情况,通过视频监控可以及时发现和处置,同时也为案件侦查提供视频线索和证据,提升综治中心的治安管控能力。例如天柱县综治中心工作员在视频巡查时发现在天柱县竹林镇地坌村路段边坡有根高压线严重倾斜,路面堆积大量泥土,车辆堵塞。工作人员遂立即将该线索推送到竹林镇综治中心,指令该镇立即处置。竹林镇综治中心接到指令后,迅速启动应急联动方案,组织进驻综治中心的综治、派出所、司法所、安监、国土、供电、水利等部门人员前往事发地点进行处置。经过 2 个多小时的紧急处置,隐患得以消除,该路段道路交通恢复畅通。

2. 深入推进"大数据+民族自治+全民共治"模式

注重发挥民族民间文化在社会治安综合治理中的作用和用现代科技提高社会治理的现代化水平和能力,在民族民间文化传承的基础上,狠抓大数据创新管理和全民共治两个重点,在黔东南州以雷山西江千户苗寨的治理为典型代表。

第一,建立"数据防火"智能信息系统,通过"大数据"搜集分析,对风险隐患进行预警管控,依托 1781 户灭弧式短路保护器终端、202 套消火栓压力检测仪、14 套消防水池液位检测仪信息化智能管控网,结合"扫寨文化""鸣锣喊寨"历史传统防火等方法,积极推广专职消防队应急处置,公安消防部门、村委会、行业协会日常检查,"十户联防"等一系列行之有效的专群结合工作措施,全力构筑农村立体火灾防控体系,取得了 40 余年来未发生重大火灾和"火烧连营"事故的成绩。

第二,以房屋"二维码"深度运用为抓手,在 1335 户商户、住户安装"二维码",强化各项基础信息采集。

第三,创建老年协会等民间协会,成为西江千户苗寨治安管理的参与人和共建者。

第四,建立完善"三调一诉"机制,加强西江千户苗寨矛盾纠纷调处中心建设,创新工作机制,西江景区多年来未发生火灾事故,未发生重特大治安刑事案件,未发生造成影响的群体性事件,景区旅游实现了井喷式增长。

(四)积极推广"枫桥经验"

枫桥经验的核心是"坚持人民主体地位,发动和依靠群众,坚持矛盾不上交,实现捕人少、治安好"。2014 年以来,全州积极学习借鉴"枫桥经验",创新开展以村规民约为载体的契约治理、以民族文化习俗为支撑的村寨自治和依托民间习惯法应对重大灾害的村寨治理,为维护基层社会稳定作出了积极贡献。

1. 以村规民约为载体的契约治理

黔东南州的村规民约具有典型的少数民族传统文化特征。近年来,州委、州政府组织力量对各个村寨的村规民约进行了"合法性"筛查,将一些带有封建迷信色彩和违背法律法规的条款进行修改或删除,全面打造村规民约升级版,走出了一条礼法合治的"文化自信"之路。其中最为典型的就是锦屏县华寨村的治理合约。锦屏县华寨村共有 3 个自然寨,苗、侗、汉杂居,有吴、龙、杨等 10 个不同宗族姓氏,这与黔东南绝大多数村寨由一个少数民族群体甚至单一姓氏宗族组成的情形截然不同,治理难度大。2007 年,华寨村"两委"将原"村规民约"反复修改并征求村民意见后修订形成《华寨村治理合约》,于 2010 年 6 月 1 日起实施,并将"合约"刻在石碑上立于寨中,供全体村民对照履行。因《华寨村治理合约》体现全体村民意愿,内化了契约的"自愿"精神,全体村民都能自觉履行。近十年来,华寨村从未发生刑事、治安等案件,偷盗抢劫、火灾火警、安全事故发生率为零,先后获得"贵州省民族团结进步模范集体""全国基层群众自治示范村居"等荣誉,被联合国教科文组织评为"少数民族社区学习中心示范村"。

2. 以文化习俗为支撑的村寨自治

黔东南州农村节庆众多,有"大节三六九,小节天天有"之说。为充分挖掘民族文化的向善基因,黔东南州在推进村民自治实践中,将基层治理的要求与民族文化制度有机结合起来,使各种矛盾纠纷尽量在村寨内化解,有效推进村民自治。比如从江县苗族的"耶规"以及侗族的"款约"就是以民族文化习俗为支撑的村寨自治典型,连小孩都知道违反村规民约要受到"三个120"(120 斤肉、120 斤酒、120 斤米)的处罚。这些民约除了具有处罚和警示作用外,还具有规范村民行为、化解矛盾纠纷和维护社会稳定的功能。2017 年,在苗族的"耶规"以及侗族的"款约"等的共同治理下,从江县人民群众安全感测评分值为 100%,全省、全州排名第一位,2016 年、2017 年连续两年被国家信访局评为全国信访"三无"县。在推进乡村治理实践中,黔东南还综合运用了民歌调解法、鼓藏调解法、五老调解法等。比如剑河县司法系统选聘 100 名民间歌师为民歌调解员,对农村提请诉讼的案件,通过民歌调解方式达到化解撤诉目的。

3. 依托民间习惯法应对重大灾害的村寨治理

黔东南州现有 30 户以上集中连片自然村寨 10648 个、50 户以上集中连片的大村寨 3922 个,其中列入"中国历史文化名村"7 个、"世界文化遗产预备名录"21 个、"中国传统村落名录"409 个(占全国的 6%),是"中国传统村落"数量最多的市州。这些村寨绝大多数是木质房屋,达 90 余万栋,约占全州农村房屋数量的 85%。村寨房屋密集,往往一户失火,殃及全寨,"辛辛苦苦几十年,一夜回到解放前"。这也使得黔东南州成为我国农村消防工作任务最重的地区。为加强源头治理,近年来黔东南州在增加投入农村消防"技防"的同时,更加注重"人防",引导恢复火灾预防民间传统"习惯法",即"喊寨"预防、"扫寨"预警和"洗寨"惩戒,突出村民主体地位,增强了"社会协同"和"公众参与"的治理效果。

四、不断加强农村基层党的建设

人民公社体制解体后,农村基层党组织体系总体上是健全的,这是农村改革发展的重要条件。但受一些不良社会思潮的影响,改革开放初期部分党员和干部对党在农村工作中的地位和作用认识模糊不清,在思想意识、党性修养、组织观念、纪律要求等方面出现动摇,部分农村党员没有起到先锋模范作用,以权谋私、违法乱纪等现象明显增加,严重影响了党组织的形象和威信。部分农村基层党组织软弱涣散,战斗堡垒作用发挥不明显,在乡村的领导核心地位被弱化、虚化、淡化等问题显露了出来。在一些乡村,农村基层党组织出现"真空"状态,有些基层组织名存实亡。面对复杂多变的形势,改革开放以来,黔东南州按照党中央和省委的要求,多次开展软弱涣散基层党组织整顿提升,为适应经济社会结构的变化创新党的组织设置,不断夯实党在农村的基础作用,确保了党在农村的凝聚力和战斗力。

(一)整顿软弱涣散基层党组织

按照中央、省委关于在脱贫攻坚中加强整顿软弱涣散基层党组织的相关要求,近年来,黔东南州坚持"整顿前有准备,整顿中有措施,整顿后有巩固"的原则,把软弱涣散基层党组织整顿与"三严三实""两学一做"学习教育同部署、同督导、同评估,扎实开展整顿转化工作,解决联系服务群众"最后一公里"问题。2014 年,全州整顿软弱涣散基层党组织 358个。2015 年,全州共排查出软弱涣散党组织 73 个,已整顿落实 73 个,整顿提升率达 100%。2016 年 2 月,下发了《关于开展软弱涣散基层党组织集中排查的紧急通知》等系列文件,并按照村、社区党组织不低于 10%的比例,在全州共排查出软弱涣散村级党组织 199 个。2017 年,全州精准识别后进村党组织 131 个,其中新增存在"村霸"问题的后进村党组织 7个,占后进村党组织总数的 5.26%。黔东南州在精准识别、分类指导的基础上,按照"精准施策、靶向治疗"的要求,针对后进村党组织存在的突出问题,大力开展集中整顿,通过开展精准评估问效,交叉回访"回头看",现已整顿完成后进村党组织 131 个,整顿合格率达 100%。2018 年,全州结合扫黑除恶专项斗争村"两委"人员背景审查,共确定后进村党组织246 个。经过整顿,一些突出问题得到解决,基层党组织组织力有效提升、战斗力明显增强。

（二）扩大党组织和党的工作覆盖面

改革开放以后，农村社会组织多元化、农村党员从业多样化的特征越来越明显，大量人口外出务工经商，农村党员的流动性大为增强。按行政村设置党支部的单一方式，已经不能适应农村经济社会结构的变化。有相当部分流动党员由于各种原因没能及时接转组织关系，有的甚至与自己所在的基层党组织长期失去联系，成为"隐形党员"或者"档案党员"。有些党员由于长期不参加组织生活，不了解党的方针政策，淡化了党员意识，甚至忘却了自己是一名共产党员。在这样的背景下，扩大党组织和党的工作覆盖面，显得越来越迫切。近年来，根据中央的部署，黔东南州以扩大基层党组织"两个覆盖"为目标，加大在农民合作社、城乡接合部、流动人口聚集地、产业园区等建立党组织的力度，加强非公有制经济组织、社会组织党建工作。创新党组织设置主要有以下几个方式：（1）采取"经济组织+党组织"等组织形式，将党组织建到产业链上。党员人数较少的经济组织，可以相互联合设置党支部。近年来，"合作社+党支部""家庭农场+党支部""农业产业化龙头企业+党支部"等"红色经济联盟"快速发展。（2）在流动人口和流动党员比较集中的地方，建立流动党支部，对党员实施流入地、流出地双重管理，培养和发展新党员。（3）在党员人数较少的村，采取村村联合、村居联合等方式建立党支部。从各村的实践来看，创新党组织设置方式和创新党的工作机制，有效扩大了党组织和党的工作覆盖面，党员管理和服务工作明显增强，党员与群众的联系更加紧密，而且利于促进农民增收，形成经济发展、基层党建、社会治理的良性互促。

（三）不断加强党的基层阵地建设

党的十八大以来，黔东南州坚持把加强基层党的建设、巩固党的执政基础，作为贯穿社会治理和基层建设的一条红线，农村基层党的建设具有了新的时代特征。

一是强化思想建党。自2013年以来，按照中央和省委的要求，黔东南州先后开展了党的群众路线教育实践活动、"三严三实"专题教育、"两学一做"学习教育，持续强化党员教育工作。按照中共中央办公厅印发

《关于培育和践行社会主义核心价值观的意见》要求,全州各级党组织和政府部门积极加强社会主义核心价值观的宣传教育。认真贯彻落实《中国共产党发展党员工作细则》,对入党积极分子和发展对象的培养、教育、考察严格进行。

二是加强和规范党内政治生活。坚持"三会一课"、民主评议党员、党员党性定期分析等制度,切实提高民主生活会和组织生活会质量,落实党员知情权、参与权、选举权、监督权,全方位、立体式加强和构建良好政治生态。认真贯彻落实《关于新形势下党内政治生活的若干准则》,党内政治生活的规范性显著增强。

三是强化作风建设。结合中央八项规定、省委十项规定,黔东南州出台了《关于改进工作作风、密切联系群众的十二项规定》,极大地带动了基层党组织的作风建设。从 2013 年开始,党的群众路线教育实践活动分两批有序展开。这次教育实践活动,围绕保持和发展党的先进性和纯洁性,以"为民、务实、清廉"为主题,以"照镜子、正衣冠、洗洗澡、治治病"为总要求,以贯彻落实中央八项规定、省委十项规定和州委十二项规定为切入点,对于教育引导广大党员干部牢固树立宗旨意识和马克思主义群众观点,改进工作作风,进一步密切与群众的血肉联系产生了直接和显著的推动作用。

四是加强党内监督。落实《中国共产党党内监督条例》《中国共产党纪律处分条例》,把党要管党、从严治党落实到农村基层党组织建设的全过程和各方面。深入开展党风廉政建设,对"小官巨贪""苍蝇式腐败"等现象保持高压态势。按照中共中央办公厅印发的《关于加强基层服务型党组织建设的意见》等文件,黔东南州坚持把基层党组织的工作重心转到服务改革、服务发展、服务民生、服务群众、服务党员上。近年来,群众路线"最后一公里"的建设大为加强。

五是加强基层组织班子建设。坚持选好用好基层党组织带头人,提升战斗力。黔东南州各县市结合乡镇和村"两委"换届,选优配强党组织书记。在 2016 年新当选的村党组织书记中,致富带头人占 54%,高中以上学历占 71%,整体素质明显提升。

五、推动城乡统筹治理

随着城乡二元结构的藩篱被不断打破,城乡之间人口和劳动力大量流动。在一部分农村地区,由于人口大量外流,出现了村庄"空心化"的现象,这给乡村社会治理带来了新的压力。从绝大多数情况来看,虽然流动人口多数被统计为城镇常住人口,但户籍仍然在农村,他们的基本公民权利、财产权和生存根基仍然在农村里,这种状态客观上要求国家治理体系要作出相应的调整。针对这一重大问题,黔东南州出台了一系列政策。主要包括以下几项。

(一)加强农民工就业服务工作

以"三扶三转"为主线,制定出台了《关于在全州就业扶贫工作中开展扶志转勤、扶勤转能、扶能转富"三扶三转"工作的意见》等系列指导文件,组织开展系统业务政策培训,特别是围绕2018年,全州拟脱贫摘帽6县"百日会战",成立就业扶贫工作专班,集中力量指导麻江等6个县抓好就业扶贫工作,全力打好易地扶贫搬迁劳动力就业创业、贫困劳动力全员培训和劳务输出"三大战役",农村就业服务工作取得明显成效。2018年,全州农村劳动力转移就业77047人,开展贫困劳动力全员培训88745人,促进建档立卡贫困劳动力就业55680人,开展农村劳动力职业技能培训32834人。

(二)推动城乡社会管理和公共服务衔接

城乡统一的户口登记制度已经建立,居住证制度全面实施,城乡户籍藩篱已经打破。以持有居住证人口为优先对象,城镇基本公共服务覆盖农业转移人口的进程明显加快。按在校学生人数及相关标准分配资金,将农业转移人口子女的义务教育纳入公共财政保障范围。

(三)统筹推进城乡社会保障体系建设

积极探索和推行"五险一单"社保基金征缴模式,建立了"一个窗口对外、一张票据征收、一个平台共享"工作机制,优化经办服务,扩大社会保险参保扩面。2018年年底,全州参加失业保险和工伤保险的农民工分别为863人和17454人。加大推进医保支付方式改革,进一步扩大异地就医直接结算范围,妥善做好涵盖农民工、双创人员等在内的跨省异地就医直接结算工作。以确保养老金发放为重点,强化发放主体责任,加强基金运行情况的预测预警,确保各项社会保险待遇按时足额发放和支付,让群众共享改革发展成果。2018年,全州共支付各项社会保险待遇547108万元。进一步加强最低生活保障、特困人员救助供养、医疗救助、临时救助等社会救助制度的城乡统筹,持有居住证的困难群众与具有本地户籍的居民在申请临时救助方面享有同等待遇。

(四)保护好外出农民工在流出地的合法权益

保护好外出农民工在流出地的合法权益,最为核心的是维护农民的集体经济组织成员权。维护承包农户的土地承包经营权,除非发生法律法规规定的特殊情形,集体经济组织不得擅自收回和调整农户承包的土地。

(五)统筹区域要素匹配

通过将财政转移支付、城市建设用地增加规模与农业转移人口落户数量相挂钩,农业转移人口市民化取得突破性进展。

第四节　乡村治理面临的主要问题

随着经济社会的发展,政府对乡村的社会治理正在逐步从管理型走向服务型,各类非政府社会组织取得了一定能动性,乡村社会治理的创新活动正如火如荼地开展。从黔东南州乡村社会治理现状来看,乡村社会形成的外部环境和内部结构正在发生变化,因群众参与社会治理意识或能力不足、基层自治组织主体参与治理不充分等原因,虽出现了不少乡村社会治理比较成功的典型示范案例,但大多数采取的仍然是以政府为主导的乡村社会治理模式,政府外的社会力量如村"两委"等都还很弱小,主要存在以下几个方面的问题。

一、乡村治理理念方面

一是不少基层领导干部仍然存在重经济、轻治理的观念。不少基层领导干部对"发展是第一要务、稳定是第一责任"的工作理念还有一定差距,对"促一方发展、保一方平安"的政治使命认识不清,对履行好社会综合治理领导责任的认识不足,总觉得那是政法部门的事情,对社会治理工作研究不多,抓基层社会治理的方法和措施单一,乡村社会治理往往是通过行政命令和强制手段来推动,工作被动。

二是部分干部的公平公正理念和群众观念仍然比较淡薄。不少基层领导干部的群众意识较差,如何为人民服务的思路不清、办法不多,没有把群众放在心中,尤其是弱势群众。有的基层领导干部维护社会公平正义观念淡薄,在实际工作中往往存在维护强势群体权利、轻弱势权利保障的现象。在征地拆迁、市容市貌市政管理中,少数基层领导干部更多地考虑既得利益者和强势群体的利益,对弱势群体发展需要和存在的困难关注不够,需要加大对基层领导干部群众路线教育,牢固树立以人民为中心的发展理念,促进乡村社会公平正义。

三是部分干部以权代法的意识明显。少数基层领导干部法治思维和法治意识淡薄,依法发展经济和处理社会事务的能力和水平较差,在决策或行政管理中存在不依法办事的情况;有的服务群众意识不强,"为人民服务"只是一句空话;有的官本位思想严重,习惯于发号施令,以管人者自居;有的与民争利,甚至损害群众利益,引发群众不满和社会矛盾。有的村支"两委"仍然存在财务管理混乱、村干部利益面前偏亲向友、重大决策不民主、工作方法简单粗暴等现象,干群关系十分紧张;有的农村经济基础比较薄弱,村民自治组织难以为村民提供良好的社会服务,缺乏凝聚群众的物质基础,而且村委会办理公共事务和公益事业,多是依靠村民出资出力,村民参与自治的积极性和主动性不高。

二、乡村治理体制方面

(一)政府层面

一是协同机制不够健全。目前,乡镇政府机构分散,七站八所分散办公,乡镇综合服务中心建设滞后,乡镇政府各个系统密切协作、齐抓共管的能力弱。目前,大部分乡村社会治理工作普遍依靠政法综治部门的"单打独斗",乡村社会治理工作效率低,成效不够明显。

二是评价机制不健全。乡村社会治理成效的评价机制,既要注重群众的真实体会反映,更要体现实实在在的成效,比如一些硬性的治安、民生指标要作为评价结果的重要参考,各个基层单位普遍重视单方的监督、管理,而忽视了与群众的互动,缺乏一套行之有效的综合评价机制。

三是奖惩机制不健全。奖优罚劣是依法行政的公平体现,是充分调动工作人员积极性的有效手段。但在实际操作中,很多单位缺乏一套科学可行的奖惩机制,仅仅满足于制定措施、签订责任书。

(二)村级层面

村(居)委会这一群众性自治组织承担了大量原本属于乡镇政府和部门的工作任务,法律赋予的自治性受到一定限制,村(居)委会成为乡镇政府组织及其派出机构的"附属物",成为政府部门的承受层、操作层和落实层。村(居)委干部个人素养和知识水平普遍不高,加之工作中权、责、利的不明晰和当前考评机制不健全等综合因素,村(居)工作开展起来力不从心、疲于应付。这种村(居)行政化实际上形成了领导与指导兼有的双重关系,而其原本的村级自治管理功能萎缩,既不利于提升群众对村(居)的认同感、归属感,也不利于提高村(居)委会的威信,影响了村(居)的承载能力。同时,很多村(居)委会承担了一些应由非政府社会组织承担的事务性职能,如村(居)文化活动、公益活动、志愿者活动等,从而使村"两委"出现了"该管的未管,不该管的强管,管了的又管不好"的现象,村级管理社区化有待加快推进。

(三)非政府社会组织方面

乡村社会治理的目标就是通过多元的基层自治组织实现对乡村治理的参与,治理的主体既包括党团组织和政府组织,也包括非营利组织和市场组织。黔东南州是我国苗族、侗族的主要聚居区,社会组织主要包括该地区的各种行业协会、民族团体、自发组织等,从数量上看黔东南州的社会组织总量少、发展程度不高,且多为行业和兴趣类组织,参与社会治理的积极性不高,需加大引导力度。虽然很多乡村管理机构对群众的意愿和要求给予了一定的重视,村(居)民的合理化建议得到了一定程度的采纳,但靠行政推动力来整合社会力量的方式很难吸引群众自觉参与。乡村社会组织活动的开展很多时候处于被动地位,无法像政府那样采取合法的强制手段实现公共管理和保护公民的公共安全与人权,而政府与营利组织又不能像非营利组织那样对乡村弱势群体提供免费而又得到受助者欢迎的服务。

对农村开展社会治理问卷调查,关于"您认为社会组织参与乡村治理存在的主要困难是什么"一题中,在 217 份问卷中,有 59 人认为是政府保持高度警惕,谨慎让社会组织参与治理;有 66 人认为是政府对社会组织参与社会治理的重视程度不够;有 142 人认为是社会组织参与社会治理的组织基础不牢固;有 117 人认为是有关社会组织参与社会治理的法律法规不健全(见表 8-3)。

表 8-3 社会组织参与乡村治理存在的主要困难情况 (单位:人;%)

	人数	比例
政府保持高度警惕,谨慎让社会组织参与治理	59	27.19
政府对社会组织参与社会治理的重视程度不够	66	30.41
社会组织参与社会治理的组织基础不牢固	142	65.44
有关社会组织参与社会治理的法律法规不健全	117	53.92

资料来源:课题组 217 个村调查数据。

(四)群众方面

村民自治是指村民通过合法组织与程序行使民主权利,实行自我管理、自我教育、自我服务、民主选举、民主决策、民主管理和民主监督的一项基本制度。农村基层组织中有村民委员会和村民代表大会。但是,在大部分农村,村民代表大会没有充分发挥作用,村里大小事务还是由村"两委"说了算,这在一定程度上压制了村民的积极性。对于村民自己来说,村民本身的文化程度不高,再加上很多村庄的年轻人都外出谋生,一些村庄出现了"空心化"现象,村民的主要利益在居住地,而很大程度上对村庄的建设不太关心,参与村里事务积极性也不太高。

对于村级社会治理存在的最突出问题是什么一题中,在 217 份问卷中,有189名受访者认为是群众参与社会治理意识或能力不足,占87.1%;有97人认为是基层自治组织等主体参与治理不充分,占44.7%;有40人认为是政府职能转变不到位,越位缺位并存,占18.43%;有99人认为是乡村发展规划不合理或者落后,占45.62%;有30人认为是社会治理工作不被政府真正重视,占13.82%;有77人认为是社会民生发展滞后,占35.48%(见表8-4)。

表8-4 村级社会治理存在的最突出问题情况　　(单位:人;%)

	人数	比例
群众参与社会治理意识或能力不足	189	87.1
基层自治组织等主体参与治理不充分	97	44.7
政府职能转变不到位,越位缺位并存	40	18.43
乡村发展规划不合理或者落后	99	45.62
社会治理工作不被政府真正重视	30	13.82
社会民生发展滞后	77	35.48
其他	1	0.46

资料来源:课题组217个村调查数据。

三、乡村治理工作机制方面

从调研情况看,黔东南州乡村社会治理工作虽然取得了一定成绩,但乡村治理机制层面也存在着一些问题。

(一)乡村管理资源匮乏

黔东南州乡村普遍面临资源匮乏、配套支持难以满足乡村社会治理需要的困境,主要体现在如下两个方面:一是人才资源匮乏。农村"能人"大量外出务工和创业,当前,从事乡村治理与服务工作的多是村三大员,且大多数没有经过社会工作的专业培训,缺乏社会管理知识,面对乡村各项功能社会化服务显得心有余而力不足。另外,乡村工作人员杂事多,工作量较大;但薪酬却普遍偏低,吸引不了高素质人才,有的村甚至十多年没有发展党员,村"两委"话语权减弱,乡村工作者队伍青黄不接。比如,榕江县八开镇高雅村,全村133户645人,有党员19人、村干部5

人,但 5 名村干部中有 3 名是贫困户,家庭负担重,忙于脱贫生计,无暇顾及村务工作。二是财力资源匮乏。集体经济基础差,存在较多"空壳村",缺乏自有财力改善村寨基础条件和服务村民群众。由于乡村日常管理事务繁多,乡镇政府拨款补贴远远不能满足乡村管理费用。例如榕江县平永社区是平永镇政府所在地,人员流动大,每周还有一次赶集日,环境卫生工作任务繁重,由于当地政府财力有限,社区村集体经济收入微薄,环卫工人每月只能领取 1300 元工资,平均每天 43 元,并且目前环卫工人的工资是由当地镇政府财政支出,不纳入财政预算,经费十分紧张。

(二)乡村民生事业欠账多

由于自然条件、经济发展等因素制约,乡村社会治理的基础建设和基本条件比较滞后。基础设施建设方面,由于村、组(自然寨)分散,州、县、乡财力严重不足,无力加强农村基础设施配套建设。除了"中国传统村落"、历史文化名村、旅游村寨等重点村寨获得相应专项资金建设,其余多数村寨的排水、垃圾和污水处理等基础设施建设滞后。基本公共服务供给方面,学前教育、义务教育、医疗卫生、文化等公共服务方面,近年来虽然通过国家大力扶持,得到了较大改善;但对于广大农村而言,覆盖面仍显不够,与城镇相比差距依然较大。就业创业发展空间方面,广大山区村寨条件比较艰苦,从农村出来的大学生毕业以后,很难再回到村里,真正返乡创业的寥寥无几,部分农村发展面临困境。

(三)社会稳定有待进一步加强

首先,农村诉求渠道不畅与政务不公开并存。调查显示,只有 48% 的受访者认为群众诉求反映渠道畅通。对于如何加强政府与群众的交流,被认为较为重要的依次是"干部多下基层调研"(82.03%)、"领导干部经常与群众座谈交流"(73.73%)、"充分利用现代通信平台同群众交流"(66.82%)。其中,"发挥政府门户网站的作用"(49.31%)排序相对靠后。其次,对无理上访、缠信缠访处置不力。因多数信访件都是经过处理解决过的,群众对有关部门按政策法律法规解决的结果,与自己诉求期望值有一定差距,故重信重访,甚至无理上访、缠信缠访,相关部门只能劝访接访,导致一些群众无休无止无理上访、缠信缠访。再次,维护群众权益的机制仍不健全。各部门在维护群众利益时,未能形成维护群众权益的合力。有的地方和部门在维护群众权益上,责任主体不明确,存在新官不理旧账、推诿扯皮现象;一些地方和部门不依法行政、不依规办事,处理群众诉求不到位、不依法,导致矛盾不断积累、激化、蔓延、升级,影响了社会和谐。

(四)流动人口管理服务机制还不完善

一是流动人口管理的合力不强。虽然建立了由公安、卫健、人社等部门牵头,各乡镇和辖区派出所等有关部门配合的流动人口管理工作机制。但不同程度存在"各扫门前雪"现象,离"管实、管牢、管住、管好"的要求有差距。

二是流动人口的管理体系不健全。目前,对流动人口的管理往往留在文件和办证上,没有真正投入力量进行日常管理和核查落实。造成村(居、社区)治保会与职能部门缺乏沟通、协调,形成主要靠公安机关一家"孤军作战"的现状。

三是流动人口办证意识不强。流动人口中除了需要暂住证时才办理之外,一般均不主动到派出所登记办证,离开时也未主动去注销或退回暂住证,给管理工作带来一定难度。

四是跨省区协调机制滞后。虽然公安机关对流动人口实行函查制度,也通过向流动人口户籍所在地发查证函,但是由于跨区域,尤其是跨省区之间公安机关的协调机制尚未健全,致使回函率极低,对流入地公安机关全面了解流动人口基本情况带来一定困难。

(五)刑释解戒人员安置帮教还需进一步加强

安置帮教工作组织基础薄弱,各级刑释解戒人员安置帮教工作领导小组属于非常设性的指导和协调组织,缺少硬性手段和制约措施;各级帮教组织囿于职权所限,工作缺乏应有的力度。协调配合不力,安置帮教工作政策性强,内容涉及很多方面,需要若干相关部门的大力支持配合。在调研过程中,司法行政机关普遍反映在实际工作中基本上是"孤军作战",常常感到力不从心。对刑释解戒人员的信息管理手段落后,城镇户口刑释解戒人员就业安置压力较大,安置率偏低。

第五节 完善乡村治理体系和治理机制

党的十九大报告要求,"加强社会治理制度建设,完善党委领导、政府负责、社会协同、公众参与、法治保障的社会治理体制,提高社会治理社会化、法治化、智能化、专业化水平"①。推动乡村治理现代化,一方面要遵循治理的一般规律,引入现代治理理念、要素、体系、方式和手段,提高农村社会治理的水平;另一方面要考虑城乡社会结构的差异,因地因村制宜,选择符合村情民情的治理模式,确保乡村社会充满活力、和谐有序。

从对217名村干部的访谈来看,关于"您认为该如何推动乡村治理现代化"一题中,有193人认为是培育公民意识;有154人认为是建立多元共治体制;有163人认为是培育基层自治组织;有93人认为是政府简政放权;有128人认为是完善多方监督机制;有123人认为是推动政务村务公开;有121人认为是更好发挥现代科学技术的治理作用;有95人认为是建立政社合作的机制框架。关于"您认为乡村治理现代化最关键的是什么"一题中,有148人认为是建设法治社会;有192人认为是公民素质的提升;有138人认为是公共服务的有效均等供给;有106人认为是现代信息技术的发展和应用;有102人认为是政府向基层放权,投入大量人力物力财力。回应对上述社会治理重难点问题的关切,结合黔东南州实际,我们初步提出创新社会治理的如下思路。

一、建立健全现代乡村治理体制

党的十九届四中全会指出:"社会治理是国家治理的重要方面。必须加强和创新社会治理,完善党委领导、政府负责、民主协商、社会协同、公众参与、法治保障、科技支撑的社会治理体系,建设人人有责、人人尽责、人人享有的社会治理共同体,确保人民安居乐业、社会安定有序,建设

---

① 习近平:《决胜全面建成小康社会 夺取新时代中国特色社会主义伟大胜利——在中国共产党第十九次全国人民代表大会上的报告》,人民出版社2017年版,第49页。

更高水平的平安中国。"①建设现代乡村治理体制,打造共建共治共享的农村社会治理格局,是实施乡村振兴战略的重要内容。

一是更加有效发挥农村党组织在治理中的领导核心作用。坚持农村基层党组织领导核心地位,大力推进村党组织书记通过法定程序担任村民委员会主任和集体经济组织、农民合作组织负责人,大力推行村"两委"班子成员交叉任职,因地制宜,不搞"一刀切"。全面落实村党组织书记县级党委组织部门备案管理制度和村"两委"成员资格联审机制,实行村"两委"成员近亲属回避。选优配强村务监督委员会成员,推行村党组织纪委书记或纪检委员担任村务监督委员会主任。提倡由非村民委员会成员的村支委委员或党员担任村务监督委员会主任,村民委员会成员、村民代表中党员应当占一定比例,增强党组织的影响力和掌控力。创新完善"行政村党组织—网络(村民小组)党支部(党小组)—党员联系户"的村党组织体系,提升党建引领乡村治理的精准化、精细化水平。适应信息化发展形势,加强党建网站、党建微信微博、党员手机信息平台等网络党建阵地建设。把农民群众关心的突出问题作为纪检监察工作的重点,整顿软弱涣散农村基层党组织。

二是有效发挥"村两委"作用。制定基层政府在农村治理方面的权责清单,推进农村基层服务规范化标准化,如果需要村"两委"协助的工作,应按"权随责走、费随事转"的原则进行。界定村"两委"自治管理的职责,提高村"两委"在乡村振兴中的威信。创新村"两委"考核监督机制,对村"两委"的考核由上级部门的单向考核,转变为上级部门、驻村帮扶单位和本村村民共同参与的多向考核,强化以群众满意度为重点的考核导向。政府职能部门在村内建立公示制、承诺制,接受村民的监督和评议。开展农村基层减负工作,严格控制对村"两委"设立不切实际的"一票否决"事项,集中清理对村级组织考核评比多、创建达标多、检查督查多等突出问题。

---

① 《中共中央关于坚持和完善中国特色社会主义制度　推进国家治理体系和治理能力现代化若干重大问题的决定》,人民出版社 2019 年版,第 28 页。

三是大力提升村民参与度。村民参与度的高低,是乡村有效治理的关键。通过建立"一村一微信群"、张贴宣传通知等多种方式公开村"两委"工作,引导村民在民主管理中发挥作用。对影响村民生活的大小事情通过院坝会、小组会等形式,增加农村治理透明度。开展各类丰富多彩的社会活动和互助活动并树立典型,满足村民多方面的精神需求,形成和谐邻里、平等互助的良好风气。

四是积极引领和推动社会力量参与治理。充分发挥工会、共青团等群团组织的力量和各民主党派、无党派人士的积极作用,形成问题联治、工作联动、平安联创的工作机制。培育和发展一批法律服务类、生活服务类、公益慈善类等专业性组织,充实农村社会治理力量。积极尝试市场化的购买制度,引导符合条件的组织或个人创办公益性组织。构建支持引导社会各方面人才参与乡村振兴的政策体系,吸引支持党政干部、专家学者、医生教师、技能人才等,通过下乡担任志愿者、投资兴业、包村包项目、行医办学、捐资捐物、法律服务等方式服务乡村振兴事业。

二、着力推进农村自治、法治、德治有机结合

自治、法治、德治不可分离、不可偏废,要发挥好以自治"消化矛盾"、以法治"定分止争"、以德治"春风化雨"的作用,形成法治、德治、村民自治相得益彰的良治局面。

(一)强化村民自治实践

健全基层党组织领导的村民自治机制,在农村公共事务和公益事业中广泛实行村民自我管理、自我服务、自我教育、自我监督。坚持自治为基,推动乡村治理重心下移,尽可能把资源、服务、管理下放到基层,健全和创新村民自治机制。

一是建立健全基层民主协商制度体系。对开展城乡社区协商的内容、形式、主体、程序等方面作出全面规定,初步形成城乡社区协商制度体系。全州所有农村社区均要建立议事协商委员会,涉及农村社区公共事务和村民切身利益的事项,均由议事协商委员会牵头,拓宽社情民意表达渠道,有效激发广大群众参与农村社区建设的热情。

二是培育农村社会组织。进一步优化农村社会组织的发展环境,通过强化乡村共治意识、加快转变政府职能、完善扶持政策落实体系、分类实施监督管理和积极进行指导培训等举措,加快促进各类农村社会组织的建设与发展。大力培育农村供销合作社、商业网点、流动服务平台、电子商务平台等服务性、公益性、互助性农村社会组织,积极发展农村社会工作和志愿服务,建好党团员志愿服务站。

三是加强自治组织建设。深入实施村民委员会组织法,完善农村民主选举、民主协商、民主决策、民主管理、民主监督制度。进一步规范村民委员会等自治组织选举办法,健全民主决策程序,发挥自治章程、村规民约的积极作用。依托村民会议、村民代表会议、村民议事会、村民理事会、村民监事会等,形成民事民议、民事民办、民事民管的多层次基层协商格局。

四是创新村民自治模式。创新村民议事形式,完善议事决策主体和程序,落实群众知情权和决策权。健全农村民主管理机制,以县(市)为单位修订完善村务公开目录,丰富村务公开内容、创新村务公开形式、规范村务公开程序。积极推进村务公开信息化建设。健全村务档案管理制度,加强村务档案归档、保管和使用管理,推动乡村治理重心下移,尽可能把资源、服务、管理下放到基层。开展以村民小组或自然村为基本单元的村民自治试点,全面建立健全村务监督委员会,推行村级事务阳光工程。

(二)推进法治乡村建设

坚持法治为本,树立依法治理理念,完善乡村法律服务体系,强化法律在维护农民权益、规范市场运行、农业支持保护、生态环境治理、化解农村社会矛盾等方面的权威地位。

一是开展法治教育。深入开展"法律进乡村"宣传教育活动,以适应农村干部群众对法律知识的现实需求,引导干部群众尊法学法守法用法。提高农村治理法治化水平。加强普法教育和法治宣传,进一步调动农村干部群众学法用法的积极性,增强基层干部法治观念、法治为民意识和依法办事能力,将政府各项涉农工作全面纳入法治化轨道。加大农村普法力度,紧密结合农村经济社会发展实际,加强土地征收、承包地流转、生态保护、农产品质量安全、社会救助、劳动和社会保障等方面法律法规的宣传教育,预防和减少农村现代化进程中的社会矛盾,维护农民群众的切身利益。提高农民工的法律意识,增强其维护自身合法权益的能力。

二是建设法治乡村。加快完善农业农村法律服务体系,健全农村产权保护、农业市场规范运行、"三农"支持保护等方面的法律制度,把政府各项涉农工作纳入法治化轨道,保障农村改革发展。深入推进综合行政执法改革向基层延伸,创新监管方式,推动执法队伍整合、执法力量下沉,加强执法装备建设,提高执法能力和水平。加强乡村人民调解组织建设,完善乡村人民调解委员会、调解小组、纠纷信息员网络。建立健全乡村调解、县市仲裁、司法保障的农村土地承包经营纠纷调处机制。健全农村公共法律服务体系,加强对农民的法律援助、司法救助和公益法律服务。深入开展"民主法治示范村"创建活动,深化农村基层组织依法治理。

(三)提升乡村德治水平

坚持德治为先,传承弘扬优秀传统文化,以德治滋养法治精神,让德治贯穿乡村治理全过程,注重发挥家庭家教家风在基层社会治理中的重要作用。

一是强化道德教化作用。发挥中华传统文化、伦理道德的教化滋养作用,大力弘扬社会主义核心价值观,把社会和谐稳定建立在较高的道德水准上,深入挖掘乡村熟人社会蕴含的道德规范,结合时代要求进行创新,强化道德教化作用,引导农民向上向善、孝老爱亲、夫妻和睦、重义守信、勤俭持家、邻里互助、见义勇为。建立道德激励约束机制,实现家庭和睦、邻里和谐、干群融洽。积极开展道德评议活动,广泛开展好媳妇、好儿女、好公婆等评选表彰活动,开展寻找最美乡村教师、农技员、医生、村干部、家庭等活动,树立道德模范标兵,发挥道德教化的表率作用,培育和美家风、醇美乡风、尚美民风。深入宣传道德模范、身边好人的典型事迹,弘扬真善美,传播正能量,鼓励农民群众自我教育、自我管理、自我服务、自我提高。

二是发挥村规民约功能。充分发挥村规民约在农村基层治理中的独特功能,弘扬公序良俗,促进自治、法治、德治有机融合。开展村规民约示范创建活动,每年按建制村总数的5%创建村规民约示范村。不断完善村规民约内容,规范村规民约制定和修改,充分发扬民主,最大限度体现全体村民的合法利益和意愿,求得最大公约数,不得违背宪法和法律精神,不得妨碍和侵犯个人、集体合法权益和国家利益,特别要防止出现多数人侵犯少数人权益的情况,促使其更加契合法治精神和现代治理理念,增强传统村规民约的现代价值。完善村规民约组织实施方式。构建教化与引导、激励与约束、自律与他律相结合的长效机制,解决村规民约的执行力。建立由老党员、老教师、老模范、老干部、复退军人、经济文化能人组成的理事会,监督村规民约的执行,处理处置违规违约现象。加强优秀村规民约的宣传,发挥好典型示范作用。

三是促进乡村移风易俗。引导村民群众崇尚科学文明,传播科学健康的生活方式,抵制封建迷信活动和奢侈浪费的行为,做文明人、办文明事。发挥村民议事会、德道评议会、红白理事会、禁毒禁赌协会等群众组织的作用,遏制大操大办酒宴、厚葬薄养、人情攀比、高额彩礼等陈规陋习,遏制不文明、不健康的风俗习惯。到2022年,全州90%以上行政村成立红白理事会或相应的群众自治组织,落实农村红白事项办理制度。深化农村殡葬改革,制定完善对丧葬礼俗改革有硬约束、硬要求的村规民约,支持农村地区建设公益性骨灰堂(公墓)、殡仪馆、殡仪服务中心等殡葬设施,建立健全基本殡葬服务制度,稳妥有序推进散埋乱葬治理。深化农村科普工作,推动农村科学普及工作,发挥农家书屋的作用,倡导农民群众读书用书,举办文化学习活动,鼓励学文化、学知识、学技能,提高农民群众的文化素养。注重通过现代信息网络技术,拓展汲取新知识、新技术的能力,学习和了解卫生健康、道德法律、人文历史、实用技术、社会发展等知识,增强融入现代社会的意识和能力。

三、深化平安村寨建设

持续推进"平安细胞"工程,深化"平安村寨"创建,不断完善农村社会治安防控体系建设,为农村经济社会发展营造平安、稳定、和谐的社会环境。

一是要完善农村社会治安防控体系建设。健全落实综治领导责任制,完善立体化社会治安防控体系和"严打整治"长效机制,大力实施"雪亮工程"建设,完善农村公共安全视频监控网络体系,2019年年底实现全州所有行政村重点公共区域视频监控全覆盖。要规范化建设村(居、社区)综治中心,实施"一村(居、社区)一警务"战略,健全群防群治组织,因地制宜采取适合本区域的人防物防技防措施,构筑"村村(居、社区)有组织、网格有人管、户户有人看、重点部位有监控"的村(居、社区)治安防控网。建立"平战结合"机制,推进综治中心规范化建设和网格服务管理标准化建设,下沉力量资源,强化农村基层治安能力。

二是要深入开展各项专项治理活动。深入开展扫黑除恶专项斗争,依法严厉打击农村黑恶势力、宗族恶势力、家族恶势力、"村霸",严厉打击黄赌毒、盗拐骗、破坏生态、网络诈骗、非法传销等违法犯罪行为。依法打击农村非法宗教活动,持续整治私建乱建庙宇、滥塑宗教造像等违法违规行为。创建贵州宗教关系和谐示范区,持续开展反邪教斗争,依法打击各类邪教违法犯罪活动,挤压邪教生存空间,遏制邪教在农村发展蔓延,防范邪教侵害群众利益。

三是要加强社会矛盾纠纷排查化解。坚持和发展新时代"枫桥经验",畅通和规范群众诉求表达、利益协调、权益保障通道,完善信访制度,完善基层人民调解、行政调解、司法调解联动工作体系,健全社会心理服务体系和危机干预机制,完善矛盾纠纷联防联调工作机制。进一步健全完善矛盾纠纷动态排查制度、矛盾纠纷汇总研判制度、矛盾纠纷多元化解告知制度,以村级综治中心为平台,推进网格化、信息化服务管理。深化人民调解规范化建设,健全农村地区调解组织网格,提升解决纠纷的能力。创新动员群众的方法手段,有效利用社会力量,提升群众对社会预防化解工作的认知度和参与度。坚持自治、法治、德治相结合,发挥好村规民约在群众自治管理中的作用,运用道德、文化、习俗、规范等力量调节关系、引导行为、化解矛盾。

四是要加强安全生产监管。完善和落实安全生产责任与管理制度,建立公共安全隐患排查与安全预防控制体系。构建统一指挥、专常兼备、反应灵敏、上下联动的应急管理体制,优化村级应急管理能力建设,提高防灾减灾救灾能力。规范交通、民爆物品、消防、非煤矿山、建筑工地等领域安全管控,坚决遏制重特大安全生产事故发生。加强基层安全生产监管,建成覆盖所有乡镇、村(居、社区)和监管对象的网格化监管体系。

在关于"您认为政府该采取什么形式加强与群众交流"一题中,有145人认为是充分利用现代通信平台同群众交流;有178人认为是干部多下基层走访调研;有160人认为是领导干部经常与群众座谈交流;有107人认为是发挥政府门户网站的作用;有113人认为是完善信访制度(见表8-5)。

表8-5　政府该采取什么形式加强与群众交流情况　　(单位:人;%)

	人数	比例
充分利用现代通信平台同群众交流	145	66.82
干部多下基层走访调研	178	82.03
领导干部经常与群众座谈交流	160	73.73
发挥政府门户网站的作用	107	49.31
完善信访制度	113	52.07

资料来源:课题组217个村调查数据。

四、进一步改善乡村治理的基础条件

一是增强乡村社会治理的人才基础。大力实施"领头雁"工程,注重从致富能人、合作社负责人、知识青年等推选村支书和村干部。深入推进村干部报酬"基本报酬+购买服务+集体经济收益奖励"的"三增"机制,让村干部安心干、乐意干。加大在青年农民、外出务工人员、妇女中发展党员力度。实施高校毕业生基层成长计划,开展"三支一扶"、选调优秀高校毕业生到基层工作等,对农科类毕业生给予一定程度政策倾斜。探索开展职业农民职称评定试点,加大优秀乡土人才评选表彰活动。实施"村村都有好青年"选培计划,加强与各地贵州商会对接,鼓励青年才俊回乡发展,充实农村基层人才。大力培育新型职业农民,通过实施新型农业经营主体带头人轮训计划、现代青年农场主培养计划和农村实用人才带头人培训计划,加快培育一批专业大户、家庭农场主、农民合作社领办人和农业企业骨干。

二是加强村级公共服务能力建设。依托现有村部、空闲校舍等场所,综合采取改建、扩建或新建等多种方式,加强村级综合性公共服务设施建设,打造"一门式办理"、"一站式服务"、线上线下相结合的服务平台。编制村级公共服务目录和代办政务服务指导目录,为农村居民提供就业社保、卫生、计生、社会事务、文体教育、法律安全、农业生产等多种公共服务,推动政府基本公共服务向农村延伸。

三是提升农村社会治安设施的现代化水平。全面推进公共安全视频监控建设联网应用"雪亮工程"建设,进一步升级技防措施,加快公共安全视频图像信息共享交换总平台、公安分平台、综治分平台建设,将"天网、雪亮网、地网、社会视频"等资源进行深度融合运用。将视频监控、智能交通、移动上网、电子围栏、物联网、门禁系统等智能化信息采集渠道进行整合,强化综治大数据分析、处理、挖掘,实现对各类风险的自动识别、敏锐感知、及时预警和主动拦截,实现由事后追溯向事前预测预警预防转变。

第九章　推动夯实农村基层基础同乡村组织振兴有效衔接*

农村基层组织中党组织强不强,基层党组织书记行不行,直接关系乡村振兴战略的实施效果好不好。习近平总书记指出:"要建立和完善以党的基层组织为核心、村民自治和村务监督组织为基础、集体经济组织和农民合作组织为纽带、各种经济社会服务组织为补充的农村组织体系,使各类组织各有其位、各司其职。"①

只有用好组织振兴这个"牛鼻子",在健全组织、建强队伍、引领发展、完善制度和落实保障等方面齐抓共管,发挥好农村基层党组织的核心作用,发挥好基层群众自治组织、经济合作组织和产业组织、社会组织的积极作用,才能通过组织振兴推动乡村振兴,实现黔东南州经济社会发展的弯道取直、后发赶超。

第一节　农村组织体系建设取得明显成效

一、基层党组织建设不断增强

党的基层组织是党在农村全部工作和战斗力的基础。在黔东南州206个乡镇街道中,有2117个村,现有村级党员94195名,有11个村级联合党委、501个村级党总支、1616个村级党支部。在实施精准扶贫精准脱

＊　本报告作者为中共黔东南州委党校杨汉林,州人民政府罗丹。
①　《习近平关于"三农"工作论述摘编》,中央文献出版社2019年版,第132页。

贫工作以后,积极发展壮大党组织,选好配强"两委一队三个人"。

(一)选优配强村级党组织书记

在 2017 年 3 月第十届村"两委"换届时,全州 2117 个村党组织新选任 1138 人,4800 名致富能人选任为村"两委"成员。对 134 名深度贫困村党组织书记和 54 名深度贫困村村委会主任进行及时调整,并确定和培养村级后备干部力量 11517 人,精准识别后进村党组织 572 个,其中对 355 个软弱涣散村级党组织实施整顿提高工程,着眼于打赢脱贫攻坚战,也为乡村振兴打下良好的组织和干部基础。2018 年年底,全州由基层党组织引领的村级集体经济组织 1798 个,农民专业合作社达到 8712 家,2117 个村集体经济收入均达 5 万元以上,有 17 个村达 100 万元以上,脱贫致富和乡村振兴正蹄急步稳地前行。在这次课题组调研的 217 个村级党组织中,对于村党组织在扶贫工作中的作用,有 179 人认为体现在规划安排上和动员组织上,占 82.4%;有 165 人认为体现在宏观工作和具体工作都抓,占 76.04%;有 116 人认为体现在"四增到户"中起主要作用,占 53.46%;有 163 人认为积极带头作用明显,占 75.12%。

在党的十八大之前,改革开放以来靠基层党组织带动的最有代表性成果是黔东南州的第一个小康村——雷山县西江镇脚尧村。脚尧村是坐落在雷公山北麓海拔 1350 米大山半山腰的村寨,是雷山县居住海拔最高、生产生活条件最恶劣的村落。20 世纪 80 年代在生存条件艰难又无处可搬的窘境下,在支书吴某某的领导下,村党支部带领全村群众依据高海拔的特点,抓农田改造良种良法,解决有米下锅的难题,然后抓魔芋、折耳根、中药材等产业,1987 年脚尧茶园的建立为脚尧大发展奠定了产业基础,历经 30 余年矢志不移的奋斗,脚尧茶声名鹊起,成了致富奔小康的主打产业。支书吴某某和脚尧党支部的"愚公移山"精神和产业上精准发力的"绣花功夫"成了黔东南州改革开放大发展的一个缩影。

天柱县蓝田镇东风村通过"党建引领、产业支撑、以点带面、整体推进",支书带头干、党员带着干、党群一起干,由支部覆盖农业专业合作社 7 个,党员带领的小型种养合作社 20 个,发展 30 余种农业产业,打造出社会效益良好的"党建扶贫"样本。东风村党建与产业互动,使该村村民人均收入由 2014 年的不足 2000 元,发展到 2018 年的人均收入 8600 元,党组织影响力和乡村振兴同步提升。2014 年,在多数人处于观望的情况下,村"两委"党员带头成立了东风党员种植专业合作社,当年流转土地 150 亩种植中药材头花蓼,当年合作社实现收入 30 万元。在书记带头干党员带着干的实效下,2015 年合作社实现了党群一起干的局面,实现"党建引领、产业支撑、以点带面、整体推进",产业发展计划稳步实施。如今的合作社从只有党员参与的党员种植专业合作社变成了没有"党员"两个字的合作社。天柱县东风种植专业合作社等 7 个合作社,2018 年交出满意的答卷:百香果 600 亩,美人指 150 亩,荷花 100 亩,牧草 500 亩,肉牛养殖基地 1000 亩,林下养鸡 40000 羽,利益链接 233 户,村集体收入突破 10 万元,土地流转群众收入达 100 万元,群众劳务收入达 200 万元。

(二)派强用好第一书记和驻村干部

全州精准选派 1560 名第一书记和 7858 名队员,组成 1555 个工作组轮战帮扶 1570 个村,对派驻干部进行考评监督,对不符合条件的进行整顿和召回,精准扶贫以来共召回 196 名第一书记和 115 名驻村帮扶干部。2014—2018 年年底,5 年来帮扶干部共帮助群众争取项目 2.97 万个,协调解决资金 34.7 亿元,解决困难问题 11.35 万个,办好事实事 27.24 万件,化解矛盾 5.46 万起。

(三)激励党员带头增收致富

在党组织带领群众致富过程中,黔东南州各基层组织积极解放思想,探索脱贫攻坚和乡村振兴的好思路、好方式。把能人致富带头人培养成党员,把党员培养成致富带头人,把党员致富带头人培养成支书。

目前,全州农村各类专业大户有 1862 户,"金种子"数 59149 个,其中党员"金种子"10650 个,2117 个村中由党支部和村委会主持的村级集体经济组织有 1798 个,在脱贫攻坚和乡村振兴中起着良好的带头带动作用。在全州 2323 名村(社区)党组织书记中,80%以上的村级(社区)干部达到"创业发展型"要求。黔东南州由 37 名州四大班子领导干部分别联系 206 个乡镇,531 名县(市)四大班子领导干部分别联系本县(市)所有村,实现领导干部联系村级全覆盖。

丹寨县探索开展把村"两委"班子成员培育成产业大户,把产业大户培育成村"两委"班子成员,把产业大户、能人和知识青年培育成党员"三育"工程,增强村"两委""双带"能力,大力培育村级后备力量,储备村级后备力量 508 人,确保村级班子后继有人。

2015 年 8 月,三穗县颇洞村成立了"党支部+合作社+基地+农户"的"党社联建"发展模式。这个名为"三穗县农峰蔬果种植专业合作社"的合作模式,当年年底就发展成跨 2 个乡镇、4 个村的颇洞联合党总支,到 2017 年发展成跨 3 个乡镇、10 个村的颇洞联合党委。采取的是基层组织共建、民主管理共筑、产业发展共谋、市场资源共享、基础设施共建、服务平台共搭的思路,组建"党社联建"专业合作社 18 家,采取支部带实体聚资源壮实力、强村带弱村实现抱团发展、党员能人带动群众致富,打造一条由党组织带动的共同富裕道路,实现了颇洞农业产业和观光园、滚马生态旅游、邛水土司文化、界牌万亩竹海和溶洞奇观、高铁经济圈等融为一体的发展格局。联合党委使基层组织的凝聚力、战斗力空前增强,组织活力充分展现,产业兴旺发达,规模化、专业化园区建设前景美好。2015 年参加的股民 296 户 1480 人,募集股金 301 万元,当年合作社赢利 229 万元,分红 110 万元。目前,颇洞"党社联建"下辖合作社 12 家、企业 8 家,社员 5000 余人,辐射带动 1.2 万余人,流转土地 18000 亩。涌现出党员创业致富带头人 79 名,在产业发展上发挥了"领头雁"的良好作用。2017 年,仅颇洞村固定资产就达到 6078 万元,村级集体经济收入增加到 268 万元,全村居民人均可支配收入达 14160 元,2017 年该村集体经济赢利 610 万元,股民现金分红 366 万元。现在联合党委实行"党员组织生活联过、流动党员联管、党员发展联审、重大事项联议"的"四联共建"机制,2018 年入股资金达 9546 万元,赢利 776 万元,实现 10 个村贫困人口全覆盖,2018 年使 8826 人脱贫。基层组织和产业双赢的"党社联建"模式目前在三穗县实现全面推广和覆盖,将由此揭开三穗县农村发展的新篇章。

台江县老屯乡长滩村的"十户一体"党建和产业互动模式也很有特色。长滩村全村 308 户 1125 人,均为苗族。2015 年 4 月,为改善乡村环境,调整产业布局,促进脱贫致富,长滩村按照居住相邻、产业发展意愿和技能相似的原则,把全村 308 户划分成 19 个管理主体,将基层党建、民主监督、产业发展、文明乡村建设纳入统一监督和考核内容,通过相互督促、相互制约、协调管理的发展方式,实现党建产业协调、资源有效整合,从卫生清洁入手,进一步推动治安管理和产业建设。如长滩农文旅产业发展公司,将村里的土地房屋入股开发,对入股村民进行企业化管理,围绕山、田、水、寨的独特资源和浓郁的苗族文化,形成苗寨美食、长滩大舞台、民宿度假、文化体验、农耕田园等旅游综合产业,2017 年集体经济收入达 78 万,居民人均收入超 8000 元。现在这种"十户一体"的抱团发展模式正在黔东南州推广,已组建发展和管理主体 18 万多,带动 41.8 万户抱团发展产业,围绕"脱贫抓党建,抓好党建促发展"激发群众的内生动力,正在书写乡村发展奇迹。

二、龙头企业和合作经济组织的带动作用明显增强

在组织振兴引领乡村振兴的过程中,龙头企业和以产业为支点的各种组织的带动作用呈现出经济效益和社会效益双促进的良好态势。

(一)企业的带动帮扶力度明显加大

截至 2019 年年底,共有 714 家企业到黔东南州帮扶 1207 个村。2017 年以来共投入帮扶资金 14 亿元,改变了农村贫困面貌。企业帮扶在于产业投入瞄准市场,真正能长期有效地适应市场的要求,是一种内生发展型扶贫,形成"一扶多果"的多重效应,在产业、就业、商贸、智力和开发上带动农村发展进步,起到一种既授人以鱼又授人以渔的效果。

三穗县 26 家民营企业与 24 个村签订脱贫协议,不仅帮助各村实现脱贫,在脱贫后也融合成紧密的产业联合体,把劳动力就业、资源和项目对接等乡村发展的重要因素全盘考虑,使农村发展后劲十足。

丹寨县昌昊金煌公司,是香港上市公司培力集团 2014 年起在丹寨的投资企业,致力于中药材种植、研究开发,用"公司+合作社+农户"的带动模式,通过订单种植方式,带动全县 6 个乡镇、76 个合作社种植钩藤、何首乌、白芨等中药材 10000 余亩,覆盖 2100 余户农户,户均增收达到 5600余元。

茅台集团帮扶丹寨,2015年3月成立茅台集团生态农业产业发展公司,如今,该公司已经成为丹寨纳税大户,在丹寨"弯道取直、后发赶超"的道路上发挥了积极的"领头雁"作用。落户4年多,采取"公司+基地+合作社+农户"模式,开展"品牌带产业、企业带基地、合作社带贫困户"的"三带"产业发展模式,带动丹寨种植高标准蓝莓2.37万亩,带动5600户农民实现种植增收。不仅如此,茅台集团生态农业产业发展公司技术上采取冷棚种植,在防草布、滴灌水、大棚构建等方面,茅台集团生态农业产业发展公司均采用高端先进设施和技术,也带动了黔东南州蓝莓种植走向高质量发展,增强了蓝莓种植的后劲。茅台集团生态农业产业发展公司成为黔东南州龙头企业助力脱贫攻坚的示范和样板,茅台集团生态农业产业发展公司精准聚焦脱贫攻坚,坚持全产业链发展,突出企地结合,有效拉动脱贫致富和农村发展,推动县域经济做大做强。依托茅台品牌和"技术支持、种苗销售、肥料供应、金融支撑、统一培训"六位一体的发展模式,产业发展和地方创新发展已大大超过了经济范畴,其积极辐射带动作用日益显现。

贵州康源铁皮石斛农业科研开发有限公司在从江、黎平、岑巩、天柱和黄平以"公司+合作社+贫困户"的经营模式,成立铁皮石斛种植农民专业合作社18家,参加入社农民只要种植50平方米和50棵树,就可收入3000元钱,现已有仿野生林下种植铁皮石斛2000多亩,联动铁皮石斛种植户400多户,可持续性和市场前景看好。

(二)农民合作经济组织快速发展

在农村发展过程中,农民专业合作组织发挥其积极联动市场、企业、基地和农户的作用。截至2019年年底,全州由基层组织引领的村级集体经济组织有2985个,村级农民专业合作社有9400家,这些合作社有企业带动型、产业联合型、村集体带领型和能人引领型等,各地遵循自身实际建立不同模式的合作社来推动发展。专业合作社建在扶贫产业链和企业生产一线上,构建横到边纵到底的组织体系,引领乡村振兴。

丹寨县扎实推进县、乡、村三级合作社建设,建立县级合作总社1个、乡镇合作联社6个、村级产业合作社161个,组建由村"两委"领办的村集体经济公司 91 个,全面推广"三变改革""塘约经验""党社联建"模式,健全利益联结机制,带动贫困户增收致富。2018 年,全县 114 个村级集体经济收益 733.23 万元,均实现集体经济达 5 万元以上。143 个村级产业扶贫合作社实现赢利分红,分红资金达 656.54 万元,1.3 万户贫困户获得"分红金";合作社提供贫困户就近就地务工 5.4 万人次,发放务工工资 822 万元。

三、定点和对口帮扶为乡村组织发育注入新活力

2017 年以来,13 个中央国家机关发挥部门优势,继续从项目资金筹集、基础设施建设、发展平台搭建、文化智力帮扶、旅游开发推介等各方面大力支持黔东南,切实解决黔东南发展难题。中央组织部推动中国生物降解产业联盟与黔东南签订战略合作协议,在台江落户建立生产基地。协调中建八局、湖南城建、北京城建、中国乡建院等专业机构对台江传统村落保护、规划设计和整治建设等重大项目建设提供规划设计支持。国务院扶贫办积极协调中国扶贫基金会募集社会捐款 1000 万元以上,在雷山实施"美丽乡村"旅游扶贫项目。中财办协调国家开发银行将剑河纳入支持地区,近两年批准剑河县重点项目贷款 5 个,总投资达 16.03 亿元。国家审计署帮助协调省里部门加快推进丹寨至都匀快速通道项目建设,协调南方电网公司和鞍山远上电网工程公司为丹寨引进超强电力杆项目。中国国际贸易促进委员会帮助从江县农产品参加 2017 年第二十届中国国际健康产业博览会和 2017 年北京国际优质农产品展示交易会,助推"黔货出山"。中国农业银行设立黄平县扶贫产业发展基金,规模达 6—10 亿元。中国农业发展银行协调落实南京亚狮龙集团、山东泰华食品股份有限公司、贵丰牧业有限公司等企业落户锦屏投资。电子科技大学为岑巩县制定"岑巩县智慧扶贫作战指挥系统",稳步推进"智慧岑巩"总体规划工作。华侨城集团支持天柱、三穗两县完善教育、卫生、文化、农村基础设施,并在人才培训等方面给予大力支持。

2013 年,杭州从宁波手中接过东西部协作扶贫接力棒,帮扶工作紧锣密鼓进行。仅 2018 年,杭州财政拨付援助资金达 5.86 亿元,安排实施

项目 284 个,社会捐赠达 1.6 亿元,并有大量专业人才奋斗在黔东南的各条战线上。2019 年,杭州财政帮扶资金提高到 7.53 亿元,增长了 28.4%。杭州 2018 年出台支持杭州企业在黔东南州投资发展的激励措施 28 条,举办"助推脱贫攻坚浙商在黔行动"活动,活动签约投资 105 个项目,投资额达 33.2 亿元。杭州还充分发挥其在市场、物流、电商、农业等方面的优势,拉动黔东南州的发展。2019 年上半年,杭州已投入帮扶资金 6.35 亿元,安排项目 141 个,覆盖贫困村 553 个,覆盖贫困人口 5.7 万人,进一步助推脱贫攻坚和农村发展。

值得一提的是,澳门特别行政区加入帮扶黔东南州的行列。党的十九大提出"支持香港、澳门融入国家发展大局",经在从江县开展定点帮扶工作的中国国际贸易促进委员会牵线,并经国务院扶贫办同意,澳门特别行政区政府和中央政府驻澳门联络办公室把从江县作为扶贫联系点,与中国国际贸易促进委员会一起对口帮扶从江。全国政协副主席何厚铧、澳门特别行政区行政长官崔世安等先后深入从江县开展考察调研,认真开展帮扶工作。目前,澳门基金会、澳门中职协会、澳门中企协会、澳门中联办、澳门红十字会、澳门特区政府教育暨青年局、澳门贸易投资促进局、中建澳门公司等部门分别与从江履行 2018 年"九项协议"和签订 2019 年"九项协议"等扶贫合作协议,范围涵盖脱贫、教育、医疗、产业发展、人才培养和旅游等方面,从政府层面和社会层面调动一切积极因素推进从江脱贫发展,既帮助从江按时脱贫摘帽,把"澳门所长"对接"从江所需",又支持从江经济社会可持续发展。2018 年年底从江有 4.87 万贫困人口,贫困发生率高达 14.77%,到 2019 年年底贫困发生率迅速降到 3.6%,并朝实现乡村振兴的方向大踏步迈进。

四、社会组织积极有为

2019 年 1 月,全州登记在册的社会组织超过了 1000 家,州级社会组织已达 190 家。这些协会商会、义工联、慈善机构等,在扶贫、帮教、助老、助残、助学、助孤等方面发挥积极作用,体现出服务国家、服务社会、服务群众、服务行业的责任担当。

2019年共有60多家州属社会组织,共引资金1.3亿余元投入到全州脱贫攻坚工作中去,帮扶产业项目100多个,帮扶建档立卡贫困户11.8万户、贫困人口20余万人,帮扶困难学生3000余人,慰问留守儿童700余人,走访困难群众3100余人。

黔东南州爱心义工联合会,主动申请将凯里市炉山镇洛棉村和碧波镇朝阳村纳入定点帮扶对象,在洛棉村整体脱贫后,重点放在朝阳村的扶贫帮扶上。蓝莓种植是朝阳村最大的产业,但受市场波动和信息闭塞影响,销售成了该村最大的"心病",2017年曾有种植户焚烧蓝莓树苗的无奈和愤懑之举。为解决朝阳村3000余亩蓝莓鲜果的销售,保证群众种植产业的收益和积极性,州爱心义工联多方努力将全国民营企业500强的大连金玛集团和湖南电商前五名的湖南居正集团招商引资到凯里,同贵州新兆力集团一起共同出资打造贵州品多多电子商务有限公司,建设蓝莓基地冷藏冷冻仓库,建设"金玛美购"互联网电子商务销售平台,打通蓝莓等优质农产品销售"黔货出山"的"最后一公里",全年为朝阳村销售蓝莓90余万斤,为果农解决后顾之忧并促使群众增收280余万元,还为100余位村民提供了就业机会。

第二节　乡村组织体系建设面临的困难和问题

组织振兴是乡村振兴的保证,同时也是乡村振兴的引擎。近年来,黔东南州基层党组织的凝聚力、战斗力、向心力不断增强,统揽经济社会、协调各方的领导力不断提升,各社会组织在不断发展壮大,牵引带动能力日益凸显;但与新时代发展要求相比,仍有许多地方存在欠缺,需要高度重视并补齐短板。

一、基层党组织战斗力有待提升

这主要体现在部分党组织领导和党员缺乏理想信念、缺乏精神动力,部分班子不团结和带领群众发展致富能力差。2016年,经对全州村级党组织排查,在2117个中心村中,就存在后进村党组织572个,有355个属于软弱涣散后进村党组织。党员存在理想信念淡薄的现象,组织意识不强,把学习党的理论政策和参加组织活动放到次要位置,工作得过且过,难以发挥党员的先锋模范带头作用。有些党员主动性弱,不明白自己的党员身份在村里应该如何发挥作用,找不准自己的位置,没有目标,没有考核要求,难以适应新时代要求。

流动党员难以管理,是一个突出的问题。没有考核制度和管理制度,全凭自觉来约束,起不到党员的示范带头作用。部分年轻人对党的信仰弱化,不愿意加入党组织,特别是体现在有文化的年轻人和能人身上,造成高素质的村干后备人才严重不足。即使有些当上了村干部,也为逃避责任不辞而别外出打工,组织上对一些村干部只能用感情和党性强留,这造成有些人出工不出力,影响工作质量。

课题组在这次调查的 217 个村中,村支书平均年龄为 47.5 岁,高中及以下学历 172 人,占 79.26%,村主任平均年龄为 46 岁,高中及以下学历 195 人,占 89.86%,村支部副书记平均年龄为 45.5 岁,高中及以下学历 200 人,占 92.16%。由此可见,年龄偏大、文化程度偏低是基层党组织负责人身上存在的硬伤。即使在 2017 年 3 月第十届村"两委"换届中做了大规模调整后,这种情况依然存在。年龄大、文化程度低,接受市场经济和现代科技的能力弱,严重制约着其带领群众致富的开拓能力。以丹寨县为例,全县 469 名"三大员"村干部中,真正掌握一项以上农业科技的仅有 253 人,真正把农业科技知识用于实践而获得收益的仅有 216 人,大部分村干部不愿也不能去指导村民发展生产脱贫致富。

第一书记与村支书的关系是一个重要问题。第一书记属于上级党组织派出的干部,如果处处按原有常规办事,就可能无所作为,但如果过于强势,村支书可能撂挑子。有的村干部却把全部工作和希望放在驻村干部身上,把第一书记和驻村干部当成资料员,常规工作都依赖驻村干部,造成工作推诿扯皮不作为。

二、小村并大村后融合有难度

黔东南州在中心村合并之前有 3309 个村,村里行政区划小人口少,但村"两委"人员却不能少。原有的"三大员"报酬低,难以专职为群众办事,村级小也难以选出高素质的"两委"成员,农业产业革命也因田土面积狭小而难以开展。2013年年底开始新一轮并村改革,设立2125个村,将地理位置相近的村合并成为新村,整合发展资源,提高村干部待遇,解决了过去小村运行中的一些困难。如在并村之前,丹寨县村"三大员"月工作报酬是300元/人,按当时小村工作范围和职责,每月村干部要误工15天以上,即每误工一天仅有报酬20元,对比外出务工最低每人至少50元的工资相比,差距显而易见。这样的待遇,让优秀的青年人对村干部工作退避三舍。合并小村建立中心村,将小村原有待遇归中心村统一使用,待遇提高了,工作任务也增多了,可村干部政治业务素质没有提高,大局意识并没有提高,群众对中心村的归属感和认可度不高,村合心不合,随之出现了一些新矛盾,各自为政、群众不团结的情况出现,影响了工作效率和组织形象。以黔东南州行政区域最大的黎平县为例,全县原有422个行政村和社区,2013年12月合并为251个村和社区,其中村230个、社区21个。人口最多的村为肇兴村1284户5410人,人口最少的村为培福村98户427人。村级干部"三大员"村支书、村主任和文书由1266名减少至818名,其中"三大员"753名,另有专职副支书58名、专职副主任7名,减少专职村干部448名,在财政负担没有增加的前提下实现了村干部报酬的增加。但由于工作量在增加,人手不够又成为新矛盾。

并村不并事的现象仍然存在。除财务统筹比较好外,许多村在行政事务管理上仍处于相对独立运行。涉及小村的重要事项,均由原小村片区干部负责包办,外片区干部难以参与。个别村在涉及小村的重大财产和其他事项,往往采取的是由小村范围内村民代表表决的方式来决定,这样才得到小村群众的认可。这种情形影响了中心村的公信力,每个小村都要求有自己的代言人,否则难以协调关系,容易引起猜疑和矛盾。合并村后,受民族、家族、地理和文化的影响,在换届时比较倾向于选本小村的人选,不易形成集中意见,削弱了中心村的战斗力、凝聚力。

建立中心村后,干部政治素质不提高,业务素质不过硬,适应不了经济社会发展的要求,在民主选举、民主决策、民主管理、民主监督上没有及时到位、没有新的举措,那么中心村建立后,面对村民更多区域更多矛盾的现象,管理难度和管理压力增大,对统筹发展凝聚合力提出了挑战。以黎平水口镇归东村和东朗村合并为东朗村为例,村委会驻地在东朗,归东村不同意并村,理由是两村历史上山林纠纷多矛盾大,族姓不同民间交往少,特别是归东到东朗公路距离为 10 公里,路途遥远,山高坡陡,群众办事不方便。两村并村选举时,归东村没有人愿意出任村干部也无人敢违背群众意愿去出任村干部,致使该村工作搁浅。大村统筹工作做不了,小村工作也难做,缺乏齐心协力的局面,影响了脱贫攻坚和乡村振兴。

三、农村经济组织带动脱贫增收的能力不强

课题组对 217 个村扶贫产业的调查显示,超过 97% 的村扶贫产业为第一产业中的种植养殖业,主要种植蔬菜、蓝莓、食用菌和特色养殖业等,仅有 5 个村为第二产业。总产值达 1.982 亿元,平均每村产值达 91.38 万元,产值最高的村达 3120 万元,各村经济发展差异较大,产值为零的有 36 个村,占 16.6%;产值在 1 万元以上—5 万元的村有 21 个,占 9.6%;产值 5 万元以上—10 万元的村有 29 个,占 13.4%;产值在 10 万元以上—20 万元的村有 30 个,占 13.8%;产值在 20 万元以上—30 万元的村有 18 个,占 8.3%;产值在 30 万元以上—50 万元的村有 16 个,占 7.3%;产值在 50 万元以上—100 万元的村有 25 个,占 11.5%;产值在 100 万元以上—200 万元的村有 20 个,占 9.2%;产值高于 200 万元的村有 20 个,占 10.1%。

一是集体经济组织。改革开放以后,村和村民小组在经营管理集体资产和发展集体经济的职能没有得到独立,村集体经济组织中的经营管理职务一般由村委会成员兼任,村集体经济组织、村党支部、村委会"三个牌子一个门,说话办事一个人"的现象比较普遍。从实际情况来看,现行集体经济组织能够较好承担的是承包地管理、分配国家支农资金、组织国家投入项目实施等方面的职能。但囿于村集体经济组织职能很难实现独立、缺乏能人带动,目前的村集体经济组织属于内向型组织,带动集体经济组织成员发展产业项目、闯市场的能力并不强。"三变"改革是产业

革命和农村集体经济走向市场和做大做强的一个重要前提,但对黔东南州"三变"改革调查的效果显示,在 1331 个进入"三变"改革试点村中,接受调查的 217 个村,只有 44.81% 的人认为效果很好,有 48.7% 的人认为效果一般,而有 6.49% 的人则认为没有效果。在 2017 年年底,黔东南州仍有 1122 个村年集体经济收入低于 2 万元,属于经济"空壳村",421 个村集体经济积累不足 5 万元,村级集体经济严重缺乏。

二是农业产业化龙头企业。近年来,黔东南州龙头企业发展较快。2019 年,全州县级以上农业产业化龙头企业 504 家,州级以上龙头企业478 家,省级龙头企业 98 家。龙头企业从业人数 1.67 万人,固定资产51.13 亿元,销售收入 54.9 亿元,带动农户 76.13 万人,占全州农业人口的 14.23%;带动贫困人口 7.73 万人,占全州贫困人口的 6.4%。到 2019年年底,全州仅有一家企业被列为"国家级龙头企业"。现有的龙头企业主要是基于州内的生产经营条件发展起来的,仍然处于初期发展阶段,固定资产和年销售收入超过 1000 万元的企业也不多,到州外、省外开拓市场的能力极为有限。

三是专业合作社和规模经营户。截至 2019 年 4 月,黔东南州有农民专业合作社 9400 多家。课题组调查的 7463 个合作社注册资金 77.74 亿元,合作社经营总收入 13.07 亿元,其中合作社自销收入 7.36 亿元、企业订单收购收入 3.08 亿元。目前合作社主要是依据行政资源建立起来的,很多依靠扶贫项目资金来运作,市场属性不明显,不能正常运转的占40%。课题组调查显示,关于农民专业合作组织的作用,在调查的 217 个村中,有农民专业合作社 658 个,平均每村 3.03 个,共有社员 16175 户57837 人。目前合作社正常运转的有 345 个,占 52.4%,合作社完全不能运转的村有 30 个。有 29% 的人认为农民专业合作社效果很好,有 45.2%的人认为效果一般,有 25.8% 的人认为没有效果。

2019 年,全州家庭农场有 1815 个,共有成员人数 4804 人,成员出资额 2.74 亿元,固定资产 1.94 亿元,年经营收入 2.38 亿元。目前,全州有专业大户 1669 户,年销售收入 4.04 亿元,净利润 1.30 亿元,从业人数6189 人。专业合作社或家庭农场数量仍然很少,经营能力不足。存在销售难的有 119 个村,占 54.8%,不存在销售困难的有 98 个村,占 45.2%。

四、社会组织发育不充分

助力脱贫攻坚推动乡村发展,是社会组织的责任和义务。截至 2019 年上半年,黔东南州有登记在册的社会组织超过 1000 家,州级登记的社会组织达到 190 家,是社会扶贫和帮助农村振兴的重要力量。黔东南的社会组织大多处在捐赠扶贫阶段,在为当地社会长远发展固本培元方面所起的作用还极为有限。

第三节　推动乡村组织振兴

产业振兴、人才振兴、文化振兴、生态振兴和组织振兴互为表里、相辅相成,其中组织振兴是根本保证,尤其是党的基层党组织振兴更是实施乡村振兴战略的"主心骨"。

一、切实加强村级党组织的建设

农村富不富,关键看支部。无论农村社会结构如何变化,无论各类经济社会组织如何发育成长,农村基层党组织的领导地位不能动摇、战斗堡垒作用不能削弱。要把村级党组织当成党的建设伟大工程的基础工程来抓,着力提升凝聚力、组织力和战斗力,使基层党组织成为乡村振兴的"主心骨"。

一要配强配齐党组织一把手。支部强不强,关键看"头羊",要把政治上过硬、业务上有本事的党员培养成支书。加大村支书和村主任交叉任职的试点和总结推广,探索村支书如何兼任经济组织的负责人办法,摸索出一套有黔东南特色的培养"领头羊"的措施,让有能力的村支书能在有良好的政治待遇和经济待遇情况下全心全意把本职工作做好。

二要坚决整顿软弱涣散党组织。落实能者上、庸者让的机制,在实际工作中培养和挖掘人才,放心放手放胆使用人才,村级党组织才有引领乡村振兴的胆识能力。目前可以摸索以事业编制待遇安排"两委"交叉任职人员,再明确第一书记在乡村振兴中的职能和定位,使乡村振兴有组织保障和人才保障。

三要加大后备干部的培养力度。有计划地落实把致富能人培养成党员、把党员能人培养成支书,打破乡村内部循环体制,在企业家、社会治理能人中培养支书人选,让支部成为"一池活水"。农村党组织要严进口畅出口,对不能履行党员义务的、对起不到先锋模范带头作用的,可以督促整改,要让党员意识强起来,让党员身份亮出来,发挥党员的聪明才智。要协调好党组织和村委会的关系,协调好和其他村级组织的关系,做到统筹协调引领发展,优势互补"弹好钢琴"。

二、创新丰富基层民主自治范围和方式

一是适当调整农村自治范围。实现良好自治,关键是要让生产生活联系紧密、利益趋同的村民就事关切身利益的问题形成共识。大规模撤并村庄固然能够降低行政成本,但如果不切实际地搞"一刀切",就会造成农民办事不方便,使得乡村社会进一步朝陌生化方向发展。实现产权结构与自治范围的一致,是确定自治范围的一个重要原则。在农民具有意愿的地方,可以将自治单元恢复到原来的范围。

二是将村民自治权落到实处。村务工作从提议到决策、实施、监测、评价都要公开,保障村民的知情权、参与权、表达权、选举权和监督权。建立村民理事会、村民议事会等协商民主组织,搭起村民参与村务管理的平台。让村务监督委员会切实发挥作用,防止流于形式,成为摆设。

三是发挥民族文化的独特作用。黔东南是苗侗民族世居之地,是浓郁的民族文化大观园,有讲仁爱、求友善、修和睦、重和谐的"劝和文化",崇尚和谐、颂扬善良、主持公道的"款"文化,集体订立规矩、人人遵守公约的"议榔"文化等。要把优秀民族文化转化成组织振兴的文化支撑,管好"法律够不着,道德管不住"的实际问题,促使全村公序良俗、安居乐业、和谐文明。不同村寨都有自己的乡贤文化,要加大力度宣传乡贤事迹、弘扬乡贤精神,树立标杆形象,提高村民道德素质。

三、探索推广各类组织共同作用的发展和治理模式

实现乡村社会善治,不同类型组织各自为政效果有限,需要各类组织在基层党组织的统筹协调下,相互协作、相互渗透、共同起作用,把各类组织和农民群众的力量整合起来,为乡村振兴提供坚实的组织保证。

从实践来看,"党支部+合作社+基地+农户"、"十户一体"、"把支部建在产业上"、跨区域建立人民调解"五联"机构等模式,对于引领通过产业抱团发展、村寨建设、社会治安、产业发展等具有独特效果,要充分发挥基层党组织的作用,深入广泛调动农民群众积极性,根据当地实际情况创新共同行动的机制。

社会组织的作用具有独特性,随着农村社会的全面进步,社会组织将起着越来越重要的作用。要以公共事业类、文化事业类、乡村社会治理类的社会组织为重点,通过制定政策、规范管理、项目扶持等方式,为社会组织的发展提供良好的环境和条件。

四、加快推动农村经济社会组织创新

一是加大龙头企业引进培育力度。龙头企业是实力雄厚、管理规范、良好信誉、名牌产品、创新能力、市场份额各方面都有优势的企业,是市场经济的引领者。把龙头企业优势全方位嵌入农业产业发展全过程,将产生农村产业裂变和井喷式发展。不仅要引进培育茅台、万达、华侨城这样的龙头企业,也要充分发挥和展现本地的996家省州县龙头企业发展农村产业的能力,千方百计把农村产业做大做强。

二是盘活做强现有的农民专业合作社。对完全是基于行政手段、没有市场前景、没能人和产业带动的空壳合作社,应该及时清理,避免成为"僵尸"合作社。现在有市场活力的农民专业合作社,应更加规范管理,加强风险防控,使之有生命活力和引领能力。引进企业、引进能人、引进品牌创新合作社组建工作,壮大企业和合作组织,以党组织为统领,联结市场、联结基地、联结农户,走黔东南特色的共同富裕道路。

三是加快发展家庭农场。由于黔东南山地崎岖、农田破碎化,有许多

地方规模化、集约化条件不够,可以背靠企业或专业合作社建立与大市场相连接的家庭农场,从"为吃而生产"转换到"为卖而耕作",转变观念也转变生产方式,由这种灵活机动又市场化的小型经营组织来助推乡村振兴。

第十章　推动易地搬迁脱贫同易地搬迁逐步致富有效衔接[*]

易地扶贫搬迁以政府为主导、以群众自愿参与为基础,将生活在"一方水土养不起一方人"的地方的农村贫困人口搬迁到生存与发展条件较好的地方,并从根本上改善生产生活条件的人口迁移活动。2015 年 6 月 18 日,习近平总书记在贵阳主持召开部分省(自治区、直辖市)扶贫攻坚与"十三五"时期经济社会发展座谈会上,提出对"一方水土养不起一方人"的地方的贫困人口实施易地搬迁,从根本上解决他们的生计问题。2015 年 11 月 27 日,习近平总书记在中央扶贫开发工作会议上又进一步指出:"生存条件恶劣、自然灾害频发的地方,通水、通路、通电等成本很高,贫困人口很难实现就地脱贫,需要实施易地搬迁。"①根据实施精准扶贫、精准脱贫基本方略的要求,中央组织各地开展了扶贫对象精准识别工作,其中有约 1000 万农村贫困群众仍生活在"一方水土养不起一方人"的地区。基于这一现实情况,中央决定用 5 年时间,把这些贫困群众搬迁出来,实现"搬得出、稳得住、能脱贫"的目标。

黔东南州的雷公山区、月亮山区及其他部分偏远村寨,自然条件差,生存环境恶劣,资源环境承载能力不足,灾害频发,交通不便,信息不畅,人才短缺,改变当地的贫困状况难度很大,贫困群众搬迁愿望强烈,"十三五"时期需要易地搬迁的贫困人口达到 30.8 万人。按照中央统一部署和贵州省的统筹安排,黔东南州坚持信贷资金省级统贷统还、坚持以自然

---

* 本报告作者为黔东南州人民政府罗丹,州生态移民局叶树根。
① 《习近平关于社会主义经济建设论述摘编》,中央文献出版社 2017 年版,第 219 页。

村寨整体搬迁为主,坚持城镇化集中安置,坚持以县为单位集中建设,坚持不让贫困户因搬迁而负债,坚持以产定搬、以岗定搬,重点围绕人往哪里搬、地在哪里划、房屋如何建、收入如何增、生态如何护、新社区如何管等问题,层层立下"军令状",实行挂图作战、挂牌督办、逐一销号,强化监督考核,系统推进安全适用住房建设、配套基础设施和公共服务设施、搬迁群众就业空间拓展、迁出区生态修复等,易地扶贫搬迁工作稳步推进。易地搬迁带来生产生活方式的根本转变,搬迁过程中涉及大量具体的经济社会问题,贫困群众将有一个很长的适应期,后续配套工作将十分繁重而复杂。

第一节　易地扶贫搬迁的主要做法

在历史上,黔东南州各民族发生过多次大的迁移,易地扶贫搬迁是黔东南州各民族历史中第一次为摆脱贫困进行的大规模主动迁移行为。近十几年来,在不断总结群众搬迁项目实施经验的基础上,黔东南州贯彻执行中央和贵州省的部署,立足州情探索出了一条以县城集中安置为主的贫困群众搬迁模式,为全国移民工作提供了具有特色的样本。

一、精准识别搬迁对象

易地扶贫搬迁对象是具有明确指向的农村贫困人口。国家发展改革委等五部门联合印发的《"十三五"时期易地扶贫搬迁工作方案》对易地扶贫搬迁的范围和对象做了明确界定,规定搬迁对象主要是居住在深山、石山、高寒、荒漠化、地方病多发等生存环境差、不具备基本发展条件,以及生态环境脆弱、限制或禁止开发地区的农村建档立卡贫困人口,优先安排位于地震活跃带及受泥石流、滑坡等地质灾害威胁的建档立卡贫困人口。瞄准建档立卡贫困人口,在群众自愿的基础上,努力做到应搬尽搬,尽量实现自然村寨整体迁出。

黔东南州聚焦全州深度贫困地区脱贫攻坚,围绕深度贫困县、极贫乡镇、深度贫困村,全州1038个贫困发生率在20%以上的村寨按照"能搬则搬、应搬尽搬""通不了就搬"的原则,对居住边远、通路成本高、就地难发展的困难村寨加大易地扶贫搬迁力度,对地质灾害致贫返贫人口,扩大规模实施易地扶贫搬迁。同时,对贵州省实施的"组组通"公路三年行动计划新增搬迁的自然村寨,可以不受贫困发生率的限制。

黔东南州16个县市坚持以自然村寨整体搬迁为主、以搬迁建档立卡贫困人口为主,精准区域、精准条件,精准识别搬迁对象。按照《贵州省易地扶贫搬迁对象识别登记办法》规定,明确了黔东南州易地扶贫搬迁的地域条件和家庭个体条件。搬迁群众必须同时满足迁出地区域条件和搬迁家庭个体条件之一,并自愿搬迁,可依程序规定识别登记为搬迁对象。迁出地区域条件:(1)土地贫瘠、人地矛盾突出、水资源匮乏等生产生活条件恶劣,通过就地就近帮扶促进生产或就业仍无法让农户脱贫的区域;重点是贫困程度相对较深的贫困村。(2)生态环境脆弱,属于石漠化重度或中度的地区。(3)属于主体功能区的限制开发区或禁止开发区,或处于其他限制或不宜开发的区域。(4)地理位置距离中心城(集)镇和县级以上交通干道偏远,交通、水利、电力等基础设施和教育、医疗等基本公共服务落后,严重制约区域发展,并且延伸基础设施和公共服务成本远高于易地扶贫搬迁成本的区域。(5)地震活跃带、地质灾害多发易发区。家庭个体条件:(1)住房条件相对较差,愿意参加易地扶贫搬迁的建档立卡贫困户。(2)受教育程度低,或劳动能力弱,或家庭农业生产资源相对较少,靠就地就近从事农业生产仍不能有效脱贫的建档立卡贫困户。(3)愿意通过易地扶贫搬迁避让地质灾害的建档立卡贫困户(非建档立卡贫困户搬迁按自然资源部门地质灾害防治途径统筹解决)。(4)满足迁出地区域条件的50户以下,且贫困发生率在50%以上的自然村寨,进行整体搬迁。(5)对鳏寡孤独残等特困户需要易地扶贫搬迁的,由政府根据家庭实际人口统一提供相应的安置房免费居住,产权归政府所有,也可结合民政供养服务机构进行安置。

拟搬迁对象以扶贫部门多轮精准识别成果为基础,采取户籍人口与实际人口相结合的办法,采取州、县、乡、村"四级联动"的方式,逐乡、逐村、逐户、逐人彻底核清人口、财产、就业、身体状况等基本情况,摸清致贫原因、搬迁意愿、安置意向等,完善建档立卡信息,全面排查,摸清底数。以行政村为单元,以县为基础,采取自下而上、逐村排查、严格程序的办法精准识别搬迁对象,严格十个基本程序识别和审核对象:(1)选定搬迁区域。由县级发展改革、扶贫、移民等部门共同研究,以扶贫部门复核后的建档立卡贫困户信息为基础,对照迁出地区域条件选定搬迁对象识别区域。(2)公布搬迁条件。在选定的搬迁区域内张榜公布需要具备的搬迁对象家庭个体条件。(3)普查筛选搬迁对象。按照张榜公布的搬迁条件和扶贫部门提供的最新建档立卡信息资料,对选定区域内的贫困群众进行普查,筛选符合条件的搬迁对象。(4)群众申请。经普查筛选,符合条件且愿意参加搬迁的群众,填写易地扶贫搬迁申请书。(5)入户核实。对申请参加易地扶贫搬迁的农户,逐户进行入户核实,并逐户填写调查核实登记表。(6)村民小组评议。逐户核实搬迁对象后,提交村民小组,由村民小组组织全组村民进行公开评议后上报村委会。(7)村委复议公示。由村委会召开村民代表会议对村民小组评议上报的易地扶贫搬迁对象进行集体复议,复议通过后,分别在各村民小组和自然村寨进行第一次张榜公示,公示期不少于5天,公示期满无异议的,上报乡(镇)政府。(8)乡(镇)政府复核公示。由乡(镇)人民政府组织对村委复议公示并上报的易地扶贫搬迁对象复核无异议后,分发各村和村民小组进行第二次张榜公示,公示时间不少于5天。公示期满无异议的,上报县级人民政府。(9)县(市)初审。由县级部门对乡(镇)人民政府上报的易地扶贫搬迁对象识别情况报告进行初审,初审无异议后上报市(州)人民政府。(10)州级审批。由州人民政府组织州级发展改革、生态移民、扶贫等部门对县级人民政府上报的易地扶贫搬迁对象识别情况报告进行审核把关后报省发展改革委、省扶贫办、省生态移民局。采取统一识别标准、规范运行程序、民主推荐评定、公告公示监督等办法,做到扶贫对象底数清、问题清、任务清、对策清、责任清。

对已确定的搬迁对象,建立"一户一档",搬迁户档案包含:公布易地扶贫搬迁条件、农户搬迁申请书、村级民主评议、搬迁对象信息调查表、家庭成员户口簿复印件、建档立卡贫困户贫困卡、公示情况、搬迁对象告知书、搬迁对象审批表、搬迁及旧房拆除协议、分房安置确认书、搬迁入住名册、走访记录等相关文字及影像资料,通过规范档案完备性来保障搬迁对象的真实性和精准性。搬迁对象确定后,随时接受省级抽查,因意愿变化或其他原因不再搬迁的,按照"退一补一"的原则进行动态管理,由县级人民政府按照以上第(3)至(9)项工作程序补充符合条件的易地扶贫搬迁对象。各县(市)根据"十三五"易地扶贫搬迁规划和省下达的年度计划,按照轻重缓急的原则确定年度搬迁对象。一些搬迁任务重、情况复杂的县还同步开展了不定期多轮核准,实施"退一补一"动态管理。对整村搬迁的自然村寨中极少数不愿搬迁的,允许有适应期和过渡期,不搞强制搬迁。

通过"三轮"精准识别搬迁对象和整体搬迁的自然村寨、搬迁人口、安置点安置规模"三大"基础数据的再次核实,确定黔东南州"十三五"期间实施易地扶贫搬迁安置点 90 个,实施搬迁 30.81 万人,超原规划搬迁 30.15 万人 2 个百分点,其中建档立卡贫困人口 29.19 万人。整体搬迁涉及 423 个自然村寨 3.67 万人。2016 年计划实施安置点 36 个,搬迁 6.71 万人;2017 年计划实施安置点 33 个(实际实施 38 个),搬迁 13.72 万人;2018 年计划实施安置点 17 个(实际实施 16 个),搬迁 10.37 万人。

表 10-1　黔东南州易地扶贫搬迁工程"十三五"规划情况　(单位:人)

县市	总人数	建档立卡贫困人口
凯里市	45534	45005
丹寨县	12716	12516
麻江县	8090	7976
黄平县	19908	18780
施秉县	7515	7515
镇远县	7925	7866
岑巩县	17915	17279
三穗县	17131	16569
天柱县	20234	19744
锦屏县	16521	16232

续表

县市	总人数	建档立卡贫困人口
黎平县	39254	32797
从江县	30467	29301
榕江县	24095	22683
雷山县	17521	16901
台江县	7398	7272
剑河县	15879	13461
合计	308103	291897

资料来源:黔东南州移民局。

二、不断优化安置模式

借鉴"十二五"期间实施的生态移民工程搬迁经验和三板溪水电站、白市水电站及托口水电站等国家大中型水库移民经验,顺应搬迁群众一盼可靠安全、二盼生活方便、三盼挣钱门路宽、四盼新房越来越值钱的期望,黔东南州的易地扶贫搬迁经历了从以农村后靠分散安置、到中心集镇集中安置、再到全部城镇化集中安置的"三步"演进过程。

1997—2011 年,黔东南州实施的易地扶贫搬迁试点工程,搬迁安置42 万人,其中分散后靠安置在农村的占 90%以上,2000 年启动实施"西电东送"工程时,水库移民搬迁以后仍靠有土安置和农村分散安置为主。但黔东南州是典型的山地地区,随着搬迁规模越来越大,可调剂利用的土地资源越来越少,移民生产安置耕地从启动时的人均 1.5 亩,下降到2007 年的不足 0.5 亩,安置工作越来越困难,农村后靠安置搬迁群众弊端日益突出。

2012—2015 年,黔东南州实施的扶贫生态移民工程,搬迁安置 9.97万人(其中雷公山、月亮山地区安置 6.88 万人,占搬迁任务数的 69%),其中,依托城区安置 5.26 万人,占搬迁任务数的 52.7%;依托园区安置3.25 万人,占搬迁任务数的 32.6%;依托景区、小城镇和中心村安置 1.47万人,占搬迁任务数的 14.7%。

2016年,在启动新时期易地扶贫搬迁初期,据各县市入户摸底调查,有95%以上的农户要求搬迁安置到县城区。据此,黔东南州创新思路,探索搬迁安置点以城区、园区、景区"三区"集中安置为主,中心村集中为补充的模式,同时提出以凯里为中心的跨行政区域搬迁的大搬迁集中安置办法。按此指导思想,全州2016年度新建安置点36个,搬迁安置6.71万人,其中县城安置点26个,安置5.91万人,占搬迁任务数的88.0%;集镇安置点6个,安置0.63万人,占搬迁任务数的9.4%;中心村安置点4个,安置0.17万人,占搬迁任务数的2.6%。探索启动跨行政区域"大搬迁"安置,2016年搬迁安置到凯里市中心城区上马石、白午等2个安置点0.14万人,占搬迁任务数的2.0%。比较典型的安置点有:凯里市上马石安置点选址在距离省级重点示范高中、百年名校——凯里一中的一公里处,天柱县联山安置点选址在高速公路县城出口处0.5公里的黄金地段,剑河县城西安置点选址在县城商业地段,岑巩县亚坝安置点选址在县城城北新区、经济开发区、旅游休闲度假区三区的中心地段。三穗县将1.8万名群众全部搬到县城区集中安置,提高城镇化率8个百分点,全县的城镇化率从42%迅速提升到50%。

2017年,新时期易地扶贫搬迁进入关键之年。针对部分工业园区经济不景气、旅游景区带动力不强、中心村就业和生活仍不够方便的实际,全州对规划安置点选址进行规划中期微调,以凯里市跨行政区域和县城区集中安置为主、中心集镇安置为辅,严禁在园区、景区、中心村选址新建易地扶贫搬迁安置点。该年度项目全部安置点布局在商贸更加活跃、交通更加便利、资源更加聚集、功能更加完善的县城区和州府所在地凯里市。比如,麻江县将原来规划建设在乡镇的安置点全部调整到县城中心区;黄平县对安置点布局进行重新审查,除保留重安、平溪2个条件好的中心集镇安置点和谷陇镇1个极贫乡镇安置点外,其余全部调整到县城区,对经济发展滞后、就业安置容量不足的乡镇,采取动员群众自愿跨行政区域搬迁到交通条件发达、设施完善、就业岗位充足的州府所在地凯里市安置。据调查统计分析,该年度项目按照"以县城安置为主、重点集镇安置为补充"的原则,实施搬迁新建的38个安置点搬迁安置13.7万人,有 32 个安置点选址在县城中心区,搬迁安置 12.6 万人,占搬迁任务数的 91.4%;有 6 个安置点选址在中心集镇,搬迁安置 1.1 万人,占搬迁任务数的 8.6%。

2018 年,新时期易地扶贫搬迁进入决战决胜之年。在总结前两年经验和教训后,结合国家新型城镇化战略要求,将全面推进易地扶贫搬迁与有序推进新型城镇化相结合,有序推进农业转移人口市民化,稳步推进城镇基本公共服务全覆盖,使全体居民共享城镇化建设的成果。全州该年度易地扶贫搬迁工程项目拟搬迁安置 10.38 万人,新选址建设的 16 个安置点全部都集中在全州 15 个县城中心区和州府所在地凯里市,10.38 万名易地扶贫搬迁群众 100%实现县城中心区集中安置,初步迈出农民走向市民化步伐。

三、强化项目建设资金保障

为打好易地扶贫搬迁这场首战并实现"首战告捷",贵州省委、省政府提出了"省级统贷统还"的资金筹措模式。所谓"省级统贷统还",是指由省级成立市场化运作的投融资主体,负责筹集管理除中央预算内投资以外的易地扶贫搬迁所需资金,承接用于易地扶贫搬迁的国家专项建设资金、地方政府债券、金融机构贷款,统贷统还融资本息的投融资管理体制。易地扶贫搬迁资金按人均 6 万元计算,项目所需资金由省级投融资主体——贵州扶贫开发投资有限公司负责统贷统还,负责资金供给与还息,实行从省到县、县到项目专户存储、专账核算、物理隔离、封闭运行管理的办法。

贵州省依据中央政策制定了贵州易地扶贫搬迁投融资方案,细化了人均 6 万元的投资来源,其中中央预算内财政补助人均 8000 元,地方通过专项建设基金、地方债券和金融机构长期低息贷款人均筹集 5 万元,搬迁建档立卡贫困人口人均自筹 2000 元,市、县两级负责抓搬迁抓建设。

四、县级统筹建设管理确保工程质量

在 2016 年启动初期,黔东南州两批实施的 38 个安置点项目,有 11

个安置点项目由乡镇负责实施。由于乡镇缺乏技术管理人员和资源配置手段,在工程建设管理等方面缺乏支撑条件,各项手续申报协调也比较困难,导致一些项目建设滞后、管理不规范。

为切实履行好县级主体责任,从 2017 年开始,黔东南州聚焦项目建设,坚持县级统筹建设管理,依据县级所属区域社会和经济发展总体规划及各类专项规划科学选择安置点,将任务全部由各县市人民政府统一规划、统一实施、统规统建。以安置点为单位,倒排工期、挂牌督办,严格按照工程建设程序和要求,严格执行项目法人制、招标投标制、合同管理制、工程监理制"四制"管理要求,项目工期服从住房质量,快速推进项目建设,形成了县级管建设,乡镇管搬迁,各司其职、各负其责,既分工又协作的运行机制。无论是前期工作规范、工程建设质量、建筑品位,还是搬迁的动员组织、就业培训、公共服务配套水平等,都实现了质的飞跃。自2017 年后,易地扶贫搬迁项目基本实现了从选址设计到建成搬迁入住,建设工期为 18 个月的目标。2017 年和 2018 年,两年实施的 54 个安置点都能做到第一季度按期开工建设、年底完成住房主体工程建设、次年 6 月底前实现全部搬迁入住。

五、严格控制搬迁成本

首先,以住房面积控制住房成本。为防止贫困户因搬迁而负债,需科学测算建房成本,守住建房不举债的底线。严格执行城镇安置人均不超过 20 平方米,农村安置人均不超过 25 平方米的标准。搬迁安置前,"一对一"上门调查群众房屋面积需求,按照群众意愿,房屋规划设计先介入,按区域、按需求、按标准科学合理规划设计家居基本功能型户型,多种面积、多种户型、多个地段供群众选择,守住易地扶贫搬迁是解决贫困群众最基本的住房需求的底线。比如,凯里市在 2016 年实施方案中明确了各个安置片区的房屋面积标准、户型结构、房屋指导价格等,群众选择余地大。三穗县由政府出资租车全程接送有搬迁意愿的群众进县城安置点实地看房子面积、看楼层布局、看小区环境、看地段好坏、看就业企业,引导群众自主选择、自愿搬迁。

其次,以建房单价控制建房成本。按照"渠道不乱、用途不变、相对集中、配套使用"的原则积极整合建房资金和配套市政设施建设,由住建部门科学测算建房成本,政府牵头控制房子基本建设价格,多渠道降低贫困群众搬迁入住成本。比如,凯里市探索建立的跨行政区域安置易地扶贫搬迁,上马石片区安置房政府指导价格为 1893 元/平方米,建档立卡贫困户和整村整组搬迁的非贫困户按规定时间搬迁入住的再奖励 400元/平方米,实际购房价格为 1493 元/平方米;白午片区安置房政府指导价格为 1660 元/平方米,建档立卡贫困户和整村整组搬迁的非贫困户按规定时间搬迁入住的再奖励 165 元/平方米,实际购房价格为 1495 元/平方米;白午片区清平小区安置房政府指导价格为 1200 元/平方米。另外,建档立卡贫困户在政府规定时间内入住的按每户 200 元/平方米给予装修奖励费用,安置在上马石和白午小区的建档立卡贫困户入住后免 3 年物业管理费用。

最后,以装修简装控制装修成本。黔东南州 2016 年各级各部门按照年度实施计划,实行倒排工期,实现了每套安置房"四通一验"(即套房内通水、通电、通下水、通闭路电视和住房通过验收),安置小区配套设施齐全,实现硬化、绿化、亮化、美化"四化同步",全面提升安置小区提挡升位。2017 年提出住房集中简装升级版,进一步严防搬迁群众因房负债、因装修欠债,由政府牵头统一装修,以 200—300 元/平方米的价格对住房进行政府统一集中简单装修,使住房具备搬迁群众起居的基本功能。同时,各县市采取限时装修、限时奖励入住等措施动员搬迁群众按期入住。

六、帮助搬迁人口尽快融入城镇

搬迁是手段,脱贫是目的。住上好房子,还要过上好日子。黔东南州易地扶贫搬迁 94% 的搬迁群众集中安置到县城区,搬迁安置后,最大的一个现实问题摆在面前:搬迁对象就业压力大。如果搬迁后没有配套的产业规划和就业措施,只靠经营门面的收入难以维持生活,要实现稳定脱贫难以保障,有成为城镇新的贫困群体的可能性。在做好搬迁入住工作的同时,黔东南州把工作重心转向后续扶持,结合州情实际,主要采取培训、就业、帮扶、产业、服务、组织"六个全覆盖"后续措施,扎实做好易地扶贫搬迁"后半篇文章",帮助搬迁群众尽快融入安置地生产生活,早日实现脱贫致富。

第一,开展"四型"技能培训,确保培训全覆盖。把提高搬迁群众技能素质作为基本脱贫手段,统筹各类培训资源,建立"培训台账",大力开展"四型"技能培训,扎实推进未就业有培训意愿的搬迁劳动力全员培训。截至 2019 年 9 月底,全州已完成搬迁劳动力家庭有意愿培训 3.6 万人,超过有培训意愿人数 163%。

一是围绕产业发展开展定向培训。重点结合本地产业发展,组织开展苗绣、蜡染、银饰、竹编、手工针织等"居家型"就业培训,促进劳动力就地就业。

二是围绕企业需求开展订单培训。针对本地产业园区、现代高效农业示范园区、重点企业用工需求,有效开展"订单型"培训,促进农村劳动力向二、三产就业。

三是围绕转移就业开展输出培训。以杭州对口帮扶城市等为重点,建立岗位信息数据库,组织开展产业工人、家政护工等"输出型"培训。

四是围绕教育扶贫开展扶智培训。依托州内技工职业院校和东西部扶贫协作帮扶资源,对建档立卡贫困学生进行"扶智型"培训。据统计,2018 年州内 12 所职业院校完成职业教育全免费订单精准脱贫班招生 679 人,向贵阳 16 所优质院校输送全免费职业教育精准脱贫订单班学生 885 人。

第二,实施"四大就业"工程,确保就业全覆盖。始终把稳定就业作为搬迁群众生计保障的根本,以"一户一人"稳定就业为目标,建立"就业台账",通过"内引外联",引进劳动密集型企业,深化东西部扶贫协作,扎实推进劳务输出,促进搬迁劳动力充分就业。

一是实施就地就近就业工程。加大招商引资力度,引进扶贫车间 75 家,安置规模 3000 人以上的安置点基本实现扶贫车间全覆盖。岑巩县在开发区引进打火机厂等一批劳动密集型企业,实现 1903 个搬迁劳动力稳定就业。积极引导搬迁能人带头组建劳务公司,成立专业化队伍承接农业园区和景区建设等工程项目,打造"移民的哥、移民建筑、移民家政、移民陪护、移民保安、移民搬家、移民导游、移民绣娘"的"八大"劳务品牌,促进搬迁群众就地就近就业。锦屏县围绕经济开发区、隆里古城景区"农文旅"一体化发展的建设、管理、服务,引导搬迁能人组建电商、物流、民族工艺品等"三小工程"企业 11 家,实现搬迁群众 268 人就近就地就业。截至 2019 年 9 月底,全州搬迁群众实现就地就近转移就业 11.7 万人。

二是实施公益性岗位就业工程。制定《黔东南州开发扶贫公益性岗位促进易地扶贫搬迁贫困劳动力就业脱贫的指导意见》,按照"政府开发、公司管理、统一调配"的原则,大力开发保洁保绿、治安协管、城市管理等扶贫公益性岗位,优先落实困难人员就业。截至 2019 年 9 月底,全州扶贫公益性岗位托底就业 5240 人。

三是实施自主创业就业工程。对有创业意愿具备创业条件的搬迁群众,给予资金补贴、贴息贷款等创业扶持优惠政策,创办了一批传统手工艺制作、农产品加工、来料加工等小微企业,以创业带动就业 4188 人。

四是实施劳务输出就业工程。加强与杭州等对口帮扶城市对接,与发达地区建立长期稳定的劳务输出协调服务机制,整合全州驻外劳务联络工作站力量,全面提升劳务输出组织化程度,全州搬迁群众有组织劳务输出就业 2.35 万人。

第三,采取"四个精准"模式,确保帮扶全覆盖。建立领导"五包"责任制,充分发挥县一级"主战场"和乡村作为"前沿阵地"的重要作用,做到每个搬迁的村组,每户搬迁对象都有搬迁帮扶责任人,群众不脱贫、干部不脱钩。坚持政府引导、部门和企业参与,实现搬迁群众帮扶全覆盖。

一是干部精准帮扶到人。定对象、定政策、定责任、定措施、定目标,做到"一户一本台账、一户一套帮扶措施、一户一名责任人",实现帮扶到户全覆盖,帮扶对象不脱贫,帮扶干部不脱钩。截至 2019 年 9 月底,全州易地扶贫搬迁"结对子"帮扶 5.18 万户,实现"干部群众一对一"帮扶全覆盖。

二是部门精准帮扶到户。结对帮扶单位制定"一户一策、一户一方案",因户择业、分类施策,切实帮助解决制约搬迁群众发展"瓶颈"和生产生活当中亟须解决的困难,实现部门帮扶产业到户的目标。

三是对口帮扶精准到点。利用对口帮扶单位各种资源在搬迁安置点发展特色产业项目,引导对口帮扶企业与搬迁安置点合作共建,以对口帮扶企业合作的"点",拉长搬迁群众脱贫产业的"链",通过"产业带点、项目兴点、招工帮点、资金扶点"等形式,带强一批产业,带动一批项目,带建一批基础设施,实现先富带动后富。如丹寨县充分利用万科、京东等帮扶企业资源,大力发展硒锌米、茶叶、黑毛猪等特色产业助搬迁群众增收致富。

四是社会帮扶精准到村。通过大扶贫数据库,搭建信息服务平台,将群众的需求与社会帮扶意愿进行有效对接、互联共享,将社会帮扶重心下移到搬迁安置点、帮扶对象明确到搬迁户,确保帮扶措施到位有效、帮扶效果稳定可持续。截至 2019 年 9 月底,全州易地扶贫搬迁安置点共引进企业 103 家,通过企业帮扶解决就业 9810 人。

第四,围绕优特"两大"产业,确保产业全覆盖。结合农村产业发展"八要素",盘活迁出地资源,整合迁入地资源,因地制宜大力发展优势、特色两大产业。

一是大力发展优势产业。用好民族文化这个"宝贝",大力发展银饰、刺绣、手工编织等传统优势产业。如雷山县在"牛王寨"易地扶贫搬迁安置点创设"刺绣"加工基地,实现"楼上住新家、楼下创就业",搬迁群众年均收入 3 万余元;凯里市成立鸟笼编织合作社,搬迁群众编织后由合作社收购统一销售,采取"合作社+移民+订单"的模式,搬迁群众人均月增收 2000 元以上。

二是大力发展特色产业。依托自然资源禀赋,大力发展特色种植、养殖业,实现增收致富。如黎平县依托贵州黎平薄壳山核桃示范基地项目,新建美国薄壳山核桃种植 5000 亩、本地优质山核桃种植基地 5000 亩,搬迁户参与种植管理和分红,年人均增收 1 万余元;丹寨县扬武安置点投资 120 万元种植钵栽蓝莓 60 亩 2.4 万钵,带动搬迁群众 40 户 165 人稳定脱贫;黄平县冷水河安置点,以"建好一个大棚,承包给一户搬迁户、解决一人就业,脱贫一家人"的"四个一"模式,新建150个大棚,由公司统一供种、统一培训、统一回购,搬迁户户均年增收1万元以上。

第五,以"三进社区"为抓手,确保服务全覆盖。聚焦公共教育、医疗卫生、社会保障、社区服务"四大要素",大力推动公共设施、公共服务、公共财政进社区,着力提升管理服务水平,让搬迁群众安居乐业。

一是大力推动公共设施进社区。坚持"普惠性、保基本、标准化、可持续"原则,以"四大要素"配套建设为重点,加快推动基本公共服务均等化和标准化建设步伐。按照"八室一站一厅两场所"标准,建成社区移民服务中心56个,抽调710名干部参与社区管理。按照就近就学就医原则,以辐射半径1公里内为标准,优化教育、医疗布局,增加安置区学位,配备医务人员,确保"一出门"就能上学、就医。比如天柱县联山安置点在半径1公里内建有凤城五小和凤城二中,岑巩县在亚坝安置小区内修建了第四中学。截至2019年9月底,全州安置点已按需配建改扩建小学32所、幼儿园34所,累计完成6.1万名中小学生学籍转接工作;配建卫生室62个,配备医护人员670名。

二是大力推动公共服务进社区。通过政府购买服务的方式,为搬迁群众提供临床诊疗、基本公共卫生、妇幼保健、疾病预防控制等服务,织密基本医疗预防保健网。平稳衔接低保、医保和养老保险"三类保障",以搬迁群众自愿需求为导向,对具备市民化条件、正规就业的搬迁群众,逐步与城镇职工社会保险制度并轨融合,分类、有序推进搬迁群众城镇社会保障体系全覆盖。依托万村千乡、邮政、供销、商超等网络体系,利用公共导航网为搬迁群众提供网络购物、网络销售、网订店取、网订店送、缴费支付、取送货品、农村创业、本地生活"八项服务",确保配套服务全方位。建立社区警务室,配强警务力量,组建搬迁群众安全自治巡防队,采取人防、技防、物防"三防"结合,织密公共安全防护网。定期走访了解搬迁群众诉求,着力解决群众的实际困难,扎实做好防范社会风险和矛盾纠纷排查的化解工作,维护安置地的和谐稳定。定期开展法制宣讲会、民情恳谈会等活动,推动社会主义法治精神走进群众、融入生活。整合现有公共服务阵地资源,大力开展感恩教育、文明创建、公共文化、民族传承"四进社区"活动,大力实施"一同步四融入"文化随迁工程,积极推动民族文化进社区,通过"搬人又搬文化"、新旧房屋对比照片、打造乡愁馆等方式,促进搬迁群众社会交往和互动,增强社区归属感和身份认同感,激发搬迁群众感恩意识和后续发展内生动力。

三是大力推动公共财政进社区。将安置点社区组织运转经费和社区干部、聘用人员津补贴、工资、保险等福利待遇列入财政预算,建立健全社区干部报酬增长机制和激励保障机制,做到"权随责走、费随事转"。统筹利用政府投入和社会资金倾斜用于安置点社区建设经费,重点保障社区办公场所、公共服务设施、居民活动场地等建设。统筹用好财政投入易地扶贫搬迁安置点建设和发展类的资金、建设结余资金等,鼓励市场主体和社会资本参与,完善担保贷款体系,建立融资风险补偿机制,为安置点社区发展提供全方位资金支持。截至 2019 年 9 月底,全州累计配套投入资金 19.85 亿元。

第六,强化党建引领作用,确保组织全覆盖。按照"全程过硬、全域提升、全面提质"的要求,全面加强安置点党的基层组织建设,为实现"稳得住、能致富"提供坚强的组织保障。

一是建强移民社区党组织。以扩大党的组织覆盖和工作覆盖为重点,采取联建、挂靠等形式,及时建立党组织,选优配强党组织书记,配齐配强班子成员,截至 2019 年 9 月底,全州共新建安置点社区党支部 49 个。扎实推进搬迁社区党组织标准化规范化建设,建立健全"三会一课"、党员发展、民主评议、党务公开等制度,加强党员教育管理,确保党的制度和工作全面落实。探索建立"街道党工委—社区党支部—小区党支部—楼栋党小组"四级组织管理线,充分发挥党组织和党员在组织群众、宣传群众、凝聚群众、服务群众方面的作用,使搬迁群众感受党的温暖。以党组织为统领,同步推进政权组织、经济组织、自治组织、群团组织、社会组织建设,积极构建社区党组织领导下、居民委员会统筹管理、其他各类组织协调开展服务的组织管理架构。截至 2019 年 9 月底,全州各安置点成立居民委员会 72 个、工会组织 35 个、共青团组织 15 个、妇联组织 24 个、经济组织 12 个、社会组织 15 个。

二是推行党建网格管理。建立社区党支部班子成员党建网格化分片包干责任制,按照搬出地源、移居相邻划分党建网格,每个网格建党小组,全面推行实现小心愿、排查小隐患、控制小苗头、调处小纠纷、办理小事务、整治小环境、收集小信息、解决小问题、推进小宣传、提供小服务"党建网格+十小工作法",实现移民社区自我管理。如凯里开怀街道采取"党建网格+十户一体"模式,将41栋安置楼划分为41个党建网格,在党支部的引领下,将居住相邻、迁出地相邻、发展意愿相近的贫困户捆绑成一个整体,形成党建联体、监督联体、就业联体、公益联体的抱团发展共同体。

三是积极打造"指尖党建"。充分运用互联网、微信公众号、"学习强国"APP等新媒体,着力打造社区党支部"指尖上的党建",适时发送习近平新时代中国特色社会主义思想、时事政策等信息,拓宽移民党员了解党和国家政策渠道。

第二节　易地扶贫搬迁稳步推进

2016年项目搬迁户已于2017年10月底全部搬迁安置完毕,2017年项目搬迁户已于2018年9月底全部搬迁安置完毕,2018年项目已于2019年年底全部完成。经过三年的共同努力,30.81万人稳定居住在环境优美、设施完善、热热闹闹、喜气洋洋的城市社区,基本实现了"搬得出"、"稳得住"、逐步"能致富","一方水土养不活一方人"的长期问题有望得到解决。

一、"搬得出"已经实现,贫困群众挪出"穷窝"

一是搬迁群众的思想观念明显改变。通过大力推动扶智、扶志,搬迁群众自力更生的积极性被调动起来了,自主脱贫的决心和信心被激发起来了,绝大多数搬迁群众认同易地扶贫搬迁是摆脱贫困、迈向小康的有效途径,认同"挪穷窝、换就业"的脱贫方式。他们纷纷从心底由衷感恩党中央,感恩习近平总书记,积极配合易地扶贫搬迁工作,易地扶贫搬迁基本实现"搬人也搬思想"的目标。

二是搬迁户的资金压力得到控制。盖房子、娶媳妇，是农户家庭最大的经济负担。拥有一套好的住房，普通农户家庭往往需要耗尽所有的积累。通过严格控制住房建设标准、实行"省级统贷统还"筹资模式、整合相关项目资金，搬迁户可在经济负担不明显加重的前提下，实现住房条件普遍比搬迁前明显改善。易地扶贫搬迁项目政府补助高，建档立卡贫困户的住房人均补助为 3.5 万元（住房补助 2 万元，旧房拆除奖励 1.5 万元），以 1 户 4 口人计算，住房补助就有 14 万元，还有宅基地复垦复绿补助人均 0.3 万元，搬迁后一次性救助金 0.15 万元，参加安置点工会组织获工会费补助 0.05 万元，综合算下来，1 户 4 口之家，国家补助就有 16 万元。对贫困户来说，即使拿不出自筹资金，也可通过贷款解决。

三是搬迁户在农村的财产权得到保障。对搬迁户在农村的土地承包经营权、林权及相关财产权，按照现有法律法规和政策进行严格保护，搬迁户不用担心财产损失的问题。与此同时，各地纷纷探索新的经营模式，通过培育引进新型农业经营主体，鼓励引导农户将土地经营权、林地使用权等进行流转或者发展股份合作社，建立农户家庭财产权的实现机制，搬迁户还可以稳定获得一定土地流转收益或者土地股份分红。

四是贫困代际传递得到阻断。黔东南州 16 个县市，90%以上的村寨祖祖辈辈都在边远山区，孩子只在山区学校读小学。想让自己的孩子"不失学""好上学""上好学"，这是几乎一辈子都没有走出大山的父母很难完成的任务。实施易地扶贫搬迁项目后，大部分群众搬迁进县城居住了，孩子能在县城上学，能够较快适应城镇生活，成长为一个新市民。比如，雷山县达地乡排老村高调组王启高户，一家 5 口人，2016 年 3 月份移民搬迁到观音阁社区牛王寨 21—604 居住，住房面积 100 平方米，2019 年 5 月王启高到观阁社区应聘工作，担任第四网格网格员，月工资 2000 元（扣除三险）。通过社区介绍，其妻子在雷山县西江镇明月酒店打工，月工资 3500 元，两人的月收入在 5500 元左右。大女儿在雷山县丹江三小 6 年级读书，二女儿在雷山县丹江三小 5 年级读书，小儿子在雷山县丹江镇观音阁社区幼儿园读书，现在家里不愁吃、不愁穿，全家生活乐融融，常常满怀感恩地提起："感谢习总书记、感谢党和政府。"

二、"稳得住"成效明显，群众美好生活充分体现

一是住房得到保障。大部分移民的房屋由农村破、旧、漏的房子变为砖混结构或框架结构——两室一厅一厨一厕、三室（四室）两厅一厨两厕，"高大、宽敞和明亮"取代了往日的"狭小、破烂和昏暗"，安置房通路、通电、通水，面积有所增加，居住条件大为改善。三穗县款场乡桂平村地理位置偏僻，道路狭窄险峻，全村共 102 户 388 人，其中贫困户 82 户 296 人，贫困发生率 76.2%，属于典型的"一方水土养不好一方人"的贫困山村。通过易地搬迁工程，桂平村 78 户 304 人在县城得到新居，开始脱贫致富的新生活。

二是生活条件明显改善。搬迁前，群众就学就医、办事、买卖生产生活用品需爬山过岭。安置小区主要建在城区，安置点的水、电、路、讯等基础配套设施完善，能享受均等教育医疗文化资源，使群众居住环境发生了根本性的变化。

凯里市上马石安置点为 2016 年易地扶贫搬迁项目，位于凯里至三棵树城市主干道右侧，距离市区 2 公里。搬迁对象涉及凯里、黄平、台江、施秉、锦屏 5 县（市），跨区域安置搬迁户 319 户 1458 人，共安置 2138 户 9007 人，其中，建档立卡贫困户 1886 户 8376 人，占 93%，已于 2017 年 6 月底完成搬迁入住。小区基本公共服务全面实现"出门七可"：出门可办事、出门可上班、出门可休闲、出门可读书、出门可看病、出门可购物、出门可乘车，基本公共服务设施建设配备齐全，有社区服务中心、卫生服务中心、综治中心、工会、团支部、妇联、老年协会、四点半学校等组织机构；成立上马石居民委员会并引进社会组织。通过"天网+地网+人网"做实"人防+物防+技防"，实现社区零发案、零命案。

三穗县经济开发区安置点为 2016—2018 年三年规划项目，位于三黎高速三穗匝道口旁，开发区美敏大道与木界大道交会处，工业园区的核心区域内。搬迁对象主要涉及三穗县 9 个乡（镇）137 个村 942 个组，共安置 2403 户 9599 人，其中建档立卡贫困户 2335 户 9333 人，占比 97%。规

划人均住房面积 20 平方米,已于 2019 年 1 月完成搬迁入住。该安置点周边 200 米内规划有二级甲等医院,建有县第二幼儿园、第三小学、职教培训中心、公交站台;安置点内建有警务室、卫生服务站、酒席集中办理点、社区便民服务大厅等共 4000 平方米、31 个配套设施场所,建有功能完善的文体活动中心,配有图书室、儿童活动中心和老年服务中心,丰富搬迁群众的文化生活。

三是精神面貌明显提升。有贫困户讲,搬迁前的文化娱乐不外乎两个:一个是"嘴巴喝",喝酒吹牛过一天;另一个是"双手搓",赌钱打牌混日子。搬迁后,唱歌跳舞有场所,读书看报有地方,打球健身有去处,搬迁群众的精神面貌焕然一新。

雷山县城南特色小镇坐落在雷山县丹江镇羊排村,是 2017 年和 2018 年易地扶贫搬迁工程项目,距离县城主城区仅 1 公里,是毗邻县城主城区最好的地段之一。建设 85 栋安置房,搬迁入住 2969 户 11967 人,其中建档立卡贫困户 2848 户 11467 人,贫困人口占比 98.82%;同步搬迁非建档立卡贫困户 121 户 500 人。2019 年 3 月完成搬迁后,基本实现便民利民"七个一"服务工程:一个就业创业中心、一个社区综合服务中心(站)、一个新时代文明实践中心、一个文体活动中心、一个老年服务中心、一个儿童活动中心、一个平价购物中心。特别注重搬迁人与搬迁文化相结合,从安置点住房风貌设计到环境打造,都最大限度地体现搬出地的民族文化特色,配套建设苗族芦笙场、苗家风雨长廊等文体设施,实现人与文化一起"搬",让搬迁群众不丢"乡愁",有归属感。

三、"逐步能致富"前景看好,持续稳定脱贫有效增强

原来在深山大林中靠的是广种薄收,靠天吃饭,只靠种地年收入不足万元。搬进城后,搬迁户可通过从事大棚蔬菜种植、经商做生意、跑运输、砖瓦工、粉刷工、修理工、装卸等多源渠道实现家庭收入增加,每户年收入均在 2 万元以上,多则在 5 万元以上,通过"走出去",开阔眼界,发展多种经营,走上富裕道路,过上幸福生活。还有,地方政府组织的创业扶持、技能培训、就业安置、"百企帮扶"、金融支持、救助保障、教育安置等扶贫

措施,搬迁群众的后顾之忧得以基本解决。由于搬迁群众生产方式的变化,增收渠道由之前单一渠道变成了多源渠道,有效促进了群众收入的增加。

第三节　易地扶贫搬迁面临的主要困难和问题

实现易地搬迁不仅要做好搬迁户的识别和动员工作,做好安置房的建设工作,还要解决好就业、公共服务提供、旧房拆除等大量具体的配套工作,贫困群众转变生产生活方式也有一个适应过程,要在短短三年内实现 30 多万人应搬尽搬,涉及大量复杂和困难的问题。黔东南州的易地扶贫搬迁工作总体上是顺利的,但也碰到了不少新情况,遇到不少现实的困难问题。

一、安置房建设遇到不少需要解决的问题

一是前期手续耗时较多。按照国家项目建设规范化管理规定,易地扶贫搬迁项目的前期准备阶段,必须要按期完成或取得方案审批、施工图设计、审计预审、招投标手续、建设用地规划证、选址意见书、环评手续、建设工程规划证、建设用地手续、地质灾害评估、建筑工程施工许可、质量监督手续、社会风险评估报告、林地审批等不少于 14 项手续,各项手续需要行政审批或专家评审或技术评估或测量测绘,涉及各级发展改革、自然资源、规划、城乡住房建设、环保、审计、林业、公共交易管理中心等政府部门,以及设计、测绘、地质、评估、第三方审计、招投标代理等社会服务单位,需要不少于 15 个部门或社会组织,不少于 30 多个专家或经办人签字办理等。按照法定或规范审批时限办理,并将相关手续同步办理审批审查,在排除任何不稳定因素和利用好每个工作日不间断时间的办理,所有手续办理完毕,实现工程建设"四制"管理(项目法人责任制、招标投标制、工程监理制和合同管理制)并到实质性开工建设,共需要不少于 6 个月的时间,还未包含征地拆迁需要的时间。这与易地扶贫搬迁建档立卡人口得到"早搬迁、早入住、早脱贫"的目标相悖。而且,项目用地、环评、

规划、招投标、施工等审批手续烦琐,如从江县 2017 年项目手续长时间不完善,直接影响项目资金决算。

二是城镇建设用地指标不足。部分县总体用地指标已经用完,易地扶贫搬迁安置点用地手续无法办理。麻江县 2017 年县城安置点项目已建设完成,搬迁群众也于 2018 年 12 月底全部搬迁入住完毕,但项目用地手续长期无法办理。

三是住房建设成本不易把控。易地扶贫搬迁项目按照保本微利的原则建设或购买安置房,但在遇到建设地下停车场、地质复杂等项目时资金就不够了。国家核定的住房建房成本价 1800 元/平方米,考虑水泥、钢材、人工工资等市场物价上涨因素不充分,导致部分项目超支严重,地方政府资金压力大。天柱县 2017 年联山安置点项目,30 层大楼建设成本审计决算价就是 2070 元/平方米,比易地扶贫搬迁项目建房核定成本价 1800 元/平方米,单价超出 270 元。

二、搬迁后续配套工作存在短板

一是就业机会不足。黔东南州是一个典型的深度贫困区域,产业发展水平还比较低,在安置地能够为嵌入劳动力提供合适就业岗位的能力明显不足。

二是配套设施建设和公共服务供给滞后。新时期易地扶贫搬迁项目,资金主要用于搬迁安置点建房,配套基础设施建设主要通过整合资源、整合资金逐步来建设。由于各类资金不能同步到位,社区服务、医疗卫生、教育、文化、健身场所、公厕等配套公共服务设施和生活设施没有与住房建设同步,影响了搬迁群众的生产生活和发展。

三是社会管理需要完善。安置区人口密度大,人口来源结构多元化,容易引发纠纷,形成新矛盾爆发区。集中安置在县城后,迁入人群与已有人群也有一个相互熟悉、交往、接受和融合的过程,也容易产生社会摩擦。

三、搬迁群众适应新环境面临客观困难

一是生活成本迅速攀升。生活在原住地,粮食、蔬菜都是自家生产

的,水是天然免费的,柴是平时准备好的,这些基本上不用花钱,平均每天10元左右就可以维持生活了。搬迁到县城后,柴米油盐菜等日常生活支出大为增加,每天50元都不够。如果收入没有得到相应增加,生活压力会骤然加大。

二是就业能力短期难以适应。在原住地,他们一般从事农业、林业及当地的传统产业,熟门熟路,虽然收入低些,但还比较稳定。进入城镇以后,产业结构和就业机会与原住地具有很大差异,对普通劳动力而言,由于受教育程度偏低,缺乏专门技能,很难迅速具备从业能力,至少有半年没有稳定收入来源。

三是生活习惯习俗与安置区不适应。丹寨县排调镇高峰村的群众搬迁到县城东湖安置点后,有的还是习惯把各种垃圾往厕所里扔,下水道经常堵塞。从江县美俄安置点有一个企业招进去54人,干不了多久就走了33人,在干的也是经常请假走亲访友、过节赶歌会。有的觉得当环卫工人丢人,当保安守大门丢脸,对政府安排的公益性岗位兴趣不大。

四是心理上难以快速适应。苗族、侗族少数民族聚居山区,长期生活在群住群扶的社区,进入城镇失去了原有的社会交流网络后,心理缺乏归依,容易出现心理失落的现象。尤其是老年人故土情结根深蒂固,对在迁入地生活信心不足,容易出现心理焦虑。

四、迁出地土地资源盘活利用难度大

为了筹措资金,易地扶贫搬迁项目要求搬迁户拆除原有住房并复垦为耕地,然后将建设用地指标交易到城市。但从实际情况来看,一些原住房拆迁后并不适合复垦,不能形成可交易的建设用地指标。有的自然条件不允许。在部分乡镇,由于地质不稳定,一旦复垦容易造成地质灾害隐患。部分村寨山高坡陡,旧房拆除后地基出现垮塌等。部分旧房拆除地块无法就近获得适合的土壤进行耕作层修复,满足不了复垦的要求。部分迁出点地质为石灰岩或青岗石等地基,不具备复垦条件。有的宅基地已硬化成水泥地,人工挖不动。如岑巩县有50户未通过国土部门验收,镇远县有22户复垦质量不合格,剑河县有9户验收不合格。有的老宅基由于矛盾纠纷多、兄弟共有、拆房后土地被其他公共建设征用等原因,无宅基地复垦。如凯里市舟溪镇白师村五组有一户宅基地被市医院新址征用;舟溪镇舟溪村九组有一户兄弟4人分家,2人只有住房没有宅基地;剑河县5户因水灾冲毁无宅基地复垦。

五、迁出地生产生活条件改善后部分农户放弃搬迁

近年来,中央和贵州省出台了大量扶贫政策,实施了"组组通"、危房改造、透风漏雨整治、人畜混居整治、农村安全饮水等一系列改善生产生活条件的项目,一些地方的扶贫产业也开始发展起来,原来属于"一方水土养不起一方人"的地方现在变得能够"养活一方人"了。在这些地方,不少群众想就近发展脱贫产业,部分过去在精准识别时写了"申请书"的对象也不愿再搬迁。特别是建了新房的农民群众,由于搬迁要拆除已有住房,他们的搬迁意愿不强,甚至抵触搬迁,使得有的易地搬迁项目处于"悬浮"状态。

第四节 做好易地搬迁后续帮扶工作

做好易地搬迁脱贫与全面融入当地社会的衔接,重点是聚焦突出问题。易地扶贫搬迁的政策性很强,要以方便群众生活、提高居民生活质量、提高搬迁群众满意度为出发点,坚持问题导向,以巩固提升安置点建设项目、抓基础设施建设、完善社区服务等为重点,健全体制,完善机制,强化服务,做好易地扶贫搬迁的"下半篇文章"。

一、创新农业经营体系

建立健全土地流转机制,为保护搬迁户土地权益和发展适度规模经营创造条件。成立土地流转中心,对流转土地3年以上,规模种植农产品达30亩以上的种植主体进行补助,引导服务土地有序流转。对迁出地坡度25度以下的搬迁户承包地,由新型农业经营主体有偿流转并进行集中开发,通过引进龙头企业、培育合作社、家庭农场等方式,引导搬迁群众以

土地经营权、农业设施、扶贫到户资金等参股到新型经营主体或产业项目。对迁出地坡度25度以上的搬迁户土地,利用退耕还林政策进行生态修复,防止水土流失和石漠化,彻底改变"越穷越垦、越垦越穷"的恶性循环,实现搬迁脱贫与生态修复双赢。按照搬迁户搬迁安置后1年过渡期的原则,对搬迁户旧房进行拆除和宅基地进行复垦复绿。

二、稳定完善支持政策

易地扶贫搬迁的建档立卡贫困人口,搬迁后需要实现稳定脱贫,相关扶贫政策要保持稳定。对非建档立卡低收入搬迁户实施贫困预警监测并研究制定支持政策,对非持续稳定脱贫搬迁户加大保障力度,建立稳定脱贫防范返贫的长效机制。加大对搬迁脱贫户的综合扶持力度,真正做到按照就业创业要求开展技能培训,提高搬迁群众的就业能力。

易地扶贫搬迁工程的旧房拆除,目前按人头补助奖励,没有体现房屋价值,导致部分房屋大、结构好、人口少的农户家庭不愿拆房。旧房拆除奖励补助充分体现房屋价值,调动搬迁户的积极性。易地扶贫搬迁复垦腾退出来的建设用地指标,优先保障所在村和易地扶贫搬迁项目建设需要,节余部分以公开交易的方式在省内外流转用于城镇建设。复垦指标通过设立的单独易地扶贫搬迁复垦土地交易平台进行公开交易,交易价格不得低于省级政府批准设立的复垦指标交易最低保护价。复垦指标受益扣除成本和省级易地扶贫搬迁项目资金还贷后,净收益按15%、15%、15%和55%的比例分配给县级财政、乡镇级财、土地所有权人和土地使用权人。

三、强化后续管理服务

易地扶贫搬迁是一项复杂的社会工程,涉及面广、政策性强,在实施过程中会遇到很多问题和困难,特别是城镇化集中安置,给搬迁群众的生产生活方式、思想观念、生活习惯等带来重大改变,存在一个较长的磨合和社会适应过程,搬迁入住只是完成第一阶段目标,后续扶持和社区管理是决定成败的关键。

一是加强配套产业和公共服务设施建设。统筹各类资金资源,在用好政府资金的同时,撬动金融信贷资金、社会资本等投入,支持安置区市建设配套产业基础设施和公共服务平台。重点聚焦公共教育、医疗卫生、社会保障、社区服务"四大要素"配套建设,着力打造便民利民"六个一"服务工程,实现基本公共服务均等化和标准化。

二是建立培训就业新机制。重点聚焦搬迁劳动力全员培训和有劳动力家庭1人以上稳定就业,对有劳动力"零就业"家庭进行动态清零,盘活"三块地"资源,做到搬迁群众"三块地"权属不改变、权益不受损。

三是建立文化服务新机制。重点聚焦感恩教育、文明创建、公共文化、民族传承"四进社区",增强文化引领能力。

四是建立社区治理新机制。重点聚焦机构设置科学化、社区管理网格化、居民自治规范化、治安防控立体化"四化"建设,建立和完善社区治理体系。

五是建立基层党建新机制。重点聚焦党的组织、经济组织、自治组织、群团组织、社会组织"五个同步"建设,全面形成以党组织为核心、以自治组织为主体、以群团组织和各类服务组织为纽带、以经济组织为支撑的安置点基层组织体系。

第十一章　推动解决农村基本生产生活条件同全面改善农民生活品质有效衔接*

　　民生是最大的政治。要把那些农民最关心、最直接、最现实的利益问题，一件一件找出来、解决好，让农民的获得感、幸福感、安全感更加充实、更有保障、更可持续。进入 21 世纪以来，中央提出了实施统筹城乡发展基本方略，对建设社会主义新农村和构建城乡经济社会一体化发展新格局进行了部署，强农惠农富农政策不断强化和完善，农村民生得到快速改善。近十几年来，黔东南州认真贯彻落实党中央的决策部署和贵州省具体要求，不断加大改善农村民生力度，农民的基本生产生活条件快速改善。特别是实行精准扶贫、精准脱贫方略以来，黔东南州按照抓重点、补短板、强弱项的要求，特别是围绕"两不愁三保障"突出问题，一件事情接着一件事情办，一年接着一年干，解决了一系列长期以来想解决而未得到较好解决的大问题，农村民生加快改善，为打赢脱贫攻坚战打下了坚实的基础。但与全国平均水平相比，黔东南州的农村生产生活条件仍有较大差距。在党中央、贵州省的支持下，与自身财力相匹配，尽力而为、量力而行，不断改善农村的生产生活条件，逐步让农民对美好生活的向往变成现实，仍须作出长期不懈的努力。

第一节　农村基本生产生活条件得到有效解决

　　黔东南州始终围绕中央、省的决策部署和人民群众的殷切期盼，着力

---

　　*　本报告作者为黔东南州人民政府发展研究中心吴昌奎，州政府罗丹、郭彩云，州政府发展研究中心吴玉生。

抓改革、破难题、促发展、惠民生,坚持以人民为中心的发展思想,认真贯彻落实党中央、国务院和省委、省政府的民生政策要求,结合黔东南州实际情况,大力实施民生工程,集中力量办成了一大批农村民生实事、好事。

一、农村基础设施条件取得历史性改善

(一)农村公路织线成网

农村公路建设方面。黔东南州始终把基础设施建设放到首位,加大农村公路建设投入,采取强有力措施,全力推进农村公路"组组通"建设,取得了夺目的成绩。2017 年,黔东南州人民政府实施农村"组组通"公路三年大决战,明确 2017—2019 年三年时间,投资 65 亿元,启动实施通组公路硬化 16215 公里,连通 5345 个 30 户以上村民组,全州实现 100%的村民组通硬化路。2018 年,黔东南州人民政府启动实施高速公路乡镇连接线建设三年会战,到 2020 年,投资 45.3 亿元,建设普通公路 693 公里,其中,省道 393 公里,县道 300 公里。全州 206 个乡、镇、街道实现"重要乡镇半小时上高速,普通乡镇一小时上高速"目标。2019 年年底,黔东南州农村公路达 2.95 万公里,其中县道 5140 公里、乡道 6717 公里、村道 12750 公里,公路密度达 98.2 公里/百平方公里,等级以上公路占比达 77%。① 对 160 个深度贫困村的调查表明,到 2018 年年底累计建成"组组通"公路 998 公里,村均达到 6.24 公里,30 户以上村民组全部通硬化路,还有 51 个村开通了客运班车,每天总计开行班次 186 个。

农村公路管养方面。黔东南州根据《贵州省通组公路建管养实施细则》、建设工程技术导则、简易施工图设计范本、建设工程标准设计图集等规范性配套文件组成的"1+N"政策体系,建立"政府主导、分级负责、以县为主、群管群养"的管理养护机制,明确县(市)级人民政府按照每公里 1500 元左右的标准落实通组公路养护资金并纳入财政预算,保障了通组公路养护管理经费。剑河县创新养护模式,不仅化解了养护过程中的风险,而且促进了贫困家庭劳动力就业,提高了养护效率。

---

① 资料来源于黔东南州交通运输局。

（二）全面解决农村饮水安全问题

民以食为天，食以水为天。水是生命之源、生产之要、生态之基，是人类生存与发展不可或缺的基本需求和条件。新中国成立后至2015年年底，我国农村供水先后历经了自然发展、饮水起步、饮水解困、饮水安全四个阶段，自2016年起进入农村饮水巩固提升的新阶段。在工程建设方面，黔东南州按照《贵州省全面解决农村饮水安全问题攻坚决战行动方案》，大力开展农村人畜饮水及巩固提升、小型农田水利项目县、小水电扶贫项目等水利工程建设，到2019年6月底，全面完成解决农村饮水安全问题。2014—2018年，农村人畜饮水及巩固提升工程投资14.95亿元，覆盖所有农村人口；共获得57个中央财政小型农田水利项目县项目，总投资共计10.85亿元（其中，中央资金6.67亿元，省级资金4.18亿元），发展耕地灌溉面积共计57.29万亩。在设施管养方面，根据《水利部关于建立农村饮水安全管理责任体系的通知》《贵州省水利厅关于转发〈水利部关于建立农村饮水安全管理责任体系的通知〉的通知》等文件要求，出台了《黔东南州农村饮水安全工程运行管护工作的指导意见》，各县市均建立完善了"三个责任"（农村饮水安全管理地方人民政府责任、水行政主管等部分行业监管责任、供水单位的运营管理责任）和"三项制度"（县级农村饮水工程运行管理机构、运行管理办法、运行管理经费），并完善应急供水预案，探索创新了农村饮水工程建设和运行管理模式，建立了农村饮水安全制度，确保农村饮水安全工程建得成、管得好、长受益。

（三）农村电网薄弱问题得到有力解决

2016年，国家能源局同时印发《国家发展改革委 国家能源局关于印发小城镇和中心村农网改造升级工程2016—2017年实施方案的通知》《国家发展改革委、水利部、农业部国家能源局关于印发农村机井通电工程2016—2017年实施方案的通知》《国家能源局关于印发〈新一轮农村电网改造升级技术原则〉的通知》等文件，作为《国务院办公厅转发国家发展改革委关于"十三五"期间实施新一轮农村电网改造升级工程意见的通知》的配套文件，推进农村电网改造工程顺利实施。为落实好新一轮农网改造升级工程，黔东南州印发了《"十三五"新一轮农网改造升级规划》《黔东南州 2018 年农村电网改造升级工程实施方案》,加快推进小城镇中心村农网改造项目、低电压治理、贫困村通动力电等重点工程建设。2014—2019 年,黔东南州凯里电网投资 33.28 亿元全力改善农村电网,完成 4 个深度贫困县、11 个脱贫出列县、4 个极贫乡镇、1038 个深度贫困村、台江"小康电"示范县、中国特色小镇(雷山西江)新一轮农网改造升级专项任务,切实解决了农村电网薄弱的问题。投资 7000 万元建设完成 861 个产业扶贫点用电保障,159 万用户的智能电表和低压集抄实现全覆盖。

(四)实现光纤宽带和 4G 网络行政村全覆盖

黔东南州全面推进提速降费行动,指导督促运营商在手机、话费、流量费等方面予以更多优惠,提高农村用户使用信息的频次。积极开展信息网络扶贫试点工作,对全州建档立卡贫困户和注册残疾人等群体减免通信费用。同时,加大对农村通信基础设施建设投入,2014—2019 年,黔东南州信息基础设施累计完成投资 60.01 亿元,光缆线路总长度达 25.22 万公里,3G/4G 基站达 2.13 万个,互联网出州宽带从 700Gbps 扩容到 2800Gbps,固定宽带接入用户超过 88.24 万户,移动电话用户 442.56 万户。到 2019 年年底,全州实现光纤宽带和 4G 网络行政村全覆盖,农村固定网络宽带接入能力普遍达 50Mbps 以上,30 户以上自然村寨 4G 网络覆盖率已达 98%以上。

(五)农村人居环境加快改善

2017 年,黔东南州全面启动改善农村人居环境暨农村"清洁风暴"行动。2018 年以来,按照"一年攻坚突破,两年提升见效,三年巩固长效"的要求,以农村生活垃圾、生活污水处理、"厕所革命"和农业面源污染治理为重点,全面开展以"清洁风暴"行动为载体的农村人居环境整治工作。

一是农村生活垃圾收运处置体系基本建成。截至 2020 年 12 月 8 日,全州 2731 个行政村农村生活垃圾收运处置体系已覆盖 2562 个,覆盖率为 93.8%。有 139 个乡镇建成生活垃圾转运设施,占 189 个乡镇的 73.55%。共有转运车 123 辆、清运车 973 辆,共定位垃圾集中收集点 1.37 万个。

二是农村改厕进度接近八成。近三年来,全州累计完成农村户用卫生厕所 23.90 万户,占下达总任务 17.43 万户的 137.15%,全州农村改厕率由 2017 年年底的 56.2% 提高到了 78.91%。近三年来,全州累计完成村级公共卫生公厕 2777 个,占贵州省三年下达总任务的 111.08%,实现行政村公厕全覆盖。

三是农村生活污水设施建设梯次推进。完成 435 个行政村(697 个自然村寨)农村生活污水设施建设,建成污水处理设施 358 套(其中分散式农村污水处理设施 82 套,集中式农村污水处理设施 276 套),受益人口累计超 60 万人。完成黑臭水体排查 2136 个村,全部完成下达任务。

二、农村就业创业服务明显加强

从农民的收入构成来看,打工仍是主要收入来源。把就业服务做好,是促进脱贫的主要渠道。近年来,黔东南州不断优化创业就业环境,扎实开展职业技能培训和农村贫困劳动力全员培训,持续实施高校毕业生就业创业计划、"雁归兴贵"行动和"双百工程",鼓励高校毕业生、返乡农民工和贫困劳动力转移人员到非公经济服务领域和基层一线就业创业。加强对零就业家庭成员、大龄失业人员、复退军人、残疾人等就业困难人员的就业帮扶。积极引导农民工返乡创业就业,为乡村振兴注入新活力。2019 年,黔东南州实现农村劳动力转移就业 8.3 万人,返乡农民工就业创业 3.8 万人次,帮助零就业家庭成员、大龄失业人员、复退军人、残疾人等就业困难人员实现就业 7432 人,城镇新增就业 7.4 万人,城镇登记失业率控制在 2.9% 左右。

(一)强化了农村就业创业服务保障

一是完善农民技能培训制度。职业技能培训是全面提升劳动者就业创业能力、缓解技能人才短缺的结构性矛盾、提高就业质量的根本举措,是适应经济高质量发展、培育经济发展新动能、推进供给侧结构性改革的内在要求,对推动大众创业万众创新、推进制造强国建设、提高全要素生产率、推动经济迈上中高端具有重要意义。2018 年 5 月,国务院印发了《国务院关于推行终身职业技能培训制度的意见》,黔东南州人民政府印发《黔东南州农民全员培训三年行动计划(2019—2021 年)》,以"资源互补、任务分担、突出特色、各显其功"的原则,建立州、县、乡、村四级全员培训联动协调机制,加强部门联动,整合资源力量,结合黔东南州民族地区特点和劳动者培训意愿,积极组织开展定向型、订单型、输出型、扶智型"四型"培训,强力推进全员培训。2019年,培训农村贫困劳动力9.58万人,培训后实现就业创业6.46万人。

二是建立劳务联络工作平台。围绕有组织、有计划、有平台、有机制、有保障"五有"要求,黔东南州及16个县(市)分别在杭州市及各对口帮扶区县建立"1+16"劳务联络工作站,同时成立基层党工委,并在广东肇庆、东莞和浙江义乌、温州等劳务输出集中地建立9个劳务联络工作站,实行统一标准、统一名称、统一标识、统一职责、统一任务、统一考核"六统一"规范管理,形成组织整体,选派22名干部驻站开展工作,为黔东南州外出务工人员提供就业推荐、职业介绍、技能培训、劳动维权等"一条龙"公共就业服务。同时还积极协调省农信社、黔东南审计中心为黔东南州在杭务工人员提供创业资金支持、账户开设、资金回流等服务,实现"输出去—引进来"互动双赢。

2019年,全州就业扶贫38487人次,占各种帮扶措施人次的45.21%。对160个深度贫困村的调查表明,有115个村(占71.88%)的打工收入占到家庭年总收入的40%以上,9.43万名劳动力中有51%常年外出务工。从务工人员去向看,就近务工的占18.7%,63.2%的人到县外乃至省外(占48.86%)务工(见表11-1)。

表11-1　160个深度贫困村收入来源结构统计表　　(单位:个;%)

	构成	10%以下	10%—20%以下	20%—30%以下	30%—40%以下	40—60%以下	60%以上
务农收入	村数	1	24	25	22	58	30
	比例	0.63	15.00	15.63	13.75	36.25	18.75
	构成	10%以下	10%—20%以下	20%—30%以下	30%—40%以下	40%—60%以下	60%以上
打工收入	村数	1	7	10	27	65	50
	比例	0.63	4.38	6.25	16.88	40.00	31.25

资料来源:课题组160个深度贫困村调查数据。

三是建立健全农民工工资支付源头防范机制。黔东南州按照"属地管理、分级负责、谁主管谁负责"的原则,突出抓好农民工工资"清欠、治欠、防欠"三道防线,建立拖欠项目台账清单,实行按期对账销号。加强劳动保障执法监察,推进劳动人事争议仲裁院标准化规范化建设,推行多方联动办案机制和网上办案,开通仲裁"绿色通道",全面实现"快立、快审、快结",提高办案效率。2018 年,黔东南州人民政府出台了《黔东南州保障农民工工资支付工作考核办法》,强化了保障农民工工资支付工作的属地监管责任,有效预防和解决拖欠农民工工资问题。2019 年,黔东南州共清理拖欠农民工工资项目 270 个,涉及农民工 6259 人,清理拖欠工资总额 8509.57 万元。

(二)拓宽了农民就业创业渠道

一是加强农村公益性岗位设置。全州共争取到生态护林员指标 35523 人,其中,2019 年新增名额 6004 名。全州 35523 户建档立卡贫困户依靠生态护林员政策实现稳定脱贫。

二是发展劳务公司。黔东南州共成立州、县两级 58 家劳务公司,开展劳务输出业务,通过"公司+岗位+贫困劳动者"的形式,免费开展有组织的劳务输出工作,扩大劳务协作市场化模式,激活劳务输出市场活力。

三是建立劳务协作合作机制。2018 年,黔东南州委、州政府印发了《关于进一步做好东西部对口帮扶城市劳务协作工作的实施意见》,明确2018—2020 年与对口帮扶城市杭州市完成劳务输出 8 万人(贫困劳动力 2 万人)目标任务。全州 16 县(市)人社部门分别与对口帮扶城市签订了《劳务协作合作机制》,在建立信息沟通、深化劳务协作、促进就业扶贫等方面达成合作协议,明确杭州市每年至少为黔东南州提供 6000 个以上优质就业岗位。

(三)完善了农民就业创业制度保障

一是建立了农村贫困劳动力就业补助制度。2018 年,贵州省人力资源社会保障厅、省财政厅、省扶贫办和省生态移民局联合印发了《关于做好就业扶贫援助补贴发放工作促进贫困劳动力就业脱贫的通知》,对全省 5 万个易地扶贫搬迁和建档立卡贫困劳动力中:女年满 45 周岁以上,男年满50周岁以上人员,残疾人,易地扶贫搬迁零就业家庭劳动力和因照顾老人、儿童、病人等原因无法外出务工人员,通过治安巡防、公共产业巡护、农村"组组通"公路养护等巡防巡护类,养老服务、五保户服务、留守儿童看护等邻里互助类,村寨保洁、河道管护、农村"组组通"工程等一线公共服务类,就业扶贫信息统计收集、就业扶贫服务等协助管理类岗位实现就业的,及通过、依托各类农民专业合作社(种养大户、家庭农场)、就业扶贫车间、就业扶贫示范基地及各类园区企业开发就业扶贫援助专岗实现就业,或从事刺绣、银饰加工、特色编织、来料加工等居家就业,且收入较低的,可按规定享受就业扶贫援助补贴每人每月400元,补贴截止时间为2021年12月。

二是完善了农村创业补贴制度。为鼓励和支持农民创业致富,黔东南州近年来认真落实创业补贴和创业担保贷款及贴息政策。对首次创办小微企业或从事个体经营,且所创办企业或个体工商户自工商登记注册之日起正常运营1年以上并带动就业的农民工,按规定给予5000元一次性创业补贴;对贫困地区的农民个人创业担保贷款,财政给予全额贴息;对其他地区符合条件的个人担保贷款,财政按2年(第1年、第2年)全额贴息;对符合条件的小微企业创业担保贷款,财政按照贷款合同签订日贷款基础利率的50%给予贴息;对农村建档立卡贫困户实施扶贫小额信贷(精准扶贫"特惠贷"),符合贷款条件的建档立卡贫困户,凡可以创收增收的项目均可申请"5万元以下、3年期以内、免除担保抵押、扶贫贴息支持、县级风险补偿"的低利率、低成本贷款。扶贫部门对建档立卡贫困户5万元以内的贷款,按实际贷款利率给予贴息补助,最高不超过中国人民银行公布的同期同档次基准利率。

三是落实了失业保险制度。《失业保险条例》自1999年施行以来,在维护就业稳定、服务经济社会发展方面发挥了巨大的作用。2017年8月,人社部、财政部、国务院扶贫办印发《关于切实做好社会保险扶贫工作的意见》,对建档立卡贫困人口、低保对象、特困人员等困难群体给予适当扶持,帮助他们参加社会保险,获得相应的社会保险待遇;同时引导非贫困人员积极参保,防止因年老、疾病、工伤、失业等原因致贫返贫。

2018 年,人社部又会同交通运输部等 5 部门印发《关于铁路、公路、水运、水利、能源、机场工程建设项目参加工伤保险工作的通知》,将工程建设领域农民工全部纳入制度保障,继续阶段性降低工伤保险费率,完善浮动费率政策,指导地方全面推开工伤预防工作,调动企业开展工伤预防、安全生产的积极性,从源头上避免工伤事故发生,降低农民工遭受事故伤害的概率。2019 年,黔东南州完成失业保险参保 11.68 万人,完成支付失业保险待遇 1617 人、2147 万元,完成失业人员实现再就业 9670 人。

三、农村公共服务保障制度成效明显

（一）坚持优先发展农村教育事业

党的十八大以来,党和国家站在全面建成小康社会、全面实现社会主义现代化的历史新方位,全面深化农村教育综合改革,全面振兴农村教育和乡村教育,努力办好人民满意的教育,开启了推进我国农村义务教育优质均衡发展的新时代。黔东南州按照党中央、国务院和贵州省委、省政府的决策部署,全面深化教育领域综合改革与建立基本公共教育服务制度,构建了更加完备的教育体系。全力实施农村学前教育儿童营养改善计划、农村义务教育阶段学生营养改善计划、城乡义务教育阶段贫困寄宿生生活补助费、中职免学费和农村建档立卡户就读普通高中、中职、高校学生教育精准扶贫贫困学生资助政策五个全覆盖,优先保障农村所有适龄儿童、少年享有平等受教育的权利,农村教育得到健康持续发展,农村人口的基本文化素质得到不断提高。

一是农村孩子受教育条件快速改善。黔东南州高度重视发展农村义务教育,认真落实中央、省教育保障机制,建立了以城带乡、整体推进、城乡一体、均衡发展的义务教育发展机制。2017 年 9 月,出台了《州人民政府办公室关于印发黔东南州统筹推进县域内城乡义务教育一体化改革发展实施方案的通知》,明确到 2018 年,全州实现县域内义务教育基本均衡;到 2020 年,城乡义务教育学校布局更加合理,基本消除大班额;学校标准化建设取得显著进展,农村小学和教学点达到相应要求;城乡师资配置基本均衡,乡村教师待遇稳步提高、岗位吸引力大幅增强,乡村教育质量显著提高,教育脱贫任务全面完成,义务教育普及水平进一步巩固提高,九年制义务教育巩固率达到95%以上,城乡基本公共教育服务均等化基本实现,城乡义务教育一体化发展格局基本形成。2019年,黔东南州实现全面消除66人以上超大班额现象,全州16个县、市通过国家义务教育基本均衡发展评估验收,全州学前三年毛入园率、义务教育巩固率、高中阶段毛入学率、高等教育毛入学率分别达到90.1%、94.6%、91.5%、42.93%。

对160个深度贫困村的调查表明,学前教育阶段,有91个村(占56.88%)设立幼儿园93个,在校儿童总数3098人,最多的有101人、最少2人;义务教育阶段,有90个村(占56.25%)设立学校或教学点101个,153个村(占95.63%)实现义务教育达标;高中及以后阶段,所有村都有高中毕业生或在读生,有156个村(占97.5%)有本科毕业生或在读生,更可喜的是有23个村(占14.38%)有研究生或在读研究生66人(见表11-2)。

表11-2 160个深度贫困村教育状况统计表

项目		总数(人)	村数(个)	比例(%)	平均(人)	最多(人)	最少(人)
研究生	毕业	32	20	48.48	1.60	6	1
	在读	34	22	51.51	1.54	8	1
	总计	66	—	100	—	—	—
大学生	毕业	2293	148	43.62	15.49	200	1
	在读	2964	156	56.36	19	105	1
	总计	5257	156	100	—	—	—
高中生	毕业	4647	152	54.77	30.57	328	1
	在读	3737	159	45.23	23.50	85	1
	总计	8484	—	100	—	—	—
初中生	毕业	25308	157	79.47	161.19	938	1
	在读	6638	160	20.53	41.49	278	3
	总计	31846	—	100	—	—	—

续表

项目		总数(人)	村数(个)	比例(%)	平均(人)	最多(人)	最少(人)
小学生	毕业	38741	160	75.44	242.13	1485	1
	在读	12623	160	24.55	78.89	344	3
	总计	51354	—	100	—	—	—

资料来源:课题组160个深度贫困村调查数据。

二是农村教师队伍建设得到加强。2013年9月,教育部、财政部联合印发《教育部 财政部关于落实2013年中央1号文件要求对在连片特困地区工作的乡村教师给予生活补助的通知》指出,落实好连片特困地区乡村教师生活补助,进一步体现了党和国家对农村教育的重视,对农村教师的关心,有利于进一步加强农村教师队伍建设,提高农村教育质量,促进义务教育均衡发展。2017年4月,黔东南州出台了《黔东南州人民政府关于加强名校长名教师名班主任培养工作的实施意见》,进一步加强中小学校长、教师、班主任队伍建设力度。

三是农村学生资助制度得到完善。学生资助是一项重要的保民生、暖民心工程。2010年,财政部、教育部联合印发《财政部 教育部关于建立普通高中家庭经济困难学生国家资助制度的意见》,加强对普通高中家庭经济困难学生国家资助。2017年,省教育厅、省财政厅、省扶贫办、省人社厅对《贵州省进一步加强农村贫困学生资助推进教育精准扶贫实施办法(试行)》进行了修订完善,联合印发了《贵州省教育精准扶贫学生资助实施办法》,对在普通高校本专科(高职)、中职学校一至二年级、普通高中就读,具有全日制学历教育正式学籍的贵州省农村户籍建档立卡贫困户子女(资助对象在本办法中均称为"农村贫困学生")进行资助。目前,黔东南州已形成了以政府为主导、学校和社会积极参与的学生资助政策体系,实现了"三个全覆盖",即各个学段全覆盖、公办民办学校全覆盖、家庭经济困难学生全覆盖。在高等教育阶段,实现了家庭经济困难学生入学"三不愁",即入学前不用愁、入学时不用愁、入学后不用愁。2014—2019年,黔东南州争取到各级各类学生资助资金共计59.4亿元,资助学生达 560.83 万人次。

（二）加快推进乡村医疗服务保障制度建设

黔东南州建立健全了覆盖城乡居民的基本医疗、公共卫生制度，加强乡村医疗卫生服务能力建设，倡导健康生活方式，农村人口健康素质得到进一步提高。

一是新农合制度得到完善，医疗保障水平显著提高。看不起病，是贫困人口面临的长期和普遍的问题。2016 年 1 月，《国务院关于整合城乡居民基本医疗保险制度的意见》发布，整合城镇居民基本医疗保险和新型农村合作医疗两项制度，建立统一的城乡居民基本医疗保险（以下简称"城乡居民医保"）制度。目前，新农合基本医保门诊补偿比例为 50%—70%，封顶线 600 元/人/年，住院起付线 50—1500 元，住院补偿比例为 55%—90%，住院封顶线 20 万元/人/年。基本医保政策对建档立卡贫困人口实施倾斜，门诊和住院补偿比例提高 5%，经转诊起付线降低 50%。实施大病保险制度。全州自 2016 年起统一实施大病保险制度，出台了《黔东南州新型农村合作医疗大病保险统筹实施方案》，大病保险资金实施州级统筹。目前，大病保险起付线 5000 元，补偿比例 50%—80%，取消封顶线。大病保险政策对贫困人口实施倾斜，起付线降低到 3000 元，补偿比例提高 5%。实施医疗救助制度。对建档立卡贫困人口等困难人群实施医疗救助，其中，对计生"两户"家庭成员，政策范围内医疗费用经基本医疗保险、大病保险报销后剩余部分，由计生利益导向资金给予 50% 的救助；对建档立卡贫困人口中的非计生"两户"家庭，政策范围内医疗费用经基本医疗、大病保险报销后剩余部分，由民政医疗救助基金按 60%—100% 比例予以救助；对建档立卡贫困人口经基本医疗、大病保险、计生医疗扶助、民政医疗救助后，经转诊在定点医院住院医疗费用实际报销比例未达到90%的，由县级财政统筹资金予以补助。2019 年，全州共有 408.85 万人参加新农合，参合率达 98.96%。其中，建档立卡农村贫困人口参合 127.5 万人，参合率 100%。2018 年人均筹资标准为 610 元，筹资总量达到 25.2 亿元。全州新农合基本医保住院实补比为 68.43%，同比提高 1.03 个百分点；门诊实补比为 58.21%，同比提高 0.09 个百分点；

大病保险补偿比提高 13.39%,同比提高 2.93 个百分点。建档立卡农村贫困人口住院患者获得健康扶贫医疗保障救治政策实际补偿比达 88.73%。①

二是深化医保支付和结算方式制度改革,全面实现新农合异地就医结算及时结报。2018 年,黔东南州卫计委、州人社局联合印发了《关于全州城乡居民、职工基本医疗保险定点医疗机构开展按病种付费工作的通知》,将 146 个病种纳入按病种付费范围,并在全州范围内启动实施。目前,黔东南州已全面实现省外(207 家)、省级(26 家)、州级(17 家)、州内跨县(县级 26 家、乡级 198 家)新农合定点医院就医"一站式"结算服务。

三是乡村医疗卫生服务能力显著提升。在 2016 年实现县级以上医疗机构远程医疗全覆盖等"六个全覆盖"的基础上,2017 年又全面建成了"五个全面建成"(即全面建成乡镇卫生院远程医疗网络体系、乡镇卫生院规范化数字预防接种门诊、县级以上公立医院统一预约挂号平台、医药监管平台和州、县两级全民健康信息基础平台)。全州已完成州、县两级全民健康信息基础平台搭建;29 家县级以上公立医院均接入全省统一预约挂号平台,远程会诊、远程诊断、远程培训等远程医疗服务应用逐步常态化,极大地方便了群众看病就医。加快改善贫困村医疗条件,黔东南州2018 年全面启动 1025 个深度贫困村卫生室规范化建设,当年基本完成任务。对 160 个深度贫困村的调查表明,2018 年有 146 个(占 91.25%)设有医务室,村医有 171 人,医生最多的村有 16 人。

四是医药卫生体制改革深入推进。全面推开了公立医院综合改革。在所有县级公立医院和州级公立医院改革的基础上,2017 年 9 月 25 日,全州所有妇幼保健机构、州建公司职工医院、黔东南州精神病和 101 医院全部取消药品加成,实行零差率销售。通过改革,公立医院主要监测指标逐步向好。同时,出台了《黔东南州医疗联合体建设工作推进方案》,省级试点的凯里市、黄平县已正式启动实施,其余县也积极启动了医共体试点建设工作。另外,家庭医生签约服务顺利推进,让群众在家门口就能享

---

① 资料来源于黔东南州卫生健康局、黔东南州民政局。

受到便捷优质的医疗服务。全州共组建家庭医生签约团队 1000 个,普通人群签约率达 42.96%,重点人群签约率达 53.18%,建档立卡贫困人口签约率达 95.65%。

锦屏县整合县人民医院、县中医院、县妇幼保健院医疗资源与 15 个乡镇卫生院组建唯一法人的医共体,实行全县公立医疗机构"人、财、物"共管,实行医保和农合基金"总额预付、结余留用、合理超支补助"的支付方式,全面落实医共体理事会用人自主权、岗位设置权、财务支配权和人才招聘权,医共体建设取得了显著成效,得到国家和省卫生计生委的充分肯定,2018 年 8 月,全国医共体推进健康中国会议在锦屏召开。

(三)健全农村社会保障制度

一是加强农村养老制度保障体系建设。2014 年以来,黔东南州共投入资金 6 亿元加快养老项目建设,截至 2019 年年底,共有养老床位数 21884 张,平均每千名老年人有床位 34 张。其中,14 所县级福利院、84 个农村敬老院、619 个农村幸福院、154 个居家养老服务机构和 36 个社区日间照料中心。基本形成了以居家为基础、社区为依托、机构为补充的养老服务体系。

第一,落实基本养老保险缴费补助制度。严格落实《贵州省城乡居民基本养老保险实施办法》《人力资源和社会保障部 财政部 国务院扶贫办关于切实做好社会保险扶贫工作的意见》《贵州省人力资源和社会保障厅 贵州省财政厅 贵州省扶贫办 贵州省民政厅关于切实做好社会保险扶贫工作的实施意见》文件相关规定,对建档立卡未标注脱贫的贫困人口、低保对象、特困人员等困难群体,参加城乡居民基本养老保险的,由地方政府为其代缴部分或全部最低标准养老保险费,并在提高最低缴费档次时,对其保留现行最低缴费档次。对深度贫困县贫困人员参保,地方政府每年为其代缴 100 元养老保险费,其中,省级财政负担代缴部分的 70%,州级财政负责代缴部分的 10%,县级财政负责代缴部分的 20%。对非深度贫困县的贫困人员,地方政府每年为其代缴 50 元养老保险费,其中,省级财政负担代缴部分的 60%,州级负责 10%,县级负责 30%。在一个自然年度内,对选择 100—400 元档次标准缴费的,按每人每年 30 元给予补贴,省、州和县(市)人民政府各负担10元;对选择500—900元档次标准缴费的,补贴标准每人每年60元,省、州和县(市)人民政府各负担20元;对选择1000—2000元档次标准缴费的,补贴标准每人每年90元,省、州和县(市)人民政府各负担30元。对一、二级重度残疾人缴费困难群体,由县人民政府按不低于100元的标准代为缴纳。2019年度,黔东南州政府代缴城乡居民养老保险到账资金3237万元,其中,省级1317万元、州级1042万元、县级878万元。[①]

第二,落实基本养老金递增制度。根据国家、省提高基础养老金最低标准文件精神,从2014年7月起将基础养老金55元/月提高至70元/月;从2018年1月再次将基础养老金标准提高至88元/月;自2018年10月起,贵州省基础养老金提高至93元/月;2019年提高至96元/月。增发部分由州、县两级政府按二八比例承担,即州级承担20%,县级承担80%。

第三,建立高龄老人生活补贴制度。2015年,黔东南州凯里市率先出台了《凯里市高龄老年人生活补贴制度实施办法(试行)》,规定凯里市户籍高龄老年人生活补贴发放标准:年满80周岁以上(含80周岁)、90周岁以下(不含90周岁),每人每月100元;年满90周岁以上(含90周岁)、100周岁以下(不含100周岁),每人每月120元;年满100周岁以上(含100周岁),每人每月200元。2016年,黔东南州人民政府出台了《黔东南州80周岁以上老年人高龄津贴实施方案》,对黔东南州行政区域内持有本州户籍的年满80周岁及以上健在老年人发放生活补贴[标准:年满80—89周岁每人每月不低于50元;90—99周岁每人每月不低于100元;年满100周岁以上(含100周岁)每人每月不低于200元],由各县(市)人民政府负责所辖区域高龄津贴所需资金。

二是落实农村低保制度。黔东南州认真贯彻落实国家农村低保政策,随着农村生活水平的不断提高,逐年增加低保补助,2019年农村低保平均标准提高到4091元/年,并扩大了保障人群范围,除了农村困难户,农村的留守儿童、留守老人、没有劳动能力的残疾人等群体也能申请低保

---

① 　资料来源于黔东南州人力资源和社会保障局。

补贴。2014 年以来,累计发放农村低保金 53.62 亿元,累计保障 1232879 户 2781430 人(年末累计数)。截至 2019 年 3 月,全州农村低保对象有 127049 户 337118 人,保障对象占农村人口的 8.5%,低保贫困户有 87629 户 237597 人,衔接率为 70.5%。[1]

三是落实困难残疾人生活补助制度。2015 年,国务院印发《关于全面建立困难残疾人生活补贴和重度残疾人护理补贴制度的意见》,2016 年,黔东南州人民政府出台《黔东南州困难残疾人生活补贴重度残疾人护理补贴和托养补助制度实施细则》,规定:一级重度残疾人护理补贴标准每人每月 80 元,托养补助为每人每年 500 元。二级重度残疾人护理补贴标准每人每月 40 元。困难残疾人生活补贴标准执行低保对象"分类施保"政策。其中,困难残疾人中的重度残疾人按照当地低保标准的 30% 发放生活补贴;困难残疾人中的其他残疾人按照每人每月 50 元的标准发放生活补贴。

四是落实特困人员救助供养制度。2017 年,黔东南州人民政府根据《社会救助暂行办法》《国务院关于进一步健全特困人员救助供养制度的意见》等国家、省有关法规政策,出台了《黔东南州特困人员救助供养实施办法(试行)》,对具有黔东南州常住户籍或持有居住证且在当地连续居住 1 年以上,无劳动能力、无生活来源、无法定赡养抚养扶养义务人或其法定义务人无履行义务能力的 60 周岁以上老年人、残疾人、未满 16 周岁的未成年人、县级以上人民政府规定的其他特困人员进行救助供养。2019 年,黔东南州农村特困供养人员有 9529 人,供养水平提高到 10620 元/年。

五是落实临时救助制度。2016 年,黔东南州人民政府根据《社会救助暂行办法》等国家、省有关法规政策,出台了《黔东南州临时救助办法(试行)》,对遭遇突发事件、意外伤害、重大疾病或其他特殊原因导致基本生活陷入困境,其他社会救助制度暂时无法覆盖或救助之后,基本生活暂时仍有严重困难的家庭或个人给予的应急性、过渡性的救助。2016 年

---

① 资料来源于黔东南州人力资源和社会保障局。

以来,全州实施临时救助26.92万户次,发放临时救助金23844.6万元。

(四)农村公共文化事业取得繁荣发展

2014年以来,黔东南州坚持以社会主义核心价值观为引领,坚持政府主导、社会参与、共建共享,以服务发展、服务民生为主线,以改革创新为动力,以公共财政为支撑,以基层为重点,积极完善政策、创新机制、加大投入、搭建平台、突出特色,公共文化服务体系建设取得了明显成效。

一是大力实施文体广电惠民工程。做好全州17个图书馆、17个文化馆、13个博物馆和196个乡镇综合文化站"三馆一站"免费开放工作。目前,全州有乡镇综合文化站196个、农家书屋3315个,新设文化信息资源共享工程基层服务点3118个,基本实现县、乡(镇)、村三级公共文化基层设施全覆盖目标。全力推进文化艺术创作工作,积极投身"中国梦"和社会主义核心价值观主题创作,推出了一批优秀文化艺术作品、影视作品和出版物。全州共创作完成了《仰欧桑》《行歌坐月》《巫卡调恰》《嘎老》《银绣》《古韵镇远》《守望》等一批大型民族歌舞剧,拍摄了《云上绣娘》《剑河》《侗族大歌》等一批影视作品,出版了《黔东南非物质文化遗产集锦》《北侗民歌拾粹集》等一批图书。《仰欧桑》获中共中央宣传部"五个一工程奖",《行歌坐月》获省委宣传部"五个一工程奖"。全力抓实农村体育工作,全州农民健身工程建设完成了166个,覆盖率达79.8%;村级农民健身工程建设完成了1823个,覆盖率达55.13%。加快推进多彩贵州"广电云"户户用工程,2016年多彩贵州"广电云"信号实现"村村通"目标。

二是文化遗产保护得到加强。成功申报98个省级文物保护单位,侗族村寨申报世界文化遗产各项工作有序推进。"侗族大歌"被列为人类非物质文化遗产,苗族服饰、苗族古歌等53项、72个保护点列入国家非物质文化遗产名录,拥有409个中国传统村落,数量排名均居全国市州之首。获批国家级、省级少数民族特色村寨308个,数量居全省第一。

三是民族文化产业发展成效明显。全州共有从事银饰加工、刺绣、蜡染、民族服装生产、民族工艺品生产的个体和企业(合作社)4215家,其中,刺绣2028家、蜡染99家、民族服装342家、民族工艺品770家、银饰

976 家。文化娱乐市场日益活跃,民族文化产业主体多元化发展态势明显。以服饰、刺绣、银饰、蜡染等民族传统手工技艺为主的非遗企业不断壮大,以中国凯里原生态民族文化艺术节、苗年节、姊妹节、侗族大歌节等一批民族民间节庆文化活动为主的节庆会展活动蓬勃发展,以苗族歌舞剧《仰欧桑》《巫卡调恰》和侗族歌舞剧《行歌坐月》《嘎老》展演为主的民族歌舞演艺事业欣欣向荣,以"凯里酸汤鱼""侗家食府""雷山鱼酱""苗药""瑶浴""骨伤"等品牌为主的民族特色饮食、民族医药开始走向全国。民族文化产业品牌效应日益彰显,发展后劲明显加大。黔东南州获得省级命名文化产业示范村 3 个、优秀演出团 3 个、特色文化产品 3 个。台江县长滩村进入全国第一批乡村旅游重点村名录。

四是农村精神文明建设取得新成效。深化社会主义核心价值观培育工作。积极争取到省贫困地区村综合文化服务中心示范点 387 个,建设资金 5523 万元。积极开展文明家庭、文明村寨、卫生示范户、星级文明户等系列评比活动,全州 54 个乡镇被评为全省文明乡镇、84 个村被评为全省文明村,雷山县西江镇获得"第五届全国文明乡镇"称号,黄平县旧州镇寨碧村等 8 个村获得"第五届全国文明村"称号。开展道德讲堂建设活动。全州建立乡镇(街道)建立道德讲堂 227 个、村居(社区)建立道德讲堂 1135 个。开展加强"图说我们的价值观"宣传,营造街头正能量和村头正能量浓厚氛围,打造了黄平寨碧、天柱三门塘、丹寨卡拉、锦屏平鳌、从江岜沙、榕江头塘等一批正能量示范村寨。扎实推进农村移风易俗工作,引导村民摒弃赌博、滥办酒席等陋习,培养健康、卫生、文明的生活方式和行为习惯,倡导崇尚美德、勤劳致富、邻里和睦、尊老爱幼、诚信友善的文明乡风,焕发乡村文明新风。

(五)强化农村住房保障制度建设

一是实施农村危房改造。为解决农村住房最危险、经济最困难群体的住房安全保障问题,州、县两级全力聚焦建档立卡贫困户、低保户、贫困残疾人家庭、农村分散供养特困人员 4 类重点对象和深度贫困县农村住房保障问题,自 2014 年以来,全州累计实施完成农村危房改造 26.5 万户。

二是开展农村老旧住房透风漏雨专项整治。黔东南州农村木质结构房屋较多,部分房屋虽然是安全住房但仍存在屋顶渗漏、门窗破损、围护结构透风等现象。自2018年起,黔东南州累计实施农村老旧住房透风漏雨专项整治5.85万户,有效消除了农村老旧住房透风漏雨现象。自2019年6月起,对农村存在的"人畜混居"住房4.45万户全面进行整治,切实提高了农村群众居住质量。

三是建立农村住房保障质量监管体系。严格执行农村危房改造质量安全监管制度。严格执行危房改造基本的质量标准、结构设计、建筑工匠管理、质量检查、管理能力等质量安全管理要求和农村危房改造"五主体四到场"制度。建立质量安全巡查制度。以县为主体开展农村危房"危改""三改"质量安全巡查制度,实行质量安全终身责任制,将农村危房改造设计、施工、检查、验收等环节及每位责任人纳入台账记录,确保质量安全可追溯。建立危改工程责任卡制度。黔东南州各县(市)对历年来纳入农村危房改造台账,并经竣工验收合格的危房改造工程,在建筑物明显部位设置责任标识标牌,载明危改户信息以及危房认定、竣工验收等关键环节的责任人,确保工作责任可追溯。

第二节　改善农民生活品质需解决的重点问题

一、农村基础设施建管养有困难

一是建设标准低。根据《贵州省通组公路工程技术导则》要求,黔东南州通组公路基本上是按路基宽度4.5米、路面宽度3.5米、错车道每公里不得少于3处、路面厚度15厘米、混凝土强度为C25的标准进行建设。但由于建设资金不足,导致公路技术等级较低、质量水平参差不齐。山区公路建设等级低,抗灾能力弱,雨雪之后边坡、路基易塌方受损,后期维护成本较高。

二是建后管护能力不足。农村公路、水利设施等点多面广,地方政府既缺乏维护资金,又普遍存在专业技术人员严重不足现象,对受损设施很难做到即损即修。农村基础设施建设逐年增加,但从事养护工作的人员严重不足,管理机构力量薄弱,养护设备也较为缺乏。如黔东南州的农村饮水安全工程已达 8943 处,而基层水利人才和农村管理人员极度匮乏,工程设施运行管理、维修养护、水质检测、水源保护等工作无法开展。如按照中央补助标准,黔东南州农村公路养护经费为县道 6000 元/公里·年、乡道 3000 元/公里·年、村道 1000 元/公里·年,而从黔东南州农村公路实际情况来看,要按照县道 15000 元/公里·年、乡道 12000 元/公里·年、村道 8000 元/公里·年的标准才能基本实现养护到位,资金缺口较大。虽然部分县市已将通组公路管养资金纳入财政预算,但远远不能满足管养需要。如黄平县共有县道 323.02 公里,乡道 469.69 公里,新增省道 186.15 公里,通村公路 835.59 公里,桥梁 138 座,通组路 644 公里,地方财政压力极大。

三是社会支持不够。通组公路建设在征地拆迁方面没有补助政策,也没有匹配相关补偿资金,项目建设用地由所在乡镇和村自行协调解决。由于群众对政策不理解,要求获得与国家公路建设征地同样标准的补偿,但村集体又没有建立起相应的村内土地调剂机制,致使在工程推进过程中,经常遇到被占地农民群众的阻挠。农村群众水商品意识淡薄,缺少节约用水意识,喝"福利水""大锅水"等现象普遍存在。部分群众在丰水期为了节约水费开支,便自行接入山泉水饮用,替代建成的自来水,待到枯水期无水可用时方启用自来水,给农村饮水工程运行管理和水费收取增加了难度。

二、农村就业创业政策制度落实发挥效益有差距

一是就业培训存在"供需矛盾"。农民工教育培训存在重理论教学、轻实操指导现象,教学模式较为单一,对不同文化程度农民工培训往往进行统一教学。一些培训机构开设计算机、电子、电焊、家政服务等培训科目,不适应农民工的实际需求。中央及地方财政是农民工培训经费的主要来源,由于农村人口多,大量的农民工培训需求与政府所能供给的培训资源存在供需矛盾。目前,全州农村劳动年龄人口 232.11 万人,其中转移就业农民工 119.67 万人(返乡就业创业农民工 25.18 万人)。但受培

训师资、培训资金等条件制约，每年组织开展技能培训仅 6 万人左右，难以满足所有农村劳动力的培训需求。农民工教育培训具有教育对象分散且流动性大、约束力不强、收效慢等特点，增加了保证教育培训质量的难度。如黔东南州 2018 年完成贫困劳动力全员培训 61730 人，其中，返乡农民工 15794 人，仅占培训总人数的 25.59%。

二是创业扶持力度不够。农民工创业担保贷款，需具备经营项目可持续、预期收益较好等条件，而且按照省级规定审批通过的准许发放最高不超过 10 万元的贴息贷款，难以做到"全覆盖"。如黔东南州 2018 年返乡创业 9.16 万人，已获得创业担保贷款 1.15 万人、7.07 亿元，获得担保贷款人数仅占 12.55%。在就业补助资金支出方面，就业创业服务支出占比较少，2018 年 1—9 月全州就业补助资金支出 18108.99 万元，求职创业补贴支出 254.40 万元、就业创业服务补助支出 79.88 万元，仅占总支出的 1.85%。在创业融资方面，农民工很难从银行等金融机构获得贷款，发展资金不足，成为返乡创业的最大障碍。全州仅有邮政储蓄银行、农村信用社两家金融机构，推出部分针对农民工创业的信贷产品，但贷款额度均在 30 万元以下，且需抵押、担保；其他商业银行尚未开发针对农民工创业信贷产品，商业贷款门槛高、利息高。

三是就业专项资金落实困难较大。地方财政筹集资金方面，贵州省要求，各市州政府每年安排就业专项资金不低于 500 万元，经济强县（市）政府每年安排就业专项资金不低于 100 万元，其余县各安排就业专项资金不低于 50 万元。由于黔东南州各县市财力十分紧张，能够落实到位的县市并不多。

三、农村社会事业整体发展水平较低

（一）教育均衡发展任重道远

一是农村办学条件还须大幅提高。黔东南州已经通过"两基"验收，农村学校环境得到了较大改善，但仍有部分学校的硬件设施较差。目前，黔东南州还有 154 个教学点的教学楼是木质结构，部分还是 20 世纪八九十年代集体出资修建的学校。有的教学点教学附属设施落后，全州需新建、改扩建义务教育学校 354 所,需州、县配套 14.25 亿元,需要新建、改扩建普通高中学校 21 所和公办幼儿园 339 所,共需州、县投入 32 亿元。①

对 160 个深度贫困村的调研表明,2018 年有 70 个村没有学校(教学点),69 个村没有幼儿园,小学、幼教需要到外村就读。绝大多数深度贫困村学校(教学点)由于资金投入不足,教学设施设备短缺,师资特别是优质师资力量短缺等问题比较突出,教育质量堪忧。因外出务工人员比例高,留守儿童、留守老人等现象较为普遍,其中 146 个村有留守儿童 3506 人、150 个村有留守老人 3748 人,留守儿童和老人最多的村分别有 187 人、147 人,而留守老人多数为初中及以下文化程度,无力承担对留守儿童的教育任务。

二是农村教育师资欠缺。有的学校开学后仍没有稳定的教师上课。农村教育留不住教师,特别是年轻教师、优秀教师不愿到农村教书,农村教育师资整体素养较差,造成"师资差、学生少,学生少、师资更差"的恶性循环。目前,全州缺教师 1.41 万名,其中学前阶段教育教师 8500 名,高中和中职教师 2866 名。2019 年,初中教师中仍有 1949 人为专科学历,占 15%。

三是控辍保学困难较大。2019 年 9 月初,全州义务教育阶段的辍学人数达到 1044 人。主要是与贫困山区群众不重视教育、重男轻女、早婚早育等落后思想观念有关。脱贫攻坚中虽然阶段性地解决了控辍保学问题,但长期压力相当大。

(二)卫生健康事业发展还有较大差距

一是医疗卫生基础设施条件薄弱。综合医院建设标准低,规划、功能、布局不够合理。2019 年,全州县级综合医院业务用房总面积为 35.38 万平方米,按全州县级综合医院规划设置床位数 1.01 万张计算,业务用房面积缺口 89.86 万平方米。州、县中医医院欠账较大,建设任务仍十分繁重。公共卫生机构建设仍是短板中的短板,部分县疾控中心和妇计中

---

① 资料来源于黔东南州教育局。

心需要新建或改扩建。部分乡镇卫生院设置规划缺乏远期发展目标,建设规模小、标准低,流程布局不合理,科室设置不规范,不能满足业务需要。全州乡镇卫生院业务用房建筑面积小于 1000 平方米的乡镇卫生院有 52 个,低于 500 平方米的有 9 个。

二是妇幼健康服务能力不足。2019 年,全州 16 个县市仅有黎平、三穗、黄平 3 个县达到"二级妇幼保健院"标准,比例仅为 18.75%,距"到 2020 年,县级妇幼健康机构全部达到二级妇幼健康机构标准,其中 40% 的县级妇幼健康机构建成二级甲等妇幼健康机构"的目标相差较远。

三是医疗卫生人才匮乏。2019 年,全州每千人口拥有执业(助理)医师数和注册护士数分别为 1.78 人、2.26 人,比全国平均水平 2.59 人和 2.64 人分别低 31.27% 和 14.39%,距离 2020 年达到 2.5 人和 3.14 人的同步小康指标要求还有较大差距。基层医疗卫生机构人才招不来、留不住。全州乡镇卫生院(社区卫生服务中心)空编人数 1117 个,空编率达 16.5%;外聘人员 2629 人,占总人数 6725 人的 39%,外聘人员工资需要乡镇卫生院自行承担,给乡镇卫生院带来巨大压力。全州乡镇卫生院具有中级以上职称的卫技人员仅占 9.08%,取得执业医师资格的仅占 33.84%,缺乏专业技术过硬的学科带头人。中医药人才缺乏,很多乡镇医院不能开展中医药服务,中医馆形同虚设。另外,由于工作、生活条件不完善,激励机制落实还有差距等因素,乡镇卫生院招不到人和留不住人的现象日益凸显,极大地制约了乡镇卫生院服务能力的提升。

四是乡镇卫生院急救装备紧缺。全州还有 26 个乡镇卫生院没有配备医疗救护车,有 50 辆救护车由于配置年限长、车辆零件老化、故障频繁等原因导致不能正常运行。多数救护车未配有心电监护仪等医疗设备和未安装 120 急救定位系统,多数县未能实现以县为单位的急救系统统一调度。

五是医共体建设有待加强。由于基层服务能力弱等原因,分级诊疗制度难以推进,还存在"下不来、接不住、不连通"等问题,无法满足日常业务需要。长期以来城镇居民、城镇职工、新农合三个基本医疗保险分散在卫生健康和人社部门,医保资金"捉襟见肘",推行的是"总额包干、超支不补"的支付方式,"结余留用、合理超支分担"的激励和风险分担机制尚未建立。

(三)农村养老事业发展困难较多

一是政策理解不到位。农村地区对政策宣传的方式较单一,宣传力度有限,村民参保积极性不高,而且往往是选择最低缴费档次以"完成任务",使得新农保政策中"多缴多得"机制不能发挥出其激励作用。

二是保障水平低。2019年,新农保政策还处于"低水平,广覆盖"的发展阶段,保障水平较低。新农保政策虽为农村居民提供了社会养老的途径,但基础养老金补贴每月仅为93元,远远不足以保障老年农村居民基本生活。

三是吸引社会资本困难。贵州省出台了《贵州省资助民办养老服务机构暂行办法》,鼓励和吸引社会资本进入养老服务行业,但政府配套资金少,加之养老行业投资较大、收益回报周期长、风险高,很难吸引社会资本到养老服务行业中来。

四是养老服务队伍培养短板突出。全州福利院、乡镇敬老院普遍存在有编无人的现象,专业护理人员、管理人员和社工人员严重不足,服务人员工资和福利待遇偏低,行业整体缺乏竞争力和发展后劲。据统计,2019年,全州养老机构服务人员的平均工资不到2000元。

五是养老服务业发展没有形成合力。养老服务业发展涉及民政、消防、国土、发改、住建、卫健、生态环境等多个职能部门,分工过于条块化,协作程度不高。各业务部门出台了一些鼓励支持养老服务业发展的政策,但政策之间的壁垒尚未完全打破,融合度不高。如榕江县有12所养老机构未通过消防验收就已经投入使用。

(四)农村文化事业发展存在短板

一是基础设施建设落后。全州大部分村都没有建设村级综合文化服务中心,462个村(社区)综合性文化服务中心有25%面积未达到省级标准。部分县市没有文化体育中心、标准体育场、体育馆、游泳馆和全民健身广场;大部分乡镇、村寨没有体育场地,农民健身工程、全民健身路径工程难以满足基层群众日益增长的文化需求。

二是文化人才欠缺。因编制紧缺,州、县两级文化综合执法支队、文化馆、图书馆、体育中心等单位编制不足;乡镇综合文化站在编人员被乡镇其他部门借用的情况普遍存在,部分乡镇综合文化站没有配备专职管理人员。

三是服务能力亟待提高。公共文化涉及宣传、文化、体育、广电、教育、科技、工青妇等部门,需多部门整合资源、合理配置才能发挥效益。县(市)"三馆一站一书屋"虽然对外开放,但因人员编制、设备简陋等因素限制,服务水平不高。已建成的部分体育场馆,也因资金、人力有限,提供的服务满足不了广大群众文化需要。

四是民族文化有消失风险。传统村落传承保护的难度较大,语言、服饰、节庆、歌舞等民族文化元素赖以生存的土壤日渐狭小,传承人群日渐缩小,有些民族文化元素濒临消失。

第三节 全面改善农民生活品质

要把实现好、维护好、发展好农民群众利益作为发展的出发点和落脚点,尽力而为、量力而行,健全公共服务体系,完善共建共享的社会治理制度,扎实推动共同富裕,不断增强农民群众的获得感、幸福感、安全感,促进人的全面发展和社会进步。

一、建立健全基础设施建管养机制

实施乡村建设行动,加强农村公共基础设施建设,按照农村居民生活基本要件与城市大体相当的要求,进一步提高农村基础设施建设的标准和质量,加快补齐农村基础设施短板,促进城乡基础设施互联互通,推动农村基础设施提挡升级。

一是健全完善"四好农村路"高质量发展体系。在巩固脱贫攻坚"两通"(具备条件的乡镇和建制村通硬化路、通客车)目标任务的基础上,因地制宜,推动较大人口规模自然村组通硬化路,推动交通建设项目更多向进村入户倾斜。继续发挥农村公路对乡村产业发展的服务支撑能力,推进农村公路联网循环,推动旅游路、产业路、资源路建设。结合农村人居环境整治,开展路域环境整治,开展"美丽农村路"建设工作。深化农村公路管理养护体制改革,大力实施路长制,推进农村公路绩效考核管理。开展"四好农村路"示范创建,以点带面,推动"四好农村路"高质量发展。支持发展农村客运,巩固具备条件的乡镇和建制村通客车成果,建立健全农村客运长效发展机制。推动农村交通物流融合发展。培育交邮融合、客货同网、电商物流、交农协作等项目,推广典型经验做法,创新农村物流运营服务模式,提升农村物流服务水平。

二是加强农村水利建设。推进农村饮水安全向农村供水保障转变,巩固拓展脱贫成果。实施小型供水工程标准化建设和改造,开展农村供水工程建设和管网升级改造,有条件的地区推进城乡供水一体化和农村供水规模化发展。扎实做好水旱灾害防御工作,在易旱地区,特别是在抗旱基础设施薄弱的山丘区,大力开展集雨水窖、小提灌、小机井、小塘坝等小型、微型抗旱水源设施工程建设和修复,充分发挥"五小水利"工程作用。发挥好山洪灾害监测预警系统和通信运营商作用,及时向危险区群众发布预警信息。加强水生态文明建设,深入推进河湖"清四乱"常态化规范化,开展农村水系综合整治,建设一批河畅、水清、岸绿、景美的水美乡村。加大重点区域水土流失治理力度,加强坡耕地综合整治,推进生态清洁小流域建设。健全基层水利服务体系,进一步落实小型水利设施管护主体责任和经费,健全农田水利"最后一公里"管护机制。全面完成存量水库安全鉴定、存量水库除险加固,解决病险水库除险加固项目遗留问题,建立水库安全鉴定、除险加固运行管护常态化工作机制。

三是推进数字乡村建设。推进农村新型基础设施建设,持续提升农村地区信息通信基础设施服务能力。完善电信普遍服务补偿机制,支持农村及偏远地区信息通信基础设施建设,持续深化网格覆盖,提升网络能力。推动千兆光网,5G网络和移动物联网逐步向有需求的农村地区延伸。持续深化大数据、云计算、区块链等信息技术与农业农村各领域的融合应用,推动农业农村经济数字化、网格化、智能化发展。组织实施中小企业信息化推进工程,搭建中小企业云服务及创业创新服务平台,推动包括农村产业在内的中小企业业务系统云化部署。

四是实施乡村清洁能源建设行动。继续抓好农村电网的基础设施建设,全面实施农村电网巩固提升工程,提高供电质量和服务水平。实施燃气下乡工程,在确保安全的前提下支持建设乡村储气罐站和微管网供气系统。加强煤炭清洁化利用,减少散煤的燃烧,有条件的地区稳妥推进"煤改电"。推广典型经验模式,提高农村废弃物的能源化利用水平。

五是加强农村地区防灾减灾和消防基础设施建设。加强农村消防队站、水源、道路等公共消防基础设施建设。实施森林防火隔离带和防火应急道路、乡镇应急避难场所、村居防火改造等建设项目,提高农村地区的防灾减灾救灾和消防基础设施水平。

六是改善农村人居环境。实施农村人居环境整治提升5年行动,因地制宜确定技术路线和治理模式,创建一批农村人居环境整治提升综合试验示范县。分类有序推进农村厕所改造,推动有条件的农村普及户用卫生厕所。注重发挥农民作为改厕参与者、建设者和受益者的主体作用,通过发放明白纸、入户讲解、实地参观、党员干部示范带动等方式,充分调动农民参与改厕的自觉性、积极性和主动性,决不能违背农民意愿强拆强建。坚持宜水则水、宜旱则旱,通过实地调研、技术论证、模式比较、试点示范等方式,科学选择适合本地区的改厕技术模式。坚持标准化引领,把标准规范应用贯穿于农村改厕全过程。坚持建管并重,建立健全运行维护机制。以县为单位编制实施,农村生活污水治理规划。在水源保护区、城乡接合部、乡镇政府所在地、中心村、人口集聚区、旅游风景区等村庄优先开展农村生活污水治理。因地制宜采取纳管、集中处理,分散处理、资源化利用等模式,分区分类有序推进污水治理设施建设,做好改厕与农村生活污水治理有机衔接、统筹推进。有序推进农村黑臭水体治理,优先将水体面积大、污染严重、居民反映强烈、靠近生态环境敏感区的农村黑臭水体纳入监管清单,逐一销号。因地因时施策,采取控源截污、清淤疏浚、水体净化等综合措施,恢复水生态,有效控制水体返黑返臭。健全农村生活垃圾收运处置体系建设,全面推进源头分类减量。建设一批农村有机废弃物,综合处置利用中心。统筹推进面源污染治理和监测监管,开展农业面源污染调查与评估,在果菜茶优势产区、国家中药材基地、有机食品基地、自然保护区、生态脆弱区等重点区域探索降低化肥、农药施用强度。在种养密集区探索整县推进畜禽粪污、秸秆、农膜、农村垃圾等废弃物全量资源化利用。

二、加快完善农民就业创业体系

一是健全就业创业服务体系。加强农村劳动力技能素质开发,大力发展技师学院,支持优质技工学校和优质专业,组织实施新生代农民工职业技能提升计划(2019—2022年)、农民工稳就业职业技能培训计划、康养职业技能培训计划。强化公共就业创业服务,完善州、县(市)、乡镇(街道)三级公共就业服务机构,加强村(社区)服务平台建设,采取聘请协理员或由村(社区)干部兼职的方式加强公共就业服务队伍建设,提升基层就业服务水平。完善就失业登记制度,各地公共就业服务机构要及时准确记录劳动者就业和失业变动情况,主动为包括农村转移劳动力在内的所有劳动者免费提供政策咨询、岗位信息、职业指导、职业介绍等全方位公共就业创业服务,建立就业与社会保险的业务协同和信息共享机制。建立健全就业创业统计监测体系,健全就业统计指标,完善统计口径和统计调查方法,探索建立创业工作统计指标。加大劳动力数据动态管理。加大全州劳动力和就业统计调查人员、经费和软硬件等保障力度,推进就业统计调查信息化建设。加强就业创业政策分析研究,跟踪热点、难点,适时发布就业形势变化、行业人力资源需求预测情况。

二是完善人力资源管理制度。完善市场运行规则,规范劳动力市场,加快建立健全城乡劳动者平等就业、同工同酬制度,完善职业培训、就业服务、劳动维权"三位一体"工作机制;依法规范劳务派遣行为,健全劳动争议调解制度和仲裁办案制度,加大劳动保障监察执法力度,切实维护劳动者权益;强化财政贴息制度、资金扶持政策、培训鼓励措施等内容的规定,建立促进就业和经济发展的良性互动和平衡发展的长效机制;全面实施劳动合同制度,重点推进各类企业与农民工签订并严格履行劳动合同;强化各类政策协同,深入落实就业各项扶持政策,改善就业劳动条件,提高农民工的就业稳定性和工资收入；建立完善企业劳动争议调解组织，重点推进基层调解组织建设，推动乡（镇、街道）劳动保障服务所（站）和工会、企业代表组织设立的劳动争议调解组织建设，将调解职能向企业比较集中的村和社区延伸。

　　三是建立创业创新激励机制。扩大创业培训规模，为有创业意愿和服务需求的劳动者提供信息咨询、开业指导、创业孵化、跟踪辅导等服务，不断扩大返乡人员创业规模。加强创新创业政策扶持，鼓励银行业金融机构开发符合返乡下乡人员创业需求特点的金融产品和服务；鼓励有条件的地区设立创业创新投资基金，对符合条件的返乡下乡人员创业项目提供担保贷款等资金扶持；加大财政支持力度，将符合条件的返乡下乡人员创业创新项目纳入强农惠农富农政策范围；对返乡下乡人员创办的农民合作社、家庭农场、农业企业等新型农业经营主体，落实税收减免政策；落实大众创业万众创新、现代农业、农产品加工业、休闲农业和乡村旅游等用地政策，支持返乡下乡人员开展设施农业建设和经营；对入驻创业创新园区（基地）的企业、个人及产生的物管费、卫生费、房租费、水电费等给予政策倾斜；支持返乡下乡人员依法以入股、合作、租赁等形式使用农村集体土地发展农业产业；返乡下乡人员发展农业、林木培育和种植、畜牧业、渔业生产、农业排灌用电以及农业服务业中的农产品初加工用电均执行农业生产电价；建立健全返乡下乡创业人员的社保制度，对返乡下乡人员创办的新型农业经营主体，招用就业困难人员、离校未就业高校毕业生以灵活就业方式参加社会保险的，按规定给予一定社会保险补贴；返乡下乡创业人员创办企业招用的人员，可按规定享受职业培训补贴、职业技能鉴定补贴等。探索返乡下乡创业人员按规定纳入住房公积金缴纳范围。

三、全面提升农村教育卫生事业发展水平

（一）加快完善教育均衡发展制度体系

　　统筹规划布局农村基础教育学校，保障学生就近享有高质量的教育。科学推进义务教育公办学校标准化建设，全面改善义务教育薄弱学校基

本办学条件,加强寄宿制学校建设,改善乡村小规模学校条件,实现县域校际资源均衡配置。继续实施农村义务教育阶段学校教师特设岗位计划和乡村教师生活补助政策,加大乡村教师公费培养力度。扩大定向招生、定向培养、定向就业,精准培育本土乡村教师。实施强师计划,充分利用高水平师范大学资源培养优秀教师。继续做好控辍保学工作,开展常态化预警监测,不断巩固成果。发展农村学前教育,每个乡镇至少办好一所公办中心幼儿园,完善县乡村学前教育公共服务网络,建设一批普惠性幼儿园,打通农村学前教育"最后一公里"。继续实施特殊教育提升计划。科学稳妥推行民族地区乡村中小学双语教育,坚定不移推行国家通用语言文字教育。实施高中阶段教育普及攻坚计划,提高高中阶段教育普及水平。扩大高中阶段教育资源,新建、改扩建一批学校,为薄弱学校配齐必要的学习生活设施,消除普通高中大班额现象,大力发展面向农村的职业教育,加快推进职业院校布局结构调整,加强县级职业教育中心建设,有针对性地设置专业和课程。依托职业院校、大规模开展面向农村的职业技能培训,推动农民培训与职业教育有效衔接,更好满足乡村产业发展和振兴需要。推动优质学校辐射农村薄弱学校常态化,加强城乡教师交流轮岗。积极发展"互联网+教育",推进乡村学校信息化基础设施建设,优化数字教育资源公共服务体系。落实好乡村教师支持计划,探索推进同工同酬的"辅助教师"计划。加强乡村学校紧缺学科教师和民族地区双语教师培训,落实乡村教师生活补助政策,建好建强乡村教师队伍。

(二)推动医疗卫生事业改革发展

一是加强医疗卫生机构能力建设,全面提升农村医疗卫生服务质量水平。启动开展"优质服务基层行"活动,深入开展全州基层卫生人员"一月一主题"岗位大练兵活动,提高基层卫生人员业务知识及技能水平。全面加强村级服务能力建设,实现"四有两落实一服务"目标(即有服务阵地、有器械设备、有基本药物、有村医,落实村医报酬和群众合医报销问题,开展家庭医生签约服务)。实施医疗机构高质量发展工程,支持县级重点办好1—2所综合性医院,达到三级医院水平。全面推进县级公立医院重点学科建设,推动"组团式"帮扶向乡镇延伸。建立州、县两级卫生健康信息平台,整合医疗、公共卫生服务信息系统。解决好远程医疗系统硬件设施建设问题,确保设施正常运行、信息传输数据迅速准确。大力推动县级医院项目建设,加快推进乡镇卫生院、村卫生室规范化建设。加大社会办医引进力度,构建多元化办医格局,满足群众日益增长的就医需求。

二是坚持深化改革,推动医疗卫生事业深度融合发展。完善医共体建设,全面推进县乡一体、乡村一体化医共体建设,建立起以县医院为"龙头"、乡镇中心医院为"枢纽"、民营医院为"补充"、村级卫生室为"网底"的医疗卫生服务体系。完善乡镇卫生院"院财局管"模式,探索以片区乡镇卫生院建设为切入点,充分放权给县域医共体理事会,将对县域内医疗机构的"人、财、物"的微观管理转为行业管理,对乡镇卫生院的考核转为对医共体的考核,建立目标导向更为准确的绩效考核制度。进一步探索薪酬制度改革,落实"两个允许"(即允许医疗卫生机构突破现行事业单位工资调控水平,允许医疗服务收入扣除成本并按规定提取各项基金后主要用于人员奖励),由医共体对乡镇卫生院进行考核,推进医务人员同工同酬。加快建立健全医保经办机构与医疗机构间公开平等的谈判协商机制、"结余留用、合理超支分担"的激励和风险分担机制。建立完善的分级诊疗制度,科学制定各级医疗机构"能治清单",使分级转诊制度化、规范化,实现"小病不出村、一般病不出乡、大病不出县"。创新推动县、乡、村三级协同发展,加强县级医院学科建设,对乡镇卫生院实行一类单位管理、按照二类单位拿绩效,切实解决村卫生室缺医少药的问题。探索科学管控医保资金激励机制和风险防范机制,解决村级卫生室采购药品自己垫付的困难。开展公立医院试点绩效考核,加快建立符合行业特点的薪酬制度。持续深化医疗服务价格改革,规范公立医院诊疗行为,促进医院收入结构合理。

三是坚持补短板强弱项,加强公共卫生服务。全面开展"二级妇幼保健院"创建工作,深入推进出生缺陷综合防治。深入实施母婴安全行动计划和健康儿童行动计划,严格执行母婴安全五项制度。实施公共卫生防控救治能力提升工程,持续提升县级疾控机构应对重大疾病及突发公共卫生事件能力。及时妥善处置各类突发事件和传染病疫情,严格控制传染病总发病率在0.5%以内。加快推进黔东南州山地紧急医学救援体系建设,在党政机关、公共场所、重点旅游景区建设智慧卫生急救站,在州级和县(市)建设紧急医学救援基地和指挥调度中心,在乡镇建立紧急医学救援点。全力推进爱国卫生运动,大力推进城乡卫生整洁行动工作,积极组织开展国家卫生县城、国家卫生乡镇创建活动,全面推进"厕所革命"。规范开展基本公共卫生服务项目,提高服务有效性和群众的获得感。

四是坚持传承创新,全力推进中医药民族医药发展。全面加强县级中医医院服务能力建设,大力实施基层医疗机构中医药服务能力提升工程。积极推动苗侗民族医药发展,加大黔东南州国家中医药健康旅游示范区创建工作力度。积极推动医养结合工作,培育一批医养结合服务示范单位。加快健康养老产业发展。

五是坚持问题导向,加强人才队伍建设。大力培养有能力、留得住的优秀乡土人才。采取直接或柔性方式引进医学类专业高层次、领军型人才和急需紧缺人才。加强中医药人才队伍建设,实施中医骨干医师培养等工作,加强基层名老中医传承工作室建设。进一步提高乡村医生待遇,筑牢基层医疗卫生网底。

(三)提高农村社会保障水平

1. 提高农村养老保障水平

一是加快农村养老服务体系建设。加快建立以居家为基础、社区为依托、机构为补充的多层次、功能互补、财力匹配的县、乡、村三级农村养老服务体系。以乡镇为中心,建立具有综合服务功能、医养相结合的养老机构,推进农村幸福院等互助型养老服务发展,与农村基本公共服务、农村特困供养服务、农村互助养老服务相互配合,形成农村基本养老服务网络。提高乡村卫生服务机构为老年人提供医疗保健服务的能力。健全城乡养老服务设施布局,实施特困人员供养服务设施改造工程,支持主要面向失能、半失能老年人的农村养老服务设施建设,建立健全农村留守老年人关爱服务体系。以空巢、留守、失能、重度残疾、计划生育家庭等特殊困难老年人为重点,全面建立居家社区探访制度。开发农村康养产业项目。鼓励村集体建设用地优先用于发展养老服务。

二是进一步完善城乡居民基本养老保险制度。加快建立城乡居民基本养老保险待遇确定和基础养老金标准正常调整机制,并逐渐与城镇的养老补助标准接轨。增设缴费档次,使新型农村社会养老保险能够满足农民不同层次的需求。对低保对象、特困人员等困难群体参加城乡居民基本养老保险的,政府代缴养老保险费。在提高最低缴费档次时,对已脱贫的建档立卡贫困人口可保留现行最低缴费档次。"十四五"期间,在认定低保对象时,中央确定的基础养老金暂不计入家庭收入。

三是加强政府财政支持力度。政府应在财政允许的条件下,适当加强财政支持力度,提高中央政府和地方政府对于新农保基础养老金部分的补助金额,使新农保政策可以真正发挥出社会养老的作用。与此同时,对于经济条件较好的地区,国家应通过政策鼓励引导在个人账户中集体补助方面适当增加补助金额,以提高新农保的待遇水平。

2. 健全农村社会救助体系

逐步构建包括最低生活保障对象及特困人员低收入家庭和刚性支出较大的贫困家庭急难救助对象在内的多层次救助帮扶体系,为各类农村困难群众提供分层分类、综合高效的救助服务。建立多部门联动的风险预警、研判和处置机制,加强部门间数据比对和信息共享,及时发现存在致贫返贫风险农村人口并将符合条件的纳入低保救助等帮扶范围。推进低保制度城乡统筹发展,加强农村低保对象动态精神管理,提高兜底保障水平。完善特困人员认定条件,合理提高救助供养水平,不断提升供养服务质量。加大临时救助力度,对基本生活陷入困境、其他救助暂时无法覆盖的农村困难群众,及时给予临时救助,做到遇困必帮、有难必救。

3. 完善社会保障体系

按照兜底线、织密网、建机制的要求,全面建成覆盖全民、城乡统筹、权责清晰、保障适度、可持续的多层次社会保障体系。完善统一的城乡居民基本医疗保险制度和大病保险制度,做好农民重特大疾病救助工作,健全医疗救助与基本医疗保险、城乡居民大病保险及相关保障制度的衔接机制,巩固城乡居民医保全国异地就医联网直接结算。推动各地通过政府购买服务、设置基层公共管理和社会服务岗位、引入社会工作专业人才和志愿者等方式,为农村留守儿童和妇女、老年人以及困境儿童提供关爱服务。加大儿童督导员、儿童主任培训力度,进一步健全农村留守儿童和困境儿童关爱服务体系。采取多种措施做好孤儿、事实无人抚养儿童保障工作,坚决防止冲击社会道德底线事件的发生。加强和改善农村残疾人服务,将残疾人普遍纳入社会保障体系。

(四)补齐农村文化事业短板

一是加快完善农村公共文化体育服务体系。构建现代公共文化服务体系是建设社会主义文化强国的重大战略任务,也是全面建成小康社会的重要内容,对弘扬社会主义核心价值观、满足人民群众的精神文化需求具有重要作用。加快构建黔东南州现代公共文化服务体系建设,扎实抓好文化基础设施建设。发挥县级公共文化机构辐射作用,加强基层综合性文化服务中心建设,实现乡、村两级公共文化服务全覆盖。提升服务能力。推进基本公共文化服务均等化,提升服务质量。推动县级图书馆、文化馆总分馆制,完善农村新闻出版广播电视公共服务覆盖体系。推进数字广播电视户户通、户用用,探索农村电影放映的新方法新模式,推进农家书屋延伸服务和提质增效。继续实施公共数字文化工程,积极发挥新媒体作用,使农民群众能便捷获取优质数字文化资源。完善乡村公共体育服务体系,推动乡村健身设施全覆盖。

二是全面做好民族文化保护传承工作。实施黔东南民族文化生态保护实验区总体规划,做好民族文化传承工作。采取"政府引导、民间举办、社会参与"等多种模式,深入推进公共文化服务示范项目"千村百节"活动。做强民族特色歌舞艺术,提升黔东南民族文化的艺术魅力和文化影响力。做优山地文化,打造山地文化旅游精品。做精传统美术与民间工艺,扶持工艺品经营业发展。

三是增加公共文化产品和服务供给。深入推进文化惠民,为农村地区提供更多更好的公共文化产品和服务。建立农民群众文化需求反馈机制,推动政府向社会购买公共文化服务,开展"菜单式""订单式"服务。

加强公共文化服务品牌建设,推动形成具有鲜明特色和社会影响力的农村公共文化服务项目。开展文化结对帮扶,支持"三农"题材文艺创作生产,鼓励文艺工作者推出反映农民生产生活尤其是乡村振兴实践的优秀文艺作品。鼓励各级文艺组织深入农村地区开展惠民演出活动。加强农村科普工作,推动全民阅读进家庭、进农村,提高农民科学文化素养。

四是广泛开展群众文化活动。完善群众文艺扶持机制,鼓励农村地区自办文化。培育挖掘乡土文化本土人才,支持乡村文化能人。加强基层文化队伍培训,培养一支懂文艺爱农村爱农民、专兼职相结合的农村文化工作队伍。传承和发展民族民间传统体育,广泛开展形式多样的农民群众性体育活动。鼓励开展群众性节日民俗活动,支持文化志愿者深入农村开展丰富多彩的文化志愿服务活动。活跃繁荣农村文化市场,推动农村文化市场转型升级,加强农村文化市场监管。

第十二章　推动脱贫攻坚工作格局同乡村振兴工作格局有效衔接[*]

"一分部署,九分落实"。脱贫攻坚战能否打赢,乡村振兴战略能否有序实施,加强领导是根本,建立有效的工作格局至关重要。党的十八大以来,党中央提出精准扶贫精准脱贫基本方略,建立了中央统筹、省负总责、市县抓落实的管理体制,党政一把手负总责任的工作责任制,构建了专项扶贫、行业扶贫、社会扶贫等多方力量、多种举措有机结合和互为支撑的"三位一体"大扶贫格局。通过以解决突出制约问题为重点,以重大扶贫工程和到村到户帮扶措施为抓手,以补短板为突破口,不断强化支撑保障体系,加大政策倾斜力度,脱贫攻坚取得了历史上最好的成绩。

根据以脱贫攻坚统揽经济社会发展全局的要求,黔东南州将脱贫工作作为党委、政府全部工作的重中之重,全力构建和创新大扶贫工作格局,为夺取脱贫攻坚战全面胜利提供了体制机制保障。习近平总书记指出:"实施乡村振兴战略,各级党委和党组织必须加强领导,汇聚起全党上下、社会各方的强大力量。"①在打赢脱贫攻坚战之后,如何立足自身实际巩固拓展脱贫攻坚成果,全面推进乡村振兴,是黔东南州在新时代的重大历史任务。

---

　*　本报告作者为黔东南州人民政府罗丹,州扶贫办张跃国。

　①　《习近平谈治国理政》第三卷,人民出版社 2020 年版,第 261 页。

第一节　脱贫攻坚工作格局的建立与完善

各级党委和政府要把打赢脱贫攻坚战作为重大政治任务,强化中央统筹、省负总责、市县抓落实的管理体制,明确责任、精锐出战、狠抓实效,要深化东西部扶贫协作和党政机关定点扶贫,调动社会各界参与脱贫攻坚积极性,实现政府、市场、社会互动和行业扶贫、专业扶贫、社会扶贫联动。实施乡村振兴战略,各级党委和党组织必须加强领导,汇聚起全党上下、社会各方的强大力量。贯彻党中央决策部署,落实贵州省有关工作要求,黔东南州坚持以脱贫攻坚统揽经济社会发展全局,实施党委主责、政府主抓、干部主帮、基层主推、社会主扶的"五主"责任制和省领导包县、市(州)领导包乡、县领导包村、乡领导包户、党员干部包人的"五包"责任制,有效构建了脱贫攻坚指挥作战体系、目标责任体系、工作落实机制、督战督导问责机制、问题反馈整改机制,大扶贫工作格局落地生根,脱贫攻坚战有序推进。

一、不断完善大扶贫工作格局

(一)强化纵向到底、横向到边的工作体系

1. 建立"州—县(市)—乡镇—村—网格—结对帮扶干部"六级指挥体系

在州级和县级层面,建立州委、州政府主要领导任"双组长"、部门一把手为主体成员的州扶贫开发领导小组,下设办公室。同时,组建由州委、州政府分管领导负责脱贫攻坚指挥中心(指挥部)、东西部扶贫协作专班、易地扶贫搬迁专班和产业专班等。在乡镇层面,成立由县委常委任指挥长的脱贫攻坚前线作战部,在4个省级极贫乡镇成立由省领导担任指挥长的脱贫攻坚指挥部。在村级层面,成立脱贫攻坚前线指挥所,由1名科级干部任所长或指挥长。每个村分为若干个网格,每个网格配备1名国家正式干部任网格员(见图12-1)。

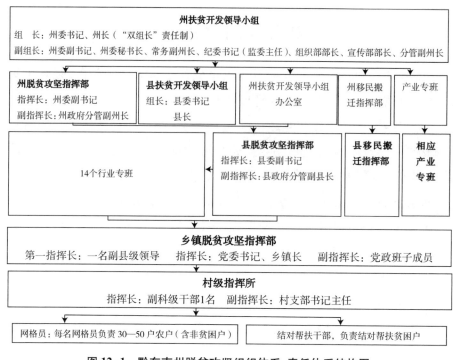

图12-1 黔东南州脱贫攻坚组织体系、责任体系结构图

2. 建立联系帮扶制度

为增强解决问题的能力,贵州省实行省领导包县、市(州)领导包乡、县领导包村、乡领导包户、党员干部包人的"五包"责任制。黔东南州实行州四大班子领导干部脱贫攻坚"下抓三级"工作机制,明确38名州四大班子领导干部分别联系206个乡镇、66个深度贫困村,531名县(市)四大班子领导干部分别联系本县(市)所有村,实现联系乡镇(街道)州级干部全覆盖,联系村县级干部全覆盖。

建立联系帮扶工作与脱贫攻坚成效捆绑考核的机制,确保联系工作扎实推进。联系帮扶县不能如期出列的,有关州领导向州委常委会作检讨,并取消年终目标考核奖,按照"一票否决"上报省委建议其年度考核评定为不称职等次。

把帮扶脱贫摘帽作为州直帮扶单位"一把手"工程,作为单位年度目标绩效管理考核内容,全力帮助帮扶的乡镇、村办实事、办好事、解难题。

因州直业务主管部门履行职责不到位导致所帮扶的乡镇和村检查评估发现问题,则该单位班子成员年度考核等次定为不称职,取消单位年终目标考核奖,并通报批评。

2013年,黔东南州就出台了《关于在全州推行扶贫工作个案管理的意见》,按照厅级干部帮5户、县级干部帮3户、科级干部帮2户、一般干部帮1户的"5321"帮扶模式,实施规划到户、扶持到人、精确瞄准、定向施策的"个案管理",将贫困农户全部纳入结对帮扶覆盖范围。

3. 建立灵活多样的专项工作横向协作机制

在州级和县级层面,分管水务、教育、卫健、医保、住建、移民、财政、扶贫等涉及"两不愁三保障"核心指标部门的州领导,签订拟摘帽县业务督促指导工作责任状。凡因分管的工作影响拟摘帽县贫困退出的,有关州领导向州委常委会作检讨,并取消年终目标考核奖,按照"一票否决"上报省委建议其年度考核评定为不称职等次。

按照"谁牵头谁负责、谁主管谁负责"的原则,围绕"两不愁三保障"等核心指标,签订拟摘帽县业务督促指导工作责任状,压实水务、教育、卫健、医保、住建、移民、财政、扶贫等14个业务主管部门责任。推动业务主管部门聚焦主责主业,组建工作专班和专家团队,逐县开展工作。对于核心指标推进较慢、影响贫困退出的县,有关部门及时组织力量攻坚。因州直业务主管部门履行职责不到位导致主管的指标影响拟摘帽县贫困退出的,该单位班子成员年度考核等次定为不称职,取消单位年终目标考核奖,并通报批评。

根据工作需要成立由党委、政府分管领导担任组长、相关部门共同参加的工作专班,有针对性地开展专项工作。这些工作专班主要涉及农业产业扶贫、农村饮水安全建设、社会保障兜底扶贫、易地扶贫搬迁、农村安全住房保障、医疗健康扶贫、教育精准扶贫、交通基础设施建设、扶贫就业、农村人居环境综合整治扶贫、基层组织建设、法治扶贫、扶贫宣传教育、资金保障等专项工作专班,以及蔬菜、食用菌、茶叶、中药材、水果、蓝莓、油茶、生态畜牧业(小香鸡)、三穗鸭、辣椒、香猪、稻渔综合种养、石斛、花卉、竹等特色优势产业发展专班。在县级,专班工作机制同样比较普遍。这一机制具有灵活性,部门之间的横向合作比较紧密。

4. 扎实推进抱团脱贫

采取州内对口联系抱团脱贫的形式,由已摘帽的丹寨、麻江、施秉、镇远、三穗、雷山6县和非贫困县凯里市,分别结对联系2020年摘帽的7个县。各结对联系的县组织脱贫攻坚经验丰富的业务骨干到所联系县开展业务指导,在产业扶贫、产销对接、扩大就业、补齐"两不愁三保障"短板等方面,竭尽所能地创造条件给予帮助,助推联系县顺利实现脱贫摘帽。

(二)加强深度贫困地区组织领导

坚持扶贫资金、东西部扶贫协作、基础设施建设、帮扶力量向深度贫困地区聚焦,全方位整合各类扶贫资源,多层次推动深度贫困地区脱贫攻坚步伐。

针对全州贫困发生率高于20%的262个深度贫困村,重新研究制定脱贫攻坚工作方案,州委、州政府主要领导亲自率队赴贫困发生率高于30%的67个深度贫困村开展走访调研,逐村帮助理思路、谋发展。在从江加勉、榕江定威、雷山大塘、黄平谷陇4个省级极贫乡镇,组建由省领导担任指挥长,州委、州政府主要领导任副指挥长的省级极贫乡镇脱贫攻坚指挥部,从组织领导上保障深度贫困地区脱贫攻坚。从州直机关选派116名干部到极贫乡镇、深度贫困村乡镇挂任党政副职,进一步加强深度贫困地区工作力量。

对从江、榕江两个深度贫困县,从全州已脱贫出列的6个县提拔19名有实战经验的乡镇党委书记担任州直单位领导后,下派到从江县19个乡镇担任"乡镇党委第一书记"。新增州委办、州政府办、州委组织部等34个州直部门定点联系包保从江县34个贫困发生率在30%以上的贫困村,并由帮扶单位各增派1名科级以上优秀党员干部驻村担任第一书记,切实用最强的部队攻打最难的堡垒。同时,从19个州直单位安排原在榕江县工作或榕江籍的县级领导,带领本单位2名工作人员,成立脱贫攻坚指导组分别进驻榕江县19个乡镇,加强乡镇脱贫攻坚领导。新增州投促局等15个州直单位定点联系包保榕江县15个贫困发生率在30%以上的贫困村,并由帮扶单位各增派1名科级以上优秀党员干部驻村担任第一书记。

加大政策扶持力度和资金投入力度。州委、州政府制定《关于支持剑河等三个深度贫困县脱贫攻坚如期出列的实施意见》《关于支持锦屏深度贫困县脱贫攻坚如期减贫摘帽的实施方案》等,在财政专项扶贫资金、东西部扶贫协作帮扶安排上给予倾斜,全力支持4个深度贫困县等深度贫困地区推进脱贫攻坚。仅2018年,针对深度贫困地区,全州共安排项目资金5.25亿元。

围绕水、电、路、讯、房等突出问题,加快完善深度贫困地区基础设施。2018年已实现全州30户以上村民组通硬化路,以及行政村通光纤宽带和4G网络全覆盖;全面启动全州1025个深度贫困村卫生室规范化建设,已建成1019个,占99.41%,深度贫困地区生产生活条件、民生保障水平已得到较大程度改善。

优先安排深度贫困地区产业项目资金,加快培育深度贫困地区致富产业。如从江县以"1+3+N"为抓手,即以香猪为主导产业,以椪柑、稻鱼鸭、油茶为特色产业,以瑶药、食用菌、百香果、朝天辣等为辅助产业,带动贫困户发展生产、就业脱贫,2018年已实现香猪出栏39.9万头。再如剑河县紧紧围绕"生态脱贫·绿色发展"战略目标,着力加快培育"食用菌、小香鸡、钩藤、生猪"四大产业,可实现年产值4.92亿元,覆盖贫困群众3.2万人,进一步拓展群众增收渠道。

(三)用好帮扶资源

一是用好杭州市对口帮扶机遇。2016年以来,杭州市13个区(县、市)、105个乡镇(街道)、216个村分别结对帮扶16个县(市)、122个乡镇(街道)、219个村,223家杭州企业结对帮扶444个贫困村(其中深度贫困村385个),帮扶面不断扩大。累计选派帮扶干部43名,选派开展帮扶工作一个月以上的专业技术干部468名,累计投入帮扶资金13.4亿元。2019年,杭州市投入帮扶资金7.53亿元,安排项目225个,覆盖贫困人口8.3万人,覆盖贫困村725个(其中深度贫困村269个)。同时,在易地扶贫搬迁安置点配套建设教育、医疗卫生等基础设施项目,其中,实施产业发展和劳务协作项目12个,投入帮扶资金4760万元;建设14所幼儿园,投入帮扶资金 6034 万元;建设 6 个安置地医疗卫生配套项目,投入帮扶资金近 500 万元。大力推广教育医疗"组团式"帮扶模式,截至 2019 年年底,杭州市共有 445 所中小学(幼儿园)、171 家医院分别与黔东南州 688 所学校、237 家医院建立了帮扶关系。①

在黔东南州教育、医疗、人才交流、劳务协作、产业、电商等事业发展中,杭州市都留下了深深的印迹。杭州市在对口帮扶黔东南州的过程中,创新探索"教育医疗组团式帮扶"模式,选派了一批优秀教师、优秀医生组团赴黔东南州支教支医,帮助培养黔东南州的教育医疗队伍,大力提高黔东南州教育医疗水平。台江县民族中学校长、浙江省杭州学军中学原校长陈立群 2019 年 9 月被中宣部授予"时代楷模"称号,荣获 2019 年度全国脱贫攻坚奉献奖。台江县人民医院在短短一两年的时间里,从原来的科室不全,连一些普通常见病都无法接诊的一所医院,成为一所可以开展脑血管介入手术、腹腔镜妇科恶性肿瘤根治手术等疑难杂症的现代医院,该院院长汪四花同志也被评为"全国脱贫攻坚 2018 贡献奖"。"教育医疗组团式帮扶"模式得到中央政治局委员、中组部部长陈希同志的充分肯定。根据贵州省委、省政府的要求,贵州全省正积极推广"组团式"帮扶模式,推动东西部扶贫协作取得更大成效。

二是用好中央定点帮扶机遇。13 家中央单位按照中央部署,定点帮扶黔东南州 14 个贫困县。2016 年以来,13 家单位先后安排 43 名干部在黔东南州挂职或担任驻村第一书记,累计投入和协调各类资金共 58.5 亿元(不含信贷资金),并探索形成了一大批富有成效的帮扶机制和模式,有力地助推了黔东南州脱贫攻坚事业。

三是用好澳门特别行政区定点帮扶从江县机遇。2018 年以来,澳门特别行政区定点帮扶黔东南州从江县,澳门特区多次组团考察调研,研究帮扶工作。截至 2019 年年底,澳门基金会、澳门中职协会、澳门中企协会、澳门中联办、澳门红十字会、澳门特区政府教育暨青年局、澳门贸易投资促进局、中建澳门公司分别与从江县签署 18 项帮扶协议,涉及产业、教

---

① 资料来源于黔东南州扶贫办。

育、医疗、旅游、人力资源、商贸等领域,目前各项协议正在按照要求有序推进中,充分彰显了"一国两制"制度的优越性和"血浓于水"的真挚情感。

四是用好万达集团等社会爱心企业、团体帮扶机遇。扶贫济困是中华民族的传统美德,积极推广中国社会扶贫网,如万达集团投入 14 亿元,在丹寨建成了万达职业技术学院和万达旅游小镇,仅旅游小镇,每年 550 万人次的游客量可为丹寨带来 24.3 亿元的旅游综合收入。华润集团投入 1 亿多元在剑河县寨章村建设"华润希望小镇",改善该村住房和生活条件,发展旅游业。再如浙江传化集团慈善基金会投入 1400 万元在雷山县援建 70 个"传化·安心卫生室"项目,帮助改善深度贫困地区医疗卫生条件。同时,黔东南州爱心企业、团体和各界人士也积极参与扶贫事业,履行社会责任。2019 年,州内 714 家企业(商协会)结对帮扶 1207 个贫困村,投入各类资金 14.02 亿元,帮扶贫困人口 18.73 万人,在"全国 2019 年扶贫日"期间,全州共收到善款 163.72 万元。2019 年累计注册爱心人士 54254 人,累计注册贫困户 121020 人,已接收捐赠资金 16.26 万元。①

二、强化工作推动和督导问责

州委常委会议、州政府常务会议把脱贫攻坚作为重要议题进行研究,高位推动工作安排。州委、州政府主要领导先后主持召开 30 多次扶贫开发领导小组会议,进一步把脱贫攻坚各项决策部署落到实处。每年制定脱贫攻坚年度工作要点,坚持每年召开全州扶贫开发工作会议、产业扶贫工作现场推进会、易地扶贫搬迁现场推进会等会议,开展晒比评述,做到年初有部署、年中有督查、年终有总结。每年州委、州政府与县委、县政府签订脱贫攻坚责任状,年底兑现承诺。州级督战队和州、县督导组,对拟脱贫摘帽县、非贫困县、深度贫困县开展专项督战督导,对工作不尽责、作风不扎实、效果不明显、问题较突出的,一律严肃问责,压力的传导促进作

---

① 资料来源于黔东南州扶贫办。

风转变,确保各项工作落实到位。横向建立督战督导体系和成立行业工作专班(见图12-2)。

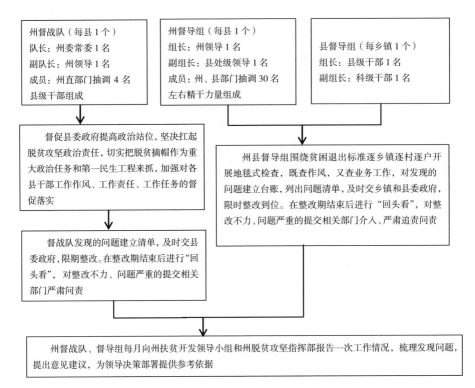

图中文字:

州督战队(每县1个)
队长:州委常委1名
副队长:州领导1名
成员:州直部门抽调4名
县级干部组成

州督导组(每县1个)
组长:州领导1名
副组长:县处级领导1名
成员:州、县部门抽调30名
左右精干力量组成

县督导组(每乡镇1个)
组长:县级干部1名
副组长:科级干部1名

督促县委政府提高政治站位,坚决扛起脱贫攻坚政治责任,切实把脱贫摘帽作为重大政治任务和第一民生工程来抓,加强对各县干部工作作风、工作责任、工作任务的督促落实

州县督导组围绕贫困退出标准逐乡镇逐村逐户开展地毯式检查,既查作风,又查业务工作,对发现的问题建立台账,列出问题清单,及时交乡镇和县委政府,限时整改到位。在整改期结束后进行"回头看",对整改不力、问题严重的提交相关部门介入、严肃追责问责

督战队发现的问题建立清单,及时交县委政府,限期整改。在整改期结束后进行"回头看",对整改不力、问题严重的提交相关部门严肃问责

州督战队、督导组每月向州扶贫开发领导小组和州脱贫攻坚指挥部报告一次工作情况,梳理发现问题,提出意见建议,为领导决策部署提供参考依据

图12-2 黔东南州脱贫攻坚督战督导体系结构图

一是成立州督战队。成立由州委常委担任队长,四大班子1—2名州领导担任副队长,州纪委州监委等部门同志为成员的州督战队,每县一个组,每月驻县督战10—20天不等。督战以明察暗访的方式进行检查,主要对县、乡、村三级的干部工作作风、工作责任、工作任务进行督促落实。发现问题以督战整改通知书的形式提交县委、县政府整改,问题严重的和整改期内整改不力、不到位的提交纪委监委和组织部严肃处理,层层传导压力,促进责任落实、工作落实、政策落实。

二是成立州、县督导组。成立由州人大常委或州政协1名副职领导担任组长,州直部门1名县级领导担任副组长,州县部门精干力量(20—30人左右)为成员的州督导组,每县一个组,每月驻县督导20天以上。

督导以逐乡镇逐村逐户地毯式排查的方式进行,既查工作作风,又查工作落实,对照贫困退出标准,户户见面,逐项排查,发现问题建立问题清单,以督导整改通知书的形式提交县委、县政府和乡镇限期整改,问题严重的和整改期内整改不力、不到位的将请有关部门严肃问责。同时,县级也成立督导组,由县级领导带队,分乡镇或片区(片区)进行地毯式督查排查,发现问题及时整改,确保不漏一户不漏一人。

这几年来,对拟摘帽工作追责问责不断得到强化。名列倒数第一的,县委和县政府分管脱贫攻坚的领导就地免职;凡因业务部门没有完成任务、全省排名挂末,影响全省、全州脱贫攻坚成效考核的,一律从严问责,坚决以严肃的追责问责倒逼脱贫攻坚责任落实、政策落实、工作落实。2019 年前 9 个月,拟摘帽的 7 县对脱贫领域进行工作问责共 2911 人次,其中就地免职 18 人、党政纪处分 119 人、组织调整 36 人、提醒约谈 2547人、诫勉谈话 191 人。

与此同时,不折不扣落实中央关于切实减轻基层负担的要求,采取了有效的减负措施。黔东南州制定《关于进一步做好黄平等拟减贫摘帽县有关工作的通知》,对拟摘帽的 7 县在精简会议、干部外出学习考察、督查考核等方面,明确提出了"四个一律"(除州委、州政府组织召开重大会议外,一律不得要求拟摘帽县党政主要领导参加会议;州直有关部门一律不得在拟摘帽县召开与脱贫摘帽无关的会议;州直各有关部门一律不得安排拟摘帽县的干部外出学习考察;除省级要求开展考核外,州直各部门除正常业务指导外,一律不允许对拟摘帽县开展督查考核工作)的要求,切实为拟摘帽县减负,确保拟摘帽县集中精力、人力、物力、财力,全力以赴推进脱贫摘帽工作。

三、强化问题导向,构建高效问题反馈处理机制

按照贵州省的统一安排,为确保脱贫攻坚工作有序推进,黔东南州构建了高效运转的问题反馈处理机制(见图 12-3)。这几年,中央和贵州省委通过开展扶贫工作巡视、督查、考核、审计等,构建起了不断检视问题的机制。与此同时,黔东南州通过组织督导督查、专项检查等,脱贫攻坚工

作中的不足,能够得到及时发现和反馈,并能够做到立查立改、边查边改、主动整改。

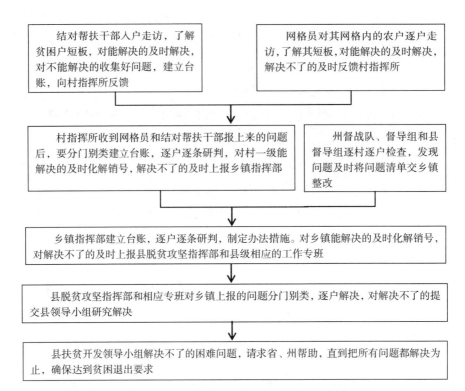

图 12-3 黔东南州脱贫攻坚问题反馈处理机制结构图

围绕 2019 年党委、政府扶贫成效交叉考核、东西部扶贫协作成效考核、审计等发现问题,按照省的安排部署,制定了《黔东南州解决"两不愁三保障"突出问题"1+3+N"专项治理工作方案》,重点对扶贫资金使用不规范、驻村帮扶不扎实、政策落实不到位、东西部扶贫协作有差距、脱贫攻坚打法不精准开展"五个专项治理",并配套制定相应的工作培训方案,开展政策业务知识培训,确保专项治理取得实效。针对国家反馈 8 大类 60 个问题,黔东南州 16 个县市坚持问题导向,举一反三梳理问题 440 个,已完成整改 438 个,正在整改 2 个,整改率为 99.55%。同时,围绕全省"五个专项治理"交叉检查反馈的 141 个问题再强调再整改,要求各县市要根据反馈问题,进一步核实确认,建立问题清单,制定整改措施,明确整改责任,实行"挂牌督办、办结销号、跟踪问效"。截至 2019 年 9 月底,中央巡视反馈的 20 个问题,已完成整改 19 个;省委巡视反馈的 19 个问题,已完成整改 13 个。

第二节　脱贫攻坚工作与乡村振兴
工作的联系与区别

就工作基本要求、工作重点与条件保障、工作体制机制等而言,两者既有紧密的联系,也有明显的差别。这种联系和差别,还具有明显历史阶段性、区域性、领域性特征。把握好两者之间的关系,是实现脱贫攻坚工作与乡村振兴工作有效衔接的基础和前提。

一、工作重要性方面

扶贫工作是针对贫困地区与贫困人口开展的扶持工作。1984 年 9 月,中共中央、国务院专门发出《关于帮助贫困地区尽快改变面貌的通知》,此后扶贫成为一项专门工作。1986 年,国家确立了开发式扶贫战略,成立国务院贫困地区经济开发领导小组(1993 年更名为国务院扶贫开发领导小组),下设办公室(简称"开发办")。1986 年开始确定贫困县,并主要通过设立财政扶贫资金、以工代赈资金和扶贫贴息贷款等方式对贫困县加以扶持。1994 年 4 月,《国家八七扶贫攻坚计划》出台,对贫困县的支持力度进一步加大。2001 年 5 月,国务院发布《中国农村扶贫开发纲要(2001—2010 年)》。2011 年年底,中共中央、国务院出台了《中国农村扶贫开发纲要(2011—2020 年)》。

长期以来,党和国家一直高度重视这项工作,并主要是针对贫困农村地区而开展的,是农村工作的一部分。进入 21 世纪以后,随着统筹城乡发展战略的实施、社会主义新农村建设的推进、城乡经济社会发展一体化新格局的构建,贫困地区经济社会发展水平得到快速提高,贫困人口大量迅速减少。到党的十八大以前,国家的扶贫力度明显加大,但扶贫工作主要是伴随整体性的农村工作推进的,是党和政府将农村工作作为重中之重的重要体现。

党的十八大以后,为实现全面建成小康社会的伟大目标,脱贫攻坚阶段性的特殊重要性进一步凸显了出来。习近平总书记明确指出,如期全面建成小康社会,城市这一头尽管也存在一些难点,但总体上不成问题。最艰巨最繁重的任务在农村,特别是在贫困地区,这是全面建成小康社会最大的短板。"全面建成小康社会,最艰巨的任务是脱贫攻坚,最突出的短板在于农村还有七千多万贫困人口。"①着眼于全面建成小康社会、实现第一个百年奋斗目标,党中央把农村贫困人口如期脱贫、贫困县全部摘帽、解决区域性整体贫困作为最大的短板、标志性指标,作为纳入"五位一体"总体布局、"四个全面"战略布局的底线任务、最艰巨的任务、重点任务。党的十九大进一步突出打赢脱贫攻坚战的重要性,将其作为三大攻坚战之一。在 2017 年的中央农村工作会议上,习近平总书记进一步指出,精准脱贫是对全面建成小康社会最具有决定意义的攻坚战。

近十几年来,党中央、国务院对"三农"工作的力度不断加大,从 2004 年开始到 2020 年已经发出 17 个以农业农村工作为主题的"一号文件",并连续密集出台了一系列重大强农惠农富农政策,农业农村发展实现了新的历史性跨越,农业农村工作迎来了一个新的"黄金期",城乡关系发生了新的历史性变化。党的十九大专门提出实施乡村振兴战略,明确必须始终把解决好"三农"问题作为全党工作重中之重,建立健全城乡融合发展体制机制和政策体系,加快推进农业农村现代化。2017 年年底,中央农村工作会议以最高规格召开,对实施乡村振兴战略进行具体部署。在这次会议上,习近平总书记强调,如期实现第一个百年奋斗目标并向第二个百年奋斗目标迈进,最艰巨最繁重的任务在农村,最广泛最深厚的基础在农村,最大的潜力和后劲也在农村,要加快补齐"三农"短板,夯实"三农"基础,确保"三农"在全面建成小康社会、全面建设社会主义现代化国家征程中不掉队。

---

① 习近平:《在中央扶贫开发工作会议上的讲话》,《十八大以来重要文献选编》(下),中央文献出版社 2018 年版,第 29 页。

从党和国家工作布局来看,全面建成小康社会,"三农"工作是重中之重的工作;大量贫困人口仍然存在是全面建成小康社会短板中的短板,打赢脱贫攻坚战是必须不折不扣完成的重点工作。鉴于脱贫攻坚在这个阶段的特殊重要性,这一阶段贫困地区"三农"工作的重点就是打赢脱贫攻坚战,并以脱贫攻坚统揽经济社会发展,确保这一工作的责任能够得到明确,措施能够落地生根,要素能够得到满足,干部力量能够得到配备,各方力量能够动员起来。打赢脱贫攻坚战以后,作为"三农"工作的重要内容,减贫工作回归到常规状态继续开展。

二、工作要求方面

一是工作要领。《中共中央 国务院关于打赢脱贫攻坚战的决定》紧扣"十三五"规划确定的脱贫攻坚目标,要求贯彻发展新理念,发挥政治优势和制度优势,把精准扶贫、精准脱贫作为基本方略,采取超常规措施,拿出过硬办法,举全党全社会之力,打赢脱贫攻坚战。工作指向上的"精准"、人力财力等要素支撑上的"超常规",是脱贫攻坚工作的精髓。《中共中央 国务院关于实施乡村振兴战略的意见》要求坚持把解决好"三农"问题作为全党工作重中之重的工作要求,坚持农业农村优先发展的全局工作方针,按照"产业兴旺、生态宜居、乡风文明、治理有效、生活富裕"二十字的总要求,走中国特色社会主义乡村振兴道路,建立健全城乡融合发展体制机制和政策体系,统筹推进农村经济建设、政治建设、文化建设、社会建设、生态文明建设和党的建设,加快推进乡村治理体系和治理能力现代化,加快推进农业农村现代化。工作指向上的"二十字"总要求,"五位一体"各项工作推进的"统筹",推进的在干部配备、要素配置、资金投入、公共服务等条件上的"优先",是实施乡村振兴战略的要领。

二是目标和时间节点要求。脱贫攻坚和实施乡村振兴战略都是长期性的工作,在决战全面建成小康社会的关键时刻,对脱贫攻坚和乡村振兴都有硬要求,但对目标和时间节点的要求是有侧重的。从目前的工作安排来看,实施乡村振兴战略有五个时间节点。第一个节点是 2020 年,就是要对标对表全面建成小康社会,完成各项任务,2019 年中央"一号文件"对此提出了明确要求。到 2020 年全面建成小康社会,最突出的短板在"三农",必须打赢脱贫攻坚战、加快农业农村发展,让广大农民同全国人民一道迈入全面小康社会。第二个时间节点是 2022 年,也就是党的二十大召开的年份。届时要看党的十九大提出的实施乡村振兴战略的推进情况,目前党中央、国务院印发的《国家乡村振兴战略规划(2018—2022年)》就是根据这个时间节点安排任务的。第三个时间节点是 2025 年,即到"十四五"期末,农业基础更加稳固,现代乡村产业体系基本形成,脱贫攻坚成果巩固拓展,乡村建设行动取得明显成效,乡村发展活力显著增强,城乡居民收入差距持续缩小,农业农村现代化取得重要进展,农民的获得感、幸福感、安全感明显提高。第四个时间节点是 2035 年,就是我国基本实现社会主义现代化的时间节点。在这个过程中,大头重头在"三农",必须向农村全面进步聚焦发力,推动农业农村基本实现现代化,城乡发展差距显著缩小,农村基本生活要件与城市大体相当,城乡居民共同富裕取得更为明显的实质性进展。第五个时间节点是 2050 年,是我国建成富强民主文明和谐美丽的社会主义现代化强国的时间节点。建成社会主义现代化强国,基础在"三农",必须让亿万农民在共同富裕的道路上赶上来,让美丽乡村成为现代化强国的标志、美丽中国的底色。按照现行标准打赢脱贫攻坚战,是按照 2020 年全面建成小康社会的时间节点安排工作。2018 年、2019 年的中央"一号文件"都要求,贫困地区在这个时间节点之前的农业农村工作,要优先打赢脱贫攻坚战。

三是工作要求。实施乡村振兴战略是一项长期而艰巨的任务,要处理好长期目标和短期目标的关系、群众获得感和适应发展阶段的关系。要遵循乡村建设规律,有足够的历史耐心,坚持尽力而为、量力而行,坚持科学规划、注重质量、从容建设,科学评估财政收支状况、集体经济实力和群众承受力,合理设定投资规模、筹资渠道、负债水平,合理设定阶段性目标任务和工作重点,聚焦阶段任务,找准突破口,排出优先序,久久为功,积小胜为大胜。切忌贪大求快、搞刮风运动,防止走弯路、翻烧饼,不能超越发展阶段,不能提脱离实际的目标,更不能搞形式主义和"形象工程"。对于脱贫攻坚工作,则采用冲击式的工作方式,倒排工期,把实现脱贫目标的短板——找出来并加快补齐,确保党的庄严承诺如期兑现。

三、组织领导方面

脱贫攻坚与乡村振兴都属于"块"类的工作,具有很强的综合性,在组织领导方面有着类似的要求。但由于任务的集中性、紧迫性、综合性、区域性要求不同,在组织领导方面又有着阶段性的差异,主要体现在以下几个方面。

一是工作体制机制。从领导体制来看,对脱贫攻坚工作与乡村振兴工作都设立了领导小组与办公室,但设置的方式有着明显差别。对实施乡村振兴战略,实行健全党委统一领导、政府负责、党委农村工作部门统筹协调的农村工作领导体制。农村工作领导小组设在党委,扶贫开发领导小组设在政府。由于打赢脱贫攻坚战的特殊重要性,这几年各级党委大大加强了对扶贫工作的领导,扶贫开发领导小组的成员单位数量一般在 50 个以上,农村工作领导小组一般都参加了扶贫开发领导小组。就工作机制来说,纵向上都实行中央统筹、省负总责、市县抓落实的工作机制,都是"五级书记"层层抓,横向上都要求各部门强化行业性资源要素支持,做好协同配合形成合力,并动员全社会参与。为啃下脱贫攻坚这块"硬骨头",中央对各级各部门在扶贫工作上责任要求更为明确和细致,并要求采取超常规措施大力支持。实施乡村振兴工作,目前主要是从战略上作出安排,各部门主要是加强工作指导,强化资源要素支持和制度供给。

二是压实责任。两项工作都要求实施党政一把手承担第一责任人的责任,省(自治区、直辖市)党政主要领导要向中央报告工作进展情况,各部门要按照部门职责落实责任,但在压实责任的具体机制方面要求有明显差别。脱贫攻坚要求扶贫开发任务重的省(自治区、直辖市)党政主要领导要向中央签署脱贫责任书,并层层签订脱贫攻坚责任书。实施乡村振兴战略要求县委书记要下大气力抓好"三农"工作,当好乡村振兴"一线总指挥",但尚未提出层层签订责任书的要求。在扶贫开发任务重的地方,根据以脱贫攻坚统揽经济社会发展全局的要求,脱贫攻坚成为仅次于党建的工作,根据扶贫工作到户到人的要求,对各部门单位和扶贫工作人员的责任规定得相当明确而具体细致。

三是考核与激励问责。脱贫攻坚已经建立层层考核的机制,特别是对扶贫开发任务重的省份,已经建立起中央督导、省际交叉评估、第三方评估、暗访等考核评估机制,并与干部的提拔与问责直接挂钩,对排名在后几位的省份进行约谈。在省级以下,层层进行考核,考核结果与干部的提拔使用紧密相关。实施乡村振兴战略,目前主要强调建立市县党政领导班子和领导干部推进乡村振兴战略的实绩考核制度,将考核结果作为选拔任用领导干部的重要依据。对省一级,尚未明确提出实绩考核的要求。

第三节 推动脱贫攻坚工作格局同乡村振兴工作格局有机融合

脱贫攻坚是一场输不起的战役,工作格局具有明显的突击性、强制性和军事性。在扶贫任务重的地方是举党和政府全力展开行动的,这是打赢这场战役的必要保证。乡村振兴是一项战略,每个阶段也会有相应的具体目标与行动安排,但总体上不是突击战,一般没有必要采取超常规的措施。对实施乡村振兴战略的工作格局,党中央已经提出了基本要求。习近平总书记强调,要健全党委全面统一领导、政府负责、党委农村工作部门统筹协调的农村工作领导体制,建立实施乡村振兴战略领导责任制,实行中央统筹、省负总责、市县抓落实的工作机制,各部门要结合自身职能定位,明确工作思路,细化政策举措,主动对表、积极作为。在"四个不摘"提升脱贫质量的基础上,立足州里总体情况及各市县的具体情况,要推动以脱贫攻坚统揽经济社会发展的工作格局转为适应实施乡村振兴战略要求的工作格局。

一、组织领导

一是领导体制的衔接问题。脱贫攻坚与乡村振兴是两套工作体系,脱贫攻坚工作由扶贫开发领导小组领导,农业农村工作由农村工作领导小组领导。虽然在中央层面扶贫开发领导小组设在政府,但在扶贫工作任务重的省份、地市、县(市),党委书记担任了组长,这是实现加大脱贫攻坚力度的必要保证。不论是乡村振兴工作还是脱贫攻坚工作,都要加强党委的领导。要根据贵州省的统一要求,调整完善组织领导体制机制。继续执行五级书记同时抓乡村振兴与扶贫工作,在政府分工中由一人统一分管,在工作层面将两套工作体系逐步融合起来。

二是在乡镇一级整合条块力量。在脱贫攻坚战展开的初期,原有的组织协调机制中力量统筹不够、资源整合不够的问题比较明显,主要体现在行业性部门掌握领域性资源,但单刀难以见效;部门之间沟通协调不强,令出多门、"九龙治水"的特征明显;乡镇的力量是块状的,但整体处于空壳状态、无米可炊。通过建立起"州、县、乡镇、村、网格、户"六级指挥作战体系,形成了一体指挥、分兵部署、集团作战的工作格局,进一步理顺了层级关系,整合了有限资源、使各方面作用得到充分发挥,切实增强了凝聚力和战斗力,为打赢脱贫攻坚战构筑起了坚强的战斗堡垒。力量分散的问题在农业农村工作中普遍存在,这种工作方式在实施乡村振兴战略中同样可以采用。在经济欠发达地区,乡镇一级的工作主要是农业农村工作。在乡镇、村级层面,将"乡镇作战部"的体制沿用到实施乡村振兴战略是必要的,一般由副县级领导负责,乡镇党政班子成员及定点帮扶单位主要负责人为成员,以协调各部门和帮扶单位的力量。

三是村级及网格继续沿用现有组织方式。工作赋予各村前线作战指挥所和网格区在乡村振兴工作方面的责任,继续由1名基础工作经验丰富、群众基础牢固的科级干部担任负责人。每个村划分若干个网格区,由1名国家正式干部担任网格员,以弥补村"两委"、村民小组工作能力不强、组织涣散、统筹协调不到位、号召力弱等问题。

四是持续精准选派干部驻村。持续选派干部驻点帮扶、后备力量结对帮扶,持续从各级单位选派干部驻村帮扶,强化基层组织凝聚力和战斗力。

二、目标责任体系

不论是打好脱贫攻坚战,还是实施乡村振兴战略,关键在落实责任。

继续实施"州级统筹、县(市)负总责、部门联动、乡镇主体、村为重点"责任机制,避免任务不明、责任交叉、相互推诿扯皮的问题。

一是压实州、县领导责任。对州、县四大班子领导干部,都纳入脱贫攻坚与乡村振兴工作之中,所有领导干部都明确联系县、乡、村、户。党委、政府主要领导是本辖区内第一责任人,分管领导担任指挥部或各专项工作专班组长,人大、政协主要领导和分管领导担任督导组长或副组长,或担任乡镇"前线作战部"指挥长或常务副指挥长,切实扛稳抓实工作责任。

二是压实专项工作责任。根据实施乡村振兴战略的需要,结合产业振兴、人才振兴、文化振兴、生态振兴、组织振兴的要求,聚焦阶段性重点工作增加专项工作专班。专班由党委、政府分管领导担任组长,由行业主管部门主要负责人担任副组长,成员都由紧密相关工作部门组成,形成"领导牵头抓总高位推动""专业人干专业事""各家孩子各家抱"的工作局面。各专项工作组聚焦各自领域,建立行业联席会议制度,及时调度督促各乡镇、村工作落实情况,定期召开专项领域工作推进会,针对重点难点问题及时研判解决。

三是压实州、县直部门责任。健全目标考核机制,进一步强化州、县直部门的责任。州、县直部门的责任要从重点进行定点帮扶转向结合本部门职责加强资源要素保障和制度供给,转到参与工作专班、专业工作指导、专项工作督导与评估上去。

四是压实一线责任。乡镇"前线作战部"负责结合本辖区实际情况,研究制定实施年度工作计划,抓好项目编制、申报、实施、初检等工作,安全、规范、有效管理使用资金,做好辖区内的情况调查、摸底和动态监测工作,做好政策宣传、业务培训及扶贫信息采集、报送工作。

三、督导检查体系

黔东南州在推进脱贫攻坚工作中,创造性建立了"督战督导问题"体系,形成了硬的举措、严的纪律、实的作风,有力推动了脱贫攻坚工作扎实有效开展。严格的督导检查体系,是推动乡村振兴的重要保证。如何对乡村振兴工作进行督导检查目前尚未明确,脱贫攻坚工作这些方面的经验,可以充分借鉴。要定期与不定期相结合、明察与暗访相结合,对有关项目实施进度、工作成效、重点难点问题、工作作风等进行督导检查,对发现的创新性做法与经验要进行总结推广。强化纪委监委监督追责,对工作重视不够、落实不力、效果不好且整改不到位的,由纪委监委按照有关问责办法,采取通报、约谈以及党纪政纪处分等方式进行追责。

四、问题反馈处理

脱贫攻坚战实际工作就是对照"一达标两不愁三保障"和"三率一度"的标准要求,对标对表开展"缺什么、补什么,补短板、强弱项"的过程。推动乡村振兴,也要按照既定规划目标和任务进行对标对表,补短板,强弱项,推动各个地区按照时间节点、聚焦重点、集中资源、尽力而为量力而行完成各个阶段的任务。要建立一个高效的问题反馈处理机制,对督导检查、自查自纠、信访举报、群众反映等转交上报的重点、难点问题,要实行"发现问题、反馈问题、督促整改、报告情况、跟踪问效"闭环管理,有效解决发现问题不上报、整改不及时等问题。

第十三章 推动扶贫投入体系同乡村 振兴投入体系有效衔接[*]

充足稳定的投入是打赢脱贫攻坚战的基础和保障,也是实现乡村振兴的前提条件。实施大扶贫战略以来,黔东南州获得中央财政和贵州省财政支持、金融支持及社会帮扶迅速加大,为脱贫攻坚战取得节节胜利提供了有力保障。但黔东南州的发展差距仍相当大,化解当前面临的债务压力相当困难,实施乡村振兴战略面临的任务挑战相当艰巨。如何在脱贫攻坚和乡村振兴相关政策的支持下,建立合理的投入体制机制,促进经济社会可持续发展,是黔东南州迫切需要解决的实际问题。

第一节 脱贫攻坚投入力度持续加大

党的十八大以来,通过增加财政专项扶贫资金、整合涉农专项资金、撬动金融资源和动员社会资源,初步建立起脱贫攻坚投入体系和机制。黔东南州按照统一部署和要求,以财政扶贫为重点,建立健全了财政投入、金融支持、对口帮扶和社会帮扶等工作机制。

一、财政扶贫投入增长迅速,管理机制不断完善

近年来,黔东南州积极推进完善财政扶贫投入机制,把项目审批权限下放到县,由各贫困县以扶贫攻坚规划和重大扶贫项目为平台,围绕精准扶贫、精准脱贫,整合扶贫和相关涉农资金,简化资金拨付流程,保证了集

---

[*] 本报告作者为黔东南州人民政府郭彩云,州政府发展研究中心杨戴云、吴玉生。

中力量解决突出贫困问题。

(一)各级财政扶贫相关投入大幅增加

围绕黔东南州脱贫攻坚的重点任务,财政扶贫投入重点包括:

(1)财政专项扶贫资金。主要是由中央财政补助和省级财政一般公共预算安排用于精准扶贫、精准脱贫的资金,投向包括支持培育和壮大优势产业、改善农村基本生产生活条件、增强贫困人口自我发展能力、农业保险和扶贫贷款贴息、扶贫助学补助等。(2)农林水方面投入。主要是各级财政安排的农业、林业和水利方面的投入,包括农业生产发展资金、水利发展资金、林业改革发展资金、农村综合改革转移支付、高标准基本农田建设补助、产粮大县奖励资金、农业资源及生态保护补助、农村环境连片整治示范补助、农业保险保费补助、基建投资中用于"三农"建设资金、农村饮水安全巩固提升工程和中小河流治理工程以及坡耕地水土流失治理工程等资金。(3)教育扶贫方面投入。主要包括城乡义务教育补助、改善普通高中学校办学条件补助、现代职业教育质量提升计划补助、少数民族地区教育特殊补助、学生资助补助经费、农村义务教育薄弱学校改造补助、全面改薄暨城乡义务教育发展专项资金、高中阶段教育普及攻坚计划项目专项资金、学生营养改善计划地方试点奖补资金、教育精准扶贫专项资金、农村学前教育营养改善计划补助等,其中用于农村和扶贫方面的部分资金。(4)医疗扶贫方面投入。主要包括公共卫生服务补助、基本药物制度补助和医疗救助补助等,其中用于农村和扶贫方面的部分资金。(5)易地扶贫搬迁方面投入。主要是中央基建投资用于易地扶贫搬迁安置建设的资金。(6)农村危房改造方面投入。按照精准扶贫要求,农村危房改造补助资金主要是用于解决建档立卡贫困户、低保户、分散供养特困人员、贫困残疾人家庭四类重点对象的基本住房安全,以及农村集体公租房建设等其他符合政策规定的农村困难群众基本住房安全保障问题。(7)新型农村合作医疗方面投入。主要是按标准给参加新农合农民的财政补助。(8)城乡居民养老保险方面投入。主要是为城乡居民基本养老保险基础养老金待遇和扶贫代缴支出拨付的专项补助资金,其中用于农民的部分资金。(9)农村最低生活保障方面投入。主要是用于为农村低保对象发放低保金。

2014—2018 年,全州上述 9 个方面的投入累计 498.1 亿元(见表13-1),投入总规模逐年大幅增长,其中:2014 年投入 61.9 亿元;2015 年投入 99.6 亿元,比上年增长 61%;2016 年投入 110 亿元,比上年增长10%;2017 年投入 106.6 亿元,比上年下降 3%;2018 年投入 120 亿元,比上年增长 13%。总体上,资金投入平均每年增加 20% 以上。

表 13-1 2014—2018 年黔东南州财政扶贫相关投入情况(单位:亿元)

项目 \ 年份	2014	2015	2016	2017	2018
财政专项扶贫资金	6.5	9.8	12.5	16.5	13.8
农林水	15.7	38.4	41.0	30.3	43.1
教育扶贫	5.3	5.4	6.9	7.6	6.6
医疗扶贫	3.6	3.8	4.1	3.0	4.4
易地扶贫搬迁	—	1.6	3.1	7.9	13.0
农村危房改造	4.2	5.5	5.9	6.0	3.7
农村合作医疗	11.9	14.4	15.8	16.8	18.8
城乡养老保险	3.6	5.4	4.7	5.2	6.2
农低保	11.1	15.3	16.0	13.3	10.4
合计	61.9	99.6	110	106.6	120

资料来源:根据黔东南州财政局提供的数据整理。

对村级的投入明显加大,使减贫效果更直接,让贫困群众的获得感更明显,是近年来政府投入的一个鲜明特点。对黔东南州 160 个深度贫困村的调查表明,2016—2018 年,村均政府投入从 95.11 万元增加到186.05 万元(见表 13-2),两年增加了 1 倍。这三个年份合计村均获得政府投入 465.84 万元,其中基础设施建设资金 259.08 万元、产业发展资金 120.18 万元、各项补助 86.58 万元,分别占 55.6%、25.8%、18.6%,在改善生产生活条件、发展生产和促进增收、针对性解决具体困难方面都取得了很大的进展。从全州的情况来看,村内道路、饮水、人居环境条件、住房条件都实现了历史性改善,村庄面貌焕然一新。

表 13-2　2016—2018 年黔东南州 160 个村政府投入情况

（单位:万元;%）

年份	项目	总数	比例	平均
2016	资金总计	15218	100	95.11
	产业发展	5743	37.74	35.89
	各项补助	3629	23.85	22.68
	基础设施	5846	38.41	36.53
2017	资金总计	29852	100	188.70
	产业发展	6117	20.49	38.65
	各项补助	4827	16.17	30.37
	基础设施	18908	63.34	117.18
2018	资金总计	29465	100	186.05
	产业发展	7368	25.01	46.32
	各项补助	5398	18.32	34.38
	基础设施	16699	56.67	104.37

资料来源:课题组 160 个深度贫困村调查数据。

从来源看,上述扶贫投入中,中央财政补助累计 4124861 万元、占 77%;省级财政补助累计 1126547 万元、占 21%,州县财政投入累计 95739.3 万元、仅占 2%。其中:易地扶贫搬迁全部由中央财政安排,农林水、教育扶贫、农村危房改造、新农合(农村医保)、城乡养老保险(农村社保)、农低保等投入均以中央财政补助为主,省和州级财政投入作为补充。从年度看,中央财政补助逐年大幅度增加。中央财政补助年均增加 10 亿元以上,年均增长率为 21.5%,其中 2015 年增幅最大,比上年增加 37.6 亿元。省级财政补助每年维持在 20.7 亿元左右,逐年有所增加。

2014—2018 年,全州收到中央和省级财政专项扶贫资金 71.76 亿元,用于各类扶贫项目 3.4 万个(见表 13-3),主要是支持贫困地区的农业产业发展及农村道路交通、义务教育、医疗卫生、公共文化等基础设施建设。通过持续投入和建设,贫困人口快速精准脱贫,农村生产条件极大改观,农民生活质量显著提升。

表13-3　2014—2018年中央和省级财政专项扶贫资金投入情况

（单位：万元；个）

年份	资金总计	其中		支持项目数
		中央	省级	
2014	69410.23	60027.90	9382.33	3609
2015	84191.82	74997.82	9194.00	8747
2016	106953.30	93263.30	13690.00	9633
2017	146597.00	131697.00	14900.00	8457
2018	116130.40	100431.40	15699.00	2901
合计	717564.50	610790.20	106774.30	33949

资料来源：根据黔东南州扶贫办提供数据整理。

（二）探索财政涉农资金统筹整合初见成效

财政涉农资金整合本身并没有增加贫困地区资金，但通过调整资金的分配和使用方向，从而使投入更加精准和高效。2016年，国务院办公厅印发《关于支持贫困县开展统筹整合使用财政涉农资金试点的意见》，明确将中央和省市级相关财政涉农资金的配置权、使用权完全下放到试点贫困县，由贫困县根据当地脱贫攻坚规划安排相关涉农资金。贵州省黔东南州丹寨县是全国首个统筹整合财政专项资金改革试点县。按照贵州省政府制定的《贵州省丹寨县统筹整合财政专项资金开展脱贫攻坚改革试点实施方案》，丹寨县从2016年7月启动试点工作，试点为期一年。

2017年12月，国务院出台《关于探索建立涉农资金统筹整合长效机制的意见》，就加强涉农资金统筹整合作出整体部署。2018年3月，财政部、扶贫办下发《关于做好2018年贫困县涉农财政资金整合试点工作的通知》，就做好整合试点工作进行部署，将试点范围扩大到所有贫困县。按此要求，黔东南州除凯里市外，其余15个县都被纳入试点范围。

2016—2018年，全州纳入统筹整合的17项财政涉农资金共完成整合38.49亿元，优先用于支持带动贫困人口增收明显的蔬菜、茶、食用菌、中药材、蓝莓、三穗鸭、香猪、稻渔综合种养、油茶、花卉、烤烟、竹等12大特色农业产业项目，较大地增加了脱贫攻坚的可调配资源，提高了资金使用绩效。

（三）深入挖潜集中投入脱贫攻坚力度不断加大

为了保证脱贫攻坚需要,黔东南州和各县采取多种方式深挖潜力,努力增收节支。一是盘活财政存量资金。根据《财政部关于推进地方盘活财政存量资金有关事项的通知》文件精神,州县行政部门单位开展了清理结余结转资金工作,截至 2019 年 4 月,仅州级就收回结余资金 2.35 亿元,盘活资金 1.78 亿元。这些清理收回的财政存量资金,按照相关规定优先用于脱贫攻坚。二是压缩行政经费开支。2016—2018 年,全州压缩三公经费 6%,共计 2430.6 万元,用于支持教育精准扶贫(见表 13-4)。2018 年继续压缩一般性支出 5%,共计 949.5 万元,用于脱贫攻坚相关支出。

表 13-4　黔东南州近年来压缩行政经费开支情况 （单位:万元;%）

年份	压缩开支金额	压缩比例
2016	633.25	6
2017	658.00	6
2018	1139.35	6

资料来源:黔东南州财政局。

（四）城乡建设用地增减挂钩指标交易取得初步进展

针对易地搬迁和产业发展对土地供给的新需求,以及通过搬迁和土地整治等置换和增加新的可用土地的实际情况,黔东南州积极推进城乡建设用地增减挂钩指标交易。2015 年,全州 14 个国家扶贫开发工作重点县每县获新增建设用地指标 300 亩,专项用于扶贫开发。2016 年,这一指标增加到每县 600 亩,并允许贫困县将增减挂钩节余指标在省域范围内流转使用,交易价格也有所提高。据统计,2016 年以来,黔东南州共有 4 个深度贫困县增减挂钩流转收益 2.16 亿元,其中丹寨县非跨省域调剂、非易地扶贫搬迁增减挂钩项目交易收益 2880 万元,从江、榕江、剑河三县跨省域调剂增减挂钩项目分别收益 3250.73 万元、9578.84 万元、5912.34 万元,有力增强了脱贫攻坚资金保障。

二、金融保险助力脱贫攻坚力度明显加大,渠道和方式不断创新完善

按照党中央和贵州省有关金融支持脱贫攻坚政策,黔东南州制定了《金融精准扶贫助推脱贫攻坚实施方案》等措施,积极争取政策性、开发性、商业性和合作性金融、保险等多方支持,使更多金融资源投入扶贫和产业发展。从黔东南州脱贫攻坚实际情况看,金融扶贫投入的形式主要有以下几种:

(一)贷款

主要体现在涉农相关贷款。从各金融机构数据看,2014年以来,全州金融机构贷款、涉农贷款、农户贷款、农村企业及各类组织贷款余额大幅增长。[①] 一是增长规模大。至2018年年底,上述各项贷款余额分别为1269.86亿元、1040.96亿元、490.14亿元、501.56亿元,比2014年分别增长107%、121%、100%、148%。二是增长速度快。涉农贷款年平均增速保持在22%;农户贷款余额年平均增速保持在20%;农村企业及各类组织贷款余额年平均增速保持在24%;扶贫小额信贷年平均增速保持在26%。

(二)基金

主要包括扶贫产业子基金、绿色产业扶贫投资基金、极贫乡(镇)子基金。

1. 扶贫产业子基金

由贵州省财政厅委托贵州金融控股集团有限责任公司设立的贵州脱贫攻坚投资基金有限责任公司会同金融机构、贵州省贵鑫瑞和创业投资管理有限责任公司共同发起设立的有限合伙制基金。主要用于能够带动农民脱贫增收的产业,包括山地特色高效农业、林业产业、加工业、农业服务业、农产品流通业、农业信息化、旅游业、大健康产业、农村互联网产业以及促进农村一二三产业融合发展的产业等方面。2017年以来,黔东南

---

① 数据来源于黔东南州金融办。

州加快推进扶贫产业子基金项目承接,通过银行评审项目204个,审批基金97.96亿元;实际投放项目69个,投放基金23.49亿元,受资企业使用基金19.29亿元,对壮大"一县一业"、打造主导产业发挥了积极作用。

2. 绿色产业扶贫投资基金

2018年10月,上述扶贫产业子基金调整更名为绿色产业扶贫投资基金,由贵州脱贫攻坚投资基金有限责任公司与各市(州)政府指定的国有公司共同发起设立有限合伙制基金。主要用于能够带动农户增收、符合绿色产业标准的一二三产业。目前,全州储备新项目98个,拟申请绿色产业扶贫投资基金和绿色产业贷款金额140.88亿元,主要投向短中长相结合、产业链条长、带动农户增收快和可持续发展的茶叶、中药材、食用菌、生态养殖、凯里酸汤、油茶、农旅一体化等特色产业。

3. 极贫乡(镇)子基金

2016年贵州省为实现20个极贫乡(镇)如期脱贫而设立的基金。按照建档立卡贫困户人均10万元安排,总规模173亿元,由财政性资金出资10亿元,金融机构出资163亿元设立。主要投资于全省20个极贫乡(镇)区域内"十三五"期间政府资金不能覆盖或投资不足的交通、水利、农村环境整治、小城镇建设、公共服务、特色优势产业以及符合当地实际的精准扶贫致富门路等方面,对农业(扶贫)等龙头企业到极贫乡镇投资兴业、带动贫困户脱贫的,基金给予优先支持。极贫乡(镇)子基金主要投资能形成固定资产的项目,其中用于产业发展的资金不得低于30%。黔东南州有4个极贫乡(镇),即从江县加勉乡、黄平县谷陇镇、榕江县定威水族乡、雷山县大塘镇,2016年以来已获得基金支持14.7亿元。

(三)保险

根据黔东南州脱贫攻坚实际,保险扶贫主要包括以下几个方面。

1. 中央政策性农业保险

2018年,黔东南州开办的中央政策性农业保险主要有:森林(公益林)保险,共承保面积1386.01万亩,承保率为100%,提供风险保障129.53亿元;森林(商品林)保险承保面积853.77万亩,与2017年同期仅承保39.38万亩相比,增长2068%,提供风险保障10.67亿元;能繁母猪养殖保险承保 5. 38 万头,与 2017 年同期仅承保 2. 54 万头相比,增长 111. 81%,提供风险保障 5556. 32 万元;育肥猪养殖保险承保 18. 4 万头,同比增长 164. 7%,提供风险保障 1. 35 亿元;水稻、油菜、马铃薯、玉米等 8 个中央政策性农业保险险种,实现保费收入 1. 19 亿元(同比增长 33%),为 149. 97 万户次(同比增长 15%)提供 288. 32 亿元(同比增长 83%)的风险保障。

2. 地方特色农业保险

结合各县(市)农业优势产业和"一县一业"特点,实现家禽养殖保险县(市)全覆盖,因地制宜开办了苗木、茶叶、家畜(牛、羊)、家禽(肉蛋鸡、小香鸡、肉蛋鸭等)、水果(桃子、蓝莓、葡萄等)、蔬菜(白菜、茄子、生姜、辣椒、西红柿等)、中药材(白芨、天麻、灵芝、重楼等)、花卉、食用菌、杂交水稻制种等 20 多个种植养殖保险。截至 2018 年年底,实现保费收入 2173. 29 万元(同比增长 356%),为 1. 69 万户次(同比增长 475%)提供 4. 77 亿元(同比增长 417%)的风险保障。2018 年以来,农业保险为 153. 3 万户次农户提供 295. 4 亿元风险保障,14. 87 万户次被保险人获得 3765. 11 万元理赔款。

同时,根据本地地理气候特征,将气象、发改部门纳入州政策性农业保险联席会议成员单位,创新开办甘蔗、脐橙、小香鸡、食用菌、大球盖菇、生猪等多个价格指数保险。如 2018 年人保财险黔东南分公司在榕江县开办甘蔗价格指数保险,为 213 户甘蔗种植户的 637. 5 亩甘蔗提供价格风险保障,保费规模 25. 5 万元。因榕江甘蔗价格大幅下跌,人保财险黔东南分公司及时赔付 127. 5 万元,为种植户减轻了损失。

3. 健康保险

通过为特困人群购买补充医疗保险等,筑牢致贫返贫防线。主要有两大类:一类是医疗护理保险。黔东南州先于贵州省其他市(州)创新推出慢性病医疗扶助保险与长期护理保险。以剑河县为试点,确定将残联部门认定的二级以上残疾人且日常生活能力评定分值低于 40 分的建档立卡农村贫困人口慢性病患者作为长期护理保险的对象,参保 3500 人,已为因慢性病致贫的建档立卡贫困户 113 人赔付 8 万元。另一类是重大疾病及意外风险保险。剑河县针对"两保一孤"购买的此项保险,已理赔1195 人(次)974.8 万元。

4. 农业产业化保险

2017 年以来,黔东南州获得人保财险公司"支农支小"资金授信 15 亿元,重点支持州级农业产业化扶贫项目。"保险+支农融资"产业脱贫模式覆盖州内的剑河、岑巩、黄平、锦屏、三穗、丹寨、麻江、黎平县等 8 个县,累计融资 5484 万元,带动建档立卡贫困户 2090 户 8670 人次。

目前,在剑河县试点的"政府+融资+保险"的政融保扶贫模式,成为全国首个保险精准扶贫示范区;在台江县试点的"政府+银行+保险"的扶贫贷模式,已在全国 20 多个县市推广。

三、各类帮扶资源倾情投入,多方位汇聚脱贫攻坚合力

黔东南州作为全国贫困深度较大的少数民族贫困地区,得到了各方面的支持和帮助,汇聚起脱贫攻坚的强大动力。

(一)对口帮扶投入

2013 年以来,杭州市对口帮扶黔东南州财政资金投入累计 8.124 亿元,实施帮扶项目 678 个,覆盖全州 16 个县(市),使 5 万多户约 20 万贫困人口直接受益,仅 2018 年就带动 3 万余名贫困人口脱贫。

为用好杭州市对口帮扶资金,黔东南州按照"项目一个本子,资金一个盘子,统计一个口子"的原则,对东西部扶贫协作项目进行规范管理,将 90%以上的资金投向贫困村和贫困户,其中安排用于产业发展的资金占 80%以上,并量化到建档立卡贫困户,建立了利益联结机制。其余资金也都适当安排到与贫困群众直接相关的民生类项目和智力援助等项目之中。杭州市的对口帮扶,为黔东南州打赢脱贫攻坚战夯实了基础。

(二)定点帮扶投入

2016 年以来,共有 13 个中央国家机关和中央企业定点帮扶黔东南州 14 个县(见表 13-5)。这 13 个单位先后安排 43 名干部在黔东南州挂职或担任驻村第一书记,累计投入和协调各类资金共 58.5 亿元(不含信贷资金),探索形成了一大批富有成效的帮扶机制和模式,有力地助推了

黔东南州脱贫攻坚事业。2018 年以来,澳门特别行政区定点帮扶从江县。同时,贵州省 64 个省直单位也对口帮扶 16 个县市(见表 13-6),实现了帮扶县市全覆盖。

表 13-5 中直单位定点帮扶黔东南州各县名单

序号	县名	帮扶单位
1	台江县	中央组织部
2	丹寨县	审计署
3	剑河县	农业农村部
4	雷山县	国务院扶贫办
5	榕江县	中国国家铁路集团有限公司
6	黄平县	中国农业银行
7	锦屏县	中国农业发展银行
8	从江县	中国贸易促进会
9	施秉县	中投公司
10	黎平县	中国旅游集团公司
11	三穗县	华侨城集团公司
12	天柱县	华侨城集团公司
13	岑巩县	电子科技大学
14	麻江县	南京农业大学

资料来源:黔东南州扶贫办。

表 13-6 贵州省直单位定点帮扶黔东南州各县市名单

序号	县市名	帮扶单位	备注
1	台江县	省委组织部*贵州财经大学 贵州旅游投资控股(集团)有限公司贵州酒店集团有限公司	
2	丹寨县	省政府办公厅*省审计厅*贵州银行省公共资源交易中心 中铁五局(集团有限公司)	
3	剑河县	省科技厅*省农业农村厅财政部贵州专员办 贵州轻工职业技术学院 中国电信股份有限公司贵州分公司中国铁塔股份有限公司贵州分公司	深度贫困县
4	雷山县	省纪委监委机关*省国资委*省委巡视办省消防总队贵阳职业技术学院	

续表

序号	县市名	帮扶单位	备注
5	榕江县	省退役军人厅*省妇联*贵阳护理职业技术学院　瓮福(集团)有限公司民航　贵州安全监管局	深度贫困县
6	黄平县	省水利厅*省委台办*贵州省水利投资有限公司　贵州省通信管理局	
7	锦屏县	省市场监管局*省台联*黔东南民族职业技术学院　中国水利水电工程第九工程局有限公司　云上贵州大数据(集团)有限公司	深度贫困县
8	从江县	省交通运输厅*贵州省广播电视大学　中国农业银行贵州分行　中国证券监督管理委员会贵州监管局	深度贫困县
9	施秉县	省外事办*贵阳铝镁设计院中国水电顾问集团　贵阳勘测设计研究院	
10	黎平县	省政协办公厅*省大数据局*省红十字会*中国农业发展银行贵州省分行	
11	三穗县	省卫生健康厅*贵州医科大学附属医院	
12	天柱县	贵州广播电视台*贵州电子信息职业技术学院　贵州省邮政管理局　中国人寿保险股份有限公司贵州省分公司　贵州广电传媒集团有限公司	
13	岑巩县	省委党校(省委讲师团)*贵阳学院　贵州省黔晟国有资产经营有限公司	
14	麻江县	省直机关工委*省公安厅警卫局　七冶建设集团有限公司	
15	镇远县	省残联*省文史馆*贵州民族大学	
16	凯里市	省疾病预防控制中心*凯里学院	

注:带★的单位为队长单位。

资料来源:黔东南州扶贫办。

这些单位从政策支持、科技创新、旅游开发、产业发展、生态建设、资金筹集、干部培训、电子商务、文化教育、医疗卫生、基础设施等各方面给予大力帮助,使黔东南州发生了翻天覆地的变化。

(三)社会帮扶投入

广泛动员社会力量参与脱贫攻坚,是黔东南州脱贫攻坚的重要保障。社会帮扶涉及产业扶贫、教育扶贫、医疗扶贫、文化扶贫、消费扶贫等多个方面,点多、面广、渠道分散,很难全面归拢。这里选取比较突出的方面简要汇总。

1. 万达集团对丹寨县的"企业包县、整县脱贫"

2014 年年底,万达集团选择丹寨县作为帮扶对象,根据丹寨的特点设计了长、中、短期相结合的扶贫机制,通过万达职业技术学院、丹寨万达小镇、万达扶贫基金"三位一体"的途径,独创"网上认领一亩茶园,对口扶贫一户茶农"的精准扶贫方式,运用现代传播理念和手段,把丹寨万达小镇打造成网红小镇,把丹寨打造成全国明星县城,为丹寨创造了巨大的品牌价值和无形资产,在中国首创了"企业包县,整体脱贫"社会扶贫新模式,使丹寨的面貌焕然一新。4 年多来,万达集团累计捐资 21 亿元,同丹寨人民一起努力,创造税收 2.7 亿元,每年拉动丹寨 GDP 增长 1.2 个百分点。全县 5.65 万贫困人口实现脱贫,贫困发生率下降到 1.63%。2018 年,丹寨实现脱贫摘帽,比计划提前了两年。

2. 千企帮千村行动

全州 473 家企业(商协会)结对帮扶 651 个贫困村。截至 2018 年,投入各类产业发展资金 14 亿元,帮扶贫困人口 93539 人,安置 1.5 万扶贫对象就业,并为 2 万人提供了就业培训。同时,民建、农工、民盟、民进等民主党派组织动员州县各级会员企业投入 1.5 亿多元,帮助扶贫产业发展。医疗扶贫方面。初步统计,民建、农工、民盟、民进等民主党派州县各级组织捐赠和发起捐赠医疗设备、药品价值 80 余万元、救护车 43 辆、现场诊治和送出诊疗 15000 余人。贵州证监局和贵州证券业协会向上市公司发起倡议帮扶的"爱心扶贫"资助项目,共有 7 家公司实际完成捐赠村卫生室建设 4 个,累计到位资金 39 万元。浙江传化集团慈善基金会投入 1400 万元在雷山县援建 70 个"传化·安心卫生室"项目,帮助改善了深度贫困地区医疗卫生条件。教育扶贫方面。教育资助实现了全州农村贫困家庭学生全覆盖。据初步统计,2014 年实行精准扶贫以来,民建、农工、民盟、民进等民主党派州县各级组织捐赠和发起捐赠助学金、教学设备、学习用品等共计 500 余万元,组织中小学教师参加国内、国外培训 2000 余人。2016 年,黔东南州教育扶贫共争取到上级资金和筹集社会资金共计 1700 多万元,资助贫困学生 3452 人及特困教师近 427 人,并为部分中小学争取到价值达 500 万元的爱心图书、课桌椅、营养餐食堂设备等;2017 年,共争取到上级资金和筹集社会资金共计 770 多万元,资助学生 3219 人,为部分中小学争取到价值达 500 多万元的爱心图书、农村教学点食堂设备、教育教学设备等;2018 年,共争取到上级资金和筹集社会资金共计 2448.63 万元,惠及 10107 名师生(其中贫困学生 9666 人,特困教师 441 人),为部分中小学争取到价值 626.07 万元的爱心图书、过冬棉衣、体育用品、农村教学点食堂设备、教育教学设备等。

第二节　投入保障体制机制尚不完善

对黔东南州来讲,贫困地区摘帽退出后,持续稳定增收基础仍很薄弱,仍将处于经济欠发达、发展相对落后的状况。尤其投入保障机制还不完善,经济社会发展的可持续性面临很多制约因素,具体有以下几个方面。

一、债务负担重,还本付息对经济社会发展已经构成较大压力

与其他地方的许多情况相似,全州存量政府债务余额虽然没有超过贵州省下达债务限额,但由于存在多种形式的隐性债务,以及一些实际用于公共设施建设的"形式上"的企业债务,构成了巨大压力。有的债务权责不明确,有的是期限短、利率高的非标债务,还有的是因偿债而借短还长、借高还低形成的新债,统计口径和管理处置方式也不统一。特别是以国有平台公司的形式进行的融资,由于管理不够规范,更加需要密切关注。具体来讲,这类债务融资主要有三种情况。

第一种情况是将来可能纳入公共财政覆盖范围但目前没有财政支持且很少甚至不能产生现金流的项目。为了尽快撕掉"贫困"的标签,黔东南州在省里统一谋划和部署下,实施了大量的基础设施建设项目。这些项目实施以后,农民群众的获得感增强了、满意度提高了、发展条件改善了。为推进项目实施,政府往往以各种形式进行贷款或者发债。在基础设施建设债务中,有相当部分是不能或者极少通过税收、经营等方式产生

现金流,偿还压力不可避免地会转移到政府。

第二种情况是形成了能够以经营或者产权让渡方式产生资金流的债务项目。这类项目往往是解决"卡脖子"问题的重要项目,只要总体规模控制合理,对长远发展是有利的。但如果节奏控制不合理,短期内会产生巨大的冲击效应。

第三种情况是不能形成稳定现金流或运营失败的项目负债。有的县(市)出于追求当前的政绩,不考虑长期效应,举债实施各种项目,或对财政资金、帮扶资金等不需要偿还的"硬钱"与贷款、公司债、产业基金等需要偿还的"软钱",不进行严格的区分,把贷款、专项债、基金、银行的钱用于只出钱不进钱的项目建设,导致长期债务压力不断增加。

二、可用财力增长趋缓,公共财政支撑刚性支出需求困难

黔东南州经济总量较小,2018年地区生产总值才越过1000亿元关口,经济占贵州省总量的比重较低,从根本上决定了自身财源非常有限、主要依靠中央和省转移支付的基本财政格局。

(一)自有财力十分困难,土地财政缺乏可持续性

近两三年来,财政收入出现了不增反降、增长失速的局面。2016年,全州财政总收入完成148.87亿元,其中一般公共预算收入110.68亿元;2017年,全州财政总收入130.29亿元,下降12.9%,其中一般公共预算收入86.56亿元,下降19.9%;2018年,全州财政总收入115.48亿元,下降11.4%,其中一般公共预算收入66.38亿元,下降23.3%。从收入结构上,在自身组织的收入中,非税收入占比较高,且财政收入对土地和房地产依赖大。全州税收主要来源于政府平台公司、房地产、批发和零售、电力生产供应、金融业、木材等产业,真正工业实体经济产生的税收较少。2018年,全州纳税排前100位的重点税源企业中,46%是房地产和建筑企业,纳税额占比接近40%。但建筑企业、房地产企业税收受基础建设等影响起伏较大,且属于一次性税收,可持续性不强。

（二）资金整合使用仍面临政策限制，依靠转移支付灵活平衡的空间很小

在全州财政支出中，本级政府组织的财力仅占20%左右，其余财力来源依靠上级的转移支付补助，有的县上级补助占到了支出的90%。在2016—2018年这三年中，黔东南州教育扶贫、农林水、财政专项扶贫、易地扶贫搬迁、农村危房改造、新农合财政（农村医保）、城乡养老保险（农村社保）、农低保、医疗扶贫等九项脱贫攻坚投入都主要来自省级以上财政补助，占比分别为98.1%、98%、98.1%，而这三年州级财政支出分别仅占1.9%、2%、1.9%。此外，在上级补助中，专项占比接近一半，平衡地方财力、调动地方政府主动性的作用有限。

（三）保运转保民生支出的硬约束不断增强，财政收支平衡压力加大

2016年以来，在财政收入持续下降的情况下，刚性支出不断加大。2016年全州一般公共预算支出376.82亿元；2017年全州一般公共预算支出401.17亿元，增长6.3%；2018年，全州一般公共预算支出403.78亿元，增长0.6%。从近年财政收支状况估算，在全州可支配财力中，用于财政供养人员的工资和运转的"保工资、保运转"两项支出要花去一半左右，加上"保民生"配套支出压力也很大。特别需要重视的是，各县（市）的还债高峰已经来临，这样再加上负有偿还责任的债务利息支出，根本无法挤出更多的财力用于发展地方经济。此外，配套资金压力特别是民生项目配套资金缺口大，也是面临的重要难题。

（四）扶贫项目和资金管理使用的科学性、规范性不够，影响资金使用绩效和政策效果

在扶贫项目管理上，比较突出的问题是项目库建设滞后、规划编制不科学，钱没有花到群众的心坎里。项目储备普遍不足，很多时候是争取了政策，却无项目对接；有的是项目精准度有待提高，库中项目多年没有实施也没有更新。项目谋划普遍存在"撒胡椒面"现象，有的项目补助在省州是整合使用的，但到县里又成了普惠性分配，项目散、资金少，难以发挥效益；有的项目规划脱离实际"高大上"，容易形成"半拉子"工程。在扶贫资金使用上,主要是管理不严格,该花的钱没有及时花出去,造成资金拨付不及时、资金滞留、项目"趴窝",同时违规使用资金,虚列事项或支出、截留挪用和骗取套取扶贫资金,把钱花到不该花的地方的问题仍时有发生。

三、农村金融服务体系和支持政策不健全,制约金融扶贫作用发挥

虽然农村的金融机构不断增加,金融产品不断创新,金融供给有所增加,但贫困地区、贫困群众"贷款难"的问题依然较为突出。

(一)农村"项目融资难"与"无融资项目"问题并存

从黔东南州情况看,一方面,尽管农业贷款投放逐年增长,但农村的产业基础仍较薄弱,真正优质成熟的农业产业项目很少,特别是收益能覆盖贷款本息和有稳定现金流的实体项目严重缺乏,合作社和农户缺少抵押物,加上一些资金与项目错配,支撑融资工作后续乏力;另一方面,农村人员大量外出务工,进城务工人员收入汇回原地存入金融机构,又由于农业贷款有效需求不足,富余资金通过同业等渠道流向城市,这种资金"离乡入城"脱农现象较普遍。同时,从信贷价格看,除政策支持的特定贷款外,作为当地"支农支小"主力军的农信社贷款利率普遍高于农业银行、邮储银行等,对此农信机构反映的主要原因是"三高":定期存款占比高,相应增加融资成本;经营主要依赖线下网点办理,机构人员成本费用较高;农业贷款风险高,需要较高利率补偿。在这种情况下,加上对农村金融服务的相关支持政策缺乏,金融机构从风险防范和经营成本角度考虑,易形成资金约束。

(二)政策性贷款项目缺乏收益来源,进一步加重财政负担

利用金融手段参与扶贫,就是通过特殊的政策支持解决贫困地区发展的资金约束,为实现精准扶贫提供所需资金。在这其中由于大部分的贷款项目都属于政策性贷款项目,特别是解决贫困地区基础设施和公共服务落后困难的项目,如易地扶贫搬迁、"组组通"、农村人居环境整治、农村饮水安全等贷款项目,项目本身缺乏收益来源,就连县、市级配套资金都靠贷款筹措,后续还清欠账压力大。

（三）扶贫小额贷款管理还不到位，使用效益低偿还风险大

从总体上看，很多扶贫小额贷款使用不精准，未能有效助推产业发展，政府风险补偿措施没有完全到位，部分农户面临还款难，存在"户贷社用""户贷企用"现象，增加了政府财政负担的风险隐患。从贷款对象看，贷款对象一般为建档立卡贫困农户，普遍存在生产发展能力弱、抗风险能力弱、诚信意识不强等特点，且居住分散，贷款管理难度大，还款风险较高。不仅对农信社的金融资产质量带来巨大风险隐患，也会对建档立卡贫困户的个人征信、还贷成本、可持续发展等造成影响。

（四）部分特色农业缺乏保险支持，经营风险较大

黔东南州山区面积广，山区一些农业产业周期长，自然灾害风险大，但由于各县财政补贴资金不足，核灾理赔压力较大，投保标准仍然偏低，投保覆盖面有限。扶贫产业项目中的种植、养殖项目，易受市场和自然灾害等因素影响，如遇到干旱或瘟疫疾病的情况，应急处置能力弱，防风险能力差，还没有成为贫困群众长期稳定增收的渠道，外出务工收入仍是贫困家庭的主要收入来源。

（五）各项扶贫投入统筹管理机制未建立，合力作用不明显

目前，扶贫支出在中央层面涉及财政、农业、林业、民政、扶贫、教育、住建、人社、医疗卫生、残联等10多个主管部门，预算安排既有一般性转移支付，也有专项转移支付。定点帮扶、对口帮扶、东西部扶贫协作、民营企业帮扶、各类社会组织帮扶和个人爱心帮扶各显神通，资金使用都是各自说了算。近年来，金融资金大幅度增加，但很少与财政资金协同作用，财政资金的撬动作用很难得到有效发挥。

就财政扶贫投入而言，各部门只管按条条框框拨款，在省级以下拨付管理中，补贴项目按地区特点和受益人群身份不同逐级细化，或结合本地需要增设补贴项目。到了县级，项目散、碎、相互交叉等问题愈加突出，有的地方补贴细项超过几百个，个别补贴项目因需要受益人主动申报，加之政策宣传不到位，实际受益群众少，补贴效果不佳。同类补贴事项，来自多个主管部门设立不同的补贴项目，比如危房改造，就涉及住建部门管理的农村危房改造补助、扶贫部门管理的建档立卡贫困户危房改造补贴，残

联管理的残疾人危房改造补贴、民政部门管理的灾后住房维修重建补助等。教育资助、产业扶持、就业帮扶也存在类似的情况,其补贴程序、标准和发放方式都不尽相同。这种补助分配方式与精准扶贫、精准脱贫的需要是相适应的,但带来了重复享受甚至套取补贴、资金使用绩效不高的问题。由于相关体制和管理方式未理顺,涉农资金整合普遍推进不畅,有的地方心存顾虑,怕失去上级部门支持;有的地方规划项目缺乏,不知如何整合。

这种资金来源分散、分配上各自为政、使用上零打碎敲的先天缺陷,加上贫困地区政府统筹组织能力有限,导致各类扶贫政策落地对接的系统性不够,削弱了扶贫资源组织动员的规范化、配置的精准化、使用的专业化,不能发挥应有的综合效应。

第三节　实施乡村振兴战略迫切需要强化投入支撑

通过实施精准扶贫、精准脱贫方略,一系列扶贫政策在黔东南落地生根。但贫困人口脱贫、贫困县摘帽只是一个阶段性胜利,要实现稳定脱贫、有序推动乡村振兴、加快提高区域整体发展水平,还有相当长的路要走。资金极度短缺,是黔东南州长期面临的突出矛盾。在脱贫攻坚与实施乡村振兴战略衔接过程中,对资金的需求突出地体现在以下几个方面。

一、推动产业振兴,迫切需要财政和金融支持

产业振兴是乡村振兴的首要任务,也是从根子上解决脱贫致富的基本着力点。发展产业,要在更好发挥财政资金的引导支持下,充分调动银行、企业、社会各方的投入积极性。

这几年来,金融机构在支持扶贫产业发展方面取得了实实在在的成效。贵州省农信社聚集扶贫产业发展,推出"深扶贷""特惠贷""侗家乐""农商茶""青扶贷"等信贷产品,向贫困农户、涉农经济实体、新型农业经营主体倾斜。至2018年年底,剑河、榕江、从江等深度贫困县共获"深扶贷"贷款2.38亿元,贷款余额9304.59万元。2015年以来,全州农

信联社累计向 14.78 万户贫困户发放"特惠贷"88.47 亿元,"特惠贷"余额户数 11.41 万户,贷款余额 53.12 亿元。黔东南州 2018 年对 4 个县 12 个村 56 户"特惠贷"农户的专项调查表明,信贷资金用于生产经营的农户占 92%,并大多已产生效益。其中用于自主经营的 22 户中,已经产生效益的有 18 户,人均收益 1943 元;入股政府平台公司、农村产业合作社或民营企业的 32 户中,有 20 户得到入股分红,户均分红 3554 元,人均分红 911 元。获得"特惠贷"资金的贫困农户人均收入 5342 元,超过农村中低收入户的收入(人均 4897 元)。

总的来看,金融支持乡村产业发展、支持农户发展生产的强农惠农富农的效果是非常好的,风险也是可控的。但黔东南州乡村产业获得支持仍非常小。截至 2018 年年底,黔东南州涉农贷款余额为 1040.96 亿元,农村人口人均仅为 3.03 万元,比全国平均水平低 52.4%,其中农户贷款余额 490.14 亿元,农业户籍人口人均仅为 1.47 万元。扶贫小额贷款(特惠贷)余额 57.23 亿元,建档立卡贫困人口人均仅为 4267 元。2018 年,农村企业及各类组织贷款余额仅为 501.56 亿元,不能满足农业新型经营主体发展的需要。

目前,黔东南州农业经营主体、乡村企业等经济组织正处于发育的初期,自身积累能力弱。加强对乡村产业振兴的支持,是将黔东南生态优势转为经济优势,将绿水青山变成金山银山的关键所在。

二、农民基本生产生活条件还需持续改善,需要大量资金投入

通过脱贫攻坚,黔东南州农村基础设施极大改善。截至 2018 年,全州建成农村通村公路 15350 公里,实现 30 户以上自然寨"组组通";实现 3509 个建制村通油路,建制村通油路率达 100%,行政村通客运班车率达 100%;行政村通光纤宽带和 4G 网络全覆盖,统筹解决了 44.05 万农村群众的饮水安全巩固提升。

现在通往村里的基础设施建设已经取得了决定性的进展,农民群众出入大山比原来方便多了。但改善村庄内部的生产生活条件,才刚刚开始。

全州 2117 个行政村中,30 户以上集中连片自然村寨有 10648 个,散落崇山峻岭之中,农村基础设施建设成本高。据统计,全州近 40%左右行政村没有生活垃圾治理设施。在 217 个行政村问卷调查中,关于"村里急需解决的基础设施条件"问题,155 人选择"农田水利设施建设",占比 71.4%;149人选择"机耕道建设",占比 68.7%;51 人选择"塘坝建设",占比 23.5%;76人选择"村内道路建设",占比 35%;119 人选择"村级活动场所建设",占比54.8%。关于"改善人居环境目前急需解决"的问题,147 人选择"垃圾收集处理",占比 67.7%;27 人选择"饮水条件",占比 12.4%;57 人选择"安装路灯",占比 26.3%;75 人选择"组织大家把卫生搞好",占比 34.6%;104 人选择"处理好污水",占比 47.9%;97 人选择"组织各家各户改造厕所",占比44.7%;47 人选择"建设公共厕所",占比 21.6%;78 人选择"消除牛圈猪圈带来的臭味",占比 35.9%;36 人选择"步道建设",占比 16.6%。

三、农村公共服务水平还较低,需要进一步加大支持力度

一是基础教育比较薄弱。目前全州需要新建、改扩建义务教育阶段学校、公办幼儿园和普通高中学校 714 所,尚须州县配套 46.25 亿元。[①]在 217 个行政村问卷调查中,关于"村民在教育方面遇到的突出困难"问题,85 人认为"上幼儿园不方便",占比 39.2%;89 人认为"上小学初中不方便",占比 41%;98 人认为"上高中花钱多",占比 45.2%;110 人认为"上大学花钱多",占比 50.7%;45 人认为"幼儿园建设",占比 20.7%;16人认为"小学建设",占比 7.4%。

二是医疗卫生条件亟待改善。目前,全州需改扩建乡镇卫生院、村卫生室 677 个,易地扶贫搬迁安置点教育、卫生等配套设施建设资金缺口14.22 亿元。[②] 在对 217 个行政村的问卷调查中,关于"村民在医疗卫生方面的主要困难"问题,59 人选择"慢性病治疗",占比 27.2%;37 人选择"大病住院",占比 17.1%;121 人选择"村里医疗条件差",占比 55.7%。

---

① 据统计,目前全州需新建、改扩建公办幼儿园 339 所和普通高中学校 21 所,共需州、县投入 32 亿元。易地扶贫搬迁安置点教育、卫生等配套设施建设资金缺口 14.22 亿元。

② 据统计,目前全州需改扩建乡镇卫生院 99 所、村卫生室 578 个。

三是公共文化供给不足。在对 217 个行政村的问卷调查中,对"村内建有哪些公共文化设施"问题,选择"全都没有的"有 19 个村,占 8.75%;"建有 3 个以上公共文化设施的村"占 34%。对"村内公共文化建设的需求"问题,选择"很强烈"的占 71.1%、"比较强烈"的占 22.5%、"一般"的占 6.4%、"没有需求"的占 0%。对所在村组的"文化活动或文化设施是否得到满足"问题,选择"满足"的占 4.3%、"基本满足"的占 29.2%、"不能满足"的占 66.5%。

四是基本公共服务信息化水平较低。许多边远村、贫困村的水、电、路、讯等基础设施比较薄弱,加上这些边远村、贫困村缺少集体经济,内生动力弱,打通基础设施和公共服务"最后一公里"困难多,特别是省、州重点推进任务中的乡(镇)、村、组基础设施建设资金压力较大。农村基层就业、社会保障、医疗卫生、户籍管理等基本公共服务信息系统建设不完善,信息技术的利用不充分,基本公共服务系统平台的服务水平还比较低。

四、易地扶贫搬迁后续工作任务繁重,将对投入提出新的要求

易地扶贫搬迁专项贷款是贵州省为满足"十三五"时期易地扶贫搬迁的需要,在省级预算中统筹安排的。以易地扶贫搬迁融资平台按照统贷统还要求承接承贷所需资金,筹集标准为国家批复的建档立卡贫困搬迁人口人均 5.8 万元,其他搬迁人口人均 5 万元。资金主要用于易地扶贫搬迁住房建设及必要的附属设施,旧房拆除奖励、复垦费用,以及水、电、路、气、网等基本生产生活设施,配套建设教育、卫生、文化等公共服务设施。搬迁安置完成结算后的结余资金,可用于安置群众的后续扶持。从目前的实际情况来看,虽然易地扶贫搬迁"搬得出"的问题基本解决了,但"稳得住"还面临不少现实困难,"能致富"将是一个长期的发展过程。黔东南州的搬迁人口规模相当于一个县的人口,进一步加大各方面的资金投入,强化完善安置措施,是加强后续配套工作的必然要求。

第四节　建立适应乡村振兴的投入保障机制

脱贫攻坚与乡村振兴投入衔接机制,实质上是建立将"两不愁三保障"为指向的投入体系转变为有步骤推进乡村全面振兴的投入机制,实现贫困地区完成脱贫摘帽后的巩固提升和可持续发展。

一、深入总结经验、完善制度,建立健全与乡村振兴相适应的投入保障体系

在脱贫攻坚中,形成了政府投入为主体和主导,不断增加金融资金、社会资金的全社会广泛动员的投入保障体系,也积累了经验做法。因此,有必要进行深入系统的分类、分领域、分行业经验总结,把一些创新性做法和有益有效的探索上升为政策制度,结合乡村振兴规划和目标任务,不断优化和系统化,建立起优势互补、协同发力、效用最优的投入保障体系,为乡村振兴高质量推进提供坚实基础和保障。

完善投入保障机制,关键是明确权责,从源头上保证权责对等,从源头上规范权责关系。特别是贫困县积极推进的涉农资金整合所暴露出的很多制约因素,主要是由于部门权力关系未能及时调整和理顺造成的。整合是为了提高财政资金的使用绩效,从下而上的整合涉及利益调整小,可以当作应急的非常规措施。而建立整合的长效机制,还需要从上而下、从事权和支出责任划分的源头上进行系统梳理。

当前,要结合乡村振兴发展需要,建立健全涉农资金源头整合政策制度,加大对"三农"投入资金和项目的归并力度,及时调整完善脱离实际、政策效果不明显的补贴项目,逐步解决多头管理、交叉重复、使用分散以及"撒胡椒面"等问题,从而建立起与现代乡村建设相适应的涉农资金统筹管理和使用的长效机制。同时,还要围绕资金分配、使用、管理、监督和部门分工、操作程序、资金用途、监管措施、绩效评价等重点,加强财政涉农资金监管,避免下项目不下资金或者提前下项目迟延下资金等现象发生,防止财政专项扶贫资金被挪用、套取、骗取,从源头上堵塞漏洞,不断

提高资金使用的安全性、规范性和有效性。

二、健全地方政府债务风险防控机制,规范地方政府举债融资

不正常的举债行为之所以产生,与政绩考核体系不完善、事权与财权不对应、高度依赖中央的财政体制、政府诚信体系不健全等密切相关。为了化解债务压力,黔东南州积极争取中央和贵州省支持,采取债务展期、"借新还旧"、盘活资源等办法化解,但从根子上化减债务的机制尚未健全。当前,要加强地方政府性债务风险的监测和统计,建立健全台账管理,稳妥处置存量隐性债务。规范地方政府举债融资行为,严格遵守政府投资项目管理有关规定,不得借乡村振兴之名违法违规变相举债。对深层次的体制机制问题,要在国家层面抓紧研究深化改革的具体举措。

三、加大财力性转移支付力度和基本公共服务能力建设支持力度,进一步增强基层政府保障能力

欠发达地区大多生态环境保护任务较重,不搞大开发、做好大保护是很多地区发展的基本原则。在中央与地方财政事权和支出责任划分改革中,应充分考虑地区经济社会发展状况和资源禀赋,切实加大财力性转移支付力度,并建立健全国家级公益林和地方公益林中央财政补偿逐年增长机制,提高基层政府保障能力。同时,要注重当前地区间对口帮扶与建立常态化横向转移支付制度的衔接及其协调性,积极推动跨省区、跨流域横向生态保护补偿试点,完善水土流失重点预防区和治理区生态保护补偿机制,在江河源头区、集中式饮用水水源地、重要河流敏感河段、重要水生态修复治理区、蓄滞洪流区和重要饮用水源以及具有重要生态功能的湖泊,探索建立生态补偿试点。

各级财政要加大投入力度,聚焦主要矛盾补短板,大力支持农业农村污染治理和农村社会事业等领域建设发展。创新完善"三农"投入优先保障机制,充分发挥财政资金的引导作用,因地制宜推行一事一议、以奖

代补、先建后补、贷款贴息等,探索在农业农村领域有稳定收益的公益性项目推广 PPP 模式的实施路径和机制。中央和省级财政在安排农业、交通、水利等基础设施建设项目时,加强项目规划和计划的审核,足额补助资金,免除少数民族贫困地方资金配套。

四、建立以就业和增收为出发点的产业投入机制,建立健全促进农民增收致富的长效机制

贫困地区在 2020 年实现贫困退出后仍面临诸多困难,缩小与其他地区的发展差距、持续提高群众的收入水平将是一个长期过程。因此,在产业投入上要坚持因地制宜,以就业和增收为出发点,突出地方特色,大力发展特色产业。要依托地方特色产业发展,有效解决专业大户、龙头企业、家庭农场、专合组织的融资问题,支持农村产业发展,增加农村就地就近就业,增加就业收入,促进农民增收。

在稳定脱贫和防止返贫方面,要解决好贫困群众就业、教育、医疗、危房改造、易地扶贫搬迁后续发展等切身利益问题,增强"两不愁三保障"的精准性和可持续性,完善低收入户扶持政策。各级政府特别是基层政府要加强落实动态管理服务,建立巩固拓展脱贫成果长期投入机制。

五、健全农村金融服务体系,加大金融对乡村振兴的支持力度

聚焦脱贫攻坚和乡村振兴,进一步完善农村金融服务相关引导政策和统计口径,完善银行业金融机构内部考核评价机制,引导更多信贷资源投入"三农",培育农村地区产业基础,使得资金能够"进得来、留得住"。营造农村金融机构和其他商业银行错位竞争环境,强化农村中小金融机构支农主力军作用,发挥其在农村地区网点多、认可度高、黏性强的特点,扩大支农覆盖面,提升服务"三农"效果。创新金融服务,积极拓展"公司+农户+银行""公司+合作社+农户+银行""龙头企业+农户+银行"等金融支持模式。健全农业信贷担保体系,充分发挥国家融

资担保基金作用,加快推进农村信用体系建设,提高涉农贷款风险管控能力。

同时,要持续提高农业保险的保障水平,减少农户损失风险。尽力扩大政策性农业保险覆盖面,拓宽财政补贴险种,合理确定农业经营主体承担的保费水平。成立政策性农业保险公司分支公司,或者鼓励商业保险公司代理政策性农业保险业务,开发适合当地发展的特色保险产品,探索统保、连片承保等承保方式,切实加大政策性农业保险为农业发展提供有力的保险保障。

第十四章　加强农村土地用途管制[*]

农村土地是农民最基本的生产要素,是农民的基本财产权,也是整个经济社会发展的基本条件,是乡村振兴最重要的要素保障。把土地的要素功能激活起来,把农民的土地财产权保护好,把土地的使用管理好,是激发农业农村经济活力、提高农民收入和生活水平、保持农村社会和谐稳定必不可少的前提和基础。制定好政策,用好政策,处理好农民和土地的关系,是打赢打好脱贫攻坚战和实施乡村振兴战略中的关键问题。

自精准扶贫、精准脱贫方略实施以来,国家专项安排扶贫开发工作重点县年度新增建设用地计划指标,在易地扶贫搬迁中允许将城乡建设用地增减挂钩指标在省域范围内使用等方面制定了政策,有效解决了黔东南州扶贫开发工作重点县建设用地指标不足的问题。近年来,黔东南州建设规模迅速扩大,加强土地管理的重要性也随之体现了出来。

从现代化国家来看,规划管控、土地用途管制是现代治理体系的重要组成部分,加强科学管控是建立现代土地制度的前提和基础。加强土地用途管制,是治理体系和治理能力现代化的重要体现。要树立战略思维、系统思维、底线思维,把握好短期利益与长期利益的关系、不同类型土地之间的关系,严格落实土地用途管制制度,确保黔东南州农村土地制度改革健康有序推进,确保黔东南州经济高质量发展。

---

[*] 本报告作者为黔东南州人民政府罗丹,州自然资源局盘祖湘、杨德,州政府发展研究中心吴玉生。

第一节 土地用途管制制度的建立与发展

土地用途管制,国外亦称"土地使用分区管制"(日本、美国、加拿大等)、"土地规划许可制"(英国)、"建设开发许可制"(法国、韩国等)。土地用途管制的内容包括:土地按用途进行合理分类、土地利用总体规划规定土地用途、土地登记注明土地用途、土地用途变更实行审批、对不按土地用途规定的用土行为进行处罚等。通过规范土地利用和开发活动的区位和类型,限制土地使用的规模、强度及控制人口密度,有效有序控制土地开发利用速度,有效解决土地资源的错配或外部经济的问题,使整个土地利用以及经济发展得到有效控制,使公共设施的服务水准得到有效保障,促进区域经济、社会和环境的协调可持续发展。

改革开放后,我国的土地管理逐渐由"多头分散"的管理模式向"统一的分级限额审批"的管理模式转型。1986年6月,我国颁布首部《中华人民共和国土地管理法》(以下简称《土地管理法》),标志着我国土地管理工作开始纳入依法管理的轨道。1998年8月,我国第一次修订的《土地管理法》明确规定"国家实行土地用途管制制度",以法律形式将"土地用途管制"确定为我国土地管理的根本制度。2004年8月,我国第二次修订的《土地管理法》进一步强化了土地用途管制制度。党的十八届三中全会再次重申土地用途管制制度和提出要建立空间规划体系的要求。改革开放40多年来,通过贯彻落实国家法律法规,黔东南州的土地管理经历了从"单一保护"向"多重目标"、从"各自为政"向"全域统筹"、从"科学规划"向"保障实施"、从"计划控制"向"规划引导"逐步演变的过程。

一、土地分类

按照黔东南州土地的自然属性及土地利用状况,将土地分为农用地、建设用地和未利用地。农用地分为耕地、林地、牧草地和农田水利用地、养殖水面等。建设用地分为城乡居民住宅用地、公共设施用地、工矿用地、交通水利设施用地、旅游用地、军事设施用地等。在编制《黔东南苗族侗族自治州土地利用总体规划(2006—2020年)》时,黔东南州将土地利用进行功能分区管理,以用地布局为基础,分为基本农田集中区、一般农业发展区、独立工矿区、生态环境安全控制区、自然与文化遗产保护区、林业牧业发展区等。县、乡两级土地利用总体规划要划分土地利用区,明确土地用途。乡级土地利用总体规划要根据土地使用条件,确定每一块土地的用途,为土地利用、农用地转用审批提供依据。坚持"农地、农有、农用"的原则,限制农地非农化,鼓励维持农用。建设用地的用途管制严格按照建成区和规划区的不同有不同的管制规则。

二、编制了多轮土地利用总体规划

1999年以来,根据《土地管理法》的要求,黔东南州、县、乡三级人民政府先后编制了两轮土地利用总体规划,对土地的合理利用和耕地的保护作出了长远的规划和制度安排。

1999年3月,黔东南州人民政府编制了《黔东南州土地利用总体规划(1997—2010年)》(以下简称《土地利用总体规划》),在初步摸清了黔东南州土地资源利用情况的前提下,制定了土地利用规划目标与方针,规定了土地利用结构调整和布局。为了确保耕地占补平衡,实行土地治理复垦和开发,对规划指标进行了分解,并从法律、行政和经济等方面提出了执行措施。

2011年1月,黔东南州人民政府编制了《黔东南苗族侗族自治州土地利用总体规划(2006—2020年)》,在上一轮《土地利用总体规划》的基础上,进一步明确了黔东南州土地利用战略和规划目标,要求更加合理调整土地利用结构,对土地利用区域进行调控,建设用地空间管制,中心城区土地利用控制,明确土地利用重大工程,严格了土地利用管理和规划的保障措施。2013年3月,黔东南州人民政府对《黔东南苗族侗族自治州土地利用总体规划(2006—2020年)》进行局部调整。通过这次调整,各类用地变化情况较大。一是耕地面积得到较大增加。2014年黔东南州的耕地面积为 426898 公顷,比 2005 年增加了 11.47%。耕地面积占土地总面积的比重为 14.1%,比原来提高了 1.45 个百分点。二是牧草地大为减少。2014 年黔东南州的牧草地面积为 23672 公顷,比 2005 年减少了 91.64%。牧草地占土地总面积的比重,由 2005 年的 9.35% 下降到 0.78%。由于牧草地面积的减少,也使得农用地面积大幅度减少。2014 年黔东南州的农用地面积为 2715409.15 公顷(见表 14-1),比 2005 年减少 6.06%。农用地面积占土地总面积的比重,由 2005 年的 95.46% 下降至 89.67%。三是城镇建设用地面积大幅增加。2014 年黔东南州城乡建设用地面积为 55657.47 公顷,比 2005 年增加了 18.31%。这类用地占土地总面积的比重为 1.83%,比 2005 年提高了 0.28 个百分点。虽然由于城镇化发展步伐加快,农村居民点用地略有减少,但变化很小,因此,城乡建设用地的增加基本上是由城镇建设用地面积增加引起的。四是交通水利用地较大幅度增加。2014 年黔东南州交通水利用地面积为 17880 公顷,比 2005 年增加了 65.02%。交通水利用地占土地总面积的比重为 0.59%,比原来提高了 0.23 个百分点。

表 14-1　黔东南苗族侗族自治州 2014 年土地利用结构调整表

(单位:公顷;%)

项目		现状 2014 年		规划调整后 2020 年		规划调整后 2014—2020 年
		面积	比例	面积	比例	面积
农用地	农用地合计	2715409.15	89.67	2723214.37	89.93	7805.22
	耕地	426989.81	14.10	374000.00	12.35	-52898.81
	园地	27722.78	0.92	32200.00	1.06	4477.22
	林地	2045076.68	67.53	2111556.37	69.73	66479.69
	牧草地	23672.86	0.78	24000.00	0.79	327.14
	其他农用地	192038.02	6.34	181458.00	6.00	-10580.02

续表

项目		现状 2014 年		规划调整后 2020 年		规划调整后 2014—2020 年
		面积	比例	面积	比例	面积
建设用地	建设用地合计	74916.20	2.47	84200.00	2.78	9283.80
	城乡建设用地	55657.47	1.83	60100.00	1.98	4442.53
	城镇工矿用地	17939.72	0.59	22600.00	0.75	4660.28
	农村居民点用地	37717.75	1.24	37500.00	1.23	-217.75
	交通水利及其他建设用地	19258.73	0.64	24100.00	0.80	4841.27
其他土地	其他土地合计	237908.76	7.86	220819.74	7.29	-17089.02
	水域	37925.62	1.25	39000.00	1.29	1074.38
	自然保留地	199983.15	6.61	181819.74	6.00	-18163.41
	总面积	3028234.11	100.00	3028234.11	100.00	0.00

资料来源:黔东南州国土资源局。

三、严格执行土地利用总体规划

黔东南州在编制《黔东南苗族侗族自治州土地利用总体规划（2006—2020 年)》时,依据上一级规划编制,建设用地总量不得超过上一级规划的控制指标,耕地保有量不得低于上一级规划的控制指标,城市总体规划、村庄和集镇规划建设用地规模不得突破土地利用总体规划确定的城市和村庄、集镇建设用地规模,规定城镇建设用地增加与农村建设用地减少相挂钩,凡涉及改变土地利用方向、规模、重大布局等原则性修改,必须报原批准机关批准。经依法授权,州级人民政府审批乡(镇)土地利用总体规划的,必须事先将建设用地规模、新增建设占用耕地指标、基本农田保护指标、土地用途分区图等规定内容,报省级人民政府核定,批准后由国土资源主管部门备案。乡级土地利用总体规划的修改或调整,涉及改变规划规定内容的,必须报经省级人民政府批准。

经过多次的修改完善,《黔东南苗族侗族自治州土地利用总体规划

（2006—2020年）》已趋于成熟和稳定,但各类用地还会有比较明显的变化。按照规划,到2020年黔东南州的耕地面积为374000公顷,比2014年减少52989.81公顷,减幅为12.31%。由于黔东南州仍然处于快速城镇化发展阶段,城乡建设用地将大幅度增加。2020年黔东南州的城乡建设用地面积为60100公顷,比2014年增加4442.53公顷,增幅为7.98%。2020年黔东南州的交通水利及其他建设用地面积为24100公顷,比2014年增加4841.27公顷,增幅达25.14%。自然保留地的面积大量减少,2020年黔东南州将为181819.74公顷,比2014年减少18163.41公顷,增幅-9.08%。

四、严格按照土地用途管制制度审批建设用地

州、县两级政府严格按照土地利用总体规划确定的土地用途管制制度审批各类建设用地,对于不符合土地利用总体规划确定的土地用途管制制度的,不得批准为建设项目用地。对国家批准的能源、交通、水利、矿山、军事设施等重点建设项目用地和城、镇、村的建设用地实行分类下达,并按照定额指标、利用效益等分别进行考核。

严格控制农用地转为建设用地。不论是否需要征收土地,凡是进行建设占用农用地的,都应当首先办理农用地转用审批手续。属于贵州省人民政府批准的道路、管线工程和大型基础设施建设项目,国务院批准的建设项目占用土地,涉及农用地转为建设用地的,黔东南州、县两级人民政府都按照程序,逐级上报贵州省人民政府或国务院审批。在土地利用总体规划确定的城市和村庄、集镇建设用地规模范围内,为实施该规划而将农用地转为建设用地的,按照土地利用年度计划分批次由原批准土地利用总体规划的机关批准。在已批准的农用地转用范围内,具体建设项目用地可以由黔东南州、县两级人民政府批准。上述规定以外的其他建设项目占用土地,涉及农用地转为建设用地的,逐级上报贵州省人民政府批准。

五、对违反规划用地的行为进行处罚

黔东南州、县两级人民政府严格按照《土地管理法》《土地管理法实

施条例》《基本农田保护条例》和《中国共产党纪律处分条例》《违反土地管理规定行为处分办法》等的规定,对违反土地利用总体规划的行为给予严厉处罚,以法律的强制力保证黔东南州土地利用总体规划的实施。

近年来,黔东南州、县两级人民政府对违法违规用地的查处力度明显加大。2018年,黔东南州发现土地违法行为共计263起,涉及土地总面积2928.80亩(耕地总面积1481.51亩)。其中历年隐漏122起,涉及土地总面积2879.31亩(耕地总面积1444.78亩);本年度发生141起,涉及土地总面积49.49亩(耕地总面积36.73亩)。2018年度结案127起,涉及土地总面积3088.46亩(耕地总面积1487.50亩)。通过土地违法案件查处,拆除构建物82200平方米,没收构建物2722.2平方米,收回土地面积505.35公顷(其中耕地面积38.5500公顷),收缴罚没款共计411.23万元。

第二节　土地用途管制不断加强

由于认真贯彻执行土地管理的法律法规和政策,严格按照土地用途管制制度使用土地,不仅满足了黔东南州各类建设对土地的需要,而且还确保了黔东南州的耕地和基本农田面积不减少,质量有所提升。

一、耕地得到有效保护

坚持最严格的耕地保护制度和基本农田保护制度,严格控制新增建设用地占用耕地总量,严禁新增建设用地占用基本农田。以黔东南州2014年统计1000亩以上耕地大坝情况为例:

根据统计数据,黔东南州有1000亩以上集中连片大坝50个,5000亩以上集中连片大坝12个,10000亩以上集中连片大坝7个。到2014年,黔东南州多数规划指标执行情况较好,全州耕地面积为426898公顷,较现行规划目标多50398公顷,但黔东南州大于25度陡坡耕地面积较大,占耕地总面积的17.33%。基本农田保护面积为310010公顷,较现行规划目标少12589公顷。

黔东南州耕地保有量较好地完成了规划目标任务。截至 2014 年年底,黔东南州各类建设用地总面积为 74916 公顷,规划剩余空间 7183 公顷,未突破规划目标。城乡建设用地面积为 55657 公顷,规划剩余空间 2341 公顷,未突破规划目标。城镇工矿用地面积为 17939 公顷,人均城镇工矿用地面积为 103.17 平方米,已经突破规划目标。交通水利及其他用地面积为 19258 公顷,规划剩余空间 4841 公顷,未突破规划指标。亿元 GDP 耗地量 106.76 公顷/亿元,提前完成了规划目标。

二、生态用地得到较好保护

在黔东南州本轮《土地利用总体规划》实施期间,黔东南州大力实施"绿色黔东南建设"发展战略,积极推进天然林保护、珠江防护林等生态工程建设,注重区域土地生态保护与建设,黔东南州具有生态功能的耕地、园地、林地、水域等特点的土地占黔东南州土地总面积的 84.58%,黔东南州内饮用水资源地、自然与人文风景名胜区、森林公园等具有重要生态服务功能区域保护较好,土地生态系统服务功能总价值很高,黔东南州内土地资源生态环境质量总体状态较好。截至 2014 年年底,黔东南州林地总面积为 2045076 公顷,较现行规划目标多 18576 公顷,提前完成了规划目标。森林覆盖率为 65%,活力木蓄积量为 1.2 亿立方米,生态功能进一步凸显。

三、城乡建设用地集约节约化水平稳步提高

按照"集约高效、持续发展"的要求,满足各类建设用地的需要。在规划期间,严格执行省级规划下达的控制指标,强化节约集约用地考核与监督,确保在规划期内,黔东南州亿元 GDP 耗地量控制在 240 公顷/亿元以内。在规划期间,严格审核基础设施建设、各类城镇和工业用地项目的投资强度、容积率、绿地率等技术经济指标,科学、合理确定供地面积,按照行业平均水平,确定建设用地规模。通过实施"集约高效、持续发展"战略,力求使黔东南州人均城镇工矿用地到 2020 年保持在 148 平方米以内,城乡建设用地集约节约化水平稳步提高。

四、建设用地规模得到有效控制

预计到 2020 年,黔东南州建设用地总规模为 84200 公顷(2018 年年末,黔东南州建设用地总规模为 80486 公顷),建设用地总规模占黔东南州土地总面积的 2.66%,远低于全省平均水平(贵州省为 4.22%),为规划控制指标的 95.59%,规划剩余空间 3713 公顷,未突破规划目标。城乡建设用地规模为 60100 公顷(2018 年年末为 60370.86 公顷,为规划控制指标的 100.45%,超规划指标 270.86 公顷),其中城镇工矿用地规模为 22600 公顷(2018 年年末为 21491.57 公顷,为规划控制指标的 95.1%,未突破规划目标)。交通水利及其他用地规模为 24100 公顷(2018 年年末为 20115.32 公顷,为规划剩余空间的 83.47%),规划剩余空间 3984.68 公顷,未突破规划目标。

第三节 土地用途管制面临的现实困境

进入 21 世纪以后,国家先后实施两轮西部大开发战略,尤其是 2010 年以来,随着贵州省"工业强省"和"城镇化带动"两大战略的加速推进,黔东南州在执行土地用途管制方面也面临着一些突出的问题。

一、规划编制的预见性和科学性及权威性仍不够强,权威性和约束力不足

土地利用总体规划一经批准,就具有法律效力,各单位、各部门和用地者都必须严格按照规划使用土地。确保规划的预见性、科学性和权威性,是确保规划法律效力的前提和基础。但从实际情况来看,"规划规划,纸上画画,墙上挂挂"的现象仍然存在。一是编制本轮土地利用总体规划时基础条件比较薄弱。规划编制队伍业务素质不高、规划编制手段落后,制约了规划编制水平。在一些地方,由于领导重视不够,把土地利用总体规划作为普通的日常工作来安排。二是土地利用家底调查不清。规划编制采取自上而下的方式,在省里将盘子定下以后,再将各类用地数据分解。地

方规划编制工作承包给规划院或一些大专院校等机构来完成,承包单位工作人员往往不深入基层调查研究,不了解详细情况。例如原来为了增加粮食供给,大量坡度在 20 度以上的坡耕地也被列为基本农田。而在粮食供应有了较好保障、城镇化发展加快、生态建设的重要性凸显等背景下,对各类用地规划没有作出科学调整。在黔东南州 2014 年耕地总面积中,坡度大于 25 度的陡坡耕地总面积为 73995 公顷,占黔东南州耕地总面积的17.33%。此外,黔东南州的农用地所占比重过大,高于贵州省平均水平8.69 个百分点。建设用地、未利用地所占比重较小,分别低于贵州省平均水平的 1.03 个、7.66 个百分点。三是权威性不够。尽管法律法规规定的土地利用总体规划编制、修改和完善的程序很严格,但在实际执行过程中随意性较大,加之监督不力,土地利用总体规划的刚性不够。以重点建设项目需要等为由,各地提出修改规划的诉求比较普遍,加上主观意志,导致土地利用总体规划频繁修改,失去控制力,容易失去权威性和严肃性。

二、耕地占补平衡压力加大,抛荒现象加重

新中国成立后,工业和城镇建设用地迅速增加。1950 年,黔东南州各县市县城占地面积 24.27 平方公里,到 2010 年达到 189.55 平方公里,扩大了 6.8 倍(见表 14-2)。工业和城镇建设的推进,不可避免要将大量耕地转为建设用地。但如何尽可能不占或少占耕地,是工业和城镇建设占地需要考虑的问题。国土资源部门虽然每年都采取不同的方式开展"人多地少"的基本国情和土地管理法律法规和政策的宣传教育,但是一些地方的干部和群众缺乏忧患意识,存在着粗放利用土地,不依法管理和使用土地的现象。经过两轮西部大开发战略,尤其是 2010 年贵州省强力推进"工业强省""城镇化带动"两大战略,致使县城周边的耕地几乎都被用作城镇建设和工业园区建设。

在贵州省强力推进"工业强省""城镇化带动"两大战略下,榕江县城往车江万亩大坝方向扩容,加上贵(贵阳)广(广州)高铁在车江万亩大坝上建设高铁站,到 2016 年,榕江县车江大坝面积已由原来的 18257 亩锐减到不足 10000 亩了。此外,在榕江县车江大坝、黄平县旧州大坝,也不

同程度存在着改变土地用途的问题,比如在大坝上种植中药材、经果林、挖塘养鱼、烧砖瓦和建猪场等。

表 14-2 1950 年和 2010 年黔东南州县城占地情况

（单位:平方公里）

县市	1950 年	2010 年	扩大倍数
凯里	1.00	95.44	94.4
麻江	0.50	3.00	5.0
丹寨	0.46	3.70	7.0
黄平	0.40	4.64	10.6
施秉	0.10	3.50	34.0
镇远	0.60	3.20	4.3
岑巩	0.48	5.47	10.4
三穗	1.37	7.40	4.4
天柱	0.50	3.37	5.7
锦屏	1.67	15.80	8.5
黎平	4.60	18.00	2.9
从江	1.64	4.93	2.0
榕江	9.00	12.80	0.4
雷山	1.24	3.10	1.5
台江	0.21	3.10	13.8
剑河	0.50	2.10	3.2
合计	24.27	189.55	6.8

资料来源:黔东南州国土资源局。

黔东南州耕地闲置率呈逐年增加的趋势。由于农村大量青壮年劳动力外出务工,部分耕地弃耕撂荒,尤其在一些边远山区,土地撂荒现象较为普遍。同时,在一些交通比较发达、经济发展比较快的乡镇,一些耕地征而不用,造成闲置和浪费。

三、土地利用总体粗放,土地闲置现象不容忽视

黔东南州有工业园区 16 个,其中省级经济开发区 10 个。据黔东南

州自然资源局统计,各县市园区工业用地容积率只有 0.46,未达到控制指标(1 以上)的最低值。建设用地呈现低密度、分散化态势,土地利用效率普遍不高。由于用地粗放,致使黔东南州本轮《土地利用总体规划》不少的约束性指标,尤其是城镇工矿用地指标被突破。到 2013 年,黔东南州城乡建设用地规模超规划指标 270.86 公顷,其中凯里、黄平、岑巩、剑河、黎平、雷山、麻江和丹寨 8 个县市城乡建设用地规模均已超规划指标。城镇工矿用地指标剩余 1108.43 公顷,已接近规模控制天花板,州内已无剩余空间指标进行统筹调剂。而另一方面,全州闲置土地和批而未供土地面积有超 2000 公顷,清理、处置大量闲置土地和批而未供土地,成为州县自然资源部门十分头疼的棘手问题。

四、农村宅基地管理失范,清理整治刻不容缓

近年来,随着农民收入增加,村民要求改善居住环境,申请新建房越来越多。根据调查了解,不少农户有 2 处或多处宅基地或房屋,一些宅基地面积超标。在多数县城周边,宅基地非法交易行为有增无减。多数农民见缝插针新建房,哪里地势好、"风水好",就在哪里建。比如三穗县台烈、八弓、长吉、瓦寨、桐林和款场等乡镇沿三穗至天柱公路两旁,农民把房子建在国道、省道公路沿线两旁,有的甚至建在田坝中间,而村内旧房老院又闲置着,不仅严重影响了村容寨貌,还占用了大量的耕地。

第四节　全面深入实施土地用途管制

当前,黔东南州经济正由过去的高速增长转为高质量发展,只有切实解决违反土地管理相关法律法规,尤其是土地用途管制方面存在的突出问题,才能不断规范建设用地行为,为经济社会高质量发展提供保障。

一、全面建立国土空间规划体系,切实加强村庄规划工作

(一)全面启动编制州、县、乡三级国土空间规划工作

按照《中共中央　国务院关于建立国土空间规划体系并监督实施的

若干意见》（以下简称《若干意见》）和《自然资源部关于全面开展国土空间规划工作的通知》的要求，全面启动编制黔东南州、县、乡三级国土空间规划编制工作，逐步实现黔东南州、县、乡三级"多规合一"。《若干意见》明确了国土空间规划的基本目标：到 2020 年，基本建立国土空间规划体系，逐步建立"多规合一"的规划编制审批体系、实施监督体系、法规政策体系和技术标准体系；基本完成市（州、盟）、县（市、区、旗）以上各级国土空间总体规划编制，初步形成全国国土空间开发保护"一张图"。《若干意见》明确了国土空间规划的框架体系：国土空间规划是对一定区域国土空间开发保护在空间和时间上作出的安排，包括总体规划、详细规划和相关专项规划。要切实按照"自上而下、上下联动、压茬推进"的原则，按照自然资源部即将印发的国土空间规划编制规程、相关技术标准，明确规划编制的工作要求、主要内容和完成时限，尽快形成州、县、乡三级国土空间规划成果。

在编制黔东南州、县、乡三级国土空间规划时，重点要做好以下工作：一是做好过渡期内现有国土空间规划的衔接协同。要按照国土空间规划"一张图"要求，作一致性处理。一致性处理不得突破土地利用总体规划确定的 2020 年建设用地和耕地保有量等约束性指标，不得突破生态保护红线和永久基本农田保护红线，不得突破土地利用总体规划和城市（镇）总体规划确定的禁止建设区和强制性内容，不得与新的国土空间规划管理要求矛盾冲突。二是做好空间规划编制基础工作。统一采用第三次全国国土调查数据作为规划现状底数和底图基础，统一采用 2000 国家大地坐标系和 1985 国家高程基准作为空间定位基础，按此要求尽快形成现状底数和底图基础。三是开展双评价工作。尽快完成资源环境承载能力和国土空间开发适宜性评价工作，在此基础上，确定黔东南州、县、乡三级生态、农业、城镇等不同开发保护利用方式的适宜程度。四是开展重大问题研究。在对国土空间开发保护现状评估和未来风险评估的基础上，专题分析对本地区未来可持续发展具有重大影响的问题，积极开展国土空间规划前期研究。五是科学评估三条控制线。结合主体功能区划分，科学评估既有生态保护红线、永久基本农田、城镇开发边界等重要控制线划定情况,进行必要调整完善,并纳入规划成果。六是加强与正在编制的国民经济和社会发展第十四个五年规划的衔接。落实经济、社会、产业等发展目标和指标,为国家发展规划落地实施提供空间保障,促进经济社会发展格局、城镇空间布局、产业结构调整与资源环境承载能力相适应。七是同步构建国土空间规划"一张图"实施监督信息系统。基于国土空间基础信息平台,整合各类空间关联数据,着手建设国土空间规划"一张图"实施监督信息系统,形成覆盖全国、动态更新、权威统一的国土空间规划"一张图"。

(二)切实加强村庄规划工作

村庄规划是法定规划,是国土空间规划体系中乡村地区的详细规划,是开展国土空间开发保护活动、实施国土空间用途管制、核发乡村建设项目规划许可、进行各项建设等的法定依据。按照《贵州省人民政府关于做好村庄规划加强农民建房和宅基地管理促进新农村建设的意见》《自然资源部关于全面开展国土空间规划工作的通知》的要求,整合村土地利用规划、村庄建设规划等乡村规划,实现土地利用规划、城乡规划等有机融合,编制"多规合一"的实用性村庄规划。村庄规划范围为村域全部国土空间,可以一个或几个行政村为单元编制。坚持先规划后建设,坚持农民主体地位,坚持节约优先、保护优先,坚持因地制宜、突出地域特色,防止乡村建设"千村一面",防止一哄而上,片面追求村庄规划快速全覆盖。

在开展黔东南州村庄规划时,要切实做好七个方面的统筹工作。一是统筹村庄发展目标。落实上位规划要求,充分考虑人口资源环境条件和经济社会发展、人居环境整治等要求,研究制定村庄发展、国土空间开发保护、人居环境整治目标,明确各项约束性指标。二是统筹生态保护修复。落实生态保护红线划定成果,明确森林、河湖、草原等生态空间,尽可能保留乡村原有地貌、自然形态,系统保护好乡村自然风光和田园景观。加强生态环境系统修复和整治,慎砍树、禁挖山、不填湖,优化乡村水系、林网、绿道等生态空间格局。三是统筹耕地和永久基本农田保护。落实永久基本农田和永久基本农田储备区划定成果,落实补充耕地任务,守好耕地红线。统筹安排农、林、牧、副、渔等农业发展空间,推动循环农业、生态农业发展。完善农田水利配套设施布局,保障设施农业和农业产业园发展合理空间,促进农业转型升级。四是统筹历史文化传承与保护。深入挖掘乡村历史文化资源,划定乡村历史文化保护线,提出历史文化景观整体保护措施,保护好历史遗存的真实性。防止大拆大建,做到应保尽保。加强各类建设的风貌规划和引导,保护好村庄的特色风貌。统筹基础设施和基本公共服务设施布局。在县域、乡镇域范围内统筹考虑村庄发展布局以及基础设施和公共服务设施用地布局,规划建立全域覆盖、普惠共享、城乡一体的基础设施和公共服务设施网络。以安全、经济、方便群众使用为原则,因地制宜提出村域基础设施和公共服务设施的选址、规模、标准等要求。五是统筹产业发展空间。统筹城乡产业发展,优化城乡产业用地布局,引导工业向城镇产业空间集聚,合理保障农村新产业新业态发展用地,明确产业用地用途、强度等要求。除少量必需的农产品生产加工外,一般不在农村地区安排新增工业用地。六是统筹农村住房布局。按照上位规划确定的农村居民点布局和建设用地管控要求,合理确定宅基地规模,划定宅基地建设范围,严格落实"一户一宅"。充分考虑当地建筑文化特色和居民生活习惯,因地制宜提出住宅的规划设计要求。七是统筹村庄安全和防灾减灾。分析村域内地质灾害、洪涝等隐患,划定灾害影响范围和安全防护范围,提出综合防灾减灾的目标以及预防和应对各类灾害危害的措施。与此同时,在编制村庄规划时,还要研究提出近期急需推进的生态修复整治、农田整理、补充耕地、产业发展、基础设施和公共服务设施建设、人居环境整治、历史文化保护等项目,明确资金规模及筹措方式、建设主体和方式等。

二、落实最严格的耕地保护制度,强化耕地数量和质量占补平衡

习近平总书记多次强调,耕地是我国最为宝贵的资源。我国人多地少的基本国情,决定了我们必须把关系十几亿人吃饭大事的耕地保护好,中国人的饭碗任何时候都要牢牢端在自己手上,必须主要装我们自己生

产的粮食。要实行最严格的耕地保护制度,像保护大熊猫一样保护好耕地。

(一)严格保护耕地

严格执行政府耕地保护责任制和考核机制,对本行政区域内的耕地保有量、永久基本农田保护面积、耕地数量变化、耕地占补平衡、永久基本农田占用和补划、高标准农田建设、耕地质量保护与提升、耕地保护制度建设等任务,实行耕地数量与质量考核,县(市)长为第一责任人。考核结果列为政府主要负责人综合考核评价的重要内容,作为领导干部综合考核评价、生态文明建设目标评价考核、粮食安全考核、领导干部问责和领导干部自然资源资产离任审计的重要依据。对认真履行耕地保护责任、成效突出的县(市)给予表扬,有关部门在安排年度土地利用计划、土地整治工作专项资金、耕地提质改造项目和耕地质量提升资金时予以倾斜。考核发现问题突出的县(市)要明确提出整改措施,限期进行整改;整改期间暂停该县(市)相关农用地转用和土地征收审批。

基本农田一经划定,实行严格管理、永久保护,任何单位和个人不得擅自占用或改变用途。建立和完善基本农田保护负面清单,符合法定条件和供地政策,确需占用和改变基本农田的,必须报国务院批准,并优先将同等面积的优质耕地补划为基本农田。引导农业结构调整不改变耕地用途,严禁占用基本农田挖塘造湖、种植林果、建绿色通道及其他毁坏基本农田种植条件的行为。设施农业项目要尽可能利用农村存量建设用地和非耕地,不得占用基本农田。生态退耕必须严格按照有关法规规定的条件和经国务院批准的方案,分步骤、有计划地进行,基本农田和土地整治形成的耕地不得纳入退耕范围,依据第二次全国土地调查、年度土地变更调查成果审核退耕范围和退耕结果,严防弄虚作假和随意扩大退耕范围。利用农用地分等定级、土壤地质调查测评分析、第二次全国土地调查等成果,完善现有和后备耕地资源质量等级评定,健全耕地质量等级评价制度,作为调整完善规划、划定永久基本农田、建设用地审批和补充耕地审查的依据。在农村土地制度改革试点中要把好关,不能让一些人以改革之名行占用耕地之实。

（二）严格审批建设占用耕地

凡不符合土地利用总体规划、耕地占补平衡要求、征地补偿安置政策、用地标准、产业和供地政策的项目，不得通过用地预审。对线性工程占用耕地 100 公顷以上、块状工程 70 公顷以上的，省级自然资源部门必须组织实地踏勘论证，组织抽查核实；确需占用的，按照确保粮食生产能力不下降的要求，提出补充耕地安排，补充数量质量相当的耕地，并作为通过预审的必备条件。建设用地审查报批时，要严格审查补充耕地落实情况，达不到规定要求的，不得通过审查。严格审核城市建设用地，人均城市建设用地目标严格控制在 100 平方米以内。

（三）强化耕地数量和质量占补平衡

引导建设不占或少占耕地，依法依规做好耕地占补平衡。严格执行以补定占、先补后占规定，坚决防止补充数量不到位、补充质量不到位问题，坚决防止占多补少、占优补劣、占水田补旱地的现象。土地整治补充耕地要先评定等级再验收，没有达到要求的不得验收。全面实施耕作层剥离再利用制度，建设占用耕地特别是基本农田的耕作层应当予以剥离，用于补充耕地的质量建设。加强补充耕地立项管理，提高项目工程建设标准，加强项目规划设计审查，严格项目验收。加强土地整治项目的建后管护，严防边整治边撂荒，严禁土地整治后又被非农业建设占用，多措并举提高整治土地的质量等级。

三、切实加强工业和城镇建设用地管理，引导和促进各类建设项目节约集约用地

要切实处理好一要吃饭，二要建设的关系。各类建设用地，尤其是工业项目用地，要严格遵循土地利用总体规划和城镇总体规划，必须符合国家产业政策。

（一）严格建设用地审批和管理

加强建设项目用地预审工作，从源头上发挥土地使用标准在项目设计、建设用地报批和审核中的控制作用。对于用地面积大、建设周期长的建设项目，黔东南州、县两级自然资源部门在用地预审时要提出分期建设

的建议,经投资主管部门同意分期建设的,分期安排用地指标、办理用地手续,形成有效供给,防止形成新的闲置土地。严格执行国家和省出台的各类建设用地标准,依据规定的行业、产业用地标准及单位面积投资强度等要求,综合确定建设项目用地规模。对一些园区存在圈地、屯地的现象,要重点控制工业项目用地的投资强度、容积率。要将项目投资强度、容积率等控制指标作为工业用地出让前的准入条件,在土地出让合同中予以明确,并通过项目竣工用地复核验收确保落实。凡不符合控制指标要求的工业项目,不得供地或核减项目用地面积。要严格控制工业项目内的行政办公和生活服务设施用地面积,严禁圈占土地搞"花园式工厂",尤其是要严禁改变土地用途,用于房地产建设。在产业园区内禁止土地使用者将工业用地改变用途,确保工业用地在园区的总规模,因城市规划调整需将工业用地改变为非工业用地的,一律由政府收回,并按该区域政府出让的工业用地平均出让价款支付企业土地成本,对符合规划的地面建(构)筑物残值进行评估收购,动产部分由企业自行搬迁。擅自改变工业用地用途的,土地一律依法收回。

(二)积极引导工业项目向园区集中

按照"布局集中、产业集聚、用地集约"的原则,将年度新增建设用地指标向经济开发区、工业园区倾斜,引导建设项目向园区集中。除交通、水利等基础设施和教育卫生等社会发展项目用地选址有特殊要求外,其他工业项目要集中摆放到依法设立的经济开发区内。对在经济开发区外选址的一般项目,不得通过调整土地利用总体规划安排用地。非工业集中区的其他乡镇,除按照乡级土地利用总体规划,安排乡(镇)村企业、农村公共设施和公益事业、农村村民宅基地建设项目用地外,不得安排其他非农业建设项目用地。

(三)引导和促进各类建设项目节约集约用地

自然资源部门要按照严控增量、盘活存量、优化结构、提高效率的总要求,综合运用规划调控、市场调节、标准控制、执法监管等手段,全面推进城镇、工矿、农村、基础设施等各类建设节约集约用地。统筹安排新增和存量建设用地,新增建设用地计划安排要与节约集约用地绩效相挂钩,促进节约用地、保护耕地。

（四）给工业、服务业、保障性住房、城乡建设留有合理的发展用地空间

黔东南州交通水利及其他建设用地剩余3984.68公顷，虽未突破规划指标，但考虑到目前正处于脱贫攻坚的关键期，为保障黔东南州经济社会发展和脱贫攻坚任务圆满完成，大量在建和拟建服务于脱贫攻坚、民生、产业扶贫的重点交通、水利、能源等基础设施项目亟须落地，用地需求迅速加大。要坚持"争取指标、用好新增、包装项目、盘活用地、节约集约"的要求，要有针对性地解决土地供给问题，做足、做好、做活破解用地这篇文章。

四、切实加强农村宅基地管理和制度创新，稳步推进乡村振兴

农民享有的土地承包经营权，主要包括承包经营耕地、林地和居住用宅基地。这是促进农民分享工业化、城镇化发展成果的重要举措，在新的起点上新一轮农村改革中，居住用宅基地的承包经营权已成为中央改革的关键环节，它将实质性地推动解决城乡二元化体制积弊的一项有效措施。因此，要按照规划，有计划、循序渐进、积极稳妥地推进农村宅基地管理的不断改革和制度创新，稳步推进黔东南州乡村振兴。

（一）切实加大查处和打击农村违法建房的力度

在把握工作原则和目标的基础上，针对农村违法建房实际情况，制定好切实可行的工作措施，积极引导村民投身到查处和打击农村违法建房行动，做到制定规划让村民积极参与，集中整治让村民主动作为，规范管理让村民自觉履行，整治成果让村民共同分享。

（二）积极稳妥推进以村为单位村民集中建房改革

按照各负其责、各司其职的原则，制定落实相关政策措施，强化协调、强化配合。加快编制各县市新一轮村庄建设规划。要科学布局选点，要综合考虑资源禀赋、交通条件、外部环境、文化特色、发展潜力等因素，注重在生产生活条件好、特色产业基础好、公共服务项目配套成本低的地方选址。

五、切实加大土地执法力度,进一步科学合理地利用土地

随着工业化、城镇化步伐加速推进和经济社会加快发展,黔东南州建设用地需求量急剧增长,难免出现个别项目未报即用、边报边用的违法用地行为。为确保按期完成工程项目建设,一些项目业主在组织用地报件上报的同时,未经有权机关批准先行占地建设,出现了边报边用等违法用地行为。此外,村民改善生活居住条件的意愿十分强烈,农村建房点多面广,居住分散,交通不便,难以及时发现,制止手段有限,规划修编之后,引导合法合规建设不力,导致农村村民(个人)非法占地建房行为的频发、高发。

归纳起来,黔东南州土地违法违规问题大致有4大类:一是"政府耕地保护主体责任落实不到位",主要体现在农村道路、设施农用地、临时用地违法违规占用永久基本农田和耕地占补平衡未落实到位等方面。二是"节约集约用地意识不强、粗放浪费利用土地问题仍比较严重",主要体现在批而未供土地和闲置土地的问题。三是违法违规用地问题突出,2017年黔东南州违法违规用地问题201个,涉及土地总面积12386.4亩,其中耕地面积7975.8亩。四是违法违规批准农用地转用和土地征收,主要体现在越权批地问题、违反土地利用总体规划批地等问题。

对这些问题,要认清形势,站在讲政治的高度,全面完成整改工作任务。对符合立案条件的,一律立案查处。对不符合规划、无法完善用地手续的,要全部拆除并恢复耕种条件。对符合规划、确需补办用地手续的要及时上报,尽快完善用地手续消除违法状态。对除督察反馈问题清单以外存在的其他问题,要举一反三开展全面清理,坚决予以整改纠正。要改变重事后查处轻事前防范的做法,进一步建立健全违法用地综合防控体系,从源头上遏制土地违法行为的发生。要坚决克服和消除违法供地思维,杜绝边报边用甚至边整改边违法占地建设的现象,真正树立法治思维和底线思维,用法治方式管地用地,促进自然资源管理规范化、法制化。

要进一步强化县级自然资源部门监督监察的职能,切实推动土地、矿

产、测绘、地质环境、国土空间规划和城乡规划等自然资源领域区域及重大复杂违法案件的查处,强化与之相关的行政检查、行政强制执法职能。整合原县国土资源局、原县规划局、原县测绘局和原县林业局等部门的执法资源,增加执法人员编制,充实执法力量。州自然资源部门执法监察机构除了要严格依法履行土地、矿产、测绘、地质环境、国土空间规划、城乡规划等自然资源领域跨区域以及重大复杂违法案件的查处以及与之相关的行政检查、行政强制执法职能职责外,还要切实担负起指导、督促和督察县级自然资源综合执法体系建设和自然资源执法工作。

主要参考文献

一、著作

1. 蔡竞主编:《产业兴旺与乡村振兴战略研究》,四川人民出版社 2018 年版。

2. 巢洋、范凯业、王悦:《乡村振兴战略　重构新农业　重构适合中国国情的农业"产融五阶"体系》,中国经济出版社 2019 年版。

3. 陈锡文、罗丹、张征:《中国农村改革 40 年》,人民出版社 2018 年版。

4. 顾保国、崔友平主编:《产业振兴　绿色安全、优质高效的乡村产业体系建设》,中原农民出版社、红旗出版社 2019 年版。

5. 贵州省地方志编纂委员会编:《贵州省志(1978—2010)·扶贫开发》,贵州人民出版社 2017 年版。

6. 贵州省统计局、国家统计局贵州调查总队编:《贵州六十年(1949—2009)》,中国统计出版社 2009 年版。

7.《贵州通志·前事志(四)》,贵州人民出版社 1991 年版。

8. 国家发展和改革委员会农村经济司:《〈乡村振兴战略规划(2018—2022 年)〉辅导读本》,中国计划出版社 2019 年版。

9. 国家行政学院编写组编著:《中国精准脱贫攻坚十讲》,人民出版社 2016 年版。

10. 黄承伟、王建民主编:《少数民族与扶贫开发》,民族出版社 2011 年版。

11. 刘尔思:《创新产业扶贫机制:产业链建设与贫困地区经济发展研究》,中国财政经济出版社 2007 年版。

12. 刘璐琳:《集中连片特困地区产业扶贫问题研究》,人民出版社 2016 年版。

13. 黔东南苗族侗族自治州国土资源局编纂:《黔东南苗族侗族自治州国土资源志》,中国文史出版社 2017 年版。

14.《黔东南苗族侗族自治州概况》编写组编:《黔东南苗族侗族自治州概况》,贵州人民出版社 1986 年版。

15.《黔东南苗族侗族自治州概况》编写组编:《黔东南苗族侗族自治州概况》,民族出版社 2008 年版。

16．黔东南苗族侗族自治州地方志编纂委员会编:《黔东南苗族侗族自治州志·政权志》,贵州人民出版社 2002 年版。

17．黔东南苗族侗族自治州地方志编纂委员会编:《黔东南苗族侗族自治州志·教育志》,贵州人民出版社 1994 年版。

18．黔东南苗族侗族自治州地方志编纂委员会编:《黔东南苗族侗族自治州志·民族志》,贵州人民出版社 2000 年版。

19．《黔东南苗族侗族自治州综合农业区划》编写组:《黔东南苗族侗族自治州综合农业区划》,贵州人民出版社 1990 年版。

20．黔东南苗族侗族自治州地方志编纂委员会编:《黔东南苗族侗族自治州志·林业志》,贵州人民出版社 1990 年版。

21．黔东南苗族侗族自治州林业局编:《黔东南州林业志(1988—2010)》,中国林业出版社 2012 年版。

22．黔东南州年鉴编纂委员会:《黔东南年鉴》(2011—2018 年)。

23．黔东南州统计局编:《黔东南州统计年鉴》(2014—2018 年)。

24．(清)爱必达:《黔南识略》,贵州人民出版社 1992 年版。

25．(清)《古州厅志》卷九《人物志》,光绪十四年刻本。

26．(清)徐家干:《苗疆闻见录》,吴一文校注,贵州人民出版社 1997 年版。

27．任登魁:《全球价值链视角贫困地区产业集聚发展研究》,中国经济出版社 2016 年版。

28．史安静等主编:《乡村振兴战略简明读本》,中国农业科学技术出版社 2020 年版。

29．田兵编选:《苗族古歌》,贵州人民出版社 1979 年版。

30．王超、吴倩、王志章:《贵州少数民族地区特色旅游产业精准扶贫路径研究》,科学出版社 2018 年版。

31．王朝新、宋明主编:《贵州农村扶贫开发报告(2015—2016)》,社会科学文献出版社 2018 年版。

32．王凤刚搜集整理译注:《苗族贾理》,贵州人民出版社 2009 年版。

33．王茜、孟宪文、朴清主编:《乡村振兴战略与现代农业产业化》,中国农业科学技术出版社 2019 年版。

34．王世杰、张殿发:《贵州反贫困系统工程》,贵州人民出版社 2003 年版。

35．王桐龄:《中华民族史》,吉林出版集团有限责任公司 2010 年版。

36．伍新福:《中国苗族通史》,贵州民族出版社 1999 年版。

37．奚晓阳:《走进西部关于贵州的对话》,贵州人民出版社 2000 年版。

38．徐松石:《泰族僮族粤族考》,中华书局 1946 年版。

39．杨国仁、吴定国等整理:《侗族祖先哪里来(侗族古歌)》,贵州人民出版社

1981 年版。

40．杨临宏：《扶贫工作研究参考文献集萃》，云南大学出版社 2017 年版。

41．杨雍哲：《大变革中的中国三农问题研究》，中国言实出版社 2017 年版。

42．叶敬忠主编：《中国乡村振兴调研报告（2018—2019）》，社会科学文献出版社 2018 年版。

43．张琦、王建民等：《产业扶贫模式与少数民族社区发展》，民族出版社 2013 年版。

44．张琦主编：《产业扶贫脱贫概览》，中国农业出版社 2018 年版。

45．张中奎：《改土归流与苗疆再造——清代"新疆六厅"的王化进程及其社会文化变迁》，中国社会科学出版社 2012 年版。

46．政协黔东南苗族侗族自治州委员会编：《光辉岁月——黔东南州改革开放 30 年纪实》，云南美术出版社 2008 年版。

47．中共贵州省委政策研究室编著：《来一场振兴农村经济的深刻的产业革命辅导读本》，贵州人民出版社 2018 年版。

48．中共黔东南州委党史研究室：《中国共产党黔东南苗族侗族自治州历史（1921—1978）》第一卷，中共党史出版社 2015 年版。

49．中国西南世界银行扶贫项目贵州办公室编：《少数民族地区综合扶贫开发》，贵州人民出版社 2001 年版。

50．［日］佐佐木乔主编：《稻作综合研究》，廉平湖译，农业出版社 1959 年版。

二、报刊文献

1．白丹：《关心关爱干部　提升干事创业动力》，《内蒙古日报（汉）》2018 年 10 月 8 日。

2．白林文：《清代贵州"苗疆六厅"治理研究》，华中师范大学博士学位论文，2016 年。

3．边孙宇：《扶志扶智综述》，《经济研究导刊》2019 年第 15 期。

4．边孙宇：《贵州省扶志扶智的现实困境及对策研究》，《中国集体经济》2019 年第 27 期。

5．卜海：《我国脱贫再返贫防范机制的建立和运行问题研究》，《江苏师范大学学报（哲学社会科学版）》2018 年第 6 期。

6．陈贤、刘思哲、姜贵和：《贵州以农村产业变革助力乡村振兴》，《农民日报》2019 年 10 月 21 日。

7．池万荣：《浅谈就业精准扶贫中存在的问题与对策——以古田县为例》，《职业》2017 年第 8 期。

8．邓永超：《乡村振兴下精准扶贫中防治返贫的优化机制》，《湖南财政经济学院学报》2018 年第 4 期。

9．范连生：《建国初期三农问题与乡村社会变迁——以黔东南地区为个案的考察》，《福建师范大学学报》2009 年第 6 期。

10．冯倩：《促进乡村振兴的好产业》，《贵州日报》2019 年 4 月 20 日。

11．傅安国、吴娜、黄希庭：《面向乡村振兴的心理精准扶贫：内生动力的视角》，《苏州大学学报（教育科学版）》2019 年第 4 期。

12．甘庭宇：《精准扶贫战略下的生态扶贫研究——以川西高原地区为例》，《农村经济》2018 年第 5 期。

13．何得桂、徐榕：《贫困治理中激发贫困群众内生动力的有效路径研究——以陕西省扶贫扶志实践为例》，《地方治理研究》2019 年第 4 期。

14．胡光辉：《扶贫先扶志　扶贫必扶智——谈谈如何深入推进脱贫攻坚工作》，《人民日报》2017 年 1 月 23 日。

15．黄承伟：《论中国新时代扶贫理论实践研究》，《华中农业大学学报（社会科学版）》2019 年第 1 期。

16．黄国勤：《论乡村生态振兴》，《中国生态农业学报（中英文）》2019 年第 2 期。

17．李刚：《切实把扶贫同扶志扶智结合起来》，《理论导报》2018 年第 2 期。

18．李竞涵、缪翼：《夯实乡村振兴的产业基础——农业农村部副部长余欣荣解读国务院〈关于促进乡村产业振兴的指导意见〉并答记者问》，《农民日报》2019 年 7 月 2 日。

19．李鹏：《精准扶贫视阈下就业扶贫：政策分析、问题诠释与治理路径》，《广西财经学院学报》2017 年第 6 期。

20．林建曾：《清代前期治黔政策对贵州经济发展的影响》，《贵州文史丛刊》1988 年第 3 期。

21．刘振伟：《产业振兴是乡村振兴的基础》，《农村工作通讯》2019 年第 13 期。

22．罗康隆：《苗疆六厅初探》，《贵州文史丛刊》1989 年第 1 期。

23．罗兴录：《基于乡村振兴的农业创新创业型人才培养思考》，《农学学报》2019 年第 12 期。

24．马国君：《论雍正朝开辟黔东南苗疆政策的演变》，《清史研究》2007 年第 4 期。

25．莫光辉、张菁：《基于"人本主义"视角的贫困人口扶志扶智路径创新》，《中共中央党校学报》2018 年第 3 期。

26．莫广刚：《以乡村人才振兴促进乡村全面振兴》，《农学学报》2019 年第 12 期。

27．潘百涛、石建华：《脱贫攻坚与乡村振兴衔接的思考》，《辽宁农业科学》2019 年第 6 期。

28．庞博：《发展绿色产业　助推乡村振兴》，《贵州日报》2018 年 7 月 8 日。

29．石学军、王绍芳：《新时代视阈下乡村人才成长机理与振兴路径选择》，《辽宁工业大学学报（社会科学版）》2020 年第 1 期。

30．四川省丹棱县组织部：《关于建立基层干部关心关爱长效机制的实践与思考》，《现代人才》2013 年第 5 期。

31．宋圭武：《产业振兴：乡村振兴的基础》，《国家治理》2018 年第 Z1 期。

32．苏钦：《试论清朝在"贵州苗疆"因俗而治的法制建设》，《中央民族学院学报》1991 年第 3 期。

33．孙立明：《农村基层党组织组织力的实践困境及破解策略》，《领导科学》2019 年第 5 期。

34．谭仕伦、高伟：《农业产业转型　促进乡村振兴》，《当代贵州》2019 年第 1 期。

35．陶有祥、成婷：《精准脱贫战略下乡村振兴内生力机制研究——基于产业振兴的视角》，《理论与现代化》2018 年第 5 期。

36．王芳：《论精准扶贫中贫困群众内生脱贫动力的缺失与培塑》，《中小企业管理与科技（中旬刊）》2019 年第 3 期。

37．王国丽：《贵州农村产业融合发展促进乡村产业振兴》，《贵州日报》2019 年 2 月 18 日。

38．王海南、杜晓山、宁爱照：《农民专业合作社发展与乡村振兴战略研究》，《农村金融研究》2018 年第 2 期。

39．王沛、钟智利、王志丹、贾可：《乡村振兴战略对辽宁农业科技人才的创新要求与挑战》，《辽宁农业科学》2019 年第 6 期。

40．王思铁：《应给扶贫干部更多关爱》，《决策》2018 年第 Z1 期。

41．魏百刚：《发展乡村产业　助力乡村振兴》，《农民日报》2018 年 10 月 20 日。

42．王庆、李仁静、孙良记：《温铁军：乡村振兴的贵州优势》，《当代贵州》2019 年第 Z1 期。

43．吴国清：《多措并举推动乡村人才振兴》，《经济日报》2019 年 12 月 24 日。

44．吴容：《关爱扶贫干部　激励担当作为》，《半月谈》2018 年第 10 期。

45．吴迎先：《就业扶贫在精准脱贫攻坚中的作用分析》，《人才资源开发》2016 年第 20 期。

46．谢广民：《黔东南苗族侗族自治州的民族关系及其发展》，《中央民族大学学报》2003 年第 5 期。

47．徐光春：《深刻领会、把握习近平新时代文化思想》，《光明日报》2017 年 11 月 3 日。

48．严奇岩：《黔东南地区"糯禾改籼稻"的历史考察》，《古今农业》2008 年第 3 期。

49．杨成林、何自力：《乡村振兴：组织和人才困境》，《改革与战略》2019 年第 5 期。

50．杨汉林：《黔东南乡村振兴中的"产业振兴"探讨》，《理论与当代》2018 年第 12 期。

51．杨骕骦、周绍杰、胡鞍钢：《中国式扶贫：实践、成就、经验与展望》，《国家行政学院学报》2018 年第 6 期。

52．杨胜勇：《清朝经营贵州苗疆研究》，《中央民族大学学报》2003 年第 1 期。

53．杨文举：《西部农村脱贫新思路——生态扶贫》，《重庆社会科学》2002 年第 2 期。

54．于冰：《贵州省脱贫攻坚工作现状问题及对策》，《理论与当代》2018 年第 8 期。

55．袁昌曲：《雍乾时期贵州东南地区苗民叛乱动因新探——以制度为视角》，《黑龙江史志》2013 年第 14 期。

56．张芳芳：《关于建立贫困地区群众扶志扶智机制的思考》，《新西部》2019 年第 8 期。

57．张建刚：《新时代乡村振兴战略实施路径——产业振兴》，《经济研究参考》2018 年第 13 期。

58．张露：《雍正朝黔东南"新疆六厅"的治理研究》，《吉首大学学报》2018 年第 3 期。

59．张晓山：《改革开放四十年与农业农村经济发展——从"大包干"到城乡融合发展》，《学习与探索》2018 年第 12 期。

60．张永黎：《贴心关爱暖了扶贫干部的心》，《海东时报》2018 年 8 月 2 日。

61．张云华、伍振军、周群力：《统筹衔接脱贫攻坚与乡村振兴的调查与启示》，《开放导报》2019 年第 4 期。

62．赵微：《精准就业"造血式"扶贫——海南省就业扶贫工作探索与思考》，《今日海南》2017 年第 1 期。

63．赵勇军：《广袤沃野新画卷　乡村振兴新动力——贵州振兴农村经济深刻产业革命一年纪实》，《贵州日报》2019 年 2 月 26 日。

64．赵玉亮、史雅楠：《十九大以来乡村人才振兴研究文献综述》，《安徽农业科学》2019 年第 24 期。

65．郑瑞强：《精准扶贫政策的理论预设、逻辑推理与推进机制优化》，《宁夏社会科学》2016 年第 4 期。

66．周立：《乡村振兴战略与中国的百年乡村振兴实践》，《人民论坛·学术前沿》2018 年第 3 期。

67．朱冬亮：《贫困"边缘户"的相对贫困处境与施治》，《人民论坛》2019 年第 7 期。

68．朱启臻：《对贵州乡村振兴"产业兴旺"的几点建议》，《贵州日报》2019 年 1 月 8 日。

各章作者

篇目	作者						
总论	罗　丹　郭彩云　吴玉生　戴　成　杨戴云　郑　宇　莫昌良　姚茂发 朱　东　张光前　龙运钦　贺振华　刘琼方　张跃国　王绍鹏　杨　芳						
第一章	张跃国　罗　丹　吴玉生						
第二章	罗　丹　郭彩云　戴　成　张健翎						
第三章	龙运钦　罗　丹　郭彩云　吴玉生　莫昌良						
第四章	卿尚东　罗　丹　郭彩云　张光前						
第五章	罗　丹　田维扬　杨淑芬						
第六章	李桂明　罗　丹　郭彩云						
第七章	戴　成　罗　丹　郭彩云　吴玉生						
第八章	郑　宇　郭彩云　罗　丹　杨戴云						
第九章	杨汉林　罗　丹						
第十章	罗　丹　叶树根						
第十一章	吴昌奎　罗　丹　郭彩云　吴玉生						
第十二章	罗　丹　张跃国						
第十三章	郭彩云　杨戴云　吴玉生						
第十四章	罗　丹　盘祖湘　杨　德　吴玉生						

后　记

习近平总书记指出,脱贫摘帽不是终点,而是新生活、新奋斗的起点。要切实做好巩固拓展脱贫攻坚成果同乡村振兴有效衔接各项工作,让脱贫基础更加稳固、成效更可持续。

作为我国贫困发生率最高的地区之一,黔东南州是我国脱贫攻坚的重要战场。脱贫攻坚战打响以来,黔东南州委、州政府带领全州广大干部群众,以习近平新时代中国特色社会主义思想为指导,以习近平总书记关于"三农"和扶贫工作的重要论述为基本遵循,坚决贯彻党中央、国务院的决策部署,坚决落实好贵州省委、省政府的工作安排,扎实稳步实施精准扶贫、精准脱贫方略,130 万贫困人口全部脱贫,15 个县全部高质量脱贫摘帽,全州即将全面建成小康社会。黔东南州告别绝对贫困的历史,与全国人民一道走上共同富裕的新征程已经开始。

在黔东南州委、州政府的支持下,"黔东南州脱贫攻坚与乡村振兴有效衔接问题研究"课题组于 2019 年 4 月成立,在梳理全州面上情况的基础上,选择丹寨、麻江、黄平、剑河、三穗、榕江等县进行了重点调研,以 217 个村为样本对乡村经济社会发展情况进行了调研,以 160 个深度贫困村为样本对深度贫困问题进行了调查,基于国家统计局黔东南调查队农村住户调查数据对农户的生产生活情况进行了分析。在黔东南州相关部门及各县(市)的支持和配合下,课题组开展了 19 项专题研究,现将研究成果结集出版。全书由罗丹、郭彩云、吴玉生总纂和统校。

在开展研究的过程中,中央农村工作领导小组办公室、农业农村部政策改革司提供了资助。在本书出版的过程中,人民出版社经济与管理编

辑部郑海燕主任提供了大量悉心帮助。对本项研究开展及本书写作出版
提供过帮助的单位和个人还有很多,在此一并表示诚挚感谢!

课题组

2021 年 3 月

策划编辑:郑海燕

责任编辑:郑海燕　孟雪　李甜甜　张燕

封面设计:曹　妍

封面插图:张成武

责任校对:黎　冉

图书在版编目(CIP)数据

从脱贫攻坚走向乡村全面振兴:黔东南州样本/罗丹　等　著. —北京:
　人民出版社,2021.5
ISBN 978－7－01－023249－2

Ⅰ.①从…　Ⅱ.①罗…　Ⅲ.①农村-社会主义建设-研究-黔东南苗族侗族
　自治州　Ⅳ.①F327.733

中国版本图书馆 CIP 数据核字(2021)第 045751 号

从脱贫攻坚走向乡村全面振兴
CONG TUOPIN GONGJIAN ZOUXIANG XIANGCUN QUANMIAN ZHENXING
——黔东南州样本

罗丹　郭彩云　吴玉生　等　著

人民出版社 出版发行
(100706　北京市东城区隆福寺街 99 号)

中煤(北京)印务有限公司印刷　新华书店经销

2021 年 5 月第 1 版　2021 年 5 月北京第 1 次印刷
开本:710 毫米×1000 毫米 1/16　印张:26.5
字数:440 千字

ISBN 978－7－01－023249－2　定价:138.00 元

邮购地址 100706　北京市东城区隆福寺街 99 号
人民东方图书销售中心　电话 (010)65250042　65289539